"十二五"国家重点图书出版规划项目

俄罗斯汉学文库

主　编：
李明滨　孙玉华

编委会（以姓氏笔画为序）：
宁　琦　任雪梅　刘　宏　安　然
孙玉华　李　凡　李志强　李明滨
李　哲　张　冰　查晓燕　彭文钊

俄罗斯汉学文库
БИБЛИОТЕКА РУССКОГО КИТАЕВЕДЕНИЯ

俄罗斯汉学的基本方向及其问题

〔俄罗斯〕Н.Л.玛玛耶娃 主编

李志强 张冰 等译

著作权合同登记号　图字：01-2015-2422

图书在版编目(CIP)数据

俄罗斯汉学的基本方向及其问题/（俄罗斯）Н.Л.玛玛耶娃主编；李志强，张冰等译. —北京：北京大学出版社，2018.3
（俄罗斯汉学文库）
ISBN 978-7-301-28833-7

Ⅰ.①俄… Ⅱ.①Н…②李…③张… Ⅲ.①汉学—俄罗斯—文集 Ⅳ.①K207.8-53

中国版本图书馆CIP数据核字(2017)第249836号

Издание осуществлено при финансовой поддержке
Российского гуманитарного научного фонда (РГНФ)
проект № 12-33-09006
Основные направления и проблемы российского китаеведения / Отв.ред. Н.Л. Мамаева: Ин-т Дальнего Востока РАН. М.: Памятники исторической мысли, 2014.
© Коллектив авторов, 2014
© ИДВ РАН, 2014
Рецензенты:
доктор исторических наук Я.М. Бергер,
доктор философских наук В.Г. Буров
Коллектив авторов:
А.В. Виноградов (гл.IX), А.Г. Ларин (гл. VIII), А.В. Ломанов (гл. VI), Н.Л. Мамаева (гл. I, II),А.В. Островский (гл. V), В.Я. Портяков (гл. IV), Д.А. Смирнов (гл. III),М.Л. Титаренко (введение, гл. VI), С.А. Торопцев (гл. VII), Т.М. Турчак (гл. I)

书　　　名	俄罗斯汉学的基本方向及其问题 ELUOSI HANXUE DE JIBEN FANGXIANG JIQI WENTI
著作责任者	〔俄罗斯〕Н.Л.玛玛耶娃　主编 李志强　张　冰　等译
责任编辑	李　哲
标准书号	ISBN 978-7-301-28833-7
出版发行	北京大学出版社
地　　　址	北京市海淀区成府路205号　100871
网　　　址	http://www.pup.cn　新浪微博：@北京大学出版社
电子信箱	pup_russian@163.com
电　　　话	邮购部 62752015　发行部 62750672　编辑部 62759634
印　刷　者	三河市博文印刷有限公司
经　销　者	新华书店
	650毫米×980毫米　16开本　24印张　350千字 2018年3月第1版　2018年3月第1次印刷
定　　　价	65.00元

未经许可，不得以任何方式复制或抄袭本书之部分或全部内容。
版权所有，侵权必究
举报电话：010-62752024　电子信箱：fd@pup.pku.edu.cn
图书如有印装质量问题，请与出版部联系，电话：010-62756370

著译者名录

主编寄语(Н.Л.玛玛耶娃 著,李志强 译)
序 言(М.Л.季塔连科 著,李志强 译)
第一章(Н.Л.玛玛耶娃、Т.М.图尔恰克 著,刘亚丁 译)
第二章(Н.Л.玛玛耶娃 著,池济敏 译)
第三章(Д.А.斯米尔诺夫 著,邱鑫 译)
第四章(В.Я.波尔加科夫 著,沈影 译)
第五章(А.В.奥斯特洛夫斯基 著,池济敏 译)
第六章(М.Л.季塔连科、А.В.罗曼诺夫 著,张冰 译)
第七章(С.А.托罗普采夫 著,张冰 译)
第八章(А.Г.拉林 著,沈影 译)
第九章(А.В.维诺格拉多夫 著,邱鑫 译)
结 语(李志强 译)
缩略词列表(阳知涵 译)
人名对照表(阳知涵 译)
译后记(张冰)

主编寄语

有一种看法,认为学者关注汉学发展的主题并确定其整体状况,其中包括将中国历史视为汉学最重要的研究方向,是研究极其深入的标志。的确,总结汉学家撰写的作品并将之系统化,突出和评鉴主要的方向并确定中国研究中形成的趋向,指出"空白点"和有争议的问题,如今已迫在眉睫。

俄罗斯汉学源起久远,它和17—20世纪俄国东正教北京传教团的活动联系在一起。1808—1820年在中国工作的Н. Я. 比丘林(Н. Я. Бичурин,亚金甫)在世界汉学史上留下了引人注目的痕迹。还在1917年前,俄国就确立了研究近邻中国的传统。18—19世纪期间,俄国东正教传教团的职业历史学家研究了汉学的某些方向。① П. Е. 斯卡奇科夫(П. Е. Скачков)的著作在汉学史研究领域享有盛誉。② 随后学者们曾多次试图撰写汉学史,但基本上都是按不同的方向和时间段来撰写。尽管1990年代俄罗斯缺乏汉学方面重大的、总结性的著作,但是还是有许多专著、论文集、参考资料、学术杂志上的大量论文、评论出版,也有许多学术活动和国内国际会议的信息发布,这些无疑具有学术价值。同时,二十多年来(1990年代—21世纪初),即我们这本集体著作中所指的俄罗斯汉学研究期间,对汉学总结的程度逐渐在提高,这主要表现在汉学的个别研究方向上。

随着学术团体对国家发展新条件的适应,尽管1990年代汉学家的数量减少了,但是其骨干人物找到了克服障碍的力量,1990年代的作品中,他们在个别主题的研究方面已经取得一定

---

① См.: Гальперин А. Л. Русская историческая наука о зарубежном Дальнем Востоке в ⅩⅧ—середине ⅩⅨ в.: краткий обзор//Очерки по истории русского востоковедения. М., 1956. Вып. 2.

② Скачков П. Е. Очерки истории русского китаеведения. М., 1977.

的成绩。除此之外,他们也为日后发表于2000年代初的研究成果打下学术基础。俄罗斯汉学的主要方向和问题这一研究客体的范围事实上排除了在一本集体专著的框架内,在较短时间内描述汉学发展图景的可能性。至于说到文献的数量,那么汉学研究的每一个方向都可单独成书。但是,多年来首次尝试编写一本总结性的著作本身就值得称道。毫无疑问,专著包含着俄罗斯汉学研究情况的新知识,在很大程度上将填补这一领域的真空,将俄罗斯汉学研究系统化,并为今后更加详细和全面地研究中国奠定基础。除此之外,非常重要的一点是,它会让国外研究者了解俄罗斯汉学。在撰写著作时,作者团队运用了问题—年代原则:1990年代被2000年代替换。1991年苏联的国家体制改变,导致一个相对统一的强国的崩溃,从不同层面影响着科学的状况,其中也包括汉学的研究状况,这不仅有正面,也有负面的影响。尽管几位有天分的作者出版了几部有分量的作品,但1990年代在某种程度上还是阻滞了汉学的发展。总的说来,国内的根本变化及其对汉学发展的影响标志着1990年代初期是汉学发展的分水岭。

从2000年代开始,俄中关系进入新阶段,俄罗斯生活的各个方面逐渐稳步发展,科学发展的基础相应得到巩固,其中也包括汉学的发展。2000年代汉学崛起的要素也同1990年代所做工作的成果紧密相关,其中包括文献资料的出版。2000年代汉学研究出现了全新的机遇,部分机遇1990年代就已经出现:国际交流增加;将国外的,特别是中国的文献和史料引入学术研究;在学术研究过程中积极使用新信息和电子技术。在更新史料的基础上开展研究工作可以说是中国研究新阶段的主要特色之一。研究的主要部分继承了1990年代以及更早时期制定的那些研究主题和方向。同时,2000年代的俄罗斯汉学推出了一系列新的主题和科学研究的形式。

本书分为若干章节,其中每一章都评价和分析了俄罗斯汉学的某个方向。

对每一章而言,首先是在序言中,作者们对1990年代以前俄罗斯汉学研究和研究者的关注是一大特色。前辈学人的信息简单扼要,但对于获取几代学者和他们研究成果之间联系的知识已经足够了。比较全面地介绍哲学和宗教领域研究思想发展的第六章是一个例外,这个领域知识的特点及其对从古至今国家历史的极大影响导致了这个情况。需要指出的是,全体作者都是俄罗斯科学院远东所的研究人员和本领域经验丰富的专家。

目 录

主编寄语 …………………………………………………………… 1

序　言 ……………………………………………………………… 1
　一　俄罗斯汉学:历史联系和世代传承 ………………………… 1
　二　中俄文化:认识各民族的智慧 ……………………………… 15
　三　俄罗斯汉学和当代俄中关系 ……………………………… 21

第一章　1990 年代至 2000 年代初俄罗斯中国史研究的特征是
　　　　文献丛书和大型文献集的出版 ………………………… 24
　一　"17—20 世纪俄中关系"史料丛书
　　　——两国关系研究的基本史料 …………………………… 25
　二　有关共产国际和苏联的中国政策、中国的革命运动和
　　　内部局势的文献集 ………………………………………… 51

第二章　俄罗斯的中国史研究:国内政策 ……………………… 59
　一　1990 年代的史料出版 ……………………………………… 60
　二　俄罗斯史学 ………………………………………………… 65
　三　史料出版与 2000 年代的俄罗斯中国史学界:国内政策 …… 78

第三章	俄罗斯国内对中国政治体制和法制的研究 ……………	116
一	1990 年代 ……………………………………………	116
二	2000 年代 ……………………………………………	123

第四章	俄罗斯研究中国外交政策和 国际关系的基本方向和特点 …………………………	135
一	1990 年代 ……………………………………………	135
二	21 世纪初期(2000 年至今) ………………………	149

第五章	最新俄罗斯国内历史研究中国经济的光与影 ………	169
一	1990 年代俄罗斯史学界对中国经济改革的研究 …………	172
二	俄罗斯汉学家眼中的 21 世纪中国经济 ………………	184

第六章	中国哲学与宗教研究 …………………………………	217
一	俄罗斯中国哲学研究学派的形成及发展 ………………	218
二	撰就中国哲学百科全书辞典 …………………………	233
三	中国传统哲学研究 ……………………………………	242
四	现当代中国思想研究 …………………………………	255
五	中国宗教研究 …………………………………………	261
六	俄罗斯中国哲学研究的总结和前景 …………………	269

第七章	俄罗斯世纪之交的中国文化教育研究 …………………	275
一	1990 年代俄罗斯的中国文化及教育研究 ……………	276
二	21 世纪初期的俄罗斯汉学 ——中国文化与教育的现状及发展 …………………	289

第八章	俄罗斯的中国移民和台湾问题研究 …………………	299
一	俄罗斯的中国移民 ……………………………………	299
二	俄罗斯的台湾问题研究 ………………………………	316

| 第九章 | 俄罗斯汉学界关于中国现代化诸问题及其
发展模式的研究 ……………………………………… | 327 |

一　俄罗斯汉学家1990年代的研究 …………………… 327
二　21世纪初俄罗斯的汉学研究 ……………………… 335

结　语 ……………………………………………………… 347
缩略词列表 ………………………………………………… 354
人名对照表 ………………………………………………… 360
译后记 ……………………………………………………… 373

序　言

俄罗斯汉学肇始于俄国东正教北京传教团，1711年，传教团由俄国皇帝彼得一世倡议并获中国康熙皇帝批准后成立。300多年间，俄罗斯对中国进行着系统的研究。如今，俄罗斯的汉学界汇聚着1500余名各个研究方向的专家：语言学家、哲学家、语文学家、经济学家、历史学家、政治学家、宗教学家、文化学家、考古学家、医学家、数学家、天文学家、人类学家、生态学家、法学家。

300多年间，俄罗斯的学者对客观全面研究中国，在公众中传播邻国的历史知识并介绍其在经济、科学、文化、艺术领域的成就做出了巨大贡献。从发端之日起，对中国人民的历史、传统和文化的高度尊重就成为俄罗斯汉学的特色。与此同时，它也试图在平等协作、相互学习、相互借鉴的基础上与中国文化建立多层面跨文明的对话。

一　俄罗斯汉学：历史联系和世代传承

18—19世纪是俄罗斯汉学形成和上升的时期。随着汉学作为一门综合性学科的形成，随着研究中国及其文明范围的拓展和深化，汉学的基本研究方向得以确立，其内部也形成了不同的学派。

从历史上看，语言学是俄罗斯汉学研究的第一个方向，其中包括研究当时清帝国主要使用的汉语和满语，以及蒙古语和藏语；编撰词典；在俄语文字中寻找单词、术语和专有名词对等音标。

俄国东正教北京传教团的教士和世俗成员是研究汉语的先驱。将研究汉语作为传教团成员科学活动的方向始于18世纪的最后25年，它同传教团的学生 И. К. 罗索欣（И. К. Россохин 或 И. К. Рассохин）和 А. Л. 列昂季耶夫（А. Л. Леонтьев）忘我的活动密不可分。后来他们成为俄国皇家科学院的研究员。

第九届俄国东正教北京传教团（1807—1821）的领班，修士大司祭 Н. Я. 比丘林是这个科学院第一位选举的通讯院士。他的科学活动为俄国研究以汉语为主的中国诸语，以及历史、民族学、地理、清帝国各民族文化的各学派奠定了坚实的基础。

其后，В. П. 瓦西里耶夫（В. П. Васильев，王西里）院士、П. И. 卡法洛夫（П. И. Кафаров，修士大司祭巴拉第）、П. С. 波波夫（П. С. Попов 柏百福）、В. М. 阿列克谢耶夫（В. М. Алексеев，阿理克）、В. С. 克罗克罗夫（В. С. Колоколов，郭质生）、И. М. 鄂山荫（И. М. Ошанин）、В. М. 宋采夫（В. М. Солнцев）、Н. Н. 科罗特科夫（Н. Н. Коротков）、С. Е. 雅洪托夫（С. Е. Яхонтов）、Б. С. 伊萨延科（Б. С. Исаенко）、М. К. 鲁缅采夫（М. К. Румянцев，鲁勉斋）、Т. П. 扎多延科（Т. П. Задоенко）、О. И. 扎维亚洛娃（О. И. Завьялова）、Б. Б. 穆德罗夫（Б. Б. Мудров）、А. А. 哈马托娃（А. А. Хаматова）的著作发展了俄罗斯汉语研究学派的理论和实践。

将研究中国历史及其文化作为一个重要的方向事实上始于18世纪末。汉语研究的蓬勃发展使早期的汉学家将中国的历史名著俄译成为可能。

俄罗斯外交和同中国的商品交易有赖于俄国东正教传教团及在北京、伊宁、恰克图工作的汉学家相助。

19世纪中叶，在伟大的俄罗斯学者 Н. Я. 比丘林、В. П. 瓦西里耶夫、С. М. 格奥尔吉耶夫斯基（С. М. Георгиевский）和 П. И. 卡法洛夫的努力下，俄罗斯的汉学学派方始形成。其主要特点是综合考量研究客体，特别关注研究原始文献，尊重中国文化并力图在中俄文化之间进行建设性对话，促进二者相互充实和协同发展。

中国研究始于编撰汉、满、藏语词典，始于了解中国人民的道德基础。

第一本翻译成俄文的中国文献是《三字经》:传统道德规范集成。译者为 А. Л. 列昂季耶夫和 Н. Я. 比丘林。①

在形成俄罗斯汉学优秀的科学传统过程中，Н. Я. 比丘林起着独特的作用，他是诸多独一无二的中国历史、民族学、经济、哲学、文学著作的作者，这些著作直到今天仍不失其认识意义。据 П. Е. 斯卡奇科夫的资料，Н. Я. 比丘林是十几本多少都和汉语相关的词典的编者，这些文献现存于俄罗斯科学院东方文献研究所档案室和圣彼得堡大学东方系图书馆中。② Н. Я. 比丘林制订的音标最准确地传达了汉语北京方言的音阶，其后 П. И. 卡法洛夫和 П. С. 波波夫将其发展完善。分别筹备出版"汉俄""俄汉"词典是 П. И. 卡法洛夫和 П. С. 波波夫的不世之功。③

19 世纪俄罗斯汉学的立场同沙皇政府官方立场发生严重分歧并不鲜见。俄国的汉学家们同情太平天国革命，他们谴责俄国参与镇压义和团运动，批评沙皇政府对中国的侵略行径。

19 世纪俄罗斯汉学的历史和 Н. Я. 比丘林事业的杰出继承者们的名字紧密相连：В. П. 瓦西里耶夫、С. М. 格奥尔吉耶夫斯基、К. А. 斯卡奇科夫（К. А. Скачков，孔气）、П. С. 波波夫、П. И. 卡法洛夫。В. П. 瓦西里耶夫院士编订的《中国文学史纲要》是这一时期的巨大成就。④ 这部作品是欧洲和世界汉学史上研究中国世俗和宗教文学最早的学术巨著之一。20 世纪初出版了中国古代哲学家孔子和孟子（П. С. 波波夫的译本）、韩非子 [А. И. 伊万诺夫（А. И. Иванов，伊凤阁）的译本和著作]的译著。⑤ 这一时期汉学家开始研究政治和儒家伦理文化，中国宗教，特别是佛教、喇嘛教、回教和道教。

В. П. 瓦西里耶夫的学生 С. М. 格奥尔吉耶夫斯基出版了有重大价

---

① Сань цзы цзин(Канон трёх иероглифов). СПБ., 1779(пер. А. Л. Леонтьева); Сань-цзы-цзинъ, или Троесловiе. СПБ., 1829(пер. Иакинфа-Н. Я. Бичурина).

② Скачков П. Е. Очерки истории русского китаеведения. М., 1977. С. 93, 312, 416.

③ Кафаров П. И. (Палладий). Китайско-русский словарь. В 2 т. Пекин, 1888; Попов П. С. Русско-китайский словарь. СПБ., 1879; Токио, 1900.

④ Васильев В. П. Очерки истории китайской литературы. СПБ., 1880.

⑤ Попов П. С. Китайский философ Мэн-цзы. СПБ., 1904(пер. с кит.); Попов П. С. Изречения Конфуция, учеников его и других лиц. СПБ., 1910(пер. с кит.); Иванов А. И. Материалы по китайской философии. Школа Фа. Хань Фэй-цзы. СПБ.,1912.

值的著作《研究中国的重要性》和《中国生活原则》。① C. M. 格奥尔吉耶夫斯基的作品首次论据充足地对"中国是一块历史化石"的论点,对黑格尔关于"全世界精神自我意识的最低阶段"以及康德关于"天朝处于极低的发展水平"的论点提出质疑并从事实上将其推翻。

20 世纪初,后来成为院士的 В. М. 阿列克谢耶夫论中国文学的作品,以及他的大学公开课资料的出版是俄国在研究中国的事业中意义重大的一件事。事实上,В. М. 阿列克谢耶夫奠定了翻译中国艺术和哲学文本的现代科学方法的基础。他翻译的孔子的《论语》②和唐朝诗人司空图的《二十四诗品》成为俄罗斯汉学家、中国文学和哲学翻译家译作的典范。在对中国诗歌三部曲的精深研究中,В. М. 阿列克谢耶夫翻译分析了司空图及其模仿者艺术家黄钺和杨景曾的诗作。③

20 世纪上半期,俄罗斯的中国研究同俄国社会对邻国人民的生活,对他们争取独立和社会进步的英勇斗争,对他们抵抗日本侵略的浓厚兴趣紧密相关。苏联汉学家的功绩在于,他们的著作成为国家制定中国方面政策的信息来源:积极支持中国人民为自己的解放和独立进行斗争的政策。1940 年出版,由 В. М. 阿列克谢耶夫院士主编的百科全书式文集《中国》就是这种立场的体现,书中罗列了邻国生活所有的基本信息:从考古学历史和哲学到抗日战争进程的特写。④

1919 年五四运动之后,抗日战争过程中,苏联和中国知识分子最优秀的代表联系紧密,俄中文化之间充分的跨文明对话得以发展。中方杰出的参与者有作家和政治家鲁迅、瞿秋白、茅盾、郭沫若、老舍,哲学家杨献珍和侯外庐,伟大的京剧艺术家梅兰芳等,俄方有文学家高尔基(А. М. Горький)、В. В. 马雅可夫斯基(В. В. Маяковский)、Н. А. 奥斯特洛夫斯基(Н. А. Островский)、А. А. 法捷耶夫(А. А. Фадеев)、К. М. 西蒙诺夫(К. М. Симонов),著名的汉学家 В. М. 阿列克谢耶夫、С. Л. 齐赫文斯基

---

① Георгиевский С. М. Важность изучения Китая. СПБ.,1890;Георгиевский С. М. Принципы жизни Китая. СПБ.,1888.

② Лунь Юй. Изречения Конфуция,учеников его и других лиц. СПБ.,1910(пер. с кит. В. М. Алексеева).

③ Алексеев В. М. Китайская поэма о поэте:стансы Сыкун Ту(837—908):пер. и исслед. (с прил. кит. текстов). Петроград,1916. 黄钺和杨景曾均为清代艺术家,黄钺著有《二十四画品》,杨景曾著有《二十四书品》。——译者注

④ Алексеев В. М. Китай. М.-Л.,1940.

(С. Л. Тихвинский,齐赫文)、Н. Т.费德林(Н. Т. Федоренко)、Н. И.康拉德(Н. И. Конрад),记者 В. Н.罗果夫(В. Н. Рогов),俄罗斯汉学家和外交家 А. С.帕纽什金(А. С. Панюшкин)、А. А.彼得罗夫(А. А. Петров),以及一批杰出的祖国文化活动家。正是中俄文化的这种对话促进了中国文化的开放,并成为推动交流和相互学习的有利因素。

1923 年,Ю. К.休茨基(Ю. К. Щуцкий)翻译的 7—9 世纪《中国抒情诗选》俄文版出版。① 随后,这位学者对中国哲学经典著作《易经》进行了翻译和研究。А. А.什图金(А. А. Штукин)翻译出版了中国诗歌文化最古老的典籍《诗经》。② В. Н.罗果夫翻译了一系列 20 世纪 30—40 年代中国作家的文学作品,其中鲁迅《阿 Q 正传》的译文占有特殊的位置。③ Н. Т.费德林翻译并研究中国经典诗人屈原的诗歌。④ 后来任苏联驻中国大使的 А. А.彼得罗夫撰写了一系列中国哲学史方面的文章,出版了研究中国道教最负盛名的信徒之一王弼的著作。⑤ 一批研究中国绘画史的专著也随之问世。

1949 年中华人民共和国成立后,苏联汉学的发展获得了新的强劲动力。1950 年代,成千上万的中国学生就读于苏联的高校,俄罗斯的学生则在中国学习。于是在国情学家和俄罗斯学家层面形成了对话。应该指出,由"无产阶级文化大革命"造成的中国发展复杂而又充满戏剧性的年代里,俄罗斯汉学家研究的主要倾向同以往一样,仍然是详尽全面地研究中国文化史、汉语、中共党史、中华人民共和国的对内对外政策。

1966 年,中国研究的重镇之一——科学院远东所得以重建,全面研究当代中国及其历史、苏中关系的现状和发展前景;寻找这种关系发展和正常化之路是研究所研究的重要方向。研究所汇集了最好的专业人才并成为全方位培养年轻的高水平汉学专家的中心。

在研究所的工作中,两国的政治经济合作问题、克服分歧问题占有重

---

① Антология китайской лирики Ⅶ-Ⅸ вв. по Р. Хр. /Пер. в стихах Ю. К. Щуцкого, ред. ,вводные обобщения и предис. В. М. Алексеева. М. -Пг. ,1923.

② Шицзин(Книга песен и гимнов). М. ,1957(1-е изд.);1987(2-е изд.).

③ Рогов В. Лу Синь. Подлинная история А-Кью/ Пер. с кит. и послесл. Вл. Рогова. М. ,1960.

④ Федоренко Н. Т. Цюй Юань: истоки и проблемы творчества. М. ,1986.

⑤ Петров А. А. Ван Би(226－249): из истории китайской философии //Тр. ИВ АН СССР. Т. 13. М. -Л. ,1936.

要地位。在研究所全面的科学规划中，俄中关系史位置突出。研究所一个庞大的规划就是出版自 17 世纪初建立关系起到 1950 年 2 月间俄苏中关系史文献。在 С. Л. 齐赫文斯基院士、苏联科学院通讯院士 М. И. 斯拉德科夫斯基（М. И. Сладковский）和 В. С. 米亚斯尼科夫院士（В. С. Мясников）的领导下，А. М. 列多夫斯基（А. М. Ледовский）、А. С. 伊帕托娃（А. С. Ипатова）、Р. А. 米罗维茨卡娅（Р. А. Мировицкая）、И. Т. 莫罗斯（И. Т. Мороз）、Г. И. 萨尔吉索娃（Г. И. Саркисова）等一批经验丰富的研究者在这方面做了大量的工作。2013 年时这套独一无二的系列文丛已出版 10 卷（其中 2 卷出了 2 本）。①

1970 年代出版了一批现代和古代汉语教材、中国史、中国哲学史和文学史方面的书籍。同时还出版了一系列中国通史、1920—1940 年代革命运动史、中共党史、国民党政策和意识形态方面的作品。С. Л. 齐赫文斯基、М. И. 斯拉德科夫斯基、Г. В. 阿斯塔菲耶夫（Г. В. Астафьев）、Г. Б. 爱伦堡（Г. Б. Эренбург）、Л. Н. 西蒙诺夫斯卡娅（Л. Н. Симоновская）、М. Ф. 尤里耶夫、Л. И. 杜曼（Л. И. Думан）、В. И. 格鲁宁（В. И. Глунин）、А. М. 格里高利耶夫（А. М. Григорьев）、Л. П. 杰柳欣（Л. П. Делюсин）、А. В. 梅里克谢托夫（А. В. Меликсетов）、Н. Г. 谢宁（Н. Г.

---

① Русско-китайские отношения в XVIII веке: материалы и документы. Т. 2: 1725—1727/Отв. ред. С. Л. Тихвинский, ред. В. С. Мясников, сост.: Н. Ф. Демидова, В. С. Мясников, А. И. Тарасова. М., 1990; Русско-китайские отношения в XVIII веке: материалы и документы. Т. 3: 1727—1729/Отв. ред. С. Л. Тихвинский, ред. В. С. Мясников, сост.: Н. Ф. Демидова, В. С. Мясников, А. И. Тарасова. М., 2006; Русско-китайские отношения в XVIII веке: материалы и документы. Т. 6: 1752—1765/Отв. ред. С. Л. Тихвинский, ред. В. С. Мясников, сост.: В. С. Мясников, Г. И. Саркисова. М., 2011; Русско-китайские отношения в XIX веке: материалы и документы. Т. 1: 1803—1807/Отв. ред. С. Л. Тихвинский, ред. В. С. Мясников, сост.: М. Б. Давыдова, И. Т. Мороз, В. С. Мясников, Н. Ю. Новгородская. М., 1995; Русско-китайские отношения в XX веке: материалы и документы. Т. 3: Советско-китайские отношения, сентябрь 1931—сентябрь 1937/Отв. ред. С. Л. Тихвинский, ред. В. С. Мясников, сост.: А. М. Ледовский, Р. А. Мировицкая, В. С. Мясников. М., 2010; Русско-китайские отношения в XX веке: материалы и документы. Т. 4: Советско-китайские отношения, 1937—1945. Кн. 1/Отв. ред. С. Л. Тихвинский, ред. В. С. Мясников, сост.: А. М. Ледовский, Р. А. Мировицкая, В. С. Мясников. М., 2000; Русско-китайские отношения в XX веке: материалы и документы. Т. 5: Советско-китайские отношения, 1946—февраль 1950. Кн. 1, 2/Отв. ред. С. Л. Тихвинский, ред. В. С. Мясников, сост.: А. М. Ледовский, Р. А. Мировицкая, В. С. Мясников. М., 2006; Русско-китайские договорно-правовые акты. 1689—1916/Под общей ред. В. С. Мясников, сост.: И. Т. Мороз, В. С. Мясников. М. 2006.

Сенин)、Ю. М. 加卢尚茨(Ю. М. Гарушянц)、Г. Д. С 苏哈尔丘克(Г. Д. Сухарчук)、Ю. В. 诺夫格罗茨基(Ю. В. Новгородский)、В. А. 克里夫佐夫(В. А. Кривцов)、В. Н. 尼基佛罗夫、Р. В. 维亚特金(Р. В. Вяткин)、Ю. М. 加列诺维奇(Ю. М. Галенович)、А. И. 卡尔图诺娃(А. И. Картунова)、Е. Ф. 科瓦廖夫(Е. Ф. Ковалев)、А. С. 穆格鲁津(А. С. Мугрузин)的著作研究了这些问题。

20世纪70—80年代,М. И. 斯拉德科夫斯基教授出版了系列研究俄中经贸史,以及中国和日本、英国关系史的著作。① 1974年,笔名 В. И. 王宁(В. И. Ванин)的经济学博士 В. И. 沙巴林(В. И. Шабалин)出版了论中国"国家资本主义"的特点和中国民族资产阶级作用的有分量的研究成果。② 著名的汉学家尼科尔斯基(М. М. Никольский)、Э. П. 皮沃瓦洛娃(Э. П. Пивоварова)、А. В. 阿基莫夫(А. В. Акимов)、А. В. 奥斯特洛夫斯基(А. В. Островский)、А. Н. 阿尼西莫夫(А. Н. Анисимов)、В. Я. 波尔加科夫(В. Я. Портяков)、Л. Д. 鲍尼(Л. Д. Бони)、Л. И. 康德拉绍娃(Л. И. Кондрашова)、Е. С. 巴仁诺娃(Е. С. Баженова)、О. Н. 鲍洛赫(О. Н. Борох)、Л. А. 沃尔科娃(Л. А. Волкова)、З. А. 穆罗姆采娃(З. А. Муромцева)是近40年来研究中国社会关系、中国社会经济和文明的特点、政治改革和开放的经验、中国部门经济状况等各个方面的领军人物。

大型学术会议成为苏俄汉学家营造俄中相互理解的氛围的真正舞台,成为不管国家间关系如何激化,双方都准备开展实际对话的展示平台。学术会议上,大家共同讨论中国发展的历史之路,它同俄罗斯及其他国家的联系,并找出两国关系正常化历史必然性的利益共同体。这一立场也是对毛泽东1972年会见尼克松总统时表示中国准备参加美国主导的反苏战线的结构性调整。1980年代末的后续事件表明,北京听到了俄罗斯社会各界释放的善意信号。这意味着俄中关系新时代的到来。

在经济学博士 Л. П. 杰柳欣的倡议下,从1970年代开始至今,苏联科学院东方所经常举办多层次的"中国的社会和国家"学术研讨年会。从

---

① Сладковский М. И. Очерки развития внешнеэкономических отношений Китая. М., 1953; Очерки экономических отношений СССР с Китаем. М., 1957; Китай—основные проблемы истории, экономики, идеологии. М., 1978; История торгово-экономических отношений народов России с Китаем(до 1917 г.). М., 1974.

② Ванин В. И. Государственный капитализм в КНР. М., 1974.

1980年代末开始,远东所就现代中国的经济、文化和历史问题举办了多次学术研讨会。1989年,苏联科学院远东所开始举办"中国,中国文明和世界"国际研讨会。2011年,这个研讨会主题为辛亥革命100周年。① 在这次历时多日的研讨会上,代表们聆听到100多场学术报告。2013年10月,科学院举办了旨在探讨中国在亚太地区和世界作用的国际研讨会,会议为期3天。来自10个国家的逾200位学者参加了大会。在7个小组和大会发言中代表们听取了190场学术报告。

1970年,在 Г. В. 叶菲莫夫(Г. В. Ефимов)教授的领导下,列宁格勒大学开始每年举办中国历史学学术研讨会。在中国严重动荡及苏中关系极其复杂的年代,俄罗斯的汉学家保持了冷静,没有堕入反华的立场。相反,在俄罗斯汉学家的著作中表现出对中国人民历史和文化的深深敬意,表现出对我们同中国关系中发生的戏剧性曲折变化迟早都要结束,两国关系必将正常化的期望。许多研究李大钊、彭湃、陈独秀、瞿秋白、毛泽东、刘少奇、陈云、邓小平的观点和政治活动的著作问世。

转向研究和出版中国人民丰富的文化哲学、历史遗产以及俄中友好史,成为活跃俄罗斯汉学,呼吁研究人员不要仅囿于批判北京当时的反苏政策,而要开始为同中国友好对话搭建一个建设性平台的重要动力。1972—1973年,由 В. Г. 布罗夫(В. Г. Буров)和 М. Л. 季塔连科(М. Л. Титаренко)主编的《中国古代哲学:两卷本文集》一书问世,②稍后又出版了《中国古代哲学:汉朝》。③ 在 С. Л. 齐赫文斯基院士主编下,孙逸仙(孙中山)作品的译本和研究著作,④以及《新时期进步的中国思想家文选》问世。⑤ Л. С. 佩列洛莫夫(Л. С. Переломов,嵇辽拉)翻译并研究了法家的主要典籍《商君书》。⑥ Л. Д. 波兹德涅耶娃(Л. Д. Позднеева)发表了译

---

① Вековой путь Китая к прогрессу и модернизации: К 100-летию Синхайской революции. XIX МНК ККЦиМ. М., 19—21 окт. 2011 г.
② Древнекитайская философия. Собрание текстов. В 2 т. Сер.: Философское наследие / Сост. Ян Хиншуна, вступ. ст. В. Г. Бурова, М. Л. Титаренко. М., 1972.
③ Древнекитайская философия: Эпоха Хань. М., 1990.
④ Сунь Ятсен. Избранные произведения. М., 1985.
⑤ Избранные произведения прогрессивных китайских мыслителей Нового времени. (1840—1898). М., 1961.
⑥ Книга правителя области Шан/ Пер., вступ. ст. и коммент. Л. С. Переомова. М., 1968.

文集《古代中国的无神论者、唯物主义者、辩证论者》。① Л. Е. 波梅兰采娃(Л. Е. Померанцева)翻译并研究了《淮南子》一书。② Г. А. 特卡琴科(Г. А. Ткаченко)翻译并研究了哲学文集《吕氏春秋》。③ В. Ф. 古萨罗夫(В. Ф. Гусаров)发表了研究儒家哲学家韩愈(768—824 年)观点的系列文章。④

在杰出的汉学家－语言学家 И. М. 鄂山荫的领导下，始于 В. М. 阿列克谢耶夫的四卷本《华俄词典》得以完成。⑤ 它的出版是俄国汉学杰出的成就。这部作品曾获国家奖。这一时期苏联的汉学家－文学家 Д. Н. 沃斯克列先斯基(Д. Н. Воскресенский，华克生)、В. Ф. 索罗金(В. Ф. Сорокин)、Н. Т. 费德林、Л. Е. 切尔卡斯基(Л. Е. Черкасский)、М. И. 巴斯曼诺夫(М. И. Басманов)、В. В. 彼得罗夫(В. В. Петров)、Е. А. 谢列布里亚科夫(Е. А. Серебряков)、А. П. 罗加乔夫(А. П. Рогачёв)、Л. З. 艾德林(Л. З. Эйдлин)出版了一系列中国古典文学的译本，出版了屈原、白居易、李白、李清照、陶渊明的诗歌，蒲松龄的小说，长篇小说《三国演义》《红楼梦》《水浒传》《西游记》以及中国童话的译本。中国著名学者袁珂的专著《中国古代神话》的俄文译本出了两版，该书由李福清院士(Б. Л. Рифтин)主编并题跋。⑥ 书中收集和注释的材料给俄罗斯及欧洲读者开辟了研究中国文化的新层面。

1960 年代，著名的俄罗斯汉学家－历史学家 Р. В. 维亚特金(Р. В. Вяткин)开始翻译"中国历史之父"司马迁的多卷本《史记》这一名副其实的浩大工程。⑦ А. Р. 维亚特金(А. Р. Вяткин)完成了这项工作。

20 世纪 70 年代初，研究出版中国人民的文化遗产和俄中友好关系

---

① Позднеева Л. Д. Атеисты, материалисты, диалектики древнего Китая: Ян Чжу, Лецзы, Чжуанцы(Ⅵ-Ⅳ вв. до н. э.). М., 1967.

② Философы из Хуайнани: Хуайнаньцзы. М., 2004.

③ Ткаченко Г. А. Космос, музыка, ритуал. Миф и эстетика в "Люйши чуньцю". М., 1990.

④ Гусаров В. Ф. Некоторые положения теории пути Хань Юя. М., 1977.

⑤ Большой китайско-русский словарь по русской графической ситстеме. В. 4 т. М., 1983—1984.

⑥ Юань Кэ. Мифы древнего Китая. М., 1965(1-е изд.); 1987(2-е изд.)/Пер. с кит. Е. И. Лубо-Лесниченько, Е. В. Пузицкого и В. Ф. Сорокина, послесл. Б. Л. Рифтина.

⑦ Сыма Цянь. Исторические записки. В 9 т. М., Т. 1. 1972(2001); Т. 2. 1975(2003); Т. 3. 1984; Т. 4. 1986; Т. 5. 1987; Т. 6. 1992; Т. 7. 1996; Т. 8. 2002; Т. 9. 2010.

史范围的扩大凸显出中国哲学、经济、社会学和政治学领域汉学人才的匮乏。有鉴于此,莫斯科国立罗蒙诺索夫大学哲学系组建了一个专业是中国哲学,并深入研究现代汉语和文言文的团队。1972 年他们重组了东方语学院,改组为莫斯科国立罗蒙诺索夫大学亚非学院,在这所学院开设了新的社会经济专业。此外,他们扩大了所有其他汉学专业的招生。在列宁格勒大学、远东大学和赤塔师范学院的汉语专业和系也扩大了招生。至 1980 年代初,汉学家的队伍补充了一大批新生力量,他们拓宽了研究和理解中国的视野。莫斯科国立罗蒙诺索夫大学哲学系中国哲学史团队培养出了诸如 А. Е. 卢基扬诺夫(А. Е. Лукьянов)、А. И. 科布泽夫(А. И. Кобзев,科布杰夫)、А. В. 罗曼诺夫(А. В. Ломанов)等知名的研究者。

1980 年代末—1990 年代初,两国关系正常化并建立友好的苏中关系后,有必要思考并吸取 1960—1980 年代我们关系史上戏剧性时期的教训。就这个主题举办了多次有俄中同行参与的国际学术研讨会,出版了一系列学术作品。在这方面,俄罗斯汉学家一系列集体著作占有重要位置。其中有:斯拉德科夫斯基研究俄中经济史的作品,俄罗斯学者研究俄中划界史的作品集,М. С. 卡皮察(М. С. Капица)、О. Б. 拉赫玛尼(О. Б. Рахманин)、Б. Т. 库里克、巴林研究 20 世纪 50—70 年代苏中关系史的著作。1990 年代出版了几本 М. Л. 季塔连科分析俄中相互关系和俄中在保证东亚安全问题中的作用的专著,以及 Ю. М. 加列诺维奇、С. Г. 卢佳宁(С. Г. Лузянин)、А. Д. 沃斯克列先斯基(А. Д. Воскресенский)研究 20 世纪俄中关系史的作品。

С. Л. 齐赫文斯基系列作品的出版是 20 世纪末至 21 世纪初俄罗斯汉学界,尤其在中国史研究领域的一个重大事件:《中国与世界历史》《中国走向统一和独立之路》《以周恩来生平资料为例》《急剧变化的世纪》。①此后出版了 С. Л. 齐赫文斯基选集。② 2007 年,С. Л. 齐赫文斯基倡议编写 10 卷本《从远古到 21 世纪初的中国历史》。2013 年这套意义非凡的丛书中的两卷付梓。一卷涵盖了从公元前 5 世纪到公元 3 世纪(Л. С. 佩

---

① Тихвинский С. Китай и всемирная история. М., 1987; Тихвинский С. Л. Путь Китая к объединению и независимости. 1898—1949. По материалам биографии Чжоу Эньлая. М., 1996; Тихвинский С. Л. Век стремительных перемен: сбю ст. М., 2005.

② Тихвинский С. Л. Избр. произв. в 5 кн. М., 2006; Тихвинский С. Л. Избр. произ. Кн. 6. Дополнительная. М., 2012.

列洛莫夫为第二卷主编)的时期,另一卷为1912—1949年[Н. Л. 玛玛耶娃(Н. Л. Мамаева)为第七卷主编]。①

1990年代末至21世纪初,在德国同行的支持下,俄罗斯科学院远东所的汉学家编撰出版了独一无二的著作《联共(布),共产国际和中国》,其中公布了大量苏共中央政治局和共产国际的绝密档案。② 这本书的主编、编写者和参与者是俄罗斯科学院远东所的学者 М. Л. 季塔连科、А. М. 格里高利耶夫、В. И. 格鲁宁、К. В. 什维廖夫(К. В. Шевелев)、А. Е. 卡尔图诺娃(А. Е. Картунова)、И. Н. 索特尼科娃(И. Н. Сотникова)、Н. И. 梅尔尼科娃(Н. И. Мельникова),柏林自由大学的教授郭恒钰(Го Хэнъюй)和 М. 列特涅尔(М. Лейтнер),柏林洪堡大学教授 Р. 菲尔别尔(Р. Фельбер)。这些文件的出版有助于澄清很多中国革命史、中国人民抗日战争、苏中关系史和远东地区整体国际关系的不明之处。Б. Т. 库里克(Б. Т. Кулик)的专著《苏中分裂:原因与后果》的出版是对"动荡的20年"的概括性总结。③ 2013年出版的 А. И. 杰尼索夫(А. И. Денисов)、Е. П. 巴扎诺夫(Е. П. Бажанов)、А. В. 卢金(А. В. Лукин)、А. В. 伊万诺夫(А. В. Иванов)、В. Л. 拉林(В. Л. Ларин)、Г. Н. 罗曼诺夫(Г. Н. Романов)、В. Г. 达岑申(В. Г. Дацышен)、А. А. 皮萨列夫(А. А. Писарев)、Н. А. 萨莫伊洛夫(Н. А. Самойлов)的合著力图勾勒出400年俄中关系史的主要方向和问题。④

20世纪80年代初,伴随着改革开放政策的实施,中国开始了前所未有的飞跃。俄罗斯的汉学家发表出版了数百部研究中国各方面发展的专著、论文和学术报告。出版了超过100部涵盖中国改革开放各方面经验的作品,其中包括一系列论述中华人民共和国党政体系和法制,中国工业、农业、交通发展,中国改革的法制保障和投资环境,中国经济在世界经济中的地位和影响等方面的作品。А. В. 奥斯特洛夫斯基、В. Я. 波尔加科夫、В. И. 沙巴林、Э. П. 皮沃瓦洛娃、Л. И. 康德拉绍娃、Г. Д. 苏哈尔丘

---

① История Китая с древнейших времён до начала XXI в. Т. II: Эпоха Чжаньго, Цинь и Хань(V в. до н. э.-III в. н. э.). М., 2013; Т. VII: Китайская Республика(1912—1949). М., 2013.

② ВКП(б), Коминтерн и Китай. М., 1994—2007.

③ Кулик Б. Т. Советско-китайский раскол: причины и последствия. М., 2000.

④ Россия и Китай: четыре века взаимодействия. История, современное состояние и перспективы развития российско-китайских отношений/Под ред. А. В. Лукина М., 2013.

克、В. Г. 格里布拉斯（В. Г. Гельбрас）、В. И. 波塔波夫（В. И. Потапов）、В. В. 卡尔鲁索夫（В. В. Карлусов）、М. В. 亚历山德洛娃（М. В. Александрова）、Л. Д. 鲍尼（Л. Д. Бони）、Л. П. 杰柳欣、З. А. 穆罗姆采娃、Л. А. 沃尔科娃、Л. М. 古多什尼科夫（Л. М. Гудошников）、Н. Л. 玛玛耶娃、Г. А. 冈申（Г. А. Ганшин）、А. В. 维诺格拉多夫（А. В. Виноградов）、Л. В. 诺沃谢洛娃（Л. В. Новоселова）等对汉学的这个研究方向做出了显著贡献。

对中国文化遗产的深入研究彰显出全面理解中国及在其哲学传统影响下众多居民的生活的重要意义，这一新浪潮始于1970年代初。这种哲学中隐含着一套日常行为方法规范，它确定着思维方式和价值体系的选择，确定着自我认同和所有属于中华文明主体的实践行为的模式。

这种理解是拓展研究中国哲学和精神文明领域的动力。在莫斯科、列宁格勒（圣彼得堡）、乌兰乌德、符拉迪沃斯托克出现了一些汉学家的创作团队，他们在较短的时期内推出了一系列研究中国思想家的精深之作，以及多卷本的总结中国精神文化的著作。

А. В. 罗曼诺夫、Е. А. 卢基扬诺夫、Л. С. 佩列洛莫夫、А. И. 科布泽夫、А. Б. 斯塔罗斯基娜（А. Б. Старостина）、Е. А. 托尔奇诺夫、Г. А. 特卡琴科、И. И. 谢梅年科（И. И. Семененко）、М. Л. 季塔连科、С. Р. 别洛乌索夫（С. Р. Белоусов）、Л. Н. 鲍洛赫、В. С. 斯皮林（В. С. Спирин）、Н. В. 阿巴耶夫（Н. В. Абаев）、В. Ф. 费奥柯基斯托夫（В. Ф. Феоктистов）、В. В. 马良文（В. В. Малявин）、В. Г. 布罗夫（В. Г. Буров）、Л. Е. 杨古托夫（Л. Е. Янгутов）、А. М. 卡拉别江茨（А. М. Карапетьянц）、С. М. 阿尼克耶娃（С. М. Аникеева）、Л. С. 瓦西里耶夫、В. Е. 叶列梅耶夫（В. Е. Еремеев）、А. М. 克拉夫佐娃（А. М. Кравцова）、Д. Н. 沃斯克列先斯基、О. Л. 费什曼（О. Л. Фишман）、А. С. 马尔特诺夫（А. С. Мартынов）、Ю. Л. 克罗尔（Ю. Л. Кроль）、Л. Н. 缅什科夫（Л. Н. Меньшиков，孟列夫）、Б. Г. 多罗宁（Б. Г. Доронин）等汉学家的作品组成了中国古典和现代哲学、艺术、历史、医学、经济、军事文献的多卷本文库。儒家经典的公认译作，道家圣贤老子和庄子，墨家墨翟的著作，法家商鞅和韩非子，汉、唐、宋、明、清等朝代的哲学文献，20世纪著名哲学家冯友兰、梁漱溟、胡适、杨献珍作品的各种译本也成为文库的一部分。此外还首次出版了佛教哲学多种文献，学界对毛泽东思想、邓小平理论和中华人民共和国当代领导人思想体系也进行了多层面的研究。

1990年，俄罗斯科学院远东所组建了一个筹备撰写独一无二的著作——《中国哲学》百科辞典的写作班子，该书出版于1994年。这个班子成为15年内完成撰写和出版独一无二的6卷本《中国精神文化大典》作者群体的骨干。在汉学家阿尼克耶娃的领导下，在 И. И. 梅兰依内（И. И. Меланьиный）的协助下，东方文学出版社以最高的专业水平设计了大典各卷艺术水准高、特色鲜明的装帧和样本。

历史主义，通常善待先人积淀下来的所有优秀成果，本着"推陈出新"的原则，尊重自己的历史——这就是中华民族自我意识的典型特点。在中国近现代史上只有两次偏离这一传统：义和团起义（1900—1901年）时全民骚乱的过程和十年"文化大革命"时期（1966—1976年）。因此，自 Н. Я. 比丘林、С. М. 格奥尔吉耶夫斯基、К. А. 斯卡奇科夫的著作问世，事实上从俄国的汉学诞生之日起，历史流派和众多的历史学派就开始出现并得到发展。

20世纪40年代起，俄罗斯汉学的历史流派繁荣一时。这同俄罗斯社会各界更多关注和同情中国人民英勇反抗1931年占领中国东北的日本侵略有关。1937年，日本军国主义对中国和东南亚国家展开大规模侵略，事实上拉开了第二次世界大战的序幕。这些年里形成了研究中国通史和当代史的俄罗斯学派[Л. И. 杜曼和 К. А. 哈雷斯基（К. А. Харнский）]。

战后几十年是研究中国通史，深入研究我们邻国各时期历史的全面展开时期和繁荣时期。Л. И. 杜曼、С. Л. 齐赫文斯基、Г. Н. 沃伊津斯基（Г. Н. Войтинский）、Г. Б. 爱伦堡、М. Ф. 尤里耶夫、О. Е. 涅波姆宁（О. Е. Непомнин）、В. Н. 尼基佛罗夫、Л. С. 佩列洛莫夫、Р. Ф. 伊茨（Р. Ф. Итс）、Г. В. 阿斯塔菲耶夫、Л. А. 别列兹内依（Л. А. Березный）、Г. В. 叶菲莫夫、Л. В. 西蒙诺夫斯卡娅（Л. В. Симоновская）、Ю. В. 丘多杰耶夫（Ю. В. Чудодеев）、А. Н. 霍赫洛夫（А. Н. Хохлов）等开辟了一系列研究中国通史的新方向。С. Л. 齐赫文斯基、В. И. 格鲁宁、А. М. 格里高利耶夫、А. И. 卡尔图诺娃、М. Ф. 尤里耶夫、Е. Ф. 科瓦廖夫、Р. М. 阿斯兰诺夫（Р. М. Асланов）、Н. Л. 玛玛耶娃形成了研究中国现代史的新方向：研究19世纪末以来的中国政党史。出版了一批研究康有为、谭嗣同、孙逸仙（孙中山）、共产党和国民党的专著和论文。对中共党史及其领导的中国革命和抗日战争的研究持续深入。

П. Е. 斯卡奇科夫的两部研究著作的出版是俄罗斯汉学发展中的重大事件：一部是博大的《中国索引（简介）》，一部是精深的《俄罗斯汉学史纲》。①

从 1960 年代初起，苏联科学院远东所和东方所的学者们对俄中关系史、两国边界形成史开展了广泛的研究。在 С. Л. 齐赫文斯基、В. С. 米亚斯尼科夫、Р. А. 米罗维茨卡娅、А. С. 伊帕托娃、Г. И. 萨尔吉索娃、И. Т. 莫罗斯等的领导下，开始出版始自 17 世纪的中俄关系史文献。М. И. 斯拉德科夫斯基、Г. В. 阿斯塔菲耶夫、А. М. 杜宾斯基（А. М. Дубинский）、М. С. 卡皮察、В. А. 克里夫佐夫、О. Б. 拉赫玛尼、В. С. 库兹涅佐夫（В. С. Кузнецов）出版了一批研究中国对外政策史及其与世界强国相互关系史的著作。

汉学家 С. Л. 齐赫文斯基、М. И. 斯拉德科夫斯基、Ю. М. 加列诺维奇、В. Н. 乌索夫（В. Н. Усов）、М. С. 卡皮察、А. М. 格里高利耶夫、К. В. 什维廖夫、Р. М. 阿斯兰诺夫（Р. М. Асланов）、Б. Г. 多罗宁、Ф. Б. 别列留布斯基（Ф. Б. Белелюбский）、В. П. 伊留舍奇金（В. П. Илюшечкин）、Г. А. 斯捷潘诺娃、Л. П. 杰柳欣、А. В. 梅里克谢托夫、Р. А. 米罗维茨卡娅、А. С. 伊帕托娃、А. М. 列多夫斯基、Л. С. 寇扎章（Л. С. Кюзаджан）等是中国通史的作者或参撰者，其中包括撰写"大跃进""文革"时期等严重影响中国被外部世界接受的重要的国内事件的著作。

20 世纪下半叶，在历史学方向流派内，考古学和人类学、生态学研究学派，研究中国宗教的学派，研究中国法学、中国的传统、中国的教育及电影文化的学派发展起来。А. П. 奥克拉德尼科夫（А. П. Окладников）、В. 克留科夫（В. Крюков）、С. Р. 库切拉（С. Р. Кучера）是当代研究中国考古学的先行者。Н. Н. 切鲍科萨拉夫（Н. Н. Чебоксаров）、А. М. 列舍托夫（А. М. Решетов）、Т. Р. 拉西莫夫（Т. Р. Рахимов）、А. А. 莫斯卡廖夫（А. А. Москалев）、В. С. 塔斯金（В. С. Таскин）进行着中华民族构成史的研究。

百科全书式人物 Н. Я. 比丘林开启了对中国宗教和信仰的研究，В. П. 瓦西里耶夫和 С. М. 格奥尔吉耶夫斯基继承和深化了 19 世纪的这些研究。当今，Е. А. 托尔奇诺夫（Е. А. Торчинов）、Л. С. 瓦西里耶夫

---

① Скачков П. Е. Библиография Китая. М., 1960；Скачков П. Е. Очерки истории русского китаеведения. М., 1977.

(Л. С. Васильев)、С. А. 戈尔布诺娃(С. А. Горбунова)、Н. В. 阿巴耶夫、Л. Е. 杨古托夫、В. В. 马良文、А. А. 马斯洛夫(А. А. Маслов)、В. С. 库兹涅佐夫、К. М. 杰尔季茨基(К. М. Тертицкий)的著作丰富着这一流派。

Н. Я. 比丘林和С. М. 格奥尔吉耶夫斯基奠定了研究中国法学的开端,但在随后的几百年间,俄国的汉学家对这一问题却涉猎甚少。仅仅是在"文化大革命"混乱的年代里,Л. М. 古多什尼科夫(Л. М. Гудошников)教授在远东所组建了一个研究中国法律的团队。在他的倡导下,翻译出版了中华人民共和国主要的法令,它们用于调整"文化大革命"期间产生的问题,而且还是确保中国文化经济快速腾飞,成为世界第二大经济强国的改革开放政策的法律基础。Е. И. 克恰诺夫(Е. И. Кычанов)、Н. П. 斯维斯图诺娃(Н. П. Свистунова)、В. М. 雷巴科夫(В. М. Рыбаков)的著作为研究中国的法律史做出了重大贡献。

俄罗斯科学院远东所的研究员 Н. Е. 鲍列夫斯卡娅(Н. Е. Боревская)是研究中国教育体制的拓荒者。在俄罗斯科学院远东所,С. А. 托罗普采夫(С. А. Торопцев)开始研究大陆中国电影文化。

在俄罗斯,从20世纪初开始形成了一个研究中国艺术和民间工艺的强大学派。В. М. 阿列克谢耶夫院士是俄罗斯研究中国绘画和民间版画的奠基人。李福清、М. Л. 卢多娃(М. Л. Рудова, Пчелина)、Н. А. 维诺格拉多娃(Н. А. Виноградова)、Э. П. 司徒仁娜(Э. П. Стужена)、Е. В. 扎瓦茨卡娅(Е. В. Завадская, Виноградова)、О. Н. 格鲁哈廖娃(О. Н. Глухарева)、С. М. 柯切托娃(С. М. Кочетова)、И. Ф. 穆里安(И. Ф. Муриан)、Т. А. 波斯特列洛娃(Т. А. Пострелова)、В. Г. 别洛杰罗娃(В. Г. Белозерова)继承了他在中国绘画、书法和民间版画等研究领域奠定的传统。三位斯切夫(Л. П. Сычев, В. Л. Сычев, Н. С. Сычев)从事着中国风习和服饰文化、园艺文化的研究。

二 中俄文化:认识各民族的智慧

中国文化主要的特点突出表现为尊重历史,以及解决任何重大问题时的历史主义态度。在中国,过去、现在和未来之间没有特别明显的断裂。俄国汉学家注意到,历史主义的态度对形成俄罗斯文化和俄国文明而言也具有典型性。这种远古与当代近似和呼应的例子不胜枚举。为此,我们举中国文明的象征孔子和老子为一方,俄罗斯文化的象征 А. С. 普希金(А. С. Пушкин)和 Л. Н. 托尔斯泰(Л. Н. Толстой)为另一方,以他们独特的千年对话作为例证。

还在 19 世纪,Н. Я. 比丘林和俄国东正教北京传教团世俗成员中的天才研究者们的著作,其后是圣彼得堡、莫斯科和喀山的大学中国中心的研究员们的著作,就已经在俄国构建起研究中国文明的强大平台。正是因为当时俄罗斯文化最杰出的代表 А. С. 普希金、Н. Г. 车尔尼雪夫斯基(Н. Г. Чернышевский)、Ф. М. 陀思妥耶夫斯基(Ф. М. Достоевский)和托尔斯泰将中国文化哲学原则作为俄罗斯文化和政治的重要构建材料,汉学才成为深入的哲学思考的对象和有影响的精神要素。

以两位伟大的俄罗斯文化的代表 А. С. 普希金和 Л. Н. 托尔斯泰对待中国哲学、对待我们东方邻居的东方智慧和伦理道德成就的态度为例,就可以最直观地探查到这一点。他们是第一批关注中国人哲学成就经典,并用以了解和评估何处值得俄罗斯文化研究思考和汲取的人。

早在中国能接触到 А. С. 普希金的诗歌和伟大的作家—道德家 Л. Н. 托尔斯泰之前,俄国就已知道中国圣哲的学说。中国哲学的典范是在 18 世纪末—19 世纪初进入俄国的。而中国人了解俄罗斯文化,其中包括文学则仅始于 20 世纪。19 世纪,中国官方奉行着严厉的排除其他民族文化和科学影响的闭关锁国政策。俄国则相反,产生了一个积极掌握欧洲和亚洲文明成果的过程。

俄国优秀的思想家不可能绕过或不汲取 19 世纪初在俄国时髦的中国哲学思想、中国人的世界观及伦理学说的典范。难怪许多俄国的汉学家激情澎湃地研究中国哲学对包括 А. С. 普希金和 Л. Н. 托尔斯泰在内的伟大俄罗斯诗人和散文家的影响。

А. С. 普希金非常仔细深入研究了自己的主人公的形象问题。研究诗人的文献和草稿可以发现很多非常有趣的细节。譬如,А. С. 普希金在塑造奥涅金(Евгений Онегин)这个博学善思的形象时,曾试图将孔子某些有价值的东西引入自己长篇小说《叶甫盖尼·奥涅金》的文本中。俄罗斯的汉学家在诗人不晚于 1823 年写于敖德萨的长诗第一章文献中找到了有趣的草稿。他们在勾掉的诗中发现:

　　(孔子)中国的圣哲,
　　教我们尊重青年,

为免误入歧途，
切勿急于指责，
只有他们能给予希望
能给予希望……①

随后文本中断。可惜，这段草稿没有下文了，不过它却清楚地表明，孔子的思想曾存在于 A. C. 普希金的内在创作活动中。天才的诗人通过 H. Я. 比丘林著作提供的中国知识，发现俄国和中国对道德价值的理解存在共同之处。

1830 年 1 月 7 日，A. C. 普希金致信第三厅厅长 A. X. 卞肯道尔夫（A. X. Бенкендорф）公爵，请求允许他去中国旅行。诗人恳准自己和派往中国的传教团一同前往，不过并未获准。

如今，A. C. 普希金在俄中跨文化对话中的作用在俄中社会各界代表的活动中已获得认可。1928 年，在上海一条不起眼的街道月亮路上，在高高的花岗岩底座上树起一座 A. C. 普希金的半身雕像。这是中国唯一的，也是全亚洲第一座伟大的俄罗斯诗人的纪念碑。

1999 年为庆祝 A. C. 普希金 200 周年诞辰，中国举行的庆祝活动具有了真正的全国性，这是 A. C. 普希金在俄中文化跨文明对话中现实作用的有力证明。中国出版社出版了几个 A. C. 普希金全集的译本，更不用说形形色色的选集译本。这在出版实践中是一种从未有过的现象。同时，中国的电视台，甚至话剧院和音乐剧院都为观众演出和展示了 A. C. 普希金的所有戏剧作品以及俄国作曲家为 A. C. 普希金的诗歌和作品所配的乐曲。

值普希金纪念日之际，知名的中国诗人和社会活动家陈昊苏在中国出版了用类似的诗歌主题将普希金及其他俄国诗人与中国诗人的诗作对应排列的两卷本诗集。

俄罗斯汉学也注意到了 Л. H. 托尔斯泰巨大的创作潜力同中国哲学之间的相互关系。在俄国的汉学家看来，Л. H. 托尔斯泰可能要比普希金容易理解些，因为接近 19 世纪中叶，已出现了一批中国经典的译作。罕见的求知欲、令人难以置信的勤劳、深邃的理智使 Л. H. 托尔斯泰看到

---

① Переломов Л. С. Конфуций и конфуцианство с древности по настоящее время (V в. до н. э. - XXI в.). M. ,1977.

了中国古代圣哲伟大的道德价值。

在《论中国的孔子学说》中，Л. Н. 托尔斯泰指出："中国学说的本质是这样的：真正(伟大)的学说教人至善，即如何使人们焕然一新并保持这种状态。为了达到至善就需要：(1)治理好民众，治理好民众就需要；(2)管理好家庭，管理好家庭就需要；(3)管理好自身，管理好自身就需要；(4)心灵纯洁，心灵纯洁就需要；(5)思想真诚自觉，思想自觉就需要；(6)精深的知识，要有精深的知识就需要研究自身。"①

Л. Н. 托尔斯泰从青年时期就关注中国。年轻时他差点去中国，这事发生在1855年末。Л. Н. 托尔斯泰参加完著名的塞瓦斯托波尔保卫战后决定退役，从事文学创作。当时，清政府遭遇到将"鸦片"战争强加给中国的英国的军事威胁，急着在国外，包括俄国，雇佣一批军事专家以训练自己的军队。Л. Н. 托尔斯泰是一名有经验的炮兵军官，同其他人一起收到条件优厚的邀请，邀请他们以教官的身份去中国。但是他并不准备继续服军役，更主要的是，政府赋予派遣军官的任务对他没有吸引力。

Л. Н. 托尔斯泰视1860年代英国人和他们的盟国在中国的恐怖手段为欧洲文明的一种丑陋行径。在此背景下，另一种东方的价值观更加吸引着他。Л. Н. 托尔斯泰在发表于《俄国导报》(1862)第五期的一篇名为《进步与教育的定义》的文章中写道："俄国知道中国是一个拥有2亿居民，远离我们所有进步理论的国度。我们丝毫不怀疑：进步是全人类的普遍规律，相信进步的我们是正确的，而不相信进步的人则是错误的，因此就用炮弹和武器来唤起中国人的进步思想。"研究者认为19世纪70年代末至80年代初是Л. Н. 托尔斯泰观点和世界观的转折期。在这些年里他更频繁和深入地关注东方的思想家，在他们的哲学中寻找符合他自己思考的关于生命本质和人的使命的思想。1891年，托尔斯泰在谈到哪些思想家对他影响最大时，将孔子、孟子和老子与西方的哲学家并列。他在日记中指出："我将我良好的道德状态归因于阅读孔子，主要是阅读老子。"②

Л. Н. 托尔斯泰在研究老子哲学的同时，倾注了很大的精力思考孔

---

① Цит. по：Переломов Л. С. Слово Конфуция. М.，1992. С. 4—5. 原文为：古之欲明明德于天下者，先治其国。欲治其国者，先齐其家。欲齐其家者，先修其身。欲修其身者，先正其心。欲正其心者，先诚其意。欲诚其意者，先致其知。致知在格物。

② Толстой Л. Н. Полн. собр. соч. В 90т. М.，1928—1958. Т. 49. С. 68.

子的学说。那些他试图运用于自己的道德准则中,阐释生命的意义以及制定正义标准时的思想让他激动不已。Л. Н. 托尔斯泰甚至在孔子的伦理观,在他对仁、义、信、克己、自修、好学、孝、敬等思想的论述中寻找那些让他激动不已的问题的答案。

在写给 В. Г. 切尔特科夫(В. Г. Чертков)的信中,Л. Н. 托尔斯泰引用了一句中国至理名言:"苟日新,日日新,又日新。""我非常喜欢这句话",Л. Н. 托尔斯泰在引用这句名言时补充道。①

1844 年 2 月末,Л. Н. 托尔斯泰写信给 В. Г. 切尔特科夫:"我在家里发高烧,得了重感冒,读孔子已经第二天了。真是难以想象,它达到了非同寻常的道德高度"。这几行字是针对《孔子的生平与学说》一书而言,②它是英国新教传教士、汉学家和翻译家詹姆士·理雅各(Джеймс Легг 亦译莱格)的著作《中国经典》的第一卷。③ 一个月后,他又写信给 В. Г. 切尔特科夫谈这本书:"我为自己汲取了很多良好、有益和愉快的东西,希望和其他人分享。"④

1886 年,Л. Н. 托尔斯泰想写一部短篇小说,他想将孔子关于知识无穷的论述,以及他将探寻真理同水流的比较用于书中。小说开头的草稿保留了下来,文献冠以《水流》之名:"一天,孔子的弟子们在河边碰到他。先生坐在岸边,凝神关注着河水流动。弟子们诧异地问:'先生,您为什么要观察水的流动呢?河水流淌,一如既往,这是再普通不过的事。'"⑤孔子说:"你们说得对:河水流淌,一如既往,这是再普通不过的事,这一点每个人都懂。但并不是每个人都懂流水和学说相似的道理。我看着水面,思考着这一道理。水流不息,日夜奔腾,直至共同汇入大洋。因此,我们父辈、祖辈和曾祖辈的正道从创世之初就源源不断地传给我们。我们将让正道流传,把它传给我们的后辈,让他们以我们为榜样,把正道传给他们的后代,直到永远。"⑥

1900 年,当中国发生战争的时候,Л. Н. 托尔斯泰坚定了在俄国出版

---

① Толстой Л. Н. Полн. собр. соч. В 90т. М., 1928—1958. Т. 85. С. 39.
② Legge J. *The life and teaching of Confucius*. N. Trubner, 1887.
③ Legge J. *The Chinese Classic: with a Translation, Critical and Exegetical Notes, Prolegomena and Copious Indexes*. In 5 vol. Hong Kong, 1960.
④ Толстой Л. Н. Полн. собр. соч. В 90т. Т. 85. С. 33.
⑤ Там же. В 90т. Т. 26. С. 119.
⑥ Там же.

中国哲学家作品的思想。他日记中的孔子语录同对列强在中国的强盗行为的忧虑以及对人类文明命运的遐思交织在一起。1900 年 11 月 12 日，Л. Н. 托尔斯泰在日记中写下了这样的字句："什么都没写，我在研究孔子，非常好。我在汲取精神力量。想记下我如今如何理解《大学》《中庸》。"随后，"我在思考三篇文章：1. 致中国人的信；2. 谈大家都在杀人；3. 我们这些准基督徒没有任何宗教信仰"。可以肯定，思考这几篇文章是由欧洲列强为镇压"义和团起义"而侵略中国引发的。在当时自己正在斟酌的告中国人民书中，Л. Н. 托尔斯泰宣称，西方世界在杀人，欧洲的基督教政府没有一丝仁爱的影子。①

在以后的岁月中，Л. Н. 托尔斯泰继续支持在俄国和全世界推广孔子的学说。1903 年，他支持他的朋友 П. А. 布朗热（П. А. Буланже）撰写论孔子的小册子。论孔子的书由媒介出版社以《孔子的生平与学说》为书名出版，其中收入了 Л. Н. 托尔斯泰《中国学说述评》一文。② 托尔斯泰异常积极地参与了出版筹备工作。该书从 Л. Н. 托尔斯泰主义的角度阐述了中国思想家的哲学。专家认为，这是一本论古代伟大哲学家的有价值的著作。③

托尔斯泰将儒家的《中庸》视为道德准则并给予其自己的阐释。他这样阐释这种学说的本质："中，是每个人善举的根本；和，是大家行为的普世规律。人们只有达到中和的境界，世界才会秩序井然，万物才能繁育生长。"④

综上所述，孔子的中庸学说是每个人与其他人相互关系以及行为中体现"仁"的道德标准。在 Л. Н. 托尔斯泰看来，中庸的路线类似某种伦理指南，它帮助个体确定，他是否处于道中。偏离这一路线就会破坏人与社会之间的相互关系。

孔子对统治者的教诲同托尔斯泰的观点非常接近。托尔斯泰在自己的日记中摘录了孔子论述统治者要关心自己的臣民，关心他们的道德修

---

① См. Толстой Л. Н. Полн. собр. соч. В 90 т. Т. 54. С. 54.
② Толстой Л. Н. Изложение китайского учения//Буланже П. Жизнь и учение Конфуция. М., 1903.
③ Шифман А. И. Лев Толстой и Восток. 2-е изд., перерабю и доп. М., 1971.
④ Толстой Л. Н. Полн. собр. соч. В 90 т. Т. 54. С. 57—58. 语出《中庸》，原文为：中也者，天下之大本也；和也者，天下之达道也。致中和，天地位焉，万物育焉。

养和教育的格言:"政者,正也。子帅以正,孰敢不正?"①

Л. Н. 托尔斯泰总结这句格言时指出:"对政权的合理解释及其中国学说给了我启示……当政权居于道德和理智的高点时,它就可能不是暴力……真正的政权既不可能以背叛,也不可能以暴力为基础。"②

Л. Н. 托尔斯泰完全接受了儒家伦理学中最重要的概念:"仁",亦即仁爱、人道。孔子考虑到,家庭和社会中人们之间的关系应当彼此信任,友好和善,互相帮助。"己所不欲,勿施于人",在孔子看来,这是人们道德行为的主要准则。人不应该施恶他人。上级不该欺侮鄙视下级。施恶者亵渎和损害自己的尊严。世界是人的世界,什么都不能使其在地球上的存在变得黯然失色。仁爱是人们日常行为以及在道德准则基础上管理国家的最高的普遍标准。

引用孔子的格言并将自己的思想注入其中的同时,Л. Н. 托尔斯泰在孔子之后断言,人和社会道德自我完善的过程是无限的。Л. Н. 托尔斯泰认为,人任何时候都不能说,他实现了理想。他的道德义务就是终身学习并力求趋近理想。

两位俄罗斯文化的伟大代表,А. С. 普希金和 Л. Н. 托尔斯泰,以自己研究孔子和其他中国古代智者的道德哲学的态度造就了俄中文明真正的创造性对话的典范。

三　俄罗斯汉学和当代俄中关系

后苏联时期,继承和发展由来已久的俄中文明对话的传统使俄罗斯对中国文化及其精神和身体修炼的经验产生了浓厚的兴趣。近年来,俄罗斯几乎有 100 所大学和学院成立了汉语系和专业。不少中学学习气功、太极拳、功夫等养生体系。

如今在俄罗斯活跃着 20 多个规模较大的当代中国研究中心。俄罗斯科学院远东所是其中的领军者,所中 100 多位汉学研究人员全面研究着中国的历史、经济、政治、文化、哲学。组建半个世纪以来,研究所策划了 500 多种研究中国文化、历史、经济、政治、哲学方面的高水平著作。

---

① Толстой Л. Н. Полн. собр. соч. В 90т. Т. 49. С. 63. 语出《论语·颜渊篇》。
② Там же. С. 70—71; Шифман А. И. Лев Толстой и Восток. М., 1960. С. 78.

科学研究的宽广范围和1980—1990年代俄国汉学家的客观性为苏/俄中关系完全正常化搭建了稳固的哲学历史和政治经济平台。政治家和外交家的工作就是采用学术界的建议,以便从20年毫无意义的对抗中汲取教训,使两国及人民之间友谊的光荣传统焕发生机。

幸运的是,这些愿望实现了。

在研究400年两国关系史的基础上,俄罗斯学者,随后是政治家和外交家得出结论,俄罗斯和中国根本的国家利益并不相互冲突,它们常常保持一致或者是并行不悖。双方能够共同发展经济,互相丰富自己的文化,在国际舞台上彼此支持。俄中关系迈上全面战略协作和信任伙伴关系的水平为植根于两国学者紧密合作的俄国汉学的发展和提高创造着条件。

俄罗斯国内高度评价中国的俄罗斯学者在加深两国之间相互理解方面所起的作用。俄罗斯学者支持发展同中国的研究型院所和大学的关系。我们在学术领域的合作,遵循时代精神,转向了完成重大合作项目的新阶段。俄罗斯科学院远东所和清华大学合作成立了俄中经济和世界政治研究中心(中方主任为王奇教授)。俄中合办的区域合作研究中心设在位于长春市的吉林大学,它成功地发挥着作用(中方主任为朱显平教授)。我们高度评价四川外国语大学的俄罗斯学学者的辛勤工作,2010年他们举办了第一次"俄罗斯汉学"国际学术研讨会并在此基础之上出版了学术论文集。① 四川大学的中国同行承担了组织翻译六卷本《中国精神文化大典》的工作。

在俄罗斯研究中国和在中国研究俄罗斯,这是协同合作、相互影响的两个过程,它们服务于加深我们人民和国家之间的相互理解和互利合作。

几百年间,俄罗斯和中国人民寻找着和平共处、相互接受的基础和互利的准则,寻找着合作和睦邻友好的平台。遗憾的是,几个世纪的历史当中曾有过戏剧性的时期和"痛苦的篇章",但它们不是主流。俄罗斯汉学家的中国研究为我们两国建立全面信任伙伴关系,为支持建设性的跨文明对话打下坚实的基础。在俄罗斯,对当代中国的兴趣在很大程度上是因为战略利益相同或相近。无论是俄罗斯还是中国,都在沿着现代化发展的道路前进。俄罗斯总统普京明确说明了双方利益的这种共同之处,他宣称,俄罗斯的任务就是让"中国之风"吹动俄罗斯经济之"帆",以便推

---

① Элосы чжунгосюэ (Российское китаеведение)/ Под ред. Ли Сяотао, Се Чжоу. Чунцин, 2011.

动俄罗斯经济的全面现代化。普京强调,"我的主要思想是,俄罗斯需要繁荣稳定的中国,同时我相信,中国也需要强大成功的俄罗斯。"①

摆在俄罗斯汉学家面前的一个任务是让中国历史知识及其传统成为理解中国改革经验,理解中国和平发展和崛起的基础。我们的研究表明,发展中的俄罗斯欧亚身份认同在很多方面接近于儒家文化发展的立场。深入研究中国特色和精神史能揭示"和而不同"这一命题的中国文化发展史,以及"合二而一"和"一分为二"发展辩证法的重要意义。

俄罗斯汉学家试图通过自己的研究为巩固人民之间的相互理解和信任创造最有利的条件。因此这些学者时常承受社会舆论的巨大压力。这发生在1990年代,当时俄罗斯国内弥漫着针对中国移民毫无根据的恐慌、对中国必然"解体"甚至"崩溃"的预测和神话般夸大的中国威胁论。俄罗斯学者在自己的研究中以事实为依据,客观地证明这些论调毫无根据。

俄罗斯的研究者们在正面评价中国经济长期稳定发展的前景,以及在中国有志于奉行和平友好政策的基础上做出了自己的预测。2006年出版的 Б. Н. 库兹克(Б. Н. Кузык)和 М. Л. 季塔连科撰写的《中国——俄罗斯2050:共同发展战略》一书表明了俄罗斯和中国利益的共同性以及双方在和平发展战略基础上构建公平社会的愿望。②

就俄中战略合作伙伴关系前景,就在开发俄罗斯西伯利亚和远东以及中国东北等方面确定互利合作框架等问题寻找有效的政治解决方法而言,俄罗斯汉学家的研究是有力的支撑和学术的基础。俄罗斯十分注意研究当代中国改革开放的经验。俄罗斯汉学家中存在着不同的观点,但承认中国经验有着极其巨大的国际意义的思想占有主导地位。

---

① Россия и меняющийся мир. Статья Владимира Путина в "Московских новостях". 27 февраля 2012 г.
② Кузык Б. Н., Титаренко М. Л. Китай-Россия 2050: стратегия соразвития. М., 2006.

第一章

1990年代至2000年代初俄罗斯中国史研究的特征是文献丛书和大型文献集的出版

就研究的质和量而言,中国史研究是汉学中最具规模的方向,创造新的史料学研究的基础条件并将其运用于学术研究,是中国史研究新阶段的特点。两套文献丛书"17—20世纪俄中关系""联共(布)、共产国际和中国"具有巨大的价值,因为它们创造了客观观照中国和俄罗斯国内外政策的史实的基础条件。中俄两国的命运是紧密相联系的。出版的史料集表明中国的内部状况同它的对外政策是密切相关的,它们将俄中关系研究提高到了新的水平,也展示了中国在国际关系中的作用。更加详尽,更加注重学术理据的中国史、中俄关系史研究,不仅反映了时代的要求,反映了两国内外状况的变化,而且也反映了世界新的地缘政治格局。

一 "17—20 世纪俄中关系"史料丛书
——两国关系研究的基本史料

俄罗斯汉学过去和现在的一个重要方向是俄中关系,如同整个俄罗斯汉学一样,这个领域的基础性研究,同俄罗斯外交的实际利益,同俄罗斯在各个历史阶段的民族—国家利益密切相联系。俄国著名的汉学家、俄罗斯汉学史家 П. Е. 斯卡奇科夫就此写道:"同其他东方学分支相比,汉学的显著特征是,它同俄罗斯帝国对外政策的现实需要,同与中国的贸易相联系。这种实用性,也从自己的角度,促进了俄国的汉学作为一种学科的发展……"①在不同的历史发展阶段,注重两国实践的俄罗斯汉学面临的目标和任务是多种多样的,以文献为支撑则是始终不变的原则。

早在 17 世纪初,中国明朝时期,即 1618 年,И. 佩特林(Иван Петлин)使团访问中国,俄中开启了双边交往的历史。俄中两国关系的建立结合了与俄中两个民族的地理环境、民族文化学的区别相联系的一系列特点。两国之间有宽广的相邻领土,形成了两大文明的相交地带。就双方领土的占有规模而言,经历了国家间边界形成的过程。在此背景下,中俄边界是仅仅通过和平的途径,通过外交谈判的途径来形成的,这本来就是独一无二的经验。至于说人类文化学的差异,它们在俄中国家关系形成的整个过程中都留下了痕迹②。对外关系建构概念的不同模式是确凿的事实:俄罗斯对外关系的模式是"平等国家"的关系,17 至 19 世纪中国对外关系的模式是——"华夏中心模式",它意在建构纵向的、以低级的主体与高级的主体相联系为核心的国际关系。③

于是,中国清王朝建立后,一方面,17 世纪俄罗斯哥萨克出现在黑龙江流域,另一方面,形成了建立双方官方关系的前提条件。从这个时期开始,这两个邻国交换外交使节,划分边界,通过和平谈判解决双边关系的各种问题,为近 4 个世纪的俄中关系积累了大量史料。让研究者和从事

---

① Скачков П. Е. Очерки истории русского китаеведения. М., 1977. С. 15.
② Подробнее см.: Мясников В. С. Историко-культурные особенности экономического взаимодействия России с Китаем // Россия во внешнеэкономических отношениях: уроки истории и современность. М., 1993. С. 106—123.
③ См.: Мясников В. С. Особенности становления договорных отношений России с Китаем // Русско-китайские договорно-правовые акты. 1689—1916. М., 2006. С. 7—12.

实务的外交官能够使用这些史料成了迫切任务。比如,俄国外交部1889年出版俄中条约集,其序言指出:"……这本书的出版,既满足了边疆当局和外交机构的需要,又满足了专家们的合理需求。俄罗斯社会由于长期发展同中国的关系,这些学者研究中国的著作应该越来越让俄罗斯社会产生浓厚兴趣。"①

出于这一目的,他们不止一次出版了两国关系的史料。Н. Н. 班蒂什-卡缅斯基(Н. Н. Бантыш-Каменский)的《1619年至1792年的俄中两国外交文献汇编》②是第一本这样的书。19世纪也出版了几本俄中关系的文献集,这是具有标志性的,③它们都是与两国关系中条约和法律的活跃建构过程相联系的。但是这些文献汇编是不够完备的,它们或者没有收录全部条约,或者部分文献有删节,有的文献没有附上图例,还有不准确之处。除了《1689年至1881年的俄中条约集》④而外,只公布了文献的俄文和欧洲各种文字文本,没有公布其汉文和满文文本。

创立于1956年的苏联科学院汉学研究所的学者们继续从事两国关系文献的公布工作(还包括苏联时代的文献)。他们收集和出版了一本文献集,在该书中编者更正了此前发表的文献的错讹。⑤但是由于某些原因,此书中没有收入一些条约。1960年研究所停办,这个方向的研究工作一直停顿到1966年。⑥为了进行苏中关系、现代中国的综合研究,1966年他们决定在苏联科学院的框架内重建汉学研究中心,即成立苏联科学院远东所。

一开始俄中关系史研究就成了远东所的重点研究方向。由于1960

---

① Цит. по: Ипатова А. С. История российско-китайских отношений в документах и материалах (XVII-XX вв.) // ННИ. М. , 2013. No 2. С. 73.

② Бантыш-Каменский Н. Н. Дипломатическое собрание дел между Российским и Китайским государствами с 1619 по 1792-й год, составленное по документам и материалам, хранящимся в Московском архиве Государственной коллегии иностранных дел в 1792—1803 году. Издано в память истекшего 300-летия Сибири В. Ф. Флоринским. Казань. 1882.

③ Подробнее см. : Ипатова А. С. Указ соч. С. 75.

④ Сборник договоров России с Китаем. 1689—1881. СПб. , 1889.

⑤ Русско-китайские отношения. 1689—1916. Официальные документы / Сост. П. Е. Скачков и В. С. Мясников. М. , 1958; Советско-китайские отношения. 1917—1957. Сб. докл. / Отв. ред. И. Ф. Курдюков. М. , 1959.

⑥ С 1964 по 1966 г. работа по изучению истории двусторонних отношений продолжалась в рамках Отдела истории Института экономики мировой социалистической системы АН СССР под руководством рук. Отдела, зам. директора ИЭМСС АН СССР С. Л. Тихвинского.

年代中期两国的摩擦加剧,也由于1980年为加快缓和双方的紧张关系寻求路径,国家对制定对华和对远东国家的政策提出了要求,使得这个研究方向的重要性更加突出。1960年代中期,俄罗斯帝国和大清国国界划界的历史问题被推到了重要地位,这是对当时已经开始的苏中边界谈判的反映。这在客观上为恢复搜集、出版17—20世纪俄中关系史料工作创造了客观条件。这个时候,恰好为后来整理多卷文献集"17—20世纪俄中关系"创造了基础条件,这项工作由远东所与俄联邦外交部历史档案局协作展开,一直由 С. Л. 齐赫文斯基主持。

上面已谈及,原来的文献集是不完整的,不足以展示各时期俄中关系的完整画面和特色。在整理新的文献的时候,参与者提出了扩大两国关系史料的目标,让那些能够充分反映两国关系的历时性发展的系统性的档案、史料可以科学地交互对照。这是囊括所有档案的独一无二的出版物,它能够满足历史学家、国家外交官的需求,为其解决领土边界等问题提供学术论据。

这些集子中不但收录了涉及中俄关系不同阶段的重要事件的文献,还有外交书信,还有从法文、荷兰文、拉丁文和其他欧洲文字翻译过来的表达欧洲国家对事件进程的反映材料,还有一些满文、汉文和蒙古文的史料原件和俄文译文。这些文献的时间框架是中俄关系的起点——17世纪初至1950年2月。丛书内部按世纪而分,每一册在一个世纪之内又以数字来标明时间顺序。每一册中史料的编排都采取相似的时序排列规律,以便反映该时期两国关系演变的特点。大部分史料是首次公布,一部分史料或是首次公布全文,或是首次以保留了原件特点的抄写件或译文的形式公布。每一册都有相同的结构,都有史学性的序言、文献学性的导语、附录、术语词典、详尽的注解(在注解中收录了一些未列入正文的史料)、地名等术语的索引。

丛书已经出了十册(其中有两册分上分册、下分册),涵盖了中俄关系的各个阶段。在几个世纪(17、18、19世纪)的范围内,每一册都是按照先后顺序排列的,至少已经出版的各册是如此。《20世纪俄中关系》的各册则是按照由近及远的顺序排列的。

20世纪90年代出了三本文献集:关于17世纪两本,关于18世纪一本。第一个文献集《17世纪俄中关系》涵盖俄国与中国关系开始阶段,收录的资料开始于俄国派往中国的 И. 佩特林使团,结束于 Н. Г. 斯帕法里

(Н. Г. Спафарий)使团。① 整个第一册包括两国关系最重要的事件——签订《尼布楚条约》,这是俄中关系的第一个条约。②《17 世纪俄中关系》第一册涵盖了 17 世纪初至 1725 年。③ 它涉及两国关系中同样重要的事件:第一个通过俄国境内造访伏尔加河的卡尔梅克人的中国使团;还有俄方的决定:跟随中国使团归国向中国首都派遣常驻的东正教使团;还涉及彼得一世的特使 Л. В. 伊兹迈洛夫(Л. В. Измайлов)抵达北京。

1990 年至 2000 年编纂俄中关系文献集的工作继续进行。文献集编好一册出版一册,但在这本专著里我们将按照每个世纪的顺序介绍其内容。由于俄中接触日益活跃,18 世纪俄中关系的文献保存得很好,而且数量可观。在签订《尼布楚条约》后,边界划界是通过和平的方式,通过谈判来进行的。

18 世纪的文献计划出版 7 册。正如上文所述,第 1 册在 1978 年出版。从 20 世纪 90 年代初到现在出了三册,其余的三册尚在编纂中。1990 年出版了《18 世纪俄中关系》中的第二册④,2006 年出版了第三册⑤。这几册收录了涉及《恰克图条约》签订过程的作为孤本存在的档案材料。《恰克图条约》的签订是俄中关系史上的重要事件。第二册收录了俄国外交使团活动开始时期的文献,率领这个使团的是那个时期最杰出的外交家,特命全权参赞 С. Л. 符拉季斯拉维奇—拉古津斯基(С. Л. Владиславич-Рагузинский)。他在北京期间(从 1727 年 6 月到 1727 年 4 月)的文献都在这一册中。第三册收录了反映这个使团离开北京出境到

---

① Русско-китайские отношения в XVII веке: материалы и документы. Т. 1: 1608—1683 / Отв. ред. С. Л. Тихвинский, ред. Л. И. Думан, сост. : В. С. Мясников, Н. Ф. Демидова. М. , 1969.

② Русско-китайские отношения в XVII веке: материалы и документы. Т. 2: 1686—1691 / Отв. ред. С. Л. Тихвинский, ред. Л. И. Думан, сост. : В. С. Мясников, Н. Ф. Демидова, И. Т. Мороз. М. , 1972.

③ Русско-китайские отношения в XVIII веке: материалы и документы. Т. 1: 1700—1725 / Отв. ред. С. Л. Тихвинский, ред. В. С. Мясников, сост. : В. С. Мясников, Н. Ф. Демидова. М. , 1978.

④ Русско-китайские отношения в XVIII веке: материалы и документы. Т. 2: 1725—1727 / Отв. ред. С. Л. Тихвинский, ред. В. С. Мясников, сост. : Н. Ф. Демидова, В. С. Мясников, А. И. Тарасова. М. , 1990.

⑤ Русско-китайские отношения в XVIII веке: материалы и документы. Т. 3: 1727—1729 / Отв. ред. С. Л. Тихвинский, ред. В. С. Мясников, сост. : Н. Ф. Демидова, В. С. Мясников, А. И. Тарасова. М. , 2006.

1728年12月28日返回莫斯科的文献。除此而外,本册还收录了使团活动阶段(1729年至1741年3月)之外的其他文献。这里有使团工作报告,《布连斯奇条约》和《恰克图条约》的签订的资料,有涉及两国边界划界的文献,还有 С. Л. 符拉季斯拉维奇—拉古津斯基个人活动的资料。档案的来源丰富多样,主要收藏于俄罗斯帝国对外政策档案馆、俄罗斯国家古代条约档案馆。① 对两国关系史这个重要时期的这些重要而精彩的档案,编纂者花了大力气加以选择整理。俄国的主要目的是签一个笼统的条约,以确定两国间的政治、贸易的条件;大清帝国的主要目的是把与俄罗斯的边界确定下来,以确定其在喀尔喀蒙古的权力,借此巩固其北部边疆。因此中国方面坚持将政治经济问题的解决同边界划界挂钩。结果是,尽管俄方不得不做出一些领土让步,②但是就像 В. С. 米亚斯尼科夫在此册的序言中所写的那样:俄罗斯的外交界"成功地用'谁占谁拥有'的原则抵制了清朝统治者的领土要求,并顺利地将其付诸实践"。③ 有必要指出,如果说《尼布楚条约》只是有条件地划出了俄中边界,在1727年8月20日签订了《布连斯奇条约》④后,按照俄方的主张,"在喀尔喀蒙古地区立即照当时公认的国际法划定了边界"。⑤ 1727年10月21日签订的《恰克图条约》确定"两国永敦睦谊"。⑥ 此条约用三种文字——俄文、满文和拉丁文写就⑦。在本册里公布的是俄文本。《布连斯奇条约》的第三条是有关划界的条款。《恰克图条约》对俄罗斯商队进北京、在边境设立两个互市点做出了详细规定,将东正教使团在北京的存在、其学生的招聘以条约的形式确定了下来。这事实上开创了俄罗斯的汉学。为了解决在

---

① Русско-китайские отношения в XVIII веке: материалы и документы. Т. 3: 1727—1729 / Отв. ред. С. Л. Тихвинский, ред. В. С. Мясников, сост.: Н. Ф. Демидова, В. С. Мясников, А. И. Тарасова. М., 2006. С. 28.

② Россия отказалась от значительных территорий в Западной Монголии, принадлежавших Алтын-Ха-нам, находившимся почти в течение всего XVII в. в русском подданстве. См.: Там же. С. 22.

③ Там же. С. 7.

④ Там же. Док. № 41.

⑤ Там же. С. 7.

⑥ Там же. Док. № 64. С. 187.

⑦ Интересно, что уже вскоре после подписания договора в разноязычных текстах были отмечены некоторые разночтения. Подробнее см.: Русско-китайские договорно-правовые акты. 1689—1916 / Подобщ. ред. В. С. Мясникова, сост.: И. Т. Мороз, В. С. Мясников. М., 2006. С. 592—593.

正式信函中双方皇帝的称号问题,条约规定:从当时开始,俄方以枢密院和托波尔总督的名义,中方以理藩院和库伦大臣的名义。这是值得肯定的,因为这就使在交换信函之前无需就称呼问题再作讨论,同时这也反映了双方在理解条约条款中的文明间的差异。大清政府继续不将俄国视为双边关系的平等伙伴,而看成是相邻的臣属国,因为在国家权力机构中枢密院和理藩院无论如何不是对等的机关。华夏中心观在本条约的其他条款中也有所体现。比如东正教使团和俄国商人被看成是博格德汗的"客人",是由于他的恩准才能到中国的领土上来。总之,此条约在当时确定了两国关系,直到 19 世纪中叶都规约着俄中关系。

《18 世纪俄中关系》的第 4 册(А. С. 伊帕托娃和 В. С. 米亚斯尼科夫编)尚在编纂中。本册将出上、下两本,将完整地公布拉古津斯基"笔记"。在这些笔记中,他详尽记录了签订《恰克图条约》三年多的艰难过程,以及与此有关的其他事情。①

第五册尚在准备中,它将介绍 18 世纪 30 年代两个中国使团,他们拜访了俄国宫廷和臣属俄国的卡尔梅克汗。中国的图什②和他的使团的主要任务是拜访卡尔梅克汗(1730—1731)③,弄清楚俄国对大清政府征战准噶尔的立场,并争取俄国的支持。第二个使团以大清国高官德新(Дэ Син)和巴延泰(Баньди)为首,于 1731 年派往俄国。这是中国历史上最早派往欧洲的使团。这两个使团都到了莫斯科和彼得堡,都受到女皇安娜·伊凡诺芙娜(Анна Иванновна)的接见。两国关系中的这段经历俄国和世界汉学家都鲜有研究,收入此册的文献以前大部分都未发表过。④

本书第 6 册收录的材料和文献涉及两个俄国使团——1757 年的外交使节 В. Ф. 勃拉季谢夫(В. Ф. Братищев)和 1762—1763 年的 И. И. 克

---

① Миссия С. Л. Владиславича-Рагузинского продлилась три года и состояла из 58 раундов переговоров(Т. 3. С. 19). Подробнее о «Статейном списке» см.: Ипатова А. С. Посольство С. Л. Владиславича-Рагузинского по материалам его «Статейного списка» (1725—1729) // XIX МНК ККЦиМ: тез. докл. М., 2011. С. 30—33.

② 音译,俄文原文为 Туши。——译注

③ Том выйдет в двух книгах, хронологические рамки 1729—1733 гг. Составители: И. Т. Мороз и В. С. Мясников.

④ См.: Мороз И. Т. Первое китайское посольство в Санкт-Петербург (1732 г.) // ВА. М., 2010. № 2 (22). С. 19—27.

罗波托夫(И. И. Кропотов)。① 此前两国关系积累了一些问题。大清政府征战准噶尔(1757年)和喀什噶尔(1759年)得胜,达到鼎盛。但是在准噶尔以阿睦尔撒纳为首的反清起义者逃到俄国后,由于俄方违反《恰克图条约》接纳逃亡者,俄中发生冲突,关系趋于紧张。同时俄国的土地在雅库特东北边扩展,俄国人逐渐占领了堪察加半岛、尚塔尔群岛,并已经得知存在着萨哈林岛,这是黑龙江河口的最大的岛屿。由于别里格第二次堪察加探险队(大北方探险队)的成功的考察,俄罗斯人已经知晓去日本和美洲的道路。

  18世纪中叶已出现了向从雅库特到鄂霍茨克及更远的堪察加的广袤地区提供给养的问题。被授权领导恢复第二次堪察加探险队的西伯利亚总督 В. А. 米亚特列夫(В. А. Мятлев)在其报告中说:最可靠和最便利的办法,是探险队自己解决给养。鄂霍茨克和堪察加都处于黑龙江沿岸。1753年俄国决定向大清国帝国政府提出共同开辟黑龙江航道②,为此向中方派出了信使 В. Ф. 勃拉季谢夫。③ 但是,实行闭关锁国原则的大清国政府,对俄国在黑龙江沿岸频繁活动并没有予以足够重视,拒绝了俄国的建议。由于逃亡者进入俄控的阿穆尔河地区和大清国政府拒绝俄国船只进入黑龙江,冲突逐渐增多,因此两国关系日趋紧张,边界两边两国军人的数量也日益增加。1762年俄国决定通过外交渠道调解争端。1763年夏季外交信使(近卫军中尉)И. И. 克罗波托夫到达北京,他带去了叶卡捷琳娜二世(Екатерина II)关于向中国派遣"高级使团",以解决贸易和逃亡者问题的建议,女皇向他亲授"口谕"。他还携带了枢密院关于新女皇登基的"信函"。④ 但是大清国政府以相当武断的形式拒绝了俄国向中国

---

  ① Русско-китайские отношения в XVIII веке: документы и материалы. Т. 6: 1752—1765 / Отв. ред. С. Л. Тихвинский, ред. В. С. Мясников, сост.: В. С. Мясников, Г. И. Саркисова. М., 2011.

  ② Русско-китайские отношения в XVIII веке: документы и материалы. Т. 6. Док. № 17. С. 63—65.

  ③ О Братищеве В. Ф. см.: Саркисова Г. И. Российский дипломат В. Ф. Братищев (новые материалы кбиографии) // XII науч. конференция ОГК: тез докл. М., 1991. Ч. 3; Саркисова Г. И. В. Ф. Братищев и его миссия в Пекине в 1757 г. // ПДВ. 1993. № 3.

  ④ Первоначально И. И. Кропотов должен был доставить «лист» о восшествии на престол Петра III (см. док № 95, с. 234—235), но подготовка миссии затянулась, и потребовалось заменить «обвестительный лист» и некоторые другие документы. Переписка по этому вопросу также нашла отражениев томе.

派遣使团的建议。

这一册涵盖了 1752 年至 1765 年这个时期，收录了外交部已准备派遣两个使团的文件。档案中包括关于边境局势的生动材料，①包括这个时期俄国的局势的材料。在此册公布的《枢密顾问 В. Ф. 勃拉季谢夫北京日常生活札记》中，②富有在东方工作经验的作者，不仅记载了 В. Ф. 勃拉季谢夫使团所受的波折，而且客观地描绘了当时的北京，分析了逗留北京所获得的各种信息。还有首次公布的 В. Ф. 勃拉季谢夫的文献《关于中国的情报，或伏尔泰信徒关于中国的见解，В. Ф. 勃拉季谢夫在北京短暂逗留期间收集，并附 И. К. 罗索欣(И. К. Россохин)的注解》。③ 至于 И. И. 克罗波托夫使团，则首次公布了有关使团准备的文件、И. И. 克罗波托夫给外交委员会的复命报告（附录的给叶卡捷琳娜二世的"密报"）、И. И. 克罗波托夫的日记等等。④

从本册展示的文献来看，这个时期俄中关系十分复杂。应该指出，俄国逐渐积累了关于邻国大量的知识，在这个时期俄国的汉学已开始形成独立的学科。恰好在 18 世纪中期，俄罗斯首批汉学家 И. К. 罗索欣、А. Л. 列昂季耶夫在北京东正教使团获得材料，完成了自己的著作。同时，В. Ф. 勃拉季谢夫使团工作的更重要的收获是，В. Ф. 勃拉季谢夫得到大清国政府的同意，恢复向东正教使团派遣留学生，此项工作在 1755 年曾中断过。

《18 世纪俄中关系》的最后一册，即第 8 册尚在准备之中。此册按时间顺序涵盖 18 世纪后半叶（1765—1802），这是俄中关系不太复杂的一个时期。中国方面利用俄方热衷于发展贸易的愿望，将自己的利益强加于俄方，不止一次中断贸易，并拒绝接受俄方的信使。本册的中心是两个事件——1768 年 И. И. 克罗波托夫主持的谈判，其结果是签订《恰克图界约补充条款》；1792 年签订《俄中恰克图贸易暨边界国际条约》。⑤ 总体看来，这两个条约是在大清国的压力之下签订的，但其签订使"双方之旧事"

---

① Русско-китайские отношения в XVIII веке: документы и материалы. Т. 6. Док. № 28, 29.
② Там же. Док. № 62.
③ Там же. Прил. № 1. С. 331—348.
④ Там же. Док. № 126.
⑤ Русско-китайские договорно-правовые акты. С. 53—58.

"皆不重提",①在恰克图条约中补充了处治越界者的条款,恢复了恰克图贸易,这对俄而言尤为紧要。

在18世纪俄中继续通过和平方式解决两国关系中的具体问题,而且,文献可以证明,在这个阶段俄国常常是倡议者。正如米亚斯尼科夫所说,到19世纪中期以前,俄中关系继续保持着一种可笑的模式,"尽管两国的社会经济伙伴是相似的,但是文明的差异对其关系的性质产生了重要的影响"。② 也就是说,在建立关系的时候中国始终坚持纵向结构,俄国则倾向建立横向结构。因此双方是按照某种"第三方式"来建立两国关系的,将另一种方式和因素收了进来。俄国和中国缓慢地、逐渐地克服了不同文明形成的障碍,一步一步地寻找着以外交方式解决两国关系的道路。建立睦邻友好关系是双方的主要愿望。

19世纪初国际关系力量的次序发生了改变。一方面,俄罗斯的国际声望在上升,另一方面,中国日渐陷入东亚的世界政治中,开始意识到北方邻居的实力。《19世纪俄中关系》的第1册收录了Ю. А. 戈洛夫金(Ю. А. Головкин)率领的驻中国使团③的经历。这个使团是俄国倡议派出的,就亚历山大一世(Александр I)赋予的任务而言,这次的任务远重于以前的使团。这次要解决的"不仅是两国关系问题,而且要确立俄国在远东的新政策,有充分的理由将它称为亚太地区的新政策"④。当时设想,俄国能取得在所有边境地区的贸易权,假如被拒绝的话,那么就在西边的布赫塔尔马河的边境开放贸易点;同时力争解决在广州开辟贸易的问题,欧洲人和美国人已经到了那里,这就使俄美公司可以绕过恰克图进入中国市场,创造更优越的贸易条件,把北美、堪察加、鄂霍次克海沿岸的城市同中国、日本的市场联通。为此在给使节的指令中有"相机行事"等语。黑龙江能否通航?如果可以那么立刻就应提出解决俄罗斯轮船黑龙江航行的问题。他们甚至假设中国方面同意跟南京建立贸易联系。⑤ 此外,他们还给了使节指令,要求他从大清国政府得到准许,让使团的成员通过

---

① Русско-китайские договорно-правовые акты. С. 53.
② Там же. С. 10.
③ Русско-китайские отношения в XIX веке: материалы и документы. Т. 1: 1803—1807 / Отв. ред. С. Л. Тихвинский, ред. В. С. Мясников, сост.: М. Б. Давыдова, И. Т. Мороз, В. С. Мясников, Н. Ю. Новгородская. М., 1995.
④ Русско-китайские отношения в XIX веке: материалы и документы. Т. 1. С. 7.
⑤ Там же. Док. № 130. С. 179—180.

北京"安全"地到达喀布尔。① 足见俄国对 Ю. А. 戈洛夫金使团期望甚多,但是最终这些设想全部落空了。大清国政府对使团的提议不感兴趣,更何况俄罗斯提议解决的主要问题都跟贸易有关,可是清朝的高官们所不擅长的。俄国向中国提出的建立联系的建议首先考虑的是自身的利益,是从欧洲政治观念出发的,很少考虑中国的利益,不顾及中国能否接受它所提议的解决方法。比如,在给使节的指令中,要求他向中国提出建议,当英国人从东印度侵犯中国边境时,由俄国充当解决英国问题的调停人,为此中方应予以补偿。② 这个建议操之过急,完全不被中国接受。结果大清国政府不想接受俄罗斯使团。中方开始要求缩减使团的人数,单独更换东正教使团的替换人员,还提出了一个前提条件,要求使节在库伦必须在牌位前行"叩头"礼。Ю. А. 戈洛夫金坚决拒绝了这一要求,1806年的2月1日使团离开了库伦。尽管使团遭受了失败,但是 Ю. А. 戈洛夫金在西伯利亚期间的活动却得到亚历山大一世很高的评价。此后,使团失败的教训强化了对中国进行综合研究的意识。东正教驻北京使团就成了展开中国研究的工具,按照亚历山大一世的命令,它的活动的重点是逐渐要发挥外交功能。

　　本册收录的材料既独特,又饶有趣味。首先,由 Ю. А. 戈洛夫金率领的派往中国的使团在俄罗斯和国外的史学界研究甚少。问题在于,使团的失败及与拿破仑(Наполеон)的战争将对使团的兴趣推到了次要地位。这个使团的基本档案资料原来人们长期以为已经亡佚,本册的编者从俄罗斯帝国外交档案中找到了材料,从历史学的时段来看,并不算很久远的事,因此绝大多数材料都是首次公布。第二,本册收录档案文献不光有俄国的,还有大清国从满文翻译过来的译文(材料公布的复杂性在于,其原文有6种文字)。

　　19世纪下半叶,俄中形成另一种关系——平等的关系,双方都是相互关系中的平等的主体。这种关系一直保持到1917年。В. С. 米亚斯尼科夫指出,在这个时期大清国对外政策中民族文化因素的影响在减弱,发展中的形式因素开始超过文明性的因素,在这种情况下,后者虽然退居次

---

① Русско-китайские отношения в XIX веке: материалы и документы. Т. 1. Док. № 131. С. 185.

② Там же. Док. № 130. С. 182.

要位置,但依旧在继续发挥作用。①

20世纪之初是以大规模的社会革命为标志的:中国的辛亥革命(1911—1913)和俄国1917年的十月革命。1917年以后俄中关系进入了新的发展阶段。直到1949年之前,这两个具有不同社会经济制度的国家共同生存于二战之前国际关系体系复杂、激变的危机之中,都致力于反入侵的斗争。这个不长的历史时期发生了两国关系中、世界历史中的许多重大事件,大量的事实对两国关系发生了直接或间接的影响。在这些年月里俄中关系的发展首次不仅以两国关系的形式出现,而且以与远东的国际关系紧密联系的形式出现,"构成了在国际组织、外交信函和大国首脑峰会中的多边外交因素"。②

两国关系的新类型,要求用新的条约形式来加以巩固。这一过程是复杂的,具有多方面的意义。迄今为止,俄中关系的这个阶段引起了中国和国外研究者的极大关注。更重要的是,得益于研究者的劳动,得益于他们为公布最近20年才能看的档案材料所进行的选择和整理,那些向公众公布的独特的档案材料,创造了重新描绘这个阶段两国关系的可能性。

以《20世纪俄中关系、苏中关系》为题目的若干资料集,涵盖从1917年10月到1950年2月14日(此时苏联和中华人民共和国签署了《友好、同盟、互助条约》)的历史。现在出版了苏中关系史史料的第3、4、5册。第1册(1917年—1924年),第2册(1925年—1931年9月)尚在准备中。编者们秉持统一的观念,关注政治关系,但尽量回避党际关系。

最近出版的一册,是本丛书的第3册,③涵盖的时段从1931年9月到1937年9月。在凡尔赛—华盛顿体系出现危机,国际局势日益紧张的背景下,1931年9月日本对中国东北的入侵成了新的世界大战的导

---

① Русско-китайские договорно-правовые акты. С. 12. Подробнее см.: Мясников В. С. Семь особенностей и семь моделей отношений России с Китаем (Россия и Китай на пороге тысячелетий) //Российское самодержавие и бюрократия: сб. ст. в честь Н. Ф. Демидовой. Москва-Новосибирск, 2000. С. 306—325.

② Русско-китайские отношения в XX веке: документы и материалы. Т. 4. Советско-китайские отношения, 1937—1945. Кн. 1 / Отв. ред. С. Л. Тихвинский, ред. В. С. Мясников, сост.: А. М. Ледовский, Р. А. Мировицкая, В. С. Мясников. М., 2000. С. 6.

③ Русско-китайские отношения в XX веке: документы и материалы. Т. 3: Советско-китайские отношения, сентябрь 1931—сентябрь1937 / Отв. ред. С. Л. Тихвинский, ред. В. С. Мясников, сост.: А. М. Ледовский, Р. А. Мировицкая, В. С. Мясников. М., 2010.

火索。日本入侵中国和远东,中国各路军阀同南京政府的斗争,中国共产党同中国国民党的斗争,中国持续的内战,这些成了苏联和中国关系发展中的决定性因素。中国共产党和中国国民党都希望在对日斗争中得到苏联的支持,这就创造了有利条件恢复1929年中断的与苏联的关系,并发展它。中国借此实现自己的目标。中国领导人向苏联提出恢复全面的外交关系,并签订互不侵犯条约,以便借此促使苏联对日开战。苏联领导人明白,苏联不准备打仗,坚持不附带条件恢复关系,①同时采取了外交步骤防止苏联被拉进对日战争。其结果是,外交和领事关系恢复了,签订互不侵犯条约的谈判持续到了1937年8月。苏联远东政策的重要指示方针是,一方面寻求实际帮助中国的途径,另一方面又不恶化同日本的关系。在调整与南京政府的关系的时候,苏联领导人要顾及许多因素。比如在中国东北建立伪满洲国之后,②苏联不得不同日本展开谈判,谈判涉及这个新建伪政权国家的中长铁路、苏联的其他财产、保护中国东北的苏联公民的生命和财产、交界河流的航行等问题。③ 在中国和日本的苏联外交官密切关注中华民国和伪满洲国对苏联政策的反应。解决两国关系中的许多问题,除了正式的渠道外,还有苏联和中国领导人之间建立的非正式渠道。这类谈判的最早的例证是杨杰率领的高级军事代表团。④ 本册的文献分别收藏于俄罗斯三个档案馆中:俄罗斯联邦对外政策档案馆、俄罗斯总统档案馆和俄罗斯国家社会政治史档案馆。其中有苏联外交官同中国、日本代表谈话的记录、明码电报、编码电报、一般通信和正式公函,还有正式照会、俄共(布)中央政治局会议记录摘要、决议草案等等,一共有481本档案材料。

其中有一整本文献涉及诸如苏联与中国新疆、内蒙古的政策这样的重大问题。苏联与新疆有广泛的经济贸易关系(参见苏联领导人与新疆省长盛世才的通信)。新疆远离中国腹心地带,事实上独立于南京政府,

---

① Русско-китайские отношения в XX веке: документы и материалы. Т. 3: Советско-китайские отношения, сентябрь 1931—сентябрь 1937 / Отв. ред. С. Л. Тихвинский, ред. В. С. Мясников, сост.: А. М. Ледовский, Р. А. Мировицкая, В. С. Мясников. М., 2010, Док. No 158. С. 219; Док. No 181. С. 253—255.

② Там же. Док. No 40. С. 72—73.

③ Там же. Док. No 114. С. 151.

④ Там же. Док. No 191. С. 277—278.

传统上保持着同苏联的紧密联系。苏联领导反对盛世才的分裂倾向,非常重视向中华民国领导解释自己在新疆问题上的立场。比如,在俄共(布)中央政治局关于新疆工作的指示中首先表示不接受"支持将新疆从中国分离出去的口号和政策"。① 至于蒙古问题,在日本占领中国东北和 1935 年中东铁路卖给日本人之后,这个问题变得尖锐起来。蒙古人民共和国领导人向苏联提出签署苏蒙互助条约的建议,条约签署了,苏联军队进入了蒙古。中华民国政府反对签署违背 1924 年 5 月 31 日签订的苏中条约精神的《苏蒙草约》,向苏联驻中华民国的全权代表 Д. B 鲍戈莫洛夫发出表达此类内容的照会。②

包括将中长铁路卖给日本人在内的诸多事实,延缓了改善苏中官方关系的进度。当时已经开始了未经宣布的中日战争。中华民国政府非常期待苏联的军事援助,但是也很清楚,在苏联不能确信军事援助不会用来对付中国共产党的时候,军事援助是不会到来的。当时,中国共产党遵循第三国际的第七次会议的决定,于 1935 年 8 月向所有党派、团体发出号召:"集中一切国力去为抗日救国的神圣事业而奋斗。"苏联领导密切关注中国局势的发展。从 1935 年夏季开始,寻求建立以中国共产党和中国国民党合作为基础的抗日统一阵线,成了苏联中国政策的主导方向。1936 年 3 月全权代表 Д. B 鲍戈莫洛夫在致苏联外交人民委员 Б. C. 斯托莫尼亚克(Б. C. Стомоняков)的信中写到"……日本加快侵略步伐,应该会增强蒋介石同意与其他团体和党派和解的兴趣,包括同共产党的和解",③在 5 月 3 日的信中他通报说:"蒋介石采取了重大的准备抵抗日本的措施。"④中国全民爱国热情的高涨、中共建立统一战线的立场,迫使蒋介石开始同苏联谈判建立军事防御同盟的可能性。但是苏联拒绝了蒋介石的提议,坚持在远东和亚太地区建立集体安全体系。1937 年 3 月至 7 月,关于签署太平洋条约的谈判由苏联外交人民委员 M. M. 李特维诺夫

---

① Русско-китайские отношения в XX веке: документы и материалы. Т. 3: Советско-китайские отношения, сентябрь 1931—сентябрь 1937 / Отв. ред. С. Л. Тихвинский, ред. В. С. Мясников, сост.: А. М. Ледовский, Р. А. Мировицкая, В. С. Мясников. М., 2010, No 141. С. 193.

② Там же. Док. No 328—329.

③ Там же. Док. No 325. С. 516.

④ Там же. Док. No 335. С. 551.

(М. М. Литвинов)和中国驻莫斯科大使蒋廷黻主持。① 苏联驻中国全权代表 Д. В. 鲍戈莫洛夫后来继续主持谈判。中方鉴于西方大国对太平洋条约的否定态度,继续坚持签署双边协议。只是在 1937 年 7 月卢沟桥事变和日本军队占领黑龙江的一些岛屿后,苏联和中华民国开始更加积极地组织抗击日本侵略者共同的行动。苏联方面拒绝了蒋介石提出的签订军事同盟和互助条约的建议,只同意同中国签署互不侵犯条约。第 3 册包括了反映 1937 年 8 月 21 日签订《苏中互不侵犯条约》的谈判的文献。条约本身在第 4 册中发表。② 在签署这个条约的时候,双方口头承诺不与日本签署互不侵犯条约(用 Б. С. 斯托莫尼亚克的话说,这是"君子协定"。)。③ 条约间接谴责了日本侵略中国,将苏联同中华民国的友好关系的发展置于国际法的基础之上。因此条约的条文写成了这样,允许苏联给予中国帮助,又不给日本留下进攻苏联的口实。

应强调如下事实,在中日战争开始之前,在俄中关系史上出现了一个民间外交活跃期。在全苏对外文化协会的组织下,不少中国科学文化人士访问苏联,比如徐悲鸿、梅兰芳等等。成立了中苏文化协会,孙科当选为主席,协会推动了俄苏文化在中国的传播。双方举办展览会,苏联艺术团体访问中国,进行图书贸易,1937 年还决定接受中国学生到苏联高校学习,这些事件在本册的文献中都有所反映。

《20 世纪俄中关系》第 4 册上、下分册涵盖了 1937 年至 1945 年的苏中关系,即第二次世界大战、中国人民的抗日战争和苏联人民的伟大卫国战争时期。决定这个时期中苏关系的主要因素是日本军国主义者的侵华战争。面对日本侵略,中国寻求各方面的支持,在获取西方庇护的尝试落空后,不得不呼请苏联的帮助。苏联给予中国帮助,不仅出于同中国人民的友谊之情,而且还因为日本军国主义对苏联的安全构成了直接威胁。

1937 年 8 月 21 日苏联与中华民国《互不侵犯条约》签订后,苏联开

---

① Русско-китайские отношения в XX веке: документы и материалы. Т. 3: Советско-китайские отношения, сентябрь 1931—сентябрь 1937 / Отв. ред. С. Л. Тихвинский, ред. В. С. Мясников, сост.: А. М. Ледовский, Р. А. Мировицкая, В. С. Мясников. М., 2010, № 395.

② Там же. Док. № 53. С. 88—89.

③ Там же. Кн. 1. Примеч. 1 к док. № 53. С. 583.

始积极实施对中国的经济、军事援助。① 同时苏联在国际舞台上给予中国的政治支持,阻止了日本和德国所谋求的中国的投降。② 苏联军队在哈桑湖和诺门罕河的军事行动也间接帮助了中国人民。1941 年 4 月签订的《苏日中立条约》引起了蒋介石方面极端不满,因为这意味着把苏联拖进对日战争的政策落空了。③ 反法西斯德国的伟大卫国战争开始后,苏联不可能对日宣战,但是继续给予展开反日本侵略者斗争的中国人民以支持。

第 4 册下分册收录了反映 1945 年苏中关系的史料。在战争的最后阶段,两个因素在中苏关系中起着决定性的作用:一方面是美英首脑的克里米亚会议的决定和关于远东问题的雅尔塔协议;另一方面是苏中谈判和 1945 年 8 月 14 日签订的《苏中友好同盟条约》中关于中长铁路、旅顺港、大连的协议。第 4 册下册的文献反映了准备签订这个条约和这些协议的复杂过程。中方对雅尔塔协议中有关中国的条款是不满意的。此外,苏联对日本战后的安排也和中国有分歧。结果苏联在各方面都迎合中国,上述条约和协议得以签订。④ 正如序言的作者们所说:"由于中国代表团不妥协的立场,1945 年 8 月 14 日签订的苏中条约保持了反日本倾向"。这一倾向又延续到了 1950 年 2 月 14 日签订的条约中。⑤ 从整体看,这个条约是一个良好的基础,它保障苏中关系持续发展,调整了远东和亚太地区的国际合作,确立和保持了区域的和平。

在收集这一册的史料的时候,编纂者提出了这样的任务:尽可能提供完整的信息,以展示这个时期苏中关系的发展、苏联领导人对中国抗日斗争的支持、中国领导人各阶段的政治方针。收入这一册的文献主要来自俄联邦对外政策档案馆和俄联邦总统档案馆。这些官方文献是 1937 年至 1945 年的条约、协议、纪要。其中有的文献在苏联或中国曾经发表过,但为了构成这个时期苏中关系的完整图景还是将它们收录了进去。所有这些文献都核对了其档案来源。收入这一组的文献有照会、政策性通信、苏联领导给苏联驻中华民国全权代表(从 1941 年开始为大使)的指令、苏

---

① Русско-китайские отношения в XX веке: документы и материалы. Т. 3: Советско-китайские отношения, сентябрь 1931—сентябрь 1937 / Отв. ред. С. Л. Тихвинский, ред. В. С. Мясников, сост.: А. М. Ледовский, Р. А. Мировицкая, В. С. Мясников. М., 2010, № 60—61.

② Там же. Док. № 129.

③ Там же. Док. № 477.

④ Там же. Док. № 710.

⑤ Там же. С. 19.

联使团领导致苏联外交人民委员会的信函。本册还收录了谈话记录,包括苏联领导人同中华民国的外交代表、负有官方使命的不同级别的访苏官员和其他渠道的来访人士的谈话记录(比如 И. В. 斯大林与孙科的谈话记录),中国领导人同苏联驻华外交代表的谈话记录,还收录了1945年7月至8月苏中谈判的全部文献(其中有 И. В. 斯大林、В. М. 莫洛托夫与以宋子文为首的中国代表团的谈话记录),还有 1945 年 12 月至 1946 年 1 月 И. В. 斯大林与蒋介石的私人代表蒋经国的谈话记录,谈话涉及中国的统一、中共的立场及国共两党的关系。还有一个特别的文献单元——战争时期苏联和中华民国领导人的通信。① 这些文献可以反映在战争各个阶段,和苏联开始在远东的战争之后两国政治关系的水平。本册编纂者之一 Р. А. 米罗维茨卡娅(Р. А. Мировицкая)在本册的文献学概述中说,本册公布了 И. В. 斯大林和蒋介石通信的最完整的史料。中苏两国的社会名流通过外交渠道讨论中国的政治军事局势、国共关系的谈话记录、札记和电报,构成了文献的丰富层次。本册大量刚刚解密的文献和材料首次得到了学术性的整理。出自多卷本的"美国外交关系"丛书"外交文献"(FRUS)的文献首次翻译成俄文,这是本册的一个特殊单元。严格说,这些史料并不归属于苏中关系,但它们构成了这个时期的苏中关系发展的背景。

本丛书还出了两本书,②收录了从 1946 年至 1950 年 2 月苏中关系的文献。其基本内容是苏联与中华民国的关系(1946 年至 1949 年),然后是苏联与中华人民共和国的关系。从 1949 年中华人民共和国成立开始,两国关系是在同一体制的框架下发展的。自从签订《中苏友好同盟条约》后,苏联政府和中国政府致力使两国关系保持在应有的层面上,在结构框架中来解决双边问题。尽管遵循条约规定,苏联政府承诺在解决苏中关系的所有问题时只同中华民国打交道,蒋介石认为这就是拒绝帮助共产党,但事实上,苏联考虑到中国的现实,既同中央政府保持关系,又同中国共产党领导人保持关系。

---

① Русско-китайские отношения в XX веке: документы и материалы. Т. 3: Советско-китайские отношения, сентябрь 1931—сентябрь 1937 / Отв. ред. С. Л. Тихвинский, ред. В. С. Мясников, сост.: А. М. Ледовский, Р. А. Мировицкая, В. С. Мясников. М., 2010, Кн. 1. Док. No 124, 127, 213, 246, 578—579; Кн. 2. Док. No 656, 668.

② Русско-китайские отношения в XX веке. Документы и материалы. Т. 5: Советско-китайские отношения. 1946—февраль 1950. Кн. 1, 2 / Отв. ред. С. Л. Тихвинский, ред. В. С. Мясников, сост.: А. М. Ледовский, Р. А. Мировицкая, В. С. Мясников. М., 2006.

在1946年至1949年这个时期,苏中关系经历了不同层面的事实的考验。从国际局势着眼,因为苏联与美国及其盟国的矛盾日益加剧,苏中关系是在明确变坏的条件下发展的。从中国国内政局着眼,中苏关系发展的背景是,执政的国民党同与之对立的共产党的斗争日益剧烈。在接受日本军队投降的问题上国民党与共产党的冲突加剧了,而且很快演变成武装冲突。经苏联政府倡议,1945年12月中旬苏联、美国和英国外长在莫斯科举行了研究战后欧洲重建的会议,会上还讨论了中国国内的局势,这个问题也与苏美关系有关,恰好苏联和美国都在中国境内有驻军。在日本被打败后,美国军队出现在中国境内,苏联方面认为这是试图帮助蒋介石政府对付共产党。同时苏联希望建立睦邻友好体制,因此中国东北解放后,其境内在苏联军队指挥部推动下成立了民主联军,把作为战利品的日本军队的武器和物资转给了民主联军,其结果是建立了与国民党及支持国民党的美国对立的中国东北的革命基地。前面已提及,蒋介石试图说服И. В. 斯大林充当国共之间的调停人,让他劝说中共领导人放弃同国民党的武装斗争,为此他在1945年12月把其子蒋经国派到莫斯科。从谈话记录看,蒋介石认为,"有很多的问题,不应该用外交的方式来解决"。① 但是И. В. 斯大林回避做出什么承诺。

因此,1949年之前的苏中关系是建立在三个层面上的。本册的编纂者在从俄联邦对外政策档案馆和俄联邦总统档案馆选择用于公布的文献时,力图达到这样的目的,以更完整的文献来展示苏方同中国中央政府的官方的关系的发展,也展示苏联领导人同中国共产党联系的演变。除了正式的文献,如双方关于重要问题的照会、备忘录、谈话、电文、声明、公函外,正如在上册中一样,占有重要地位的,还有苏联领导人同来莫斯科谈判的中华民国代表(1949年10月1日之后是中华人民共和国代表)的谈话记录,派往中国的苏联人员同中国的官方人士、中共的领导人的谈话记录。首次公布的全文有:1949年初苏联领导人的代表А. И. 米高扬(А. И. Микоян)在西柏坡同中共领导人谈话的记录,②1949年夏天苏联领导

---

① См.:Русско-китайские отношения в XX веке. Документы и материалы. Т. 4. Кн. 2. Док. № 824, 827, 829; Т. 5. Кн. 1. Док. № 3.

② Русско-китайские отношения в XX веке. Документы и материалы. Т. 5. Кн. 2. Док. № 426—435, 437.

人同以刘少奇为团长的中共代表团的谈话记录。① 还有 1949 年 12 月至 1950 年 2 月 И.В 斯大林和其他苏联领导人与毛泽东和周恩来的谈话记录。② 令人尤其感兴趣的是 И.В 斯大林和毛泽东在 1947 年间以密码电报的方式通信,讨论毛泽东访苏、苏联帮助中共及其他问题。首次以文献的方式描述清楚了 1949 年 12 月至 1950 年 2 月毛泽东、周恩来对莫斯科的访问,以及 1950 年 2 月签订《苏中友好同盟互助条约》的准备过程。正像前面的几册一样,很多材料刚刚才解密,首次得到学术性整理,对原来公布过的材料根据原件作了核对,在必要的情况下作了修正和补充。比如,本册中的绝密的《补充协议》,③这是原来公布的 1950 年 2 月 14 日签订的一揽子协议中没有的。某些文献,如刚提及的《补充协议》以俄文和中文公布。还有一些谈话记录是相当有趣的,如苏联驻华使馆人员与第三国外交人员的谈话[比如苏联驻中华民国大使 A.A. 彼得罗夫与美国大使司徒雷登的谈话],同社会名流关于中国政治军事形势、国内战争的动态、国共两党关系、苏中两国关系的谈话。本册还包括了解决苏中关系实际问题的苏联各机构之间的公函[俄共(布)中央、苏联外交部、苏联内务部、苏联外贸部]。在一系列文献中包含了苏联部长会议东正教事务委员会主席 Г.Г. 卡尔波夫(Г.Г. Карпов)与苏联外交部远东司关于向东正教北京使团拨款的通信。

　　独特的文献丛书"17—20 世纪俄中关系"的整理工作尚在进行之中。这个丛书无疑会对世界史基础研究做出重要贡献,它对俄中关系史的史料价值是难以估量的。它满足了俄国学者和外交官的需求,也满足了从事俄中关系研究的外国学者,其中也包括中国学者的需求。各册出版后大量的书评证明了这一点。④ 对已经发表的大量的文献的认真分析使研

---

　　① Русско-китайские отношения в XX веке. Документы и материалы. Т. 5. Кн. 2. Док. No 490—491.

　　② Там же. Док. No 544, 564.

　　③ Там же. Док. No 576. Впервые опубл.: Мировицкая Р.А. Не публиковавшееся Дополнительное соглашение к Договору о дружбе, союзе и взаимопомощи между СССР и КНР (14 февраля 1950 г.) // Китай в диалоге цивилизаций: к 70-летию академика М.Л. Титаренко. М., 2004. С. 469—470.

　　④ Покровский Н.Н. Русско-китайские отношения в XVII-XVIII вв. Т. 1—4. М., 1969—1990 // ННИ. М., 1992. No 2. С. 208—211; Воскресенский А.Д. Размышления над новой книгой // Вестник РАН. 2001. No 7. С. 650—655 и др.

究者会形成俄中关系的文献性的基础观念。其实质就是,"两国关系的历史性的正面的经验超越了在短暂的中断关系时的戏剧性甚至悲剧性时刻……即使是这样的时刻也能通过和平的渠道解决问题。"①中俄关系中的和平性质是属于不同文明体系的两个邻邦的历史成就,它不但属于过去,更指向现在和未来。

在公布"17—20世纪俄中关系"丛书的文献和史料的过程中,产生了反映研究结果的不少文章。这些文章的作者是 А. С. 伊巴托娃、Р. А. 米罗维茨卡娅、И. Т. 莫罗兹、В. С. 米亚斯尼科夫、Г. И. 萨尔吉索娃。②

文献丛书"俄共(布)、共产国际和中国"——是"国际共运学"的重要组成部分,是研究 20 世纪 20—40 年代中国内政多层面演变过程的基本史料。

正如上面已经指出,1991 年的事件同时伴随着一些导致汉学发展的正面因素。可以归于这些正面因素的,首先是俄罗斯对档案的开放,对俄罗斯社会而言实行开放的政策,使开放档案成为可能。研究者能接触档案材料,导致了所谓的"史料学爆炸,"与之相伴随的,则是出现了整理档案文献集的倾向,在这些文献集收录原来历史学家不能接触的大量档案。

---

① Ипатова А. С. Указ. соч. С. 92; Покровский Н. Н. Русско-китайские отношения в XVII-XVIII вв. Т. 1—4. М., 1969—1990.

② Мороз И. Т. Китайское посольство Тулишэня к калмыцкому хану Аюке на Волгу (1712—1715 гг.) // ВА. М., 2009. № 2 (20). С. 28—40; Мороз И. Т. Первое китайское посольство в Санкт-Петербург (1732 г.) //ВА. М., 2010. № 2 (22). С. 19—27; Ипатова А. С. Посольство С. Л. Владиславича-Рагузинского по материалам его «Статейного списка» // Вековой путь Китая к прогрессу и модернизации: К 100-летию Синьхайской революции //XIX МНК ККЦиМ: тез. докл. М., 2011; Ипатова А. С. Российско-китай-ские отношения в XVII-первой трети XVIII в. Фрагменты истории (по материалам документальнойсерии «Русско-китайские отношения в XVII-XX вв.») // Китай в эпицентре глобальных проблем АТР //XX МНК ККЦиМ: тез. докл. М., 2013; Саркисова Г. И. Из истории российско-китайских отношений: Международный акт о порядке российско-китайской торговли через Кяхту и пограничномрежиме (8 февраля 1792 г.) (по архивным материалам). // Восток-Запад. Историко-литературный альманах. 2011—2012. М., 2013. С. 61—76; Саркисова Г. И. Из истории подготовки и заключения Международного акта о порядке русско-китайской торговли через Кяхту и пограничном режиме (8 февраля1792 г.) // Исторические события в жизни Китая и современность. М., 2013; Саркисова Г. И. К пользеказенного интереса и купечества. (Архивные материалы о деятельности полномочного комиссара И. И. Кропотова на российско-китайской границе в Кяхте в 1768 г.) // Китай в мировой и региональной политике. История и современность. М., 2013. Вып. XVIII. С. 359—380; Саркисова Г. И. Российский дипломат В. Ф. (новые материалы к биографии) //XII научная конференция ОГК: тез. докл. М., 1991. Ч. 3; Саркисова Г. И. В. Ф. Братищев и его миссия в Пекине в 1757 г. // ПДВ. М., 1993. № 3.

这种倾向表现得明确和迅捷。出版史料的进程在 20 世纪 90 年代稳定发展,在 21 世纪持续推进,成了推动中国研究工作向纵深发展的动力,也为重新审视中国历史发展中的重要观念、开辟新的课题和方向提供了可能性。

在史料学发展的背景下,除了"17—20 世纪俄中关系"丛书外,还推出了"俄共(布)、共产国际和中国"丛书,以及其他一些史料集,它们与莫斯科和共产国际的中国政策、与中国 20 世纪 20—40 年代的民族民主运动以及中国的总体政治进程特点直接或间接相关。

本丛书的第 1 册 1994 年就已经出版。① 1996 年出版了第 2 册的上、下分册,②1999 年出版了第 3 册的上、下分册,③进入 21 世纪后继续准备出版第 4 册上、下分册和第 5 册,后者已于 2007 年面世。④ 整套文献丛书收录了 1517 篇文献。⑤ 这项工作由俄罗斯科学院远东所实施,合作单位是国立俄罗斯社会政治史档案馆,参与合作的还有德国柏林自由大学东亚讲习班的若干学者。第 6 册是在 М. Л. 季塔连科院士和闻名学界的郭

---

① ВКП(б), Коминтерн и национально-революционное движение в Китае. Документы. Т. I: 1920—1925 / Ред. кол. : М. Л. Титаренко, Го Хэнъюй, (рук. работы), К. М. Андерсон, В. И. Глунин, А. М. Григорьев, М. Лейтнер, Р. Фельбер // ВКП(б), Коминтерн и Китай. В 5 т. М. , 1994.

② ВКП(б), Коминтерн и национально-революционное движение в Китае. Документы. Т. II: 1926—1927. В 2 ч. / Ред. кол. : М. Л. Титаренко, М. Лейтнер (рук. работы), К. М. Андерсон, В. И. Глунин, А. М. Григорьев, Р. Фельбер, К. В. Шевелев // ВКП(б), Коминтерн и Китай. В 5 т. М. , 1996.

③ ВКП(б), Коминтерн и советское движение в Китае. Документы. Т. III: 1927—1931. В 2 ч. / Ред. кол. : М. Л. Титаренко, М. Лейтнер (рук. работы), К. М. Андерсон, В. И. Глунин, А. М. Григорьев, И. Крюгер, Р. Фельбер, К. В. Шевелев // ВКП(б), Коминтерн и Китай. В 5 т. М. , 1999.

④ ВКП(б), Коминтерн и советское движение в Китае. Документы. Т. IV: 1931—1937. В 2 ч. / Ред. кол. : М. Л. Титаренко, М. Лейтнер (руководители работы), К. М. Андерсон, В. И. Глунин, А. М. Григорьев, И. Крюгер, Р. Фельбер, К. В. Шевелев // ВКП(б), Коминтерн и Китай. В 5 т. М. , 2003; ВКП(б), Коминтерн и КПК в период антияпонской войны. Документы. Т. V: 1937—май 1943 / Ред. кол. : М. Л. Титаренко, М. Лейтнер (руководители работы), К. М. Андерсон, А. М. Григорьев, А. И. Картунова, И. Крюгер, Н. И. Мельникова, К. В. Шевелев // ВКП(б), Коминтерн и Китай. В 5 т. М. , 2007.

⑤ См. : Картунова А. К завершению издания серии сборников документов «ВКП(б), Коминтерн и Китай. 1920—май 1943 гг.» // ПДВ. М. , 2008. № 1. С. 103.

恒钰先生的领导下出版。后面几册的工作由 М. Л. 季塔连科和 М. 列特涅尔（М. Лейтнер）完成。文集的作者和编者们付出了大量的劳动。在本丛书中除了一般附录而外，还有人名索引，索引由 И. Н. 索特尼科娃制作。В. В. 拉林（В. В. Ларин）、К. В. 什维廖夫（К. В. Шевелев）、В. Н. 谢奇娜（В. Н. Щечилина）予以协助，使这项工作更有价值。所有册都译成了德文和中文。而且中文的出版也有自己的特点。中国的学者给从俄文翻译成中文的每一册都补充了同时期的中文材料。

这次公布的基本上是国立俄罗斯政治社会史档案馆收藏的档案。本丛书各册的准备和出版展示了开始国际合作的机遇，这机遇有助于学者们完成这样的艰巨任务：为全面阐明俄共（布）和共产国际 1920—1943 年间的中国政策提供文献基础。这项工作，由于其复杂性，持续了差不多 15 年。本史料集的出版明显地扩大了"国际共运学"的框架，深化了其内容。各册的文献提供了有关中国的新信息，对这些信息不加以认真的研究，就不能对共产国际的民族解放运动、共产主义运动的政策的目标、实质和结果作出客观的评价。在这个丛书出版前，共产国际在中国的活动完全缺乏文献整理。应该指出，1986 年出版的文献资料集《共产国际与中国革命：文献和史料》，①它收录了共产国际关于中国的大会和全会的主要决议。有关苏联的对外政策以及苏联对中国国内局势的反应的材料，也可以从《苏联对外政策文献集》中找到。②

20 世纪 20 年代中国民族解放运动领袖孙中山的主要著作，在齐赫文斯基院士的领导下翻译成了俄文。③ 这些著作提供了有关中国局势、中国内在特征的信息，描述出了孙中山本人及他领导的国民党对苏联的态度，涉及国家主权问题。尽管如此，文献基础亟需扩大。缺乏可靠材料致使后人在关于 1920 年代民族解放运动的特点和基本力量的问题上争论不休。因此在 1990 年代和 21 世纪初出现了很多俄罗斯和中国的新的文献和材料(1980—1990)时，在中华人民共和国出版了一系列中文文献集（其中有包括中国国民党党史方面的文献集，一小部分是英文版④），在

---

① Коммунистический Интернационал и китайская революция. Документы и материалы. М. , 1986.

② Документы внешней политики СССР. Т. I-X. М. , 1957—1965.

③ Сунь Ятсен. Избр. произв. 2-е изд. , испр. и доп. М. , 1985.

④ См. : Saich T. *The Origins of the First United Front in China. The Role of Sneevliet (Alias Maring)*. 2 vols. Leiden, 1991.

很大程度上填补了现有的文献空白,它们有助于弄清楚共产国际及其驻中国代表与当时的民国的主要政党——共产党和国民党的关系。原来模糊的、政治化的共产国际的中国政策,首次获得了文献支撑,这些文献足以形成联共(布)和共产国际中国政策的客观图景,足以弄清楚20世纪20—40年代中国革命和政治的进程。与孙中山和国民党活动有关的文献和材料有重要的意义。了解联共(布)和共产国际政策在中国现实境遇中的运用,在国共两党纲领和实践中运用,使人们能够更客观地评价共产国际、中国共产党和国民党的政策,与过去相比更是如此。原来的观念主要是建立在对共产国际和中国共产党的关系上的研究中的,忽视了中华民国革命政治进程的多层面性。

在我们看来,不论就首次发表的文献和材料的数量而言,还是就内容而言,第1册都占有重要的位置。这一册为重新审视史料研究的观念,即20世纪20年代革命的内容和性质,革命的参加者及其目标,提供了坚实的基础。读者首次获得了如下方面的全面信息:苏联代表、俄共(布)/联共(布)、共产国际领导人参与中国民族解放运动、共产主义运动的方式;它们对国共两党的影响;国民党的领导人孙中山和他的政党政治革命纲领的形成;孙中山与苏联驻中华民国全权代表、共产国际代表的联系。本册的文献还让人可以追寻共产国际关于中国政策的基本文献(1920年共产国际通过的《关于殖民问题的提纲》)的具体实施。本册还首次公布了俄共(布)/联共(布)中央政治局关于中国的文献——它们得到特殊的保存,放在一些被称为"特殊的卷宗"的档案里,还公布了俄共(布)中央政治局中国委员会(1925年3月19日建立)的纪要,这个委员会在本书出版前完全不为人知晓。

这些文件证明,直到1927年春季之前,联共(布)中央政治局中国委员会和该委员会主席 M. B. 伏龙芝(М. В. Фрунзе)在中国民族解放运动的发展中起着非常重要的作用(М. В. 伏龙芝还担任苏联革命军事委员会主席)。М. В. 伏龙芝同苏联驻中华民国全权代表 Л. М. 加拉罕(Л. М. Карахан)、孙中山及国民党政府的顾问 М. М. 鲍罗廷(М. М. Бородин)保持密切联系,因此对中国的政治局势非常了解;在条件许可的情况下,他总是在实施《关于殖民问题的提纲》的框架内给予国共两党的政策以积极有效的支持。①

本集中包含了大量的档案材料涉及苏联国家对中国解放运动的经费支持,提供军事和政治顾问,斥资在苏联和中国学校培训中国人员。有重要的材料描述清楚了一段鲜为人知的情节:莫斯科和共产国际借支持冯玉祥和胡景翼两位将军的国民军来组织民族革命运动中的"北伐"。此外,收录的文献表明,给予这支军队的物资和经费支援,其规模与给予国民党的武装力量的支援相当。

苏联和共产国际给予中国民族革命运动经济支援的规模究竟有多大,迄今没有明确的答案。这是将来的研究任务。尽管这样,有一个情况是清楚的,给予中国民族解放运动以支持是在苏联极其艰难的时期。如下事实尤显重要:援助到来的时候,正值孙中山的政党的危难之际。另一点同样重要,这些文献表明,莫斯科和共产国际的愿望是帮助中国人民摆脱由北方军阀控制着的北京政府和西方列强的压迫。今天几乎被遗忘的概念——国际主义,不折不扣地表现在俄共(布)/联共(布)与中国民族革命的关系中。

第1册的文献提供了关于苏联在中国外交特点的鲜明概念,这一特点发展为两个方向。一个方向,也是主要的方向,是在国际法的框架中发展出来的两国关系的正常化。第二个方向——是与革命运动的互动。在后来,正像本丛书的以后几册所勾勒出的那样,这个特征保持了下去。

应该同样完整公布的材料(其中的一部苏联史学界已经知悉)是有关国民党军事代表团访苏的情况(1923年9月2日至11月29日),其团长为广东政府军参谋长蒋介石。研究这些材料可以阐明如下问题:国民党民族革命运动纲领的形成、国共两党接近的边界、国民党对世界革命的独特理解(凭借这种理解孙中山和他领导的政党形成了被压迫民族同压迫者斗争的理想)。

本册收录了205件文献和材料,大部分是以前未曾公布的信函[Г. В. 契切林(Г. В. Чичерин)、А. А. 越飞(А. А. Иоффе)、А. К. 裴克斯(А. К. Пайкес)、Л. М. 加拉罕、孙中山、Г. Н. 沃伊津斯基等人的信函],国共两党的政治军事顾问给上级的报告占有显著位置。它们提供了大量以下几类信息:国共两党在民族革命中的基本立场,革命过程中的党派联

---

① ВКП(б), Коминтерн и Китай. Т. I. Док. No 141, 144, 146, 152, 153, 158, 160—163, 166, 171—173, 177, 180, 192, 195.

合的观点,有关革命目的和方法的分歧。它们还展示了共产国际的决定适应中国条件的过程。

第2册收录了268个文献。大部分文献是共产国际建制中的新机构——远东局(为在上海开展工作,1926年4月设立)的命令、报告和信函。如果说第1册所收录的文献全面反映了中国的局势,那么第2册所收录的文献则反映了共产国际和中国共产党的观念:民族革命是"在底层"展开的人民大众革命。1927年革命完结了,国共"统一战线"就崩溃了。在本册,有大量的事件与1927—1928年国民党的活动、国民政府的工作有关,与北伐的继续和军阀体系的崩溃有关。后者则与中国民族革命的目标有关联。第2册中的大量文献是首次得到整理的,这项工作应给予高度评价。缺陷是有的,但"不是主要方面"。① 就像整套"联共(布)、共产国际和中国"的文献一样,第2册会对"国际共运学"的发展做出自己的贡献。

在第3册中,与首次公布的联共(布)中央政治局(其中包括"特别卷宗"的材料)、共产国际执委主管中国共产党事务的分支机构的文献一道,还发布了共产国际致中共领导人的信函,同时还有苏联军事侦察机构(红军总参谋部第4局)就中国事务给共产国际执委的报告。② 在这方面使用了俄国家军事档案馆的材料。这些文献令人信服地表明,情报部门在独立开展工作的时候,也同共产国际及其驻中国代表合作。这些先前不为人知的历史文献提供了这样的可能性,可解释苏联国家的情报部门同共产国际和国共合作的方向及形式,可确定它们在苏联制定对中国和日本的政策时有何种影响。共产国际从事秘密工作的一个特殊机构——国际合作部——第一次得到了文献的证实。第3册收录的是"苏维埃运动"早期的文献。这是共产党探索革命进程的新内容的复杂时期,在本资料集出版前,没有足够多的文献面世。本册的文献显示,中国共产党开始实行武装反抗国民党的策略,共产国际积极参与了这个策略的制定,后来转而开展在国民党"后方"建立根据地的"苏维埃运动",这不但是事件客观进程的结果,也是共产国际政策影响中共领导的结果。这个过程,也与

---

① Недочеты подобного рода отмечал в своей рецензии на II том документов и Ю. Гарушянц. См.:Гарушянц Ю. ВКП(б), Коминтерн и Китай. Документы. Т. II // ПДВ. М., 1997. № 4. С. 149.

② ВКП(б), Коминтерн и Китай. Документы. Т. III. М., 1999.

И. В. 斯大林政府的努力相吻合。对联共(布)而言，И. В. 斯大林制定了共产国际中国政策的基本方针，这些方针传达给了中共领导人和共产国际驻中国的代表。按照苏联红军的模式建立红军，是中共在共产国际东方书记处军事委员会的协助下进行的。总参谋部的首长 Я. К. 别尔津(Я. К. Берзин)是该委员会主席。本册的一些文献还涉及共产国际对中共进行经费支援模式的一些信息。

"联共(布)、共产国际和中国"第 4 册收录的文件涵盖从日本占领中国东北(1931年11月)到抗日战争全面开始(1937年7月)这个时期，反映莫斯科的立场和共产国际与中共的关系。1933—1934年"苏维埃运动"遭遇失败，中央苏区被围，共产党人被逼入了绝境。中共的军队突破围困，开始了万里长征。

文献提供的有趣的材料证明了共产党人开始寻求民主革命的新战略：由全盘苏维埃化转向团结爱国力量。此册包含了令人信服的信息，寻求的进程从两个方向展开：从内部和外部展开。这个进程也受到了共产国际第七次大会决议的影响，尽管在这个时期共产国际在中国的影响是有限的。新的国际局势明显限制了共产国际同中国联系的可能性。正像文献所显示的那样：在 1931—1935 年期间共产国际执委没有通过一项有关中共的任务和"苏维埃运动"的决议。这是因为共产国际对此问题没有统一的意见，苏联顾及自己国家东部边境的现实危险，也不愿意激怒日本。此外，也缺乏有关中国局势的可靠的、足够的情报。并非偶然的是，对 1930—1932 年活动在中国的 Р. 佐尔格(Р. Зорге)小组这样的军事间谍来说，最重要的任务之一，就是收集涉及中国内政的情报。若干文献显示，И. В. 斯大林和共产国际总书记 Г. 季米特洛夫(Г. Димитров)(从 1935 年起至共产国际解散)准备了共产国际关于抗日民族统一战线的最重要的决定。1936 年 7—8 月共产国际书记处通过了这一决定。总的来看，制定抗日民族统一战线的策略依靠了共产国际书记处，依靠了以王明为团长的中共驻共产国际代表团的努力；在中国的中共中央也在向这个方面做工作。

共同努力的结果包含在 1937 年 8 月 10 日 Г. 季米特洛夫在共产国际书记处研究中国问题的会议上的发言中。① 这份文献是第 5 册的开卷之

---

① ВКП(б), Коминтерн и Китай. Т. V. Док. № 1.

作。本册的文献涵盖了从1937年8月至共产国际解散的1943年4月这个时期。这些文献揭示了抗日民族统一战线政策的细节,其中包含了共产国际防止统一战线破裂的许多倡议。共产国际执委会书记处和中共中央之间,Г. 季米特洛夫和毛泽东之间的密码电报在本册的文献中占有重要位置,其中大部分研究者以前是完全不知晓的。与此同时,共产国际在其与中华民国的政策和对国共两党的态度方面,依旧遵循苏联领导的立场。

本册的特点之一是,它收录了涉及苏联和共产国际向中共提供经费支援的大量文献。① 比如180号文献,②1941年7月3日联共(布)中央向共产国际执委会拨款1万美元,用于帮助中共中央。这是答复中共中央1941年5月16日的请求的行动。③ 苏联还给予中国共产党技术装备、医疗器械和其他物资等援助。④ 1937年,在苏联的帮助下,在迪化建立培训八路军干部的学校,学校里有苏联教官工作。⑤

应该特别注意共产国际研究中国局势的努力。文献证明,实践的形式是,在共产国际主席团的会议上听取了中共主要活动家——任弼时(1938年4月)、周恩来(1939年12月底)的报告。⑥ 1937年8月10日Г. 季米特洛夫在共产国际书记处的讲话,И. В. 斯大林在克里姆林宫与即将返回中国的(1937年11月11日)王明、康生、王稼祥的讲话,都有极为深刻的内容。⑦

文献中还可以看出党内分歧的变故,如毛泽东与王明。有20件以上的文献涉及"新疆王"盛世才与苏联的关系。

本册结束于与共产国际自我解体有关的文献,解体事实本身至今仍然是学术界争论的课题。本册有关这个问题的文献明白无误地证明,中国共产党人赞同共产国际这个提议。共产国际和中国共产党在这个问题上,都表现出了顺应历史条件的立场。有必要提及,早在共产国际第7次

---

① ВКП(б), Коминтерн и Китай. Т. V. Док. № 65, 126, 140, 157, 180, 198, 202, 217.
② Там же. Док. № 180.
③ Там же. Док. № 172.
④ Там же. Док. № 28, 57, 69, 94, 116, 124, 157, 173, 202.
⑤ Там же. Док. № 70.
⑥ Там же. Док. № 47, 48, 53.
⑦ Там же. Док. № 7.

大会的材料中已经提出共产国际避免直接干涉各共产党的内部事务。①在中共中央的决议(延安,1943年5月26日)中,②指出了共产国际在中国共产党成立中的正面作用,特别强调它对1924年建立国共统一战线(当时孙中山还在世),对支持1926—1928年的胜利的北伐,都发挥了作用。③中共中央在决定中支持共产国际的提议有一系列的原因:为了动员各种力量投入反法西斯的斗争,必须给各党行动的自由;其信心在于"中国共产党人根据具体的形势和自己民族发展的特殊条件,在完全独立自主的情况下,制定了自己的政治方针、政策,进行了自己的实践"。④

二 有关共产国际和苏联的中国政策、中国的革命运动和内部局势的文献集

2004年俄罗斯史料学出版的重大事件是《俄共(布)及联共(布)中央和共产国际:1919—1943年文献集》⑤的出版,它与"联共(布)、共产国际和中国"丛书一道扩大和深化了国际共运学的史料库。收集进本资料丛书的有俄罗斯国家社会政治史档案馆中有关俄共(布)、联共(布)中央、共产国际执委会、意大利共产党、中国共产党专藏中的文献;有Г.Е.季诺维也夫(Г.Е. Зиновьев)、В.И.列宁(В.И. Ленин)、В.М.莫洛托夫、К.Б.拉迪克(К.Б. Радек)、И.В.斯大林、Л.Д.托洛茨基(Л.Д. Троцкий)和其他人士个人档案中的文献。借此可以探寻联共(布)与共产国际的相互关系的复杂过程和它们的活动的内涵。此文献证明,И.В.斯大林对联共(布)中央政治局的中国政策的影响在持续增长。我们要指出,1920年初俄共(布)中央建立了共产国际主管中共事务的机构,同时与苏联外交人民委员会的代表就中国问题进行积极的合作。正因如此,从文献中可以看出,中共在民族革命运动中选择的盟友是孙中山的政党,而不是吴佩

---

① ВКП(б), Коминтерн и Китай. Т. IV. Ч. 2. Док. No 285.
② Там же., Т. V. Док. No 291.
③ Там же., Т. V. Док. No 291. С. 669.
④ Там же. С. 671.
⑤ Политбюро ЦК РКП(б)-ВКП(б) и Коминтерн: 1919—1943 гг. Документы / Ред. кол.: Г. М. Адибеков (отв. ред.-подг.), К. М. Андерсон, К. К. Ширина (отв. ред.-подг.) / составители: Г. М. Адибеков, Ж. Г. Адибекова, Л. А. Роговая, К. К. Ширина. М., 2004.

孚、张国焘①或其他人,这正是共产国际当时的目标。

从文献中可以看到,从1927年开始,共产国际巩固了自己的立场,并加强了自己对联共(布)和中共的影响。它逐年成了联共(布)的工具。仔细研究这本文献集就会呈现这样的事实:共产国际的重点是在西方。由于一系列原因,共产国际的中国政策并不占重要位置。远离莫斯科和中华民国国内政治局势的复杂性,造成了共产国际及其中国部对中国共产党活动控制弱化的条件。中共在1930年代初试图在农村建立苏维埃根据地,同时反抗国民党的围剿。从1930年代末到1940年代初中共处于反日本侵略的战争的环境中。

文献表明,在德国、保加利亚等欧洲国家实现世界革命尝试的失败,可能在某种程度上降低了联共(布)和共产国际在东方的激进情绪,但是并没有放弃1927—1928年在中国实行农村革命的思想,没有放弃大规模的苏维埃运动——该运动在1934年遭受了失败。谈及共产国际的错误,我们要强调寻求正确决定的复杂形势和客观困难。共产国际在1930年代初的一个严重错误就在于,长期坚持不与社会民主力量建立统一战线的立场,这就延迟了在西方和东方建立统一战线的政策的形成。欧洲的反法西斯斗争的经验使联共(布)和共产国际的领导将反法西斯和反战争的任务置于首位,而不是准备社会主义革命。

可以看出,共产国际第七次大会后,共产国际实行了政策的全面调整,调整后的政策总的战略指向是联合所有民主力量同国际侵略势力斗争,尽管作出了一系列关于联共(布)的政策不能替代共产国际的政策的决定,但是联共(布)中央的领导继续监控和主导共产国际的政策。文献集中包含了有足够说服力的材料,表明在共产国际制定和实施中国建立抗日民族统一战线政策中,И.В.斯大林保持着重要的影响力。本资料集收录的文献表明,在此书公布前,专家和公众并不知晓,共产国际在二战前的几年和二战期间活动的规模有多大:活动遍及西方和东方数十个国家:培养民族干部,训练敌后工作专家,组织无线电宣传,做俘虏工作等等。

我们无暇深入介绍从1935年开始的镇压共产国际干部的材料,仅止于提及而已:共产国际的执委会机关几乎被看成是破坏分子渗入苏联的

---

① 显系作者笔误,应是张作霖。——译注

基本渠道;大规模的逮捕十分突出,苏联关闭了共产国际执委的所有教学机构(其中有为许多国家,其中包括为中共培养成熟干部的国际列宁学校),解散了波兰共产党等等。尽管有大量与共产国际相联系的负面事件,但本资料集的材料证明:第一,共产国际制定符合中国实际的政策的努力并非总是成功的;第二,它在组织反法西斯、反日斗争中的显著作用是具有世界意义的。这些文献并不能质疑以下说法:"И. В. 斯大林和他的亲信促使共产国际展开反法西斯斗争,并组织欧洲的抵抗运动、反法西斯的民族解放运动。"①

上述材料编成了两本,是由远东所 А. И. 卡尔图诺娃整理的。2003年出版了题为《В. К. 布柳赫尔(В. К. Блюхер)在中国(1924—1927):总军事顾问的新材料》。А. И. 卡尔图诺娃担任编纂者、责任编辑、序言作者和注释者,这是艰巨而有趣的工作。这些文献将 В. К. 布柳赫尔描述为卓越的军事顾问,既睿智又有趣,他的生命和运动与中国的革命事件紧密联系。在这些事件中他本人也成了主角。

由于在中国民族解放运动中军事因素发挥了很大的作用,军事顾问团团长的活动往往处于事件的核心。В. К. 布柳赫尔先是被派往广州政府,从 1925 年起又被派往南京政府的军事顾问团任团长。他的顾问团有巨大的动员力,也能够认识到那个时期中国内政局势的实质。В. К. 布柳赫尔对革命运动的军事特征的认识明显早于其他军事顾问和多数共产党员,他将革命运动的成果更多地与军事建设的成功相联系,而不是与工农运动的水平相联系。本资料集接续了 1970 年代(1979 年)出版的有关 В. К. 布柳赫尔和其他军事顾问的文献资料集。② 该书也是 А. И. 卡尔图诺娃编纂的。其材料包含了对历史学家们的历史概念作修订的基础。这些概念是:当时中国的政治力量的形成,各阶层的特征,国民党领袖孙中山提出的该党的民族解放运动观念,1926—1928 年旨在恢复国家主权和统一的北伐。1927 年 В. К. 布柳赫尔返回苏联。在 А. И. 卡尔图诺娃公布于 2003 年的关于 В. К. 布柳赫尔的资料集中,信息更加丰富,与其他材料一起,首次完整公布了(这一点和 1970 年代的资料不同)В. К. 布柳赫

---

① Адибеков Г. М., Шириня К. К. Предисловие // Политбюро ЦК РКП(б)-ВКП(б) и Коминтерн: 1919—1943 гг. Документы. С. 18.

② Картунова А. И. В. К. Блюхер в Китае. 1924—1927 гг. Документированный очерк. Документы. М.,1979.

尔的文献，其标题是《广东.军事事件要录.1924年12月—1925年7月》（第2号文献）。1925年9月В.К.布柳赫尔在第一次华南之行（1924年11月至1925年5月）结束后写完了这个要录。第二次华南之行（从1926年5月至1927年9月）的多种文献显示，В.К.布柳赫尔的军事才能在创建孙中山的广州政府的军队中发挥了显著的作用。这是一支不同于旧军阀军队的新式军队。在1924年至1925年间军队创立起来，在孙中山领导的部队同陈炯明领导的军队的军事冲突中，这支军队得到巩固。陈炯明是孙中山昔日的战友，是云南、广西军队的将领，他试图控制广东省。1925年底的两次东征奠定了广东革命根据地的军队基础。① 务必应注意在本文献集中收录的一系列文献，它们涉及培养国民党军事骨干的黄埔军校的组建、В.К.布柳赫尔在军校工作中的作用、军校毕业生在将叛乱将军的军队赶出南方中的作用。В.К.布柳赫尔的第二次出差正好赶上中国民族革命中的核心事件——北伐。文献揭示了В.К.布柳赫尔面临的诸多困难，常常在不能同国民政府、同莫斯科保持有效的联系渠道的情况下，不得不做出违背中国大本营和莫斯科意愿的决定，也与驻国民党的总政治顾问М.М.鲍罗廷发生"利益冲突"，此人在共产国际的影响下在1927年也倾向于采取激进的决定。

  本资料集中还收录了涉及历史学家不熟悉的事件的材料——北伐中的湖北战役和江西战役；还有文献和材料涉及蒋介石和唐生智两位将军的关系，В.К.布柳赫尔给予这两位的"革命性"以很多评价。② 应该指出，В.К.布柳赫尔积极参与北伐计划的制定，他非常了解中国的局势，熟悉将军们，了解他们的情绪。比如，他从来就不被唐生智和冯玉祥将军的政治观点迷惑，并不信服他们，而且确信，他们不是武汉政府真正的拥护者，局势发展证明他是正确的。同时，与共产国际的领导和国民党中执委的政治顾问М.М.鲍罗廷不同，他对蒋介石将军的能力评价更为客观，他希望自己的支持者、各国、企业家和商人赞同蒋介石所持的关于国民党的政策，拥护他在军界的权威。他不止一次呼吁关注黄埔军校的规模化

---

① В. К. Блюхер в Китае. 1924—1927 гг. Новые документы главного военного советника. М.，2003. С. 397—432.

② Там же. Док. № 10—12.

文件中的立场的分歧,关注苏联顾问在黄埔军校和各部队中的行为方式。①

文件中包涵了大量的信息涉及苏联政治、军事顾问帮助国民党进行"改组",帮助建立不同于旧军阀的新式军队。苏联顾问对北伐胜利的贡献是显而易见的。1928年北伐的胜利,肃清了将中国推向危机境地的地方军阀的势力。苏联给予国民党物资和经费支援,提供武器和顾问,在国民党的军事胜利中起了不小的作用。

本册收录17种文献,其中17种是 В. К. 布柳赫尔编写的。附录中的四种文献也很有趣,这些文件涉及 В. К. 布柳赫尔对武汉政府活动有关的军事政治问题的评价,涉及他对他本人与 М. М. 鲍罗廷的关系的评价。2008年 А. И. 卡尔图诺娃继续出版了俄共(布)/联共(布)总书记 И. В. 斯大林同驻中国全权代表 Л. М. 加拉罕的通信(1923年8月至1926年,出自国立俄罗斯社会政史档案馆)、苏联外交人民委员 Г. В. 契切林与 Л. М. 加拉罕的通信(出自俄罗斯对外政策档案馆)。② 这本书以文献的方式阐明了共产国际和苏联的中国政策。这些政策既与苏中关系的发展,也与中国的民族解放运动、共产主义运动的形成紧密联系。书信体裁在史料学中占有重要位置。书中有丰富的内容,同时所公布的这些政治、国务和党务机关的文献所透露的信息,不但传达出了时代氛围,而且准确、细致地勾勒出内政、外交问题,甚至还披露了各种重要的政治决定的内幕。И. В. 斯大林与 Л. М. 加拉罕的通信是首次公布,Г. В. 契切林与 Л. М. 加拉罕的通信以前公布过,但数量没这么多。相比较而言,И. В. 斯大林同 Л. М. 加拉罕的通信比 Г. В. 契切林与 Л. М. 加拉罕的通信更重要。

本资料集的内容证实了俄罗斯外交中众所周知的事实:他们精心选择了到中国去工作的精英。的确如此,1923年至1926年间,苏联驻中华民国全权代表 Л. М. 加拉罕,作为外交官早就声名卓著。关于具体事项的通信表明,这位苏联驻中国全权代表具有很高的职业素养,也说明 И.

---

① В. К. Блюхер в Китае. 1924—1927 гг. Новые документы главного военного советника. М.,2003. Док. No 1, 3, 4.

② Переписка И. В. Сталина и Г. В. Чичерина с полпредом СССР в Китае Л. М. Караханом: документы, август 1923 г.—1926 г. / Сост., отв. ред.-подг., автор предисл. А. И. Картунова, гл. ред. М. Л. Титаренко. М., 2008.

В. 斯大林和 Г. В. 契切林对俄中关系有深刻的理解。

不妨介绍一些引起 И. В. 斯大林、Г. В. 契切林和 Л. М. 加拉罕特别关注的一些问题和事件。通信大量涉及 Л. М. 加拉罕与北京政府代表准备《俄中解决悬案大纲协定》(1924 年 5 月 31 日签订)的谈判。通信可以让人看出，Л. М. 加拉罕为了签订这个协定付出了巨大的努力，但美国竭力阻止达成此协议。① 从历史资料可以看出，中国社会对此问题异见纷呈。就拿孙中山来说，一方面他的政党同苏联发展友好关系，他本人渴望广东政府能得到莫斯科的承认；另一方面又需要长久说服，他才能认识到在苏联和中华民国之间通过正式的渠道签订协议是必要的。在这方面孙中山和国民党执委的政治顾问 М. М. 鲍罗廷功不可没。通信中还呈现出涉及 1924 年 9 月 20 日与奉天签署协议的一些事实，其中有在中长铁路问题上克服张作霖同苏联利益的冲突的细节。在中长铁路问题上，日本和西方列强加强了对张作霖施压。②

就像"联共（布）、共产国际和中国"丛书中的文献一样，本资料集中的一些材料说明，联共（布）和共产国际并不是一开始就认准了民主革命阵营中战胜北洋军阀的可靠力量；共产国际和联共（布）的一些领导人并不是一开始就辨认出了不同的军阀集团——张作霖、吴佩孚等等与孙中山和他的政党之间的区别。在这些通信中反映和补充了"联共（布）、共产国际和中国"丛书中的这个主题：借助冯玉祥和胡景翼的国民军支持来制定革命的北伐路线。

从通信的内容看，Л. М. 加拉罕同孙中山和国民党中执委的顾问 М. М. 鲍罗廷保持着联系，对中国南北生活中的事件了如指掌，比共产国际的其他代表更了解国民党的方针政策，这有助于苏联在与中国官方和民主革命运动的各阵营的联系中采取符合实际的政策。莫斯科和共产国际支持北伐，这是苏联方面对解决民主革命运动中一系列原则问题的客观态度的明显例证——尽管共产国际和国民党在国民革命军北伐的时间等问题上有分歧。这些通信证实，在建立民族解放的关系中苏方面有得有失。比如，根据 М. В. 伏龙芝的意见，Л. М. 加拉罕推动苏联方面给予

---

① Переписка И. В. Сталина и Г. В. Чичерина с полпредом СССР в Китае Л. М. Караханом: документы, август 1923 г. —1926 г. / Сост., отв. ред. -подг., автор предисл. А. И. Картунова, гл. ред. М. Л. Титаренко. М., 2008. No 7, 12, 15, 44. 46, 54.

② Там же. Док. No 9.

了冯玉祥将军更多财经援助。事态的进一步发展证明，Л. М. 加拉罕高估了冯玉祥在民族解放运动中的作用。

这些通信也涉及了广东政府在一系列问题上的分歧，比如针对定期出现的中东铁路的冲突的分歧。冲突一半是中方引起的，一半是俄方引起的。通信给予联共（布）中央政治局军政委代表团的中国巡视之行以较多篇幅，该团在中国逗留的时间是1926年2月初至4月底，团长是中央委员、中央组织委员、工农红军政治部主任 A. C. 布勃诺夫（А. С. Бубнов）(他本来姓伊凡诺夫）。这个代表团活动的目的是要调整围绕中东铁路的局势，纠正苏联驻国民党的顾问们的工作中所犯的共产国际式的错误。对代表团工作的结果的评价不一。从文件中可以看出，在苏联占上风的观点是把 М. М. 鲍罗廷和 В. К. 布柳赫尔边缘化。材料和文献也证明，内部形势是复杂的，冲突的原因在很大程度上是由于共产国际和联共（布）对国民党的政治纲领和实践、对中国的整体形势缺乏足够的知识。

公布的有关 К. Б. 拉迪克1920年代活动的文献，对阐释"联共（布）、共产国际和中国"的主题贡献甚大。① 这是 А. В. 潘佐夫（А. В. Панцов）编纂的，他是莫斯科大学亚非学院的毕业生，现在生活、工作在美国，但同俄罗斯的学术机构和院校保持着学术联系。从书中可以看出，К. Б. 拉迪克在任中山大学校长期间，在1923—1927年间，尤其是在1925—1927年间认真从事中国革命理论和实践的研究。К. Б. 拉迪克同时也成了俄罗斯汉学中的一个重要人物。这个文献集中收录了出自国立俄罗斯社会政治史档案馆的9种文献、俄罗斯科学院档案馆的两种文献，还有 А. В. 潘佐夫的序言。它们证明，К. Б. 拉迪克不仅是共产国际的中国政策的理论家和实践家，他还是联共（布）党内反对派积极参与者。本资料集所引用的材料十分重要，它们扩大了中国革命中各种事件产生的背景，也证实了联共（布）和共产国际在解决中国民族革命中的争论的问题时是高度紧张的。本资料集的内容还表明，共产国际和联共（布）在选择适应中国局势的战略方针时态度暧昧，在"统一战线"矛盾积累后决定共产党员退出国民党的问题的时候就是这样。我们应该指出，А. В. 潘佐夫的如下判断是没有足够证据的：他认为共产党在民族革命中战略失败的原因是共产

---

① Карл Радек о Китае. Документы и материалы / Ред. и сост. А. В. Панцов. М.，2005.

员继续加入国民党。А.В.潘佐夫将这个问题主要归咎于 И.В.斯大林。这个命题尚未得到充分证实（假如考虑到 1920 年代的复杂局势、国民党的立场、国民党建立"统一战线"的政策所赋予的共产党活动的合法性）。由于诸如此类的情况，我们不由得会对 А.В.潘佐夫的立场的正当性产生疑虑。从总体看，这本正引起学术争论的书，其学术附件是很完备的，有注释、参考文献、人物介绍，同时编纂者和序言作者知识渊博。这些使这本书进入高水平著作之列，为学术研究开辟了新的前景。

  我们作了描述的 1990 年代至 2000 年代这些文献资料集开辟了足够丰厚的文献基础，据此可以研究俄中关系、中国的民族自由运动和多层面的内部政治进程、联共（布）和共产国际的中国政策。出现了更深刻地探究如下问题的新的可能性：研究中国内部的历史、外交政策，消除中国政治史中的"空白点"，即确立孙中山的政党在 20 世纪 20 年代的民族革命中、在整个 20 世纪 20 年代至 40 年代民主革命进程中的地位。

第二章

俄罗斯的中国史研究:国内政策

  俄罗斯汉学家积极开展中国历史研究有多种原因,包括俄中有漫长的边境线,俄罗斯以各种方式参与过中国最重大的历史事件等因素。这些事件使两国历史交织在一起,奠定了俄中人民友好的基础。发生在20世纪上半期——战争年代、革命时期、社会运动时期,包括苏中友好合作的最初十年(1949—1960)的事件,虽然由于种种原因,正被从两国人民,甚至一些中俄历史学家的记忆中抹去,但它们却深深植入了两国人民的历史意识。

  俄罗斯汉学界的"黄金宝库"拉近了史学界与中国历史的距离。这些大量的政论文章和小册子,由1920—1940年代中国革命运动和重大政治事件的目击者与参与者撰写。除了回忆录,相关的文学作品也让人"贴近"对中国历史的理解。苏联及其执政党和共产国际参与了众多政治事件,苏联方面对中国给予了很大援助,苏联代表和共产国际对中国民族意识形成的影响很大,尤其是在抗日战争期间。这表明俄罗斯的中国问题研究者在历史方面有相对更多的机会。

不能不指出，在个别历史时期，存在过一些涉及中国国内局势，以及由之引起的影响俄中关系的消极事件。俄罗斯史学界一直在仔细研究这些主要属于对外政策方面的问题，尤其是边境问题。不过在第二次世界大战后，尤其是在 2001 年两国签署了友好合作条约之后，这些问题已不再突出。在国内政策方面，利益冲突主要包括中国东北铁路问题，中国新疆问题以及蒙古问题，苏中国家关系与联共（布）、共产国际和中国共产党关系的平行协调发展问题。同时我们特别关注俄中史学界关于俄中关系发展的结构性趋势的主流观点。

苏俄历史学家对两国和民间的主要合作方向、合作的实施条件进行研究后，认为俄国历史"参与了"中国历史。因此俄国的中国史研究者——俄罗斯汉学家——形成了一种独特的"历史意识"，这让他们能深刻地感知这个伟大邻国的历史、过去和现在。

苏联解体和俄罗斯社会政治制度的改变对俄罗斯汉学以及俄罗斯的中国史学界有着不利的影响。俄罗斯严重的金融和经济危机直接影响了俄罗斯科学界。把 1990 年代与过去几十年出版的研究专著和研究总量进行简单的数量对比，就能看出研究数量的下降。汉学界失去了一大批专业的历史学家，他们离开了新俄罗斯的土地。在苏联时期整体上已经建立起来的系统的中国历史学研究出现了裂痕。可是尽管如此，汉学研究仍然保持了一定的水平。中国历史研究虽然没有高速发展，但仍在继续进行。

俄罗斯史学界面临着一系列重要的科学及政治任务：吸引国际学界对苏俄研究成果的关注，并为其准确定位；在史料学和史学中确定主要方向，同时集中力量继续研究中国历史，展现俄罗斯学界对中国历史的浓厚兴趣，将 1950—1980 年代的高水平研究继续下去。

一　1990 年代的史料出版

20 世纪 90 年代和 2000 年代初的中国史料学成果，包含了与前文提到的"联共（布）、共产国际和中国"主题，"苏联与中国的民族解放运动"方向相关的文献和材料。这一时期出版的中国史料，还有远不止上述主题的文献系列和一些大型文献集。

同时，除了关于共产国际的文献，还出版了一些重要的研究文献、回忆录、笔记,只是没有形成系列。如果说1943年共产国际解散之前,中共与联共(布)及苏联的联系是通过共产国际进行的,那么后来在中共领导人与 И. В. 斯大林之间已经建立起直接的联系渠道。这方面的内容多次出现在历史学家和外交家 А. М. 列多夫斯基公布的材料中。А. М. 列多夫斯基1942—1952年在中国任外交官,1949年前在中华民国,1949年后在中华人民共和国。外交生涯结束后他在俄罗斯科学院远东所工作。他的文章为中国历史文献库注入了新的内容①。А. М. 列多夫斯基公开发表的文献和材料里包含了新的信息,不仅有关于毛泽东和其他中国共产党领导人的活动,以及他们与 И. В. 斯大林、联共(布)、苏联的合作,还涉及对立阵营里发生的事件。

在一系列文献史料中,关于苏联国家领导人和政治家 А. И. 米高扬1949年1、2月间访华的材料占有特殊地位。对于中国共产党而言,这是一段关乎战争与和平的重要时期。战胜国民党后,中国共产党与民主党派的关系这一有争议的问题被提上议事日程。此外,А. М. 列多夫斯基发表的关于中共中央政治局委员、中共中央委员会书记刘少奇率领中共代表团于1949年6—8月访问莫斯科的文章也具有珍贵的历史价值②,此前的文献关于此次访问少有记载。档案显示,中共代表与 И. В. 斯大林以及苏共领导人的会谈中,讨论了对于中国民主革命结束阶段最重要的问题:结束战争,以及新的政治和国家建设问题。И. В. 斯大林阐述了联共(布)中央关于提供贷款的决议:应中国同志的请求,向中共中央提供3000万美元贷款。中方提出的向中国派遣各领域专家的请求也得到了苏方的同意。苏方承诺在中国政府成立后,在组建舰队和加强青岛防卫问题上给予中共一定的帮助。此外 И. В. 斯大林还建议加快进驻新疆,实行向边疆移民的政策来巩固国防③。

值得一提的是,И. В. 斯大林对中共提出的所有问题都非常关注,真诚地努力深入理解中国问题④。刘少奇对 И. В. 斯大林和苏联"对中国人

---

① См.: Ледовский А. Секретная миссия А. И. Микояна в Китай (январь—февраль 1949 г.) // ПДВ. 1995. № 2, 3.

② Ледовский А. О визите в Москву делегации Коммунистической партии Китая в июне—августе 1949 г. // ПДВ. 1996. № 4.

③ Ледовский А. О визите в Москву делегации Коммунистической партии Китая в июне—августе 1949 г. // ПДВ. 1996. С. 68—70.

④ Там же. С. 75.

民的帮助"表示感谢①。

在这段中共尚未取得胜利的艰难时期,美国积极地支持国民党。为了让美国停止对国民党各种方式的帮助,中共曾采取一定步骤接近美国,还希望获得美国的财政援助以发展解放区的经济。具有丰富的科学知识和外交实践经验的 С. Л. 齐赫文斯基院士在文章中证实了此事。此外,他还采用了俄罗斯联邦总统档案馆里的材料、美国国会 1978 年公布的文献②。根据他的文章,这些事件的实质在于中国试图在解放区遭到经济封锁的情况下,从美国获得物质和资金的支持,同时又不放弃自己的原则和民族利益。这样的方法得到了 И. В. 斯大林的赞许。他也强调,毛泽东提出的以要求美方停止支持国民党作为中国与美国接近的先决条件是非常重要的。在 С. Л. 齐赫文斯基看来,按英语文献中流行的一种说法——周恩来于 1949 年 5 月"向美国驻华使团发出一封秘密信函,请求其在国内战争的最后阶段予以帮助"一事说明,对于中共而言,接近美国比接近苏联作用更大——是一种误读③。文献证实,中共试图以自己的条件与美国接近,但并未得到美方同意。1949 年夏天之前,美国政府中反共情绪占了上风,中共停止了与美接近的尝试。

已公布的文献证实,整个战后时期 И. В. 斯大林与中共领导人保持了接触。中共在此期间制定了与国民党、苏联和美国交往的新战略。文献证实,苏联对于中共制定战略、发展与其他大国的关系、制定中国未来和平发展计划都起了显著的作用。非常重要的是,并非 И. В. 斯大林把意见强加于中国共产党人,而是双方密切互动后作出了决定。А. М. 列多夫斯基公布的毛泽东 1949 年 12 月至 1950 年 2 月访问莫斯科期间与 И. В. 斯大林的会谈记录非常有意思④。在很多方面,这次会谈都具有重要意义。主要在于:同中共领导人达成协议,将签署友好、联盟和互助协议,来替代更有利于中方的苏中 1945 年协议。协议于 1950 年签署后,高

---

① Ледовский А. О визите в Москву делегации Коммунистической партии Китая в июне—августе 1949 г. // ПДВ. 1996. С. 82.

② См.: Foreign Relations of the United Stated (FRUS). 1949 // The Far East: China. 1978. Vol. VIII.

③ Тихвинский С. О «секретном демарше» Чжоу Эньлая и неофициальных переговорах КПК с американцами в июне 1949 г. // ПДВ. 1994. No 3. С. 137.

④ Ледовский А. М. Переговоры И. В. Сталина с Мао Цзэдуном в декабре 1949—феврале 1950 г. // ННИ. М., 1997. No 1.

层接触还在继续。建立苏中全方位合作被提上了议事日程。周恩来1952年8—9月访苏便是为此而来。访问期间,周恩来与 И. В. 斯大林进行了会谈①。А. М. 列多夫斯基公布的会谈记录披露了关于中国的工业化计划制订的过程,苏方决定向中国派遣各领域专家,苏方帮助中国制定第一个五年计划,苏方帮助中国加强国防能力,尤其是应对朝鲜战争等内容。

在俄罗斯联邦总统档案馆许多材料解密的过程中,А. М. 列多夫斯基的《中国命运中的苏联和 И. В. 斯大林》②引人关注。书中大部分内容来自作者之前出版的书和发表的学术文章,也有作者见证或亲历中国重大事件的个人印象。例如,苏联促成了毛泽东与蒋介石1945年春在重庆会面;统一战线时期和抗战时期国共风波中,苏联支持中共的坚定立场。作者分享了自己对美国总统杜鲁门特使乔治·马歇尔参加1945年12月至1946年1月国共谈判的印象。此书在世界史学家和政治家中引起了巨大反响,因为它阐明了那些鲜为人知或被(首先是西方,也有部分是中国)史学界歪曲的中国内政外交事件。

毛泽东1946年写给 И. В. 斯大林的信中,表现出对二战末期、战后初期国共合作问题的忧虑。用毛泽东的话说,"美国插手了我们两党(共产党和国民党)之间的实际问题"。信中还将国家未来的发展道路问题提上了议事日程③。公开发表的版本由俄罗斯科学院院士 В. С. 米亚斯尼科夫整理。寥寥几行字背后透露出一个问题,准确地说,是逐渐壮大但还不够强大的共产党方面的愿望:将苏联拉入谈判过程。

史学界对这位中共领导人作为理论家、政治家和实践家的个人研究,与承认其在中国诗歌散文、中国哲学和历史方面取得的成就并行不悖。1949年12月,毛泽东与俄罗斯科学院通讯院士 Н. Т. 费德林前往莫斯科途中的谈话彰显出这位中国革命领袖深厚的中国文化知识,包括对象形

---

① Ледовский А. М. Стенограмма переговоров И. В. Сталина с Чжоу Эньлаем в августе—сентябре 1952г. // ННИ. М., 1997. No 2.

② Ледовский А. М. СССР и Сталин в судьбах Китая. Документы и свидетельства участника событий 1937—1952. М., 1999.

③ «Китайский вопрос по-прежнему остается сложным»—Письмо Мао Цзэдуна И. В. Сталину. 1946 г. // ИА. М., 2006. No 4.

文字的了解以及书法功底①。毛泽东热爱诗歌。他创作的不少诗歌作品引起了 Н. Т. 费德林、А. 阿赫玛托娃等苏联文化活动家的浓厚兴趣，这样的兴趣至今也没有减退。在 П. Ф. 尤金（П. Ф. Юдин）给 И. В. 斯大林和 Н. С. 赫鲁晓夫的报告中有一些有趣的历史事实②。П. Ф. 尤金被任命为苏联驻中华人民共和国特命全权大使（1953—1959）之前，于 1950 年 10 月至 1951 年 1 月访问了中国。П. Ф. 尤金向 И. В. 斯大林汇报（1952 年 1 月 20 日），中方最感兴趣的任务之一是加强各党派之间的联系。因此中方领导人希望在中共中央委员会设立联共（布）中央委员会的代表处。非常有意思的是，中国领导人已经在一些亚洲国家积极进行了这样的实践。П. Ф. 尤金 1951 年访华的印象整体上是乐观的。他注意到在对待朝鲜战争、共产党政策等问题上，各阶层团结一致。同时他也发现对居民的意识形态教育不够积极，尤其是在农村。他强调，在知识分子中缺少意识形态统一性，对马克思主义的理解分歧在加大。1957 年 11 月 2 日，毛泽东率团赴莫斯科参加共产主义工人党代表大会（11 月 16—19 日）。在接待中国代表团后呈送给 Н. С. 赫鲁晓夫（Н. С. Хрущев）的报告上，主要关注了共产主义工人运动问题，指出了共产主义运动中出现的各种分歧③。

　　1990 年代还公布了一系列与孙中山有关的文献。2000 年代和 2010 年代，汉学界对孙中山、И. В. 斯大林和毛泽东产生了更大的兴趣。К. В. 什维廖夫同 А. И. 卡尔图诺娃和 А. М. 列多夫斯基一样，掌握了大量俄罗斯档案材料。他引用了 1924 年 3 月孙中山接受《广东新闻社》采访的内容。采访中这位国民党领导人称，（孙中山领导的）南方政府与苏维埃国家不仅关系友好，还亲如兄弟。他赞许了苏联的新经济政策，强调了新经济政策的基本原则同由他倡导的经济建设原则的相似性。孙中山的这些思想非常明确地说明了他对待苏联的态度。在强调南方政府和苏俄具

---

① *Федоренко Н. Т.* Беседы с Мао Цзэдуном на пути в Москву. Декабрь 1949 г. // ННИ. М., 1996. No 6; Н. Т. Федоренко-филолог-востоковед, заместитель министра иностранных дел СССР (1955—1958), посол в Японии в 1958—1962 гг., член-корреспондент АН СССР (с 1958 г.).

② П. Ф. Юдин о беседах с Мао Цзэдуном. Докладные записки И. В. Сталину и Н. С. Хрущеву. 1951—1957 гг. / Публ. подг. В. Г. Бухерт // ИА. М., 2006. No 4. С. 14, 18.

③ Там же. С. 25—27.

有共同理想的同时,孙中山表示,两个政府间有牢固的内部联系,可是没有得到双方官方的外交承认①。

中国史研究家 Н. М. 卡柳日娜娅原创的一本书也属于史料学成果。书中第一次将辛亥革命前的思想家、哲学家和社会活动家章炳麟的著作,注释性地翻译成了俄语。章炳麟的著作揭示了中国知识界在面临新旧政治思想选择时的两难处境②。

公开发表的文献显著扩大了中国史研究的历史文献库。1990 年代问世的主要由科研人员、外交官、哲学家编撰的文献中包含的信息,构成了对事件新的评价方法。

二 俄罗斯史学

1990 年代史学家们关注的焦点是新时期中国的政治史③。一个主要的研究方向是国民革命和共产主义运动研究。革命主题在新的历史文献库中得到发展,国民党也被列入了研究范围,修正了中国史学家过于偏重中共史的偏差;在中国史研究中注重了文明角度。一系列历史研究论著修正了以前的评价,形成了新的主题。应该指出,在中国共运史研究中,苏俄汉学家做出了不小的贡献。从 1960 年代末到 1970 年代初,远东所开始对该方向进行系统研究。带头人历史学博士 В. И. 格鲁宁撰写过多

---

① Шевелев К. В. Сунь Ятсен и советско-китайские отношения: новые архивные документы // ПДВ. 1996. № 6. С. 116.

② Чжан Бинлинь. Избр. произ: 1894—1913 гг. / Пер. с кит., сост., автор введ. Н. М. Калюжная. М., 2013.

③ Период новой истории Китая (Чжунго цзиньдай ши), согласно китайской классификации начинается с опиумных войн (сер. XIX века) и заканчивается победой национальной демократической революции в 1949 г. После 1949 г. Китай вступает в период новейшей истории Китая (Чжунго дандай ши), продолжающийся до наших дней. Однако с целью внесения большей ясности в периодизацию истории КНР период реформ и открытости (провозглашен 3-м пленумом XI созыва ЦК КПК в декабре 1978 г.) нередко выделяется в качестве периода современного Китая (Чжунго сяньдай ши). В России период новейшей истории Китая открывается Великой Октябрьской социалистической революцией. В нашем аналитическом обзоре мы следуем китайской классификации.

篇关于中共党史和共产国际在中国的政策的论文①。我们还能列出一系列国内中共党史研究者的姓名，他们构成了汉学研究的这一方向：М. Ф. 尤里耶夫、А. М. 格里高利耶夫、К. В. 什维廖夫、С. А. 戈尔布诺娃、А. И. 卡尔图诺娃、Н. Л. 玛玛耶娃、И. Н. 索特尼科娃、Н. И. 梅尔尼科娃、А. С. 季托夫（А. С. Титов）等。1990年代初，远东所研究人员出版了两本书，分别研究中共党史问题和国民党问题。И. Н. 索特尼科娃的专著以中共党史为背景研究了中共著名人物王明（在史料中他被界定为亲共产国际派活动家）在其政治生涯中最重要的一段时间——1929至1938年的活动②。1930年代，王明在党内担任过各种职务：从基层工作人员到党的领导人和中共驻共产国际代表团成员。И. Н. 索特尼科娃在书中，对中国党史学家所称的王明所谓的"路线问题"，透过共产国际的棱镜进行了研究。作者还在对王明的文章做出分析的基础上得出结论，他对制定中共方针的贡献主要在于阐明和修改了共产国际理论。由于该书完成于俄罗斯国家社会政治历史档案馆开馆之前，其研究的薄弱之处在于史料的不足。作者无法发现王明在该时期世界观的细微差别。

新的史料逐渐勾勒出国民党在1920年代中国国民革命运动中的地位，作出了与之前不同的评述。1990年代，国民党成为了史学家的重要研究对象和方向，明确了其作为执政党在中华民国的整体地位。这主要是由于中国史料学发展中，逐渐摆脱了历史事件和研究过程中的政治化羁绊③。Н. Л. 玛玛耶娃（远东所）的《中国国民革命运动中的国民党（1923—1927）》④一书写于1990年代初之前。作者详细研究了孙中山的遗产：他在"国家建设的战争阶段"的政治纲领、能收集到的国民党文件、1920年代中国革命事件的苏联参加者和亲历者的文章，以及1920年代的一手材料：《广东》《共产国际》《中国问题材料》《新东方》等杂志，这些文

---

① Глунин В. И. Коммунистическая партия Китая накануне и в период национальной революции 1925—1927 гг. В 2 т. М., 1975; Глунин В. И. Коминтерн и становление коммунистического движения в Китае(1920—1927) // Коминтерн и Восток. М., 1969.

② Сотникова И. Н. Роль Ван Мина в разработке и осуществлении стратегии и тактики КПК в 30-е годы// ИБ ИДВ АН СССР. М., 1991. № 11.

③ Мамаева Н. Л. Современные историки КНР о республиканском периоде истории Китая (1912—1949). От старых стереотипов к новым подходам // ННИ. М., 2009. № 6.

④ Мамаева Н. Л. Гоминьдан в национально-революционном движении Китая (1923—1927). М., 1991.

献相当详细并多维度地呈现出国民党当年的情况，纠正了陈见。

在新的档案材料的基础上，作者深化和拓展了"1920年代的国民革命"这一概念，明确了孙中山领导的国民党在民族解放斗争中的重要地位，将国民革命的任务和内容修正为：首先是反军阀反分裂。作者在统一战线的框架内区别对待了国民革命时期国共两党的政策，建议对群众运动中的共产党做出更为深思熟虑的评价，提升民族力量在革命胜利中所起的作用。

作者认为，既包容了中国特色又吸收了世界革命思潮的孙中山的政治方针和"国家建设"计划构成了国民党纲领的基础。国民党领导人实行的联合苏联、与中共合作的方针使孙中山和国民党深化了政治民主。孙中山去世后，国民党在军事和社会政策之间立起了一堵高墙，对群众运动管制越来越严格，对政治生活民主化趋势的不信任加剧。尽管国民党内保守倾向加剧，有的地方军阀势力死灰复燃，国民党仍借助中共、联共（布）和共产国际的帮助，成功地推翻了北京政府，建立了新的国家，开始了经济政治建设，开始废除不平等条约。正如 Н. Л. 玛玛耶娃强调的那样，国共统一战线的破裂对于中共而言是一场悲剧，后来也加剧了国民党在多个方向的削弱①。书中呈现了政治进程的多层次性、多结构社会任务的复杂性和多面性。作者还进行了另一项研究——"共产国际与国民党 1919—1929"②，盘点了对国民党政策研究已取得的成果，以及一些已公布或未公布的档案材料，考察了共产国际与国民党在 1919—1929 年间的互动。俄罗斯和国外的史学界至今仍缺少对共产国际和国民党的直接关系以及这种关系在 1920 年代中国史上的意义的综合研究。书中证据充分地论证了国民党作为革命中的主要政治力量在民族解放斗争中的现实地位，同时确立了共产党的地位以及其对国民党在建党、群众宣传、反军阀中给予的帮助。书中写道，1927 年初之后，共产党政策中占主流地位的社会阶级观点，与国民党——这位"统一战线"的盟友——的革命模式渐行渐远。书中呈现的国民革命图景使国民革命运动的重点得以反

---

① Мамаева Н. Л. Гоминьдан в национально-революционном движении Китая（1923—1927）. С. 188.

② Мамаева Н. Л. Коминтерн и Гоминьдан. 1919—1929. М. , 1999. Работа написана и издана при финансовой поддержке Фонда Цзян Цзинго（Chiang Ching-kuo Foundation for International Scholarly Exchange. Taipei, China-Taiwan. № RG 028－92-U；SP-003-U-97）.

转,确认是 1925—1927 年间(1925 年的"五卅运动",1925—1926 年的省港大罢工,1927 年的农民运动)其社会成分的增加和军事因素的稳定提升(北伐),保障了 1928 年国民革命军讨伐军阀的胜利。

共产国际和莫斯科在建立国共统一战线中的实质性作用也体现出来。这是将国民党重组为"行动党",将军队进行苏联红军式改组的先决条件。许多在华军事顾问和政治顾问的活动细节、俄国外交官与孙中山的互动内容、国民党多次试图加入共产国际等有意思的细节都在书中得到披露。详细呈现了共产国际构建类似 1917 年俄国革命的"革命模式"的画面。该模式本是用以取代国民党模式,可是从 1927 年夏天后又被共产国际积极运用于共产党的政策当中。虽然有所保留,但书中把 1928 年国民党战胜北洋军阀视作国民革命的成功,开创了国民党领导的国家发展的新阶段。

1997 年,Г. М. 阿基别科夫(Г. М. Адибеков)、Э. Н. 沙赫纳扎洛娃(Э. Н. Шахназарова)和 К. К. 什林(К. К. Ширинь)合著的《关于共产国际的组织结构(1919—1943)》一书出版①。在大量档案材料的基础上,史学界第一次考察了共产国际领导机关组织结构的变迁:从其形成到正式解散,再到共产国际的干部平稳转入 1943 年 6 月成立的联共(布)中央委员会国际信息处。该书远远超出了一般信息咨询类出版物的范畴。作者做了大量工作,包括细致考察共产国际执行委员会及其执行机关通过决议的过程,披露了共产国际构建并宣传中央集权的组织模式,组建各国共产党——共产国际成员的过程。这在一定的时期内有助于各国共产党的发展,而在某些时期又限制了它们的独立性。需要指出,一些引自档案材料,且具有高度专业水平的注释具有特别的价值。同时,书中附上了非常有必要的说明,对中国人名还进行了仔细的校订。俄罗斯汉学界这样的研究第一次展现了共产国际机构规模浩大的工作。该机构虽然不能避免各种错误,但是没有背离国际主义原则。

1990 年代的俄罗斯史学界不仅采用各种新方法来研究中国革命运动与共产国际和联共(布)的关系,还对国内史学界的传统课题进行了扩展。А. С. 科斯佳耶娃(А. С. Костяева)的关于 20 世纪前 25 年中国秘密

---

① Адибеков Г. М., Шахназарова Э. Н., Шириня К. К. Организационная структура Коминтерна (1919—1943). М., 1997. Издание осуществлено при финансовой поддержке РГНФ. Проект № 97−01−16426.

社团(联盟)的书①,从新的角度介绍了社会生活,反映了传统中国的一个特点:秘密社团主要由一些社会边缘阶层组成,他们是社会结构不可分割的要素。正如书中所写,秘密社团的存在本身就是由于贫困,以及人民,尤其是农村人口艰难的生活条件所致。秘密社团似乎弥补了执政当局无法建立强有力的垂直机构来保护贫困阶层和边缘阶层人民利益的不足。А. С. 科斯佳耶娃在介绍中国清朝及清朝之后秘密社团的活动时,提供了一个有意思的信息:他们与革命者一道参加了辛亥革命前的起义。作者还弄清了秘密社团在各省,甚至各县参加辛亥革命的具体方式。А. С. 科斯佳耶娃在该专题取得的研究成果对中国史研究做出的贡献获得了高度评价②。

针对辛亥革命问题——这一苏俄历史学界的传统问题,学界仍在继续进行研究。主要成果是苏联时期 С. Л. 齐赫文斯基主编的《新中国历史》中关于辛亥革命的一个大的版块③。这个课题非常复杂浩大,其中某些方面在俄中史学界至今都没有得到充分研究。例如决定辛亥革命命运那段时期的党政结构、辛亥革命的法律问题。Е. Ю. 斯塔布罗娃(Е. Ю. Стабурова)在 1990 年代出版了一本介绍辛亥革命时期中国政党和联盟的书,在一定程度上填补了辛亥革命研究的空白④。作者特别注意到中国政党和组织的特点,揭示了它们与西方"经典"政党的区别,分析了它们的本质、传统行为和现代开端之间的关系。书中指出,1911—1913 年的多党制试验,一方面揭示出未来发展多党制的可能性,另一方面也表明,缺乏政党体系这一传统,既不利于政党的发展,也很难打破固有的思维模式——只有一个强大的政权才是管理国家的良策。作者认为,两种类型的政党——小团体政党和代表广大社会联盟利益的政党——的大量出现就说明了这一事实。是后者的支持保障了武昌起义(1911 年 10 月)后帝制最终被推翻。作者的这一结论连同其他结论,对于中国是否应当接受共和制,包括多党制之争非常重要。

清朝在 1990 年代政治家的传记中得到更多呈现。中国史专家

---

① Костяева А. С. Тайные общества Китая в первой четверти XX века. М., 1995.
② Там же. С. 152—158.
③ Новая история Китая / Отв. ред. С. Л. Тихвинский. М., 1972.
④ Стабурова Е. Ю. Политические партии и союзы в Китае в период Синьхайской революции / Отв. ред. Л. П. Делюсин. М., 1992.

Н. М. 卡柳日娜娅翻译了章炳麟作为哲学家、语文学家、教育家和参加了辛亥革命的革命家的大量著作。在此基础上俄罗斯科学院东方所出版了 Н. М. 卡柳日娜娅的《传统与革命：章炳麟——中国思想家和新时代政治活动家》一书①。作者认为，同其他中国教育家一样，章炳麟的社会政治观点也是矛盾的。作者称章炳麟为反清的传统主义学者。远东历史、考古和民族学研究所（符拉迪沃斯托克）的 С. Ю. 弗拉季（С. Ю. Врадий）引用大量中国文献，为清朝杰出的国务活动家林则徐（1785—1850）勾勒出一幅政治肖像，不仅通过介绍又一位中国的杰出活动家丰富了俄罗斯汉学的内容，还披露了中国鸦片贸易这样令人关注的问题②。作者介绍了林则徐在国内禁烟斗争中的作用，强调了他与推进鸦片贸易的外国列强抗争的不屈勇气。作者还认为，同样重要的是，他对社会政治思想的发展做出了贡献。

П. М. 伊万诺夫（П. М. Иванов）专著的研究对象是一些中国小型政党在 1928—1949 年间的历史③。其中不少政党在辛亥革命前后已开始了积极活动。Е. Ю. 斯塔布罗娃对此也有过研究。Е. Ю. 斯塔布罗娃和 П. М. 伊万诺夫都试图在自己的研究中填补中华民国研究中有关政党史的空白。他们很好地完成了任务，并对新时期俄罗斯中国史研究提供了高质量的成果。П. М. 伊万诺夫的书立足于中国的史料，提供了丰富的新材料介绍中国小型政党的纲领，以及在整个中华民国历史上的具体活动。他把国家社会主义党、少年中国党④、"第三党"、救国会、农村建设团、中国民主同盟列为主要政党。除了中国民主同盟以外，这些党派就像辛亥革命时期及辛亥革命之后那样，没有在国家政治生活中发挥显著作用。作者认为主要原因是这些小政党没有军事基础，同时，国民党中占多

---

① Калюжная Н. М. Традиция и революция: Чжан Бинлинь—китайский мыслитель и политический деятель нового времени. М., 1995.

② Врадий С. Ю. Линь Цзэсюй. Патриот, мыслитель, государственный деятель цинского Китая. Владивосток, 1993.

③ Иванов П. М. Малые партии Китая в борьбе за демократию (1928—1947 гг.). М., 1999.

④ Названия «Партия государственного социализма» и «Младокитайская партия» переводятся на русский язык разными авторами по-разному: вместо названия «Партии государственного социализма» нередко используется наизвание «Социал-демократическая партия» (миньшэдан), вместо «Младо-китайская партия»—«Молодежная партия» (цинняньдан).

数的保守派,不能接受小党派纲领中或多或少存在的民主政治倾向。书中写道,整个中华民国的历史中都有小党派的存在,否定它们在一定程度上对政治进程的影响是错误的①。Г. А.斯捷潘诺娃(Г. А. Степанова)的专著也研究了党派问题,对于理解中国现代化进程中的党政结构具有价值②。她主要研究的是中国改革开放时期多党合作形成阶段,各民主党派的政治纲领及对政治进程的影响。她以某种方式继续了 П. М.伊万诺夫专著中提出的小型政党研究课题。作者通过考察这些大多形成于 20 世纪 40 年代下半期的民主党派在当代中国的发展,确定了八个民主党派在政治体系中的地位和中国的管理体系,指出了它们的历史特征。

1990 年代中国史学家对国民党和国民党国家机构的研究,开始于前文提到的《共产国际与国民党》一书。尽管该书整体上并不完整,不过也提高了俄罗斯汉学研究的质量。科学院远东所研究人员 Р. А.米罗维茨卡娅③是著名苏(俄)中关系史专家,《20 世纪俄中关系(材料与文件)》第三、四、五卷主要编写者之一。她的书在中国国家内部发展和国家结构稳固的背景下,呈现了中国对苏政策和 1941—1945 中华民国的总体对外政策。作者得出结论,这些年中国在调动精神力量、物质资源、巩固国家地位方面取得了巨大成就。在苏联和美国的支持下,中华民国成为了国际承认的大国,并成为了联合国安理会常任理事国。而关于中国的国内状况,作者认为中心是巩固和维护建立在国共合作基础上的抗日战争民族统一阵线,这是国内稳定和维护中华民国的统治的前提条件。Р. А.米罗维茨卡娅以翔实的材料为基础,展示了苏方参与解决和防止国共冲突的过程,还强调了 И. В.斯大林同中华民国行政院院长宋子文会谈时(1945 年 8 月 10 日)表达的观点:"在共产党的军队与中央政府军队发生冲突

---

① Названия «Партия государственного социализма» и «Младокитайская партия» переводятся на русский язык разными авторами по-разному: вместо названия «Партии государственного социализма» нередко используется наизвание «Социал-демократическая партия» (миньшэдан), вместо «Младо-китайская партия»—«Молодежная партия» (цинняньдан). С. 174—178, 257—263.

② Степанова Г. А. Система многопартийного сотрудничества в Китайской Народной Республике. М., 1999.

③ Мировицкая Р. А. Китайская государственность и советская политика в Китае. Годы Тихоокеанской войны: 1941—1945. М., 1999.

时,苏联将很难支持国民政府。"①作者指出,二战后期,国民党反对与共产党及其他党派与活动家建立联合政府,而苏联支持了中共关于建立联合政府的立场,这是取得"政治统一"的关键一步②。总体来说,1990年代俄罗斯史学界的中国史研究采用了一些新方法,扩大了对历史事件的研究范围,对执政社会阶层的历史产生了新的研究兴趣。

不同历史时期的满洲(中国东北)研究始终是俄罗斯史学界的传统方向。这是由多种原因造就的。不应忽视的一个事实是,彼时满洲地区属于沙俄在中国的利益范围。对满洲问题关注的升温还由于早在沙俄时期就开始修建的中东铁路——俄中日美及其他西方大国围绕铁路经营权问题的风波;还包括毗邻俄罗斯的满洲地区的地位;为中东铁路工作的俄国人同中国当局的互动;战后建立的满洲革命基地的作用;苏联武装力量在反法西斯同盟取得对日胜利中的作用;同国民党进行国内战争时期满洲地区作为民主和共产主义力量桥头堡的作用。俄罗斯科学院俄罗斯历史研究所知名汉学家,在中国东北生活过50年的Г.В.梅利霍夫采用了大量档案材料,以回忆录的方式书写了《遥远又邻近的满洲》一书③。它对研究俄中当局修建中东铁路、建设哈尔滨的情况做出了重要贡献。书中讲述了第一批俄侨的日常生活,提出并分析了一系列问题和方向:俄中1896年协议的签署、中东铁路建设的开端、义和团起义、1904—1905年俄日战争、1911—1914哈尔滨的迅猛发展、中国人与满洲地区俄侨多种形式的合作。作者在其他书中④还生动形象地描绘了俄侨在铁路附近的偏远地区、哈尔滨和海拉尔生活的方方面面。

苏俄史学研究的特点是类型多样。最蓬勃的史学研究形式是上文提到的知名政治家的传记。在中国新史研究占主流的1990年代出现了一系列这种类型的出版物。并且我们注意到,俄罗斯汉学家们所写的政治传记结构和内容都各不相同。1991年С.Л.齐赫文斯基院士主编的《中国:人物和事件中的历史》⑤出版。这不仅是一部中国革命家传记,还透

---

① Мировицкая Р. А. Китайская государственность и советская политика в Китае. Годы Тихоокеанской войны: 1941—1945. М., 1999. С. 287.

② Там же. С. 217.

③ Мелихов Г. В. Маньчжурия далекая и близкая. М., 1991; 1994 (2-е изд.).

④ Мелихов Г. В. Российская эмиграция в Китае (1917—1924). М., 1997; Мелихов Г. В. Белый Харбин. М., 2003.

⑤ Китай: история в лицах и событиях. М., 1991.

过这些中国知名活动家——周恩来、朱德、刘少奇、林彪、彭德怀——生活道路的棱镜,对重要历史事件进行了简短的专题研究。该书作者是知名汉学家 С. Л. 齐赫文斯基、М. Ф. 尤里耶夫、А. С. 季托夫和 В. Н. 乌索夫。

1990 年代俄罗斯史学界中国新史研究的收官之作是 С. Л. 齐赫文斯基对这一历史时期的总结性成果①。这本书也成为了俄罗斯汉学界的重要事件。书中将 С. Л. 齐赫文斯基擅长的"历史肖像"式研究与广泛的科学研究相结合。这样的方式对于中国历史研究特别奏效,能让人更好地理解和"感受"历史氛围与中国文明的特点。周恩来的生平传记在中国新史的语境中得以呈现。专著涵盖了之前的史学研究成果,也提出了许多新的史实和观点,主要涉及苏联与中华民国的关系史,共产国际解散之前共产国际代表和联共(布)与国共两党的互动,首先是 И. В. 斯大林与毛泽东的互动。作者对中共党内生活研究作了更正,指出了周恩来作为发言人、组织者、理论家和实践家,有时具有并不亚于毛泽东的杰出地位。С. Л. 齐赫文斯基引用俄罗斯档案材料和中国历史文献,令人信服地纠正了许多关于民族解放运动和共产主义运动以及整个中华民国史中的观点。

他尤其关注了 1940 年代,为防止抗日统一战线破裂,国共两党代表在美国代表参与下的谈判过程,展现了周恩来作为中共方主要谈判者的才干。书中令人信服地提出,正是因为周恩来一贯倡导在国共两党建立民主制度,1946—1949 年国内战争时期又团结了支持民主革命的民主党派和团体,1949 年这场战争才以中共的胜利告终。

我们在对 С. Л. 齐赫文斯基的重要成果做简短评价的同时,注意到其中一个鲜明的趋势:构建统一的历史进程带。国家革命和改革问题、苏联与革命运动的关系,整个新时期的中国历史上苏联和中华民国官方当局外交关系的形成问题都交织在其中。研究显示出对历史事件进行多维度考量的出色成果。

1990 年代关于最新中国史,也就是中华人民共和国时期国内历史研究的重要成果是 1998 年出版的 В. Н. 乌索夫的两卷本专著②。这是俄罗

---

① Тихвинский С. Л. Путь Китая к объединению и независимости. 1898—1949. По материалам биографии Чжоу Эньлая. М., 1996.

② Усов В. Н. КНР: от «большого скачка» к «культурной революции». В 2 ч. // ИБ ИДВ РАН. М., 1998. № 4, 5.

斯中国史研究中第一部研究中国1960年下半年至1966年春那段历史的综合性论著。作者以宽广的知识面和负责任的科学态度,把独一无二的史料,包括在中国发表的关于那段时期的最新材料运用到研究中,使该书成为了一本独一无二的著作,在很多重要问题上修正了过去的概念。书中一步步地追踪了经济、文化、社会各领域中用以替代大跃进的"调整"政策的理论和实践。由于诸多原因,在一些地区实行的家庭承包,在国内实行的教育、工业领域改革、组建托拉斯等试点在"调整"阶段都没有得到巩固。正如作者认为的那样,以上现象可以归结为缺少统一的领导。一部分领导人(毛泽东、康生、陈伯达、江青等)认为调整措施中出现了修正主义,而由于毛泽东个人崇拜的强化,另一部分领导人(刘少奇、周恩来、邓小平、陈云、薄一波等)没有勇气公开支持正在形成的新政策,还接受了农村底层群体支持平均主义的情绪。正如我们所看到的,作者做出的结论非常深刻,且反映了现实状况:农民群众中存在的彻底改变落后生活方式的愿望并不成熟。这种情况类似于苏俄的领导人在农民群众的压力下无法"维持"新经济政策①。按照В. Н. 乌索夫的观点,中国1980年代改革初期的政策中,采用了一些在1960年代上半期曾经尝试过的管理方法。

中华人民共和国历史研究得到了多方面拓展。政治史的研究范围显著扩大。出现了一系列历史社会题材的创新性成果,其中包括Э. А. 西涅茨卡娅(Э. А. Синецкая)的著作②。作者从"内部"对中国公民的生活进行了原创性研究。她以中国特有的史料——1957年"党内整风运动"期间石景山钢铁厂职工书写的大字报为基础,对大字报进行了大量分析,搞清楚了职工们关心的最重要的问题,包括工资问题,对党政领导、农村干部、党和人民的关系的批评。有时,大字报的内容显著不同于中央媒体对类似问题的报道。Э. А. 西涅茨卡娅指出,1950年代后半期中共的权威性及其在所有社会生活领域的领导作用得到了职工们的认可。某些党的决议没有完成被认为错在地方官僚。

俄罗斯汉学界的一个重要现象是作者们的集体合作——莫斯科大学亚非学院和俄罗斯科学院远东所的研究人员 Л. В. 瓦西里耶夫(Л. В. Васильев)、З. Г. 拉平娜(З. Г. Лапина)、А. В. 梅里克谢托夫、А. А. 皮萨列

---

① Усов В. Н. КНР: от «большого скачка» к «культурной революции». В 2 ч. // ИБ ИДВ РАН. М., 1998. № 4, 5. С. 199—200.

② Синецкая Э. А. Автопортрет китайского горожанина. М., 1997.

夫共同编写了高校教材《中国历史》①。该书讲述了从古到今的历史事件。由于研究者和学生对这类总结性书籍的需求量很大,该教材在2000年代几次再版。上一批类似的书籍出版于1980年代上半期②,编写基于当时的时代背景,没有考虑到新的中国历史知识。而在我们看来,这些新知识修正了一系列过去中国史的研究方法。因此此类书籍的问世受到广泛欢迎。它不仅总结了过去的史学成就,在那些以前没有受到史学界足够重视的问题上也取得了新进展,首先是古代史、中国新史和一部分最新的中国史方面。同中国当代史相比,这些问题更少受到作者政治偏好的影响。总的来说,这本教材对大国政策做了更深思熟虑的分析,对社会与国家发展的经济和传教活动做了更公正的评价,减少了对中国革命运动的强调,加强了对执政组织历史及其对内对外活动的研究。在中国新史方面,我们认为作者将南京十年(1927—1936)国民党制度的历史研究提升到了一个新高度。不过应该指出,由于书中没有充分使用"联共(布)、共产国际与中国"系列文献中的材料,导致没能明确共产国际和莫斯科在中国革命中的作用,对抗日战争及战后时期国民党的国内政策也研究得不够详细。

我们还要指出,1997年在伏尔加格勒出版了伏尔加格勒大学的А. Я. 谢列布里杨(А. Я. Серебрян)和А. В. 斯克里金(А. В. Скрипкин)编写的《中国:简明历史词典》③。

由于课题复杂,古文难懂,中国古代研究耗费了研究者们大量的时间。中国古代和中世纪史的史学著作都应归入文明研究。在史学中它们独居一隅,而其在汉学中的地位也要求对其进行专门的研究。几乎与"中国历史"教材同时出版的,还有彼得堡汉学家К. В. 瓦西里耶夫(К. В. Васильев)的《中国文明起源》一书④。俄罗斯科学院东方学研究所的中国

---

① История Китая / Под ред. А. В. Меликсетова, авт. кол. : Л. В. Васильев, З. Г. Лапина, А. В. Меликсетов, А. А. Писарев. М., 1998.

② Новейшая история Китая. 1917—1927 / Ред. М. И. Сладковский. М., 1983. Новейшая история Китая. 1928—1949 / Ред. М. И. Сладковский. М., 1984. Это коллективные обобщающие работы, написанные на хорошем профессиональном уровне. Они не являлись учебниками, хотя активно использовались студентами.

③ Китай: краткий исторический словарь. Волгоград, 1997.

④ Васильев К. В. Истоки китайской цивилизации. М., 1998.

历史学家 Л. В. 瓦西里耶夫还编写了三卷本的专著《古代中国》①。1996年两本基础研究成果问世：С. 库切拉（С. Кучера）的《中国远古和古代史、古石器时代》②，和彼得堡学者 Л. Н. 古米廖夫（Л. Н. Гумилев）的《古代西藏》③。1999 年出版了知名中国中世纪史研究专家 И. Ф. 波波娃（И. Ф. Попова）的专著《中国唐朝初期的政治实践与思想体系》④。该书引起了读者很大的兴趣。作者对唐朝中国繁荣的原因提出了自己的思考，认为这是中国历史上的"黄金三百年"。作者运用综合方法对唐朝的社会和政治文化进行了分析，解释了唐朝帝国稳定发展的原因。我们不可能具体阐述作者的方法和结论，只能指出这些方法和结论，尤其是针对唐朝政府成功解决的问题的研究，对于当代中国社会非常重要，包括中央与地方政权的互动、税收政策、人才政策和完善国家管理体系等传统问题。著名的彼得堡学者 Г. Я. 斯莫林（Г. Я. Смолин）在 1999—2000 年间发表了自己的两卷本专著：《他们不再向天呼号：874－901 年的中国农民战争》⑤。书中研究了 874－901 年间起义运动的总体和个别原因、前提条件，为读者展现出中世纪农民战争的全部细节和特点、思想体系的地位和作用、起义运动领导人的宣传鼓动。研究有血有肉，表现出人物鲜活的情绪和愿望。

著名汉学家和中国历史学家 В. Н. 尼基佛罗夫（В. Н. Никифоров）的中国史研究专著⑥是史学界一个重要现象。该书在作者生前（1920—1990）已完成，由于种种原因 2002 年才问世，引起了读者的很大兴趣。该书是作者多年对中国历史思考的总结。作为一个百科全书式的学者，В. Н. 尼基佛罗夫的研究涵盖了很长的中国历史时期——从公元前 2000 年古代中国文明的起源到 1919 年。作者的主要兴趣集中在中国政治史。书中包含了大量对争议问题的论述，关注了不同朝代的文学艺术问题，作

---

① Васильев Л. С. Древний Китай. В 3 т. Т. I： М. ，1995，Т. II： М. ，2000；Т. 3： М. ，2006.
② Кучера С. Древнейшая и древняя история Китая. Древнекаменный век. М. ，1996.
③ Гумилев Л. Н. Древний Тибет. М. ，1996.
④ Попова И. Ф. Политическая практика и идеология раннетанского Китая. М. ，1999.
⑤ Смолин Г. Я. Они бросили вызов Небу： о крестьянской войне 874－901 гг. в Китае. В 2 ч. СПб. ，1999—2000.
⑥ Никифоров В. Н. Очерк истории Китая. II тысячелетие до н. э. -начало XX столетия / Отв. ред. Н. Л. Мамаева. М. ，2002.

者阐述了对帝王和重要政治家的个人见解。

科学院远东所在 20 世纪末出版的综合性专著《中国在现代化与改革之路上 1949—1999》①是一本重要著作,对中国 50 年的发展做了总结。书中主要结论是确认中国国家和社会顺应时代需求进行的改革取得了成功。该书附录中列出了 473 本 1989—1999 年间在俄罗斯和独联体国家用俄语出版的关于中国的书目②。

科学院远东所所长,俄罗斯科学院院士 М. Л. 季塔连科 1990 年代末出版的专著《中国:文明与改革》和《俄罗斯转向亚洲》也是非常有分量的综合性研究成果③。这些书中研究了中俄改革行为的特点,对两国的事件进行了比较分析。书中提出了发展俄中双边关系的原则:意识形态、政治体系和其他领域的差异在理智和成熟的双边关系中不构成两国合作的障碍。

从 1990 年代中期开始,科学院远东所加强了对改革开放政策阶段中国的全面研究(此阶段开始于 1978 年十一届三中全会,持续至今)。俄罗斯汉学家对改革开放政策的研究始于经济领域改革。不过在 1990 年代,中国的政治体系发展问题、党政和国家建设、中国的法律、干部、行政管理政策问题都密集进入了俄罗斯汉学研究领域。远东所形成了一支由法学博士 Л. М. 古多什尼科夫教授领导的科研团队〔К. А. 叶戈罗夫(К. А. Егоров)、Р. М. 阿斯兰诺夫(Р. М. Асланов)、Е. Г. 帕先科(Е. Г. Пащенко)、Е. А. 柯卡廖夫(Е. А. Кокарев)、Н. Л. 玛玛耶娃(Н. Л. Мамаева)、Г. А. 斯捷潘诺娃、Д. А. 斯米尔诺夫(Д. А. Смирнов)、Н. Х. 阿赫梅特申(Н. Х. Ахметшин)、П. 特罗辛斯基(П. Трощинский)、Т. М. 叶梅里杨诺娃(Т. М. Емельянова)、Е. В. 毕柳林(Е. В. Бирюлин)等〕,对这些处于历史学、社会学、法学、政治学学科交叉的方向展开了积极研究。

---

① Китай на пути модернизации и реформ. 1949—1999 / Отв. ред. М. Л. Титаренко. М., 1999.

② См. также: Гудошников Л. М., Степанова Г. А. Российские центры китаеведения: основные направления исследований в конце 1990-х годов // Образ Китая в современной России. Некоторые проблемы китайской истории и современной политики КНР в исследованиях российских и зарубежных ученых / Отв. ред. Н. Л. Мамаева. М., 2007.

③ Титаренко М. Л. Китай: цивилизация и реформы. М., 1999; Он же. Россия лицом к Азии. М., 1998.

90年代的研究主要针对中国的政法体系、中国共产党在政治改革中的作用、党政进程的整体状况。这些论著于 2000 年代出版①。1988 年底出版了 Л. М. 古多什尼科夫主编的《中华人民共和国国家体系》一书,为中国研究的新方向奠定了开端②。1990 年代末,远东所的高级专家、研究员 К. А. 叶戈罗夫出版了一本创新性研究成果:《中国的代表体系:历史与当代》③。作者研究了中国代表机关 85 年的历史:从 1911—1913 年辛亥革命期间形成的议会,到当代的中国(包括香港特别行政区和台湾地区)的代表机构。

三 史料出版与 2000 年代的俄罗斯中国史学界:国内政策

2000 年代至 2010 年代出版了系列文献"联共(布)、共产国际与中国"和"17—20 世纪俄中关系",还出版了其他引起广泛关注的史料。俄罗斯国家社会政治历史档案馆的 А. И. 卡尔图诺娃发现了未曾公开过的 И. В. 斯大林关于中国的讲话,并交给《远东问题》杂志发表④。И. В. 斯大林 1927 年 4 月 5 日在联共(布)莫斯科积极分子会上的发言稿,已经在档案馆里存放了 70 多年。其内容证实和补充了"联共(布)、共产国际与中国"第一和第二卷中公开的关于共产国际对华政策的信息。在 И. В. 斯大林的报告中试图解释联共(布)对华政策对联共(布)党内斗争加剧的影响。从今天的知识立场来看,报告中提到的布尔什维克与反对派在中国问题上的路线划分,证实了左派与更左的派别之间的斗争⑤。也就是说联共(布)并没有完全掌握中国国内的实际状况,联共(布)内的各团体高估了国民党的革命水平,不了解其政治纲领,对共产党的机会和社会的总体民族自觉水平评价过高。

---

① Как управляется Китай. М. , 2001 (1-е изд.); 2004 (2-е изд.); Политическая система и право КНР/Отв. ред. М. Л. Титаренко, рук. авт. колл. Л. М. Гудошников М. , 2007; Мамаева Н. Л. Партия и власть: компартия Китая и проблема реформы политической системы. М. , 2007;Степанова Г. А. Демократические партии в политической системе КНР. М. , 1999. Подробно это направление российской историографии рассматривается в Главе III.
② Государственный строй КНР / Отв. ред. Л. М. Гудошников. М. , 1988.
③ Егоров К. А. Представительная система Китая: история и современность. М. , 1998.
④ Непубликовавшаяся речь И. В. Сталина о Китае / Публ. и коммент. А. Картуновой, вступ. ст. А. Григорьева) // ПДВ. 2001. № 1.
⑤ Подробнее см. : Мамаева Н. Л. Коминтерн и Гоминьдан (1919—1929). М. , 1999.

远东所的 К. В. 什维廖夫在俄罗斯国家社会政治历史档案馆查到的资料补充和明确了共产国际代表在中国活动的内容。首先是 Г. Н. 沃伊津斯基和 Г. 马林（Г. Маринг）为中共一大做了筹备工作①。文献显示，1921 年初共产国际对华组织机构处于形成阶段，代表们的工作非常紧张。出版的文献中还包括联共（布）中央委员会西伯利亚局东方民族组与 Г. Н. 沃伊津斯基 1920 年 4 月互发的电报，联共（布）中央委员会远东局符拉迪沃斯托克分局外事处下达的任务：明确局势，与中国革命者，首先是中国工会建立联系。Г. Н. 沃伊津斯基与中国同志一起参加了中共一大的所有筹备会。一大召开之前共产国际派出到中国的人员的主管机关是联共（布）中央委员会西伯利亚局东方民族组②。远东共和国驻华代表团团长 И. Л. 尤林（И. Л. Юрин）曾负责过 Г. Н. 沃伊津斯基与联共（布）中央委员会西伯利亚局东方民族组副主席之间的联系③。可是在莫斯科共产国际驻华领导机构组建过程中，如同在其他很多国家一样，逐渐形成了共产国际的垂直政权。中国共产党人在共产国际的帮助下完成了当时的重要工作：筹备召集中共第一次成立大会。由此开始了历史新篇章。К. В. 什维廖夫还发表了不为人知的孙中山和妻子宋庆龄写给 М. М. 鲍罗廷的信④。信中反映了莫斯科和共产国际与中国革命者的互动合作。信中孙中山与俄苏联邦社会主义共和国驻中华民国全权代表 А. А. 越飞讨论了确定合作方向的问题，有助于明确双方的立场。1923 年 1 月 26 日通过的孙中山—А. А. 越飞联合公报成为国共关系的转折点，开启了孙中山与苏联关系密切阶段。信中还分析了广东局势，签署了《中俄解决悬案大纲协定》等重要文件。А. И. 卡尔图诺娃也从事了共产国际问题的文献学研究。时间段上该研究涵盖了中国共产党几十年的历史，也涉及代表普罗菲登·涅曼-尼科利斯基（Профинтерн Нейман-Никольский）的个性，他与在中国更为知名的 Г. 马林一起代表共产国际参加了中共一大。

---

① Шевелев К. К 80-летию образования Компартии Китая: новые документы // ПДВ. 2001. № 4.

② Там же. С. 128.

③ Там же. С. 126.

④ Неизвестные письма Сун Цинлин и Сунь Ятсена М. М. Бородину // ПДВ. 2003. № 3.

该文①比 1989 年的文章②更为全面地介绍了 П. Н. 尼科利斯基的情况。他 20 年代初在中国参加了中共一大的筹备工作,组织中共代表参加了第一届远东共产国际和革命组织大会。А. И. 卡尔图诺娃研究得知,1921 年后,П. Н. 尼科利斯基加入了远东苏维埃的侦查和反侦查机关。

美国记者埃德加·斯诺(Эдгар Сноу)写于 1936 年的《毛泽东自传》也属于历史文献。准确地说,长时间以来,该书起到的是一种宣传功能,并未得到学术界的认可。可是由于 А. В. 潘佐夫对其进行了专业分析,为该书补充了注释和精彩的点评,将其与毛泽东的讲话和自传性诗歌进行有机结合,《毛泽东自传》获得了真正的科学意义并为研究中共领导人的生活和活动提供了一系列重要史料③。

21 世纪初,一些中国历史文献从中文译成了俄语,包括《毛泽东:中国的革命与建设》④(毛泽东在 1950—1964 年间的 12 篇文章),江泽民 1989—2001 年间的文集、讲话集⑤,邓小平关于建设中国特色社会主义的文集⑥。

2000 年代俄罗斯中国史料学发展中的一个重要事件是出版了 В. С. 米亚斯尼科夫院士主编的,关于苏中"数十年友谊"的两卷本文献集⑦。该书解决两个最为重要又互相关联的问题,为苏中关系研究提供了新材料,同时积累了新信息,并在此基础上,为对于国家发展最为重要的时期——建国的第一个十年——中国的国内政治局势描绘了一幅更为全面的图景。第一卷主要是一些首次公开的材料:纪行、日记、分析笔记、通信,讲述苏联和汉学家对中国的印象。第二卷是研究苏中政治、经济、科

---

① Картунова А. Нейман-Никольский-участник I съезда КПК // ПДВ. 2006. No. 4.
② См.: Картунова А. И. Забытый участник I съезда КПК // ПДВ. 1989. No 2.
③ Мао Цзэдун. Автобиография. Стихи / Сост., пред., коммент., пер. с кит. и англ. А. В. Панцова. М., 2008.
④ Мао Цзэдун. Революция и строительство в Китае. М., 2000.
⑤ Цзян Цзэминь. Реформа. Развитие, стабильность: Статьи и выступления. М., 2002; Цзян Цзэминь. О социализме с китайской спецификой: Сборник высказываний по темам. В 2 т. М., 2002.
⑥ Дэн Сяопин. Строительство социализма с китайской спецификой. М., 1997; М., 2002.
⑦ Китайская Народная Республика в 1950-е годы: сб. док. В 2 т. / Под ред. В. С. Мясникова. Т. I: Взгляд советских и китайских учёных. М., 2009; Т. II: Друг и союзник Нового Китая. М., 2010.

技和人文合作的文献。简而言之，材料补充了文献，充满了生活的脉搏，描绘出数十年友谊特有的友好气氛。

В. С. 米亚斯尼科夫的序言①写得言简意赅，论据充分，概述了苏中合作的主要成果和形式。在自己研究、他人研究和文献的基础上，В. С. 米亚斯尼科夫通过精确的数据（建设轻重工企业、军工企业的数量，铁路里程，提供的贷款额，培养的大学生数量等），认为苏联在各个领域的对华援助取得了丰硕成果。他还强化了论题：毋庸讳言，尽管 1950 年代后半期两党两国出现了分歧，但苏联大量参与了中国的现代化进程。这本书直接涉及了中国的国内历史问题，是为数不多的大型俄语中国史史料之一。

曾在中国工作过的外交官的回忆录总是吸引着俄罗斯史学家和社会公众的注意。对于中国不愿公开档案的那些历史时期，外交官的笔记常常成为最重要的史料之一。苏联外交官 Б. Н. 维列夏金（Б. Н. Верещагин）的回忆录引起了社会的共鸣。他运用文献资料，分享了自己对中国经济、政治、文化领域各种事件的感想。回忆录在 1997 年前完成②。外交官－汉学家，特命全权大使 К. А. 克鲁齐科夫（К. А. Крутиков）的个人回忆录描绘了从抗日战争到新中国成立的第一个十年的广阔画卷③。2007 年出版了曾在中国和美国工作过的俄罗斯外交部外交学院副院长（现任院长）Е. П. 巴扎诺夫的回忆录④。中国是他科研、教学和社会活动的重要主题。

这样，在俄罗斯学界，无论是在中国新历史领域还是最新的中国史领域⑤都建立了史料学基础，为俄罗斯进行更大规模的中国史研究提供了必要的条件。

2000 年代俄罗斯汉学家的研究始于 1990 年代就占据重要地位的革命主题。正如 А. И. 卡尔图诺娃书中所写⑥，孙中山和国民党注重国民革

---

① Мясников В. С. Десятилетие дружбы // Китайская Народная Республика в 1950-е годы: сб. док. В 2 т. / Под ред. В. С. Мясникова. М., 2009. Т. I. С. 7—13.
② Верещагин Б. Н. В старом и новом Китае: из воспоминаний дипломата. М., 1999.
③ Крутиков К. А. На китайском направлении: Из воспоминаний дипломата. М., 2003.
④ Бажанов Е. Китай: от Срединной империи до сверхдержавы. М., 2007.
⑤ 本书中所指的中国新历史指 19 世纪初至 20 世纪中叶，主要指 1949 年。中国最新历史指 1949 年以后。——译者注
⑥ Картунова А. И. Политика Москвы в национально-революционном движении в Китае: военный аспект (1923 г. -июль 1927 г.). М., 2000 (1-е изд.); 2001 (2-е изд.).

命运动发展中的军事因素,意味着他们理解中国政治进程的特色。在共产国际驻华代表 Г. 马林的帮助下,孙中山决定组建黄埔军校和一支"党的"军队。作者在书中对苏联帮助下进行的军队改组做了详细介绍,还用更大篇幅介绍了中国南方军事总顾问,著名苏联军官 В. К. 布柳赫尔将军的活动。在他领导下建立了国民革命军,从军阀手中解放了广东的革命根据地,他制定并实施了北伐计划。书中强调了苏联对国民党各种形式的援助,同时指出了苏联政府坚决拒绝红军直接插手国民革命军军事行动的事实。非常有意思的是 А. И. 卡尔图诺娃介绍并分析了中共在国民革命运动时期国共统一战线框架内实施的秘密军事政策。书中写道,在共产党内部设立专门的军事机关——不同等级的军事部门——的建议是由联共(布)和共产国际的领导人提出的①。不言而喻,中共军事部门打着国民党的旗号行动,领导实施国民革命军的政治工作,并逐步掌握军事工作中的领导地位。中共中央委员会军事部 1925 年 12 月 12 日宣布成立。1925 年 11 月任命 А. П. 赫梅列夫(А. П. Хмелев)(Аппен,阿宾)为中共中央委员会军事部军事参谋,在多个城市都组织了军事委员会,成立了工人军事小组,进行各方面工作,包括瓦解军阀部队。工人小组的参与对准备上海工人 1927 年 3 月 21—22 日的武装起义起到了作用②。书中独一无二的关于国民党和共产党的军事政策材料,有助于理解中国革命运动的特点。作者试图从细节呈现出国民党主要参谋 М. М. 鲍罗廷和 В. К. 布柳赫尔的立场,以及与共产国际立场的相符度。在我们看来,作者低估了共产国际对国民党政治纲领、革命模式的不了解程度,这有碍作者对共产国际的指令和苏联顾问的立场做出更为现实的评价。在中国将军中享有很高威望的国民党中央委员会军事总顾问 В. К. 布柳赫尔对中国革命特点的理解水平,得到了作者的肯定。

  А. В. 潘佐夫的研究《苏中关系秘史:布尔什维克与中国革命(1919—1927)》③以联共(布)和共产国际的在华政策为主题,着重研究了其对中共的态度和苏中关系史。莫斯科大学亚非学院毕业生 А. В. 潘佐夫的书

---

  ① Картунова А. И. Политика Москвы в национально-революционном движении в Китае: военный аспект (1923 г.-июль 1927 г.). М., 2000 (1-е изд.); 2001 (2-е изд.) С. 70—72.

  ② Там же. С. 75.

  ③ Панцов А. В. Тайная история советско-китайских отношений. Большевики и китайская революция (1919—1927). М., 2001.

以其数量和体裁的丰富多样证明了他在学术上的积极性和高水平。他研究的特点是其争议性。共产国际主题是 А. В. 潘佐夫喜爱的研究主题之一。上面提到的那本书采用了非常广泛的史料,仅凭这个原因就值得关注。史学界首次分析了俄共(布)、联共(布)和共产国际活动家 В. И. 列宁、И. В. 斯大林、Л. Д. 托洛茨基、Г. Е. 季诺维耶夫、К. Б. 拉迪克、М. Н. 罗伊(М. Н. Рой)、Ф. Ф. 拉斯科尔尼科夫(Ф. Ф. Раскольников)等人提出的各种有关中国革命的布尔什维克概念。作者对中国因素在联共(布)党内斗争中的作用和地位的叙述让人很感兴趣,尤其是在 1927 年中国革命社会阶级成分最复杂的阶段。从未有人如此详细地研究过该主题。同时我们指出,作者仔细研究了形成于共产国际和联共(布)的一些概念,却没有研究国民党的政治模式,实际上对此几乎没有介绍。在结论中很难确定,共产国际的思想和理论在多大程度上符合中国实际。研究的争议性在于,作者对 Н. И. 布哈林在共产国际转折中的作用,与之关系密切的中共对共产国际理论中以及共产国际执行委员会第七次扩大会议之后中共的实践中激进主义加剧所起的作用评价不明确。这次会议重新修订了共产国际第二次大会的一系列原则立场。与此同时,Н. И. 布哈林(Н. И. Бухарин)1926 年 12 月 1 日在第七次全会中国委员会上的发言提纲为全会通过的关于中国状况的决议定下了基调①。该书作者还详细研究了 И. В. 斯大林所起的重要作用。А. В. 潘佐夫在书中介绍了苏联培训中国革命干部这一有意思的题目,讲述了被苏联当局摧毁的莫斯科的中国 Л. Д. 托洛茨基派地下组织的戏剧性历史。他以档案材料为基础,分析了 Л. Д. 托洛茨基主义在莫斯科和在中国的发展,以及其在中国共产主义运动发展中的作用。

俄罗斯的其他地区也在研究共产国际的在华政策。在国立巴尔瑙尔师范大学的大量研究选题中最引人注目的是共产国际在中国新疆的政策②。

五卷本文献集"联共(布)、共产国际和中国"的策划与编委,俄罗斯科

---

① См.:ВКП(б),Коминтерн и Китай. Т. II. Док. № 135. С. 539—544.
② См. также:Бармин В. А. О деятельности КИ в создании Компартии в Синьцзяне 20-х—30-х гг. ХХ в. // Вести Барнаульского гос. пед. ун-та. Сер.:Гуманитарные науки. Барнаул, 2005. № 5;Крушинский А. СССР, Коминтерн и китайский фактор Второй мировой войны // ПДВ. 2013. № 3.

学院远东所 А. М. 格里高利耶夫教授在自己的文章中分析了联共（布）和共产国际的中国政策问题①。我们注意到作者尽量全面评价新的文献史料，并对共产国际做出的决议和对华立场给出了完整的画面，最成功的是呈现出了之前研究不足的共产国际和中共抗日统一战线战略的形成问题。转向该战略，正如文中证实的那样，对于共产国际、中国共产党和国民党都是复杂和痛苦的。А. М. 格里高利耶夫一步步地解开这个题目，找出并分析形成国共统一战线的主要文件。作者令人信服地否定了某些苏联、西方和中国史学界中诸如共产国际"永远正确"，毛泽东独自制定中国革命"正确路线"的神话，证明了"毛泽东路线"与"共产国际路线"对立的说法毫无根据，说什么毛泽东与共产国际一开始就关系不好也是空穴来风。相反，文献显示，从 20 年代末开始莫斯科及其驻华代表就积极推举毛泽东担任中共及其军事力量的领导人之一②。该义还研究了共产国际逐渐由世界革命指挥部沦为 И. В. 斯大林制度的顺从工具的过程。

　　文章里有各种争议性问题，这些问题足以成为专著的研究对象。我们就算没有深入细节，也能发现作者在某些问题上立场的矛盾，对一些原则性问题的研究论据不够充分。例如，在提出西方史学界最偏爱的论题：共产国际和莫斯科政策中国际主义与国家利己主义的矛盾立场时，理论脱离了实践。在 1920 年代共产国际和莫斯科的政策中作者没有发现国际主义特征，同时国际主义从一开始就是共产国际和俄共（布）/联共（布）对华政策所有理论和实践内容的重要组成部分③。我们注意到，俄罗斯驻中华民国全权代表 А. А. 越飞在被革命热情"俘虏"之时，早在 1923 年 1 月 13 日写给共产国际、俄共（布）和苏联政府的信中，就呼吁承认孙中山革命政府（广东政府）为中国合法政府。А. А. 越飞是为孙中山的国民党政府于 1924 年募集到物质经费援助的功臣之一④。透过文章能感觉到 1920 年代高涨的革命气氛影响到了研究者。非常引人注目的是，1920 年代，国民党接受了国际主义和世界革命思想，不止一次试图加入共产国

---

① Григорьев А. М. Китайская политика ВКП(б) и Коминтерна. 1920—1937 // История Коммунистического Интернационала 1919—1943. Документальные очерки. М., 2002.

② Там же. С. 328—329.

③ Подробнее см.: Мамаева Н. Л. Коминтерн и Гоминьдан. 1919—1929.

④ Коммунистический Интернационал и китайская революция. Док. № 56. С. 180—181. См. также: Мамаева Н. Л. Коминтерн и Гоминьдан. 1919—1929. С. 43.

际。在整个中华民国存在期间,苏联政府在不违反国际法准则的情况下,把国际主义立场同与中华民国官方政府发展国家关系的政策成功地结合起来。作者还忽略了一个事实,1920年代共产国际与中国共产党的合作、共产国际与国民党的合作是相互的,不是迫于莫斯科和共产国际方的压力。A. M. 格里高利耶夫做出的关于国民党改组是共产国际施压的结果这一论断出自错误的立场。这是原则性问题。我们认为,这样的失误是由于只关注共产国际的理论学说研究,却忽略了孙中山和国民党的具体政治纲领。如果不考虑共产国际政策在历史局势中的情况,很难对其缺点做出评价。可是我们也需要强调,作者的疏漏瑕不掩瑜。他的多篇文章系统梳理了研究共产国际在华政策的文献库,并从一名历史学家的角度对共产国际在华政策做出了评价。

  中国共产党建党80周年之际,远东所出版的文集体现了对中共党史的系统研究①。书中介绍了从一大和第一次国共统一战线之前,到20—21世纪之交中共的理论和政治实践。本书在当代史料库的基础上考察了北伐时期联共(布)和共产国际与国共两党的合作问题(А. И. 卡尔图诺娃),考察了1927—1929年中国共产党员在莫斯科高校接受的军事教育(Р. А. 米罗维茨卡娅),中国共产党探索"大跃进"危机的出路(В. Н. 乌索夫)。其中,"中国特色社会主义"理论家邓小平(В. Ф. 费奥柯基斯托夫),中国的现代化进程的内容(Д. А. 斯米尔诺夫)和中国特色社会主义模式的形成(Р. М. 阿斯兰诺夫)受到特别的关注。К. В. 什维廖夫文章中关于中共一大召开和决议的新材料,引起了学界特别的兴趣。正如作者认为,中共在建党之初就对一系列问题存在白热化的争议,包括党纲的内容和对待孙中山的态度。作者还推测,大会上通过的宣言中对国民党领袖孙中山的活动提出了批评②。可是这一说法缺少有分量的证据,关于通过的中共一大宣言的材料有矛盾之处。Н. Л. 玛玛耶娃的文章跟踪了十一届三中全会后至21世纪初的中共党建发展,以及为适应中国现代化的新

---

  ① Коммунистическая партия Китая: история и современные проблемы. К 80-летию Коммунистической партии Китая / Сост.: Р. М. Асланов, Н. Л. Мамаева. М., 2001.
  ② Шевелев К. В. Предыстория единого фронта в Китае и первый съезд КПК // Коммунистическая партия Китая: история и современные проблемы. К 80-летию Коммунистической партии Китая. М., 2001. С. 10—13, 15—16.

条件,中共各方面政策的改进①。作者认为,中共长期执政的原因是由于党能够根据新情况调整政策,寻找自己的发展道路。这也是中共在中华民国时期同国民党进行国内战争时形成的那些特质。

中共建党 90 周年(2011 年)之际,俄罗斯出现了研究热潮,发表了一系列文章。最让我们关注的是远东所汉学家 И. Н. 索特尼科娃发表的《共产国际与中国共产主义运动的开端》一文②。文章研究了少有研究的主题——俄罗斯共产党人就建立中国共产党在中国进行的早期宣传工作。作者以广泛的档案材料为基础——已经公布的材料,和第一次进入学术视野的材料——分析了 1919—1920 年,西伯利亚和远东的苏联党和对外政治机构为同中国革命小组的领导人建立最初联系所起的作用。Г. Н. 沃伊津斯基领导的联共(布)远东局外事处代表组在组织和资助筹备 1921 年 8 月举行的中共一大,在上海组建后来共产国际中国代表处的前身——革命局中都起了巨大作用③。

俄国史学界一直都在关注中国共产党创立者之一、革命家和政治家、中国共产党中央执行委员会第一任总书记陈独秀的生平和活动。他最活跃的年代正是中国和世界革命运动最艰难和矛盾的年代。直到他去世前,在很多方面奉共产国际之命行事的中共领导层,把 1927 年国共统一战线破裂、共产党在国民战争中战略失败的所有罪责都加到了他身上。2004 年,科学院东方学所汉学家 С. Л. 雷科娃出版了一本书,介绍了陈独

---

① Мамаева Н. Л. КПК на рубеже тысячелетий // Коммунистическая партия Китая: история и современные проблемы. К 80-летию Коммунистической партии Китая. М., 2001.

② Сотникова И. Н. Коминтерн и начало коммунистического движения в Китае // ПДВ. 2011. № 6.

③ По случаю 90-летия образования КПК руководство КПК в июне 2011 г. организовало Международную научную конференцию, которая проходила на родине первого съезда в Шанхае. В центре внимания стояли вопросы, связанные с образованием Компартии, подготовкой ее первого съезда и участием представителей РКП(б) и КИ в этих событиях. По приглашению китайских ученых в работе этой конференции участвовали три российских историка—А. М. Буяков, Н. Л. Мамаева и И. Н. Сотникова. Использование докладчиками новых архивных документов, связанных с вопросом оказания китайским коммунистам конкретной помощи в подготовке съезда, уточнило ряд спорных вопросов и нашло отклик у китайской стороны. Важно отметить, что хорошо аргументированные положения докладчиков о значительной помощи представителей РКП (б) и КИ в создании КПК были положительно восприняты научным сообществом Международной научной конференции.

秀早年的生平和活动①。以С. Л. 雷科娃为代表的国内史学界对陈独秀生平中的这一时期进行了研究。作者追踪了陈独秀从改革的旁观者到革命民族主义者思想政治观点的演变,展现了辛亥革命前及辛亥革命期间,他成为一个著名的政论家和中国青年教育家的过程。中国史学界的观点是,一大批革命家——辛亥革命的参与者后来都成为了共产党员,陈独秀的革命活动表现非常突出。

历史证明,在任何一次革命中,干部问题都是最重要的问题之一,对革命的结果有显著影响。由于一系列主观和客观原因,中共革命干部在莫斯科共产国际学校接受培训这一课题,长期以来虽有所研究,但都藏在阴影中。从苏联时候起,就有过一些针对该问题中某些内容的研究文章。В. Н. 尼基佛罗夫、Г. В. 叶菲莫夫、В. Н. 乌索夫、А. В. 潘佐夫、Н. Н. 季莫菲耶娃(Н. Н. Тимофеева)、В. П. 加利茨基(В. П. Галицкий)等汉学家都研究过这一问题,还发表过一些英文的成果。可是至今仍未有对中国革命家在苏联受教育的历史展开的系统研究,因为直到1990年代初关于该课题的大量档案都没有公开。俄罗斯史学界第一篇相关成果,是青年中国史研究者,毕业于莫斯科大学亚非学院,现任国家研究型大学高等经济学校远东分校副教授的Д. А. 斯皮恰克(Д. А. Спичак)2012年出版的专著②。作者研究了莫斯科几所共产国际学校针对汉学生的培养体系:东方劳动者共产主义大学(КУТВ)、孙中山中国劳动者大学(УТК)、中国劳动者共产主义大学(КУТК)、国际列宁学校(МЛШ)等。作者研究得知,在不同时期,曾经通过改组教学网络来完善教学体系。我们尤其注意到了关于以前知之甚少的国际列宁学校的活动和一些重要的中心下属科研所的新材料。专著中有很多新的事实、事件、有意思的学生生活细节以及他们与共产国际和中共的核心领导人联系的情况。我们注意到作者的一个结论:在共产国际学校教学中心学习的学生主要是中国共产党员,其中的167人在国家历史中起过重要作用。包括一批中华人民共和国后来的领导人,他们中的相当一部分人在1970年代末和1980年代发起了中

---

① Рыкова С. Л. Ранние годы жизни и деятельности Чэнь Дусю (1879—1914 гг.). М., 2004.

② Спичак Д. А. Китайский авангард Кремля. Революционеры Китая в московских школах Коминтерна (1921—1939). М., 2012. Следует отметить написанный на хорошем научном уровне источниковедческий и историографический обзор по теме исследования.

国大规模的经济改革。

中国史学家 А. Г. 尤尔科维奇（А. Г. Юркевич）（科学院远东所，国家研究型大学高等经济学校远东分校）长期研究国民党军事政策和苏联对1920年代国民革命运动的援助。他那本让学界期盼已久的书代表了2010年代对国民革命运动军事层面的研究成就①。

А. Г. 尤尔科维奇的书不负众望。虽然至今史学界仍未能掌握苏联援助孙中山政党的精确数字，但他引用大量史料，做出了大致的估算。作者写道，对国民党和共产党军事行动的资助是通过国民党中央执行委员会总政治顾问 М. М. 鲍罗廷实施的。他对军事问题并不精通，而担任国民党总军事顾问的 В. К. 布柳赫尔却没有获得充分的财权。研究中 А. Г. 尤尔科维奇给予 В. К. 布柳赫尔很高评价。作者用确信的例证，论证国民革命军较之军阀部队具有更高的政治自觉性，这保障了国民革命军相对于其他军事政治集团的优势。书中介绍，在蒋介石一直依靠的黄埔同学会的参与和促进之下，国民党建立起了服从于党的领导的军队结构。国民党军事政策发展的这条线索第一次如此详细地在俄罗斯史学界得到呈现。作者指出了国民党军事行动和苏联军事顾问的不足，同时认为，总体上这些不足并不妨碍国民革命军取得胜利。同时指出，蒋介石高度评价了苏联专家领导下的1920年代的军队改组。我们要补充一点，国民党逃往台湾的最初几年（1950—1951年），蒋介石做的第一件事就是按照20年代的模式进行党和军队的改组。这实质上不仅使国民党避免了整体崩溃，还促成了它的复兴。

对辛亥革命问题的研究一直在持续。东方学所 Е. А. 别洛夫（Е. А. Белов）教授是中国新历史方面的重要专家，撰写过一部专著②和多篇论文。2001年出版了他关于辛亥革命问题的多年研究成果，同时也是为高校师生编写的教材③。在个人研究和采用俄罗斯对外政策档案馆史料的基础上，作者呈现出辛亥革命筹备和进行的广阔画面，介绍了其特点，并将迟来的清朝政府的改革尝试同辛亥革命的特点相结合。书中列举了湖

---

① Юркевич А. Г. Москва-Кантон, 1920-е: помощь СССР Гоминьдану и две стратегии объединения Китая. М., 2013.

② См.: Белов Е. А. Учанское восстание в Китае (1911 г.). М., 1971; и др.

③ Белов Е. А. Краткая история Синьхайской революции 1911—1913: учебное пособие. М., 2001.

北革命中心有意思的活动细节;强调了从湖北传入其他省份的革命的"外省特征":从地方到中央;强调了俄罗斯外交界在当时革命局势中的积极态度。Е. А. 别洛夫令人信服地介绍了辛亥革命这一新时期中国历史上的关键事件。Е. А. 别洛夫的学术兴趣非常宽泛①。

2011年辛亥革命100周年之际,俄罗斯史学界对这一重大历史事件及其地位和作用开展了更为积极的研究。中俄两国都举行了一系列国内国际学术研讨会。2011年远东所举办了纪念辛亥革命100周年的国际学术研讨会"中国、中国文明与世界:历史、当代、未来"。会议材料展现了俄罗斯汉学家对辛亥革命的意义和特点的研究②。在辛亥革命的发生地武汉举行了辛亥革命国际学术研讨会③。

2013年科学院东方学所出版了辛亥革命100周年文集④。同远东所2011年出版的文集一样,该书的研究题目宽泛,采用了大量档案材料和学术研究成果,提出了许多有争议的问题,细化了革命对历史和党史事件的直接和间接影响。文集中有一章主题为"世界史学界中的辛亥革命和共和制中国"。为纪念辛亥革命,《远东问题》杂志发表了 Н. Л. 玛玛耶娃的文章,从法学发展的角度分析辛亥革命。随着时间推移,法律问题越来越与历史交织,拓展着政治史的框架⑤。文章强调,辛亥革命提出了一种新的政治结构和国家治理模式——以宪法为基础,以议会共和国为框架。南京革命政府(1912—1913),尤其是孙中山临时大总统期间的工作,开创了一条政治现代化的道路。正如文章作者认为,从法律观点看,1912年3月10日通过中华民国临时宪法是辛亥革命的重要成果。临时宪法意味

---

① Белов Е. А. Россия и Монголия (1911—1919 гг.) / Отв. ред. С. Л. Тихвинский. М., 1999.

② Вековой путь Китая к прогрессу и модернизации. К 100-летию Синьхайской революции. XIX МНК ККЦиМ: тез. докл. М., 2011.

③ Российское китаеведение было представлено на конференции в г. Учан двумя китаеведами, работающими в ИДВ РАН,-д. и. н. Н. Л. Мамаевой с докладом «Синьхайская революция и идея конституционного правления» и к. и. н. И. Н. Сотниковой с докладом «Российская историография Синьхайской революции на современном этапе».

④ Синьхайская революция и республиканский Китай: век революций, эволюции и модернизации: сб. ст. / Отв. ред. В. Ц. Головачев. М., 2013.

⑤ Мамаева Н. Л. Синьхайская революция и идея конституционного правления // ПДВ. 2011. № 5. С. 128—139.

着法律意识的突破,这是不可能重返君主制的保障①。它成为自 1890 年代初改革家康有为变法之后,宪法史上的标志性事件。

辛亥革命后最初几年的议会活动是独一无二的:一方面尽量复制西方议会的样本,一方面兼顾国内社会对新政治体制的需求。正因如此,议会成为了探索未来更适合本国特色的政治模式的基础。可是随着袁世凯总统大权的稳固,1913 年"二次革命"的失败,辛亥革命带来的民主元素开始慢慢削弱。1916 年袁世凯死后,各军事政治集团不断形成,为争夺对北京政府的控制权,他们长期处于内战中。在此过程中,民主元素渐渐消失,对操纵军阀势力的强力集团依赖加剧。

为了全面研究革命,俄罗斯驻汉口领事馆与辛亥革命的联系这一课题得到发展。А. Л. 维尔琴科(А. Л. Верченко)以俄罗斯科学院档案馆的文献为基础,对位于 1911 年革命中心的俄罗斯领事馆的工作进行了研究②。А. Н. 奥斯特罗维尔霍夫(А. Н. Островерхов)领事(任至 1912 年 5 月)在《湖北省及郊区》一文中详细地向外交部通报了事件情况。А. Н. 奥斯特罗维尔霍夫同情革命者,允许他们在自己家中组织聚会。革命后,他又充当了中国南方和北方谈判的中介人。领事馆工作人员良好的语言和国情知识水平让他们能客观评判局势,并将人事变动、通过的新法案、民众情绪等情况及时通报给大使馆和圣彼得堡。领馆提供的这些材料成为后来研究辛亥革命时期历史事件的史料。

俄罗斯史学界同中国史学界一样,非常需要加强辛亥革命之后的历史研究,研究当时的国内局势,包括袁世凯死后地方军阀政治体系的形成。正如中国史学家指出的,后辛亥革命时期地方军阀体系的研究,中国史学界存在相当大的空白。从 2000 年代起,俄罗斯史学界逐渐加强了对中国后辛亥革命时期的研究。早在 1980 年代,该课题就出现了两部有意思的成果。一部由汉学家 В. В. 茹科夫(В. В. Жуков)撰写③,另一部是中

---

① Интерес китайских историков к подобной постановке вопроса можно видеть в появившейся в дни прохождения конференции сокращенной публикации данной статьи в многостраничной газете КНР: Мамаева Н. Л. Синьхай гэмин хэ гохуэйчжи (Синьхайская революция и парламентаризм // Чжунго шэхуэй кэсюэ юань бао (Академия общественных наук Китая). 11 сент. 2011.

② Верченко А. Л. События Синьхайской революции в донесениях российского императорского консульства в Ханькоу // Восток (Oriens). 2012. No 4. С. 88—93.

③ Жуков В. В. Китайский милитаризм. 10—20-е годы XX в. М., 1988.

国史专家 Г. С. 卡列齐娜(Г. С. Каретина)(远东各民族历史考古和人类学研究所)的研究①。2001 年 Г. С. 卡列齐娜出版的书中,研究了中国北方的军事政治集团:段祺瑞(安徽)、吴佩孚(吉林)、冯玉祥(吉林,后来的国民军)、张作霖(奉天),以及后来的张学良——张作霖之子②。书中用详细材料介绍了这些领袖人物,他们的斗争方法和管理领地的方法。作者重点介绍了几个善于治理自己的领地,发展工农业、商业、教育的人物,如"模范统治者阎锡山"等。作者的结论是,一些地方军阀努力接受先进思想,某些省还尝试过发展资本主义生活方式。书中试图构建各地军阀体系的一段统一的历史,界定其特点。书中可见,作者关注的发展生产、文化、教育等正面元素,仍然不能抵消错误的军政体系的消极因素的增长。到 1926 年中期,国家崩溃,政府实际上已丧失军权,并且还要执行最强大的军阀的命令。作者还追踪了 1920—1930 年代中国军阀的演变历程。

经验丰富的中国历史学家 И. Е. 波日洛夫(И. Е. Пожилов)(国立坦波夫杰尔查文大学)的研究,在一定程度上填补了后辛亥革命时期史学界的空白。他的书③依托中国文献、回忆录、国共两党军事家政治家传记,以忠诚于建立强大独立国家信念和中共领袖毛泽东的"红色将军"朱德为中心,独特地以 1928 年国民革命军北伐获胜前的军阀体系特殊的社会经济和政治环境为背景,评价了这位并非从一开始就加入中国共产党的军事领袖。正如作者所写,长期以来,朱德不应该地被中国史学界忽视。他是个没有野心的天才统帅,具有军事才能,能正确地理解军阀条件下中华民国军事要素的意义。正如作者所写:"感恩的四川人还在军阀时期就为他立了一座丰碑④。"朱德功勋卓著。作者介绍了他作为人民解放军总指挥在第三次国内战争决战阶段与国民党的三次最重要战役中的作用,在人民解放军改组中的作用。在作者看来,他是中国共产党的军队打败国民党军队的优势保障。

俄罗斯以及国外史学界都研究甚少的中国历史时期(1911—1928),

---

① Каретина Г. С. Чжан Цзолинь: политическая борьба в Китае в 20-е годы XX в. М., 1984.

② Каретина Г. С. Военно-политические группировки Северного Китая (Эволюция китайского милитаризма в 20—30-е годы XX в.). Владивосток, 2001.

③ Пожилов И. Е. Чжу Дэ. Политическая биография. М., 2011; Он же. Стальной воитель. Из жизни юньнаньского генерала Чжу Дэ. Тамбов, 2014.

④ Пожилов И. Е. Чжу Дэ. Политическая биография. С. 7.

在党的主题领域得到了实质性补充。2000年代,革命党成为了经验丰富的专家 B. 克留科夫的研究主题。国民党在中华民国国会选举中获胜后,袁世凯下令解散国民党。1914年孙中山及其同僚创立了革命党①。作者采用了藏于台北国民党历史研究委员会档案馆中从未公开过的材料,细致分析了1915—1916年"三次革命"的相关事件。作者写道,孙中山是革命的发起者和组织者之一,他与袁世凯关系破裂后去了日本。为了与袁世凯斗争,恢复辛亥革命取得的民主成果,他在日创立了革命党。应该指出,史学界中关于革命党——成立于1919年的国民党的前身——的活动,与山东开始"三次革命"相关的事件,在 B. 克留科夫的文章出现之前,少有人知晓。可以确定的是,作者对孙中山和国民党在日本支持下开展反袁活动细节的研究,填补了研究空白。

1990年代末和2000年代,史学家们提高了对国民党主题的研究兴趣。21世纪初在亚非学院出现了好几本文集和专著,关注孙中山的政策、国民党和国民党政策。2004年出版了国民党问题研究专家 B. A. 科泽列夫(В. А. Козырев)主编的文集②。我们注意到 Ю. М. 加鲁夏涅茨(Ю. М. Гарушянец)的文章,提出了孙中山"退出"五四运动的原因。П. М. 伊万诺夫的文章,指出了孙中山信奉基督教和他世界观中的折中主义。А. А. 皮萨列夫的文章,指出了共产党农业政策对国民党的积极影响,对国民党推行农业政策的激励作用。1930年国民党通过的农业法条款,在 А. А. 皮萨列夫看来,总体符合孙中山的农业观。А. Н. 卡尔涅耶夫(А. Н. Карнеев)研究了中国安徽1930年代初的农民抗税行动。В. А. 科泽列夫的文章总结了国民党为实现国内政治稳固采取的措施,明确了阻碍中国统一和强大的原因。

1949年中国民主革命胜利的原因问题仍然具有现实意义,并且至今存有争议。胜利原因很多,其中之一是1945—1949年中共在中国东北成功地进行了农业改革。该课题对于俄罗斯史学界并非新课题,不过之前没有相关专著。2009年出版了俄国汉学界第一部详细研究中国东北农

---

① Крюков В. Сунь Ятсен и «Третья революция»: шаньдунский вариант // ПДВ. 2001. No 6.

② Революция и реформы в Китае новейшего времени: поиск парадигмы развития: сб. ст. / Ред.-сост. В. А. Козырев. М., 2004.

业改革的专著①。作者是科学院远东分院远东各民族历史考古和民族学研究所东方学部主任 Г. П. 别洛格拉佐夫(Г. П. Белоглазов)。作者详细研究了中共农业政策的标准文库,包括 1947 年 10 月 10 日与人民解放军宣言一起发布的《中国土地法大纲》。

  书中明确指出,平均划分土地强有力地打击了存在了几千年的封建土地使用制度。因此农民积极参军,供给军粮、被服等。尽管农业改革存在一些过激之处,后来渐渐得到修正,但它为军队提供了人员和物质保障,为共产党取得全国性胜利立下了功劳。俄国史学界对第三次国内战争的研究不多,Н. П. 里亚布琴科(Н. П. Рябченко)(科学院远东分院远东各民族历史考古和民族学研究所)的文章对此提出了有代表性的新观点②。作者举出了多方面的新数据,首先详细再现了战争各方的军事行动,明确了各方人数,强调了中国人民解放军从游击队向正规军的转变。作者认为中共军队强大的一个主要原因是 1948—1949 年的解放军整编③。作者系统分析了第三次国内战争时期的局势,包括双方的农业政策、国民党同美国联系密切的优缺点、苏联对民主力量的军事援助等④。

  三位与莫斯科大学亚非学院汉学派保持密切联系的作者:А. Н. 卡尔涅耶夫、В. А. 科泽列夫和 А. А. 皮萨列夫的基础研究在俄国国内中国新史学界占有显著地位⑤。如果说史学界对国民党政治史的研究已是更上一层楼,那么对社会经济问题,首先是农业问题和国民党当局的管理政策研究则刚刚起步⑥。可是这一开端却成为了俄罗斯汉学界一个耀眼的现象。在知名国民党及国民党统治时期中国问题研究专家 А. В. 梅里克谢

---

  ① Белоглазов Г. П. Аграрная реформа в Маньчжурии (Северо-Восточный Китай) 1945—1949 гг. Владивосток, 2009.

  ② Рябченко Н. П. Третья Гражданская революционная война в Китае: путь КПК к победе // Россия и АТР. Владивосток, 2009. No 3.

  ③ Там же. С. 23.

  ④ Там же. С. 23—24.

  ⑤ Карнеев А. Н., Козырев В. А., Писарев А. А. Власть и деревня в республиканском Китае (1911—1949) / Под ред. А. В. Меликсетова. М., 2005.

  ⑥ Аграрная тематика—не новая для отечественной историографии. Серьезная основа для изучения этого направления была заложена авторитетным исследователем-китаеведом А. С. Мугрузиным. См.: Мугрузин А. С. Аграрные отношения в Китае в 20—40-х годах XX в. М., 1970. Он же. Аграрно-крестьянская проблема в Китае в первой половине XX века. М., 1994.

托夫指导下,专著的作者确定了农业问题的特点,并认为农业问题的最重要之处在于必须在农村社会和地方机构之间调整建立新政策。作者阐明,农业效率的整体提升与实施税制改革密切相关。书中介绍了为推行税制改革和农村改革进行的地方政府结构重组中遇到的难以克服的困难。正是地方政府使中央政府的所有改革想法都毁于一旦。国民党当局1930年通过的《农业法》在最开始执行阶段——进行广泛的农村调查,包括获取土地分配和税赋信息——便遇到了困难。需要设立的新机构受到旧官僚组织日渐加剧的抵制。资金匮乏(同中共作战、日中战争)使局势更为严峻。作者认为,改革最大的障碍来自农村具有威信和影响力的传统特权人士,他们不愿意改变现状。作者的这个选题非常复杂,为了更全面充分解决此问题还需要补充一些材料。

2000年代俄国汉学界中国历史研究的特征是,俄罗斯各地方性研究中心的研究积极性提升。除了前面提到的学术研究,还出版了各方面的参考书和高校教材。除了1998年亚非学院出版的《中国史》再版外,知名汉学家 В. Г. 达岑申(克拉斯诺亚尔斯克)撰写的中国新史教材也非常有名①。Т. А. 沃罗别娃(Т. А. Воробьева)(国立维亚特卡人文大学)编写了中国历史教材《变革时代》(1978—2005)②。Т. В. 科捷尔尼科娃(Т. В. Котельникова)(国立赤塔大学)为大学生编写了《中国历史七课》③。科学院远东分院编写了中国东北历史手册,显示了中国研究中的积极态势④。

2000年代的中国史研究中,远东所学者们推出了一些非常有意义的成果。权威汉学家、外交官和社会活动家、众多历史事件的见证者和亲历者 Б. Т. 库里克(Б. Т. Кулик)的书研究党际关系(苏共与中共)和国家关系(苏联与中国)⑤。至今为止,世界史学界对这些关系作出的评价都颇为政治化。Б. Т. 库里克的研究罕有地深入到了国家内政历史的内部。在 Б. Т. 库里克的叙述中,中共领导层的政治方针连同其所有"左倾政策"并没有脱离实际。"大跃进"、人民公社、最后的"文化大革命"等方针的动

---

① Дацышен В. Г. Новая история Китая: учебное пособие. Красноярск, 2003.
② Воробьева Т. А. Китай в эпоху перемен (1978—2005). Киров, 2005.
③ Котельникова Т. В. Семь лекций по истории Китая. Чита, 2005.
④ Северо-Восточный Китай на рубеже XX-XXI вв. Науч. справ. изд. / Гл. ред. В. Л. Ларин. Владивосток, 2005.
⑤ Кулик Б. Т. Советско-китайский раскол: причины и последствия. М., 2000.

机已经超出了政治斗争和毛泽东"个人意愿"的范围。这些方针落地的现实土壤又充满了诸多内部问题和矛盾,尤其是中国社会中存在的饥饿、贫困问题,群众渴望加快经济发展、平均分配的问题,和群众中存在大量的亲社会主义心理倾向等渴望改善生活水平的弱国所面临的一系列问题。

苏联对中国政治领域的帮助:联共(布)和 И. В. 斯大林针对新中国恢复时期和第一个五年计划时期"冒进"政策(забегание вперед)的反对建议,第一次在学术书籍中有了完整的评述。从 40 年代起不少中共领导人就有"冒进"的特点。作者对导致两党和两国关系破裂的总体环境提出了自己的观点。作者从内部观察中国后认为,关系破裂的原因之一,尤其是在意识形态领域,在于中国对于批评 И. В. 斯大林个人崇拜的态度。他写道:"在中国有政治觉悟那部分人的意识中,И. В. 斯大林这个名字不是让人想起了古拉格群岛,而是让人想起了抗日战争中保卫了中国城市的苏联飞行员,击溃关东军解放了中国东北的苏联武装力量,想起了莫斯科要求恢复中国在联合国的席位,想起了苏联专家在中国援建的数十座工厂。"①因此苏联批评 И. В. 斯大林个人崇拜在中国看来是背叛了社会主义,和当时中共所奉行的所有思想。在 Б. Т. 库里克的很多关于中国国内政治历史的创新性研究中,提出了一些引起争议的问题。Б. Т. 库里克的基础研究有助于在学界和政界用新方法来思考争议性问题。作者后来一直在从事苏共和中共 1956—1966 年的意识形态之争的研究。2002 年出版了作者的文献手记,对于重新解读苏共与中共意识形态之争的原因和内容以及苏中关系破裂提供了不少新的依据②。

Т. Г. 扎泽尔斯卡娅(Т. Г. Зазерская)的书在档案材料的基础上研究了中国 1949—1960 年代军工体系的形成以及苏联专家在此间的作用③。该书得到了史学界的认可,在俄罗斯国内外都产生了很大影响。

中国经历了新中国历史上最艰难的时期之一"文化大革命"之后,在十一届三中全会(1978 年 12 月)后,进入了新的发展阶段。这自然引起了历史学者对全会前后发生的事件的研究兴趣。1976—1984 年这段历

---

① Кулик Б. Т. Советско-китайский раскол: причины и последствия. М., С. 34.
② Кулик Б. Т. К истории отношений КПСС и КПК (1956—1966 гг.) // Китай в мировой и региональной политике (история и современность). М., 2002.
③ Зазерская Т. Г. Советские специалисты и формирование военно-промышленного комплекса Китая (1949—1960 годы). СПб., 2000.

史时期成为了中国新史专家 В. Н. 乌索夫的研究对象①。他的专著在大量国外,首先是中国新材料的基础上写成。他全面研究了邓小平的拥护者同"文化大革命"的斗争史,介绍了从备战和"战时共产主义"方针转变为改革开放政策的决策过程。更大的意义在于作者赋予了邓小平人格特质。毛泽东去世后,中共高层两派政治斗争的结果是四人帮(江青、张春桥、王洪文、姚文元)被捕,邓小平重返政治舞台(1978—1983 担任全国政协主席,1983—1990 担任中央军事委员会主席),华国锋(1976—1981 担任中共中央主席,1976—1981 担任中央军事委员会主席,1976—1980 担任国务院总理)等人逐步淡出第一阵营。

作者指出,为"文革"中受迫害人士的大规模平反工作一直持续到中共十二大(1982 年)之前。В. Н. 乌索夫认为,1978—1984 年农村改革取得成功,实现了不同的承包关系,实质性地废除了人民公社,这是改革开放政策的重要阶段。农业关系的转变保障了城乡居民的温饱。当时中国开始建设第一批经济特区。在作者看来,这具有非常重要的意义。中国逐渐开始了从中国特色的社会主义模式向中国特色的"市场社会主义"模式转变。

В. Н. 乌索夫在上述研究的基础上编写了供人文高校使用的教材。在中国乃至全世界的变革时期,这对于俄罗斯的年轻专业人员十分必要。作者掌握了中国史的渊博知识,可以说是弥补了各种原因形成的空白。原因之一是,1960—1970 年代的利益冲突导致直到 1980 年代末 1990 年代初,俄中学者的交往不足。1949—1984 年这一历史时期的文献资料不仅在俄罗斯,就是在中国也为数不多。编写教材选用的主要史料不是中国的档案材料,而是中国报刊、"文革"时期各种红卫兵的材料。这些材料逐渐在中国、苏联(1968—1978 年远东所出版了 20 多本译自汉语的红卫兵材料集)和美国形成了体系。

改革开放时期随着国家关系的回暖,学术界联系的加强,出现了一系列中国 1950—1970 年代主要党和政府活动家的回忆录。此外,中共中央开始出版党建、干部政策、国家建设、政治体系、法律等方面的文件和条例,拓展了研究的文献库。遗憾的是,在中国公开的档案材料还没有达到俄罗斯的规模。

---

① Усов В. Н. КНР: от «культурной революции» к реформам и открытости (1976—1984 гг.). М., 2003.

《中国史》教材①覆盖了中国从 1949 年至 2004 年的历史。该书是俄国第一本在丰富的实际材料基础上,又运用了大量俄罗斯和国外的史料编写的教材。作者归类和分析了他找到的所有历史材料,提出了深思熟虑的分期,整体上同汉学者的分期相同。第一卷结束于调整时期——1966 年。该书提出,最新的中国史的特点是,周期性地按照高层意图进行政治意识形态运动,这些运动通常预示着国内大的政治历史事件的发生。

第二卷(1966—2004)讲述从"文化大革命"到 2004 年的历史(在我们看来,第一章如果以"文化大革命"结束会更合理)。中国史在探索符合中国特色的国家发展道路的宗旨下得以呈现。书中追踪了经济政策、政治领域的结构改革、干部政策、科学教育和文化的发展,对中国工农业领域的成就、误判和不足都做了清楚的介绍。在国家从 2000 年代开始的 Z 字型发展框架中,提出了要将改革开放政策的社会方面放到前列,追求所有方向的和谐发展。

按照俄罗斯汉学研究的时间—事件原则,我们发现,在对改革开放时期(1978 至今)的研究中,俄罗斯学者,尤其是远东所学者的研究主要集中于中国的党政体系、国家和法制建设、干部问题、总体国家治理体系上。实质上,远东所的学者们引领了这个处于历史学、哲学、社会学、法学、政治学学科交叉的复杂的当代中国研究进程,在 2000 年代取得了重要成绩。《中国治理》②《中国政治制度与现代化》③《从江泽民到胡锦涛》④《改革进程中的政治体系与法律》⑤《宪法与中华人民共和国政治体系》⑥《党

---

① Усов В. Н. История КНР. Учебник. В 2 т. М., 2006. Т. I: 1949—1965 гг.; Т. II: 1966—2004 гг.

② Как управляется Китай: Эволюция властных структур Китая в конце XX—начале XXI века / Под ред. М. Л. Титаренко. М., 2004.

③ Кокарев К. А. Политический режим и модернизация Китая. М., 2004.

④ Портяков В. Я. От Цзян Цзэминя к Ху Цзиньтао: Китайская Народная Республика в начале XXI века: Очерки. М., 2006

⑤ Политическая система и право КНР в процессе реформ 1978—2005 / Рук. авт. кол. Л. М. Гудошников. М., 2007.

⑥ Доронин Б. Г. Конституции и политическая система Китайской Народной Республики. СПб, 2007.

与政权》①《中华人民共和国现代化的思想政治方面:从毛泽东到邓小平》②《中国现代化模式:探索新身份(2008年第二版)》③《俄罗斯与中国的政治制度转轨问题:经验比较分析》④《中华人民共和国:世纪之交的军事政策》⑤《中国及其邻国:通往公民社会之路》⑥等成果研究了中国党政史中的事件、新的历史阶段的理论问题,把宪法的发展、法制的作用提升到了应有的高度,关注了中国在世界文明发展中的地位。俄国国内对当代中国的研究用大量事实提出了诸多争议性问题。不少研究对中苏两国的政治与经济进程、中共与苏共的理论和政策进行了对比分析⑦。

21世纪初出现了一系列关于中国古代、中世纪、新时代以及最新时期的基础研究成果。其中有一些各课题和中国史各阶段的总结性成果,包括选集、百科全书、手册、重大历史事件和纪念日的纪念文集、大型学术研讨会论文集。中国文明在很多方面都与其他国家的文明有很大差异,因此有非常多的特殊之处需要研究,例如 Д. Н. 沃斯克列先斯基和 В. Н. 乌索夫对中国存在了2000多年,直到20世纪初的宦官制度的研究。虽然对该制度的研究开始不久,可是在文艺学家 Д. Н. 沃斯克列先斯基和历史学家 В. Н. 乌索夫的合作之下,取得了卓有成效的成绩⑧。在翻译明朝作家作品并仔细研究中国历史著作的基础上,作者勾画了宫廷日常生活的有趣的画面,确定了宦官在日常生活中和政治舞台上的地位,反映了宫廷宦官们为夺取政权乃至军权的不懈努力。有意思的是,这一社会阶层的主要来源之一是战俘和为摆脱贫困不择手段的人们。作者认为,宦

---

① Мамаева Н. Л. Партия и власть: Компартия Китая и проблема реформы политической системы. М., 2007.

② Смирнов Д. А. Идейно-политические аспекты модернизации КНР: от Мао Цзэдуна к Дэн Сяопину. М., 2005.

③ Виноградов А. В. Китайская модель модернизации: поиски новой идентичности. М., 2005.

④ Бородич В. Ф. Проблемы трансформации политических систем России и Китая (конец XX-начало XXI вв.): опыт сравнительного анализа. М., 2008.

⑤ Каменнов П. Б. КНР: военная политика на рубеже веков. М., 2008.

⑥ Ганшин В. Г. Китай и его соседи. На пути к гражданскому обществу. М., 2004.

⑦ Более подробную информацию и анализ политического процесса современного Китая отечественное китаеведение представляет в главах II и VII монографии.

⑧ Книга дворцовых интриг. Евнухи у кормила власти в Китае / Под общ. ред. Д. Н. Воскресенского. М., 2002.

官人数最多的时候是明朝,而并非满族人统治的清朝。该现象还有待进一步研究。

研究中国古代史的高水平专家 C. 库切拉(科学院东方所)推出了自己的另一本成果①。书中包含了他不同时期的研究成果。他挑选了 17 篇发表于不同年代的论文,有的文章还不为历史学同行知晓。由于出现了新史料和世界汉学的新成果,一部分论文进行了修改。书中所选论文的主要研究方向是中国的历史、文化和古代法律。Ю. В. 丘多杰耶夫②(科学院东方所)从事中国历史多方向研究。他提出从中国朝代更替的角度研究 1911 年辛亥革命的前提条件。作者以渊博的中国史基础,呈现出广阔的历史画面,揭示了各种反君主制潮流的形成过程,描绘出推翻清朝统治成立中华民国的革命热潮。

著名俄罗斯汉学家 А. А. 伯克夏宁(А. А. Бокщанин)、О. Е. 涅波姆宁和 Т. В. 斯捷普京娜(Т. В. Степугина)(科学院东方所)的合著在跨越多个历史时期的大型史学研究中非常引人注目③。作者研究的时期从古代到 20 世纪初。对中国文明,对古代、中世纪和新时期中国史的独特性的全面研究体现出他们高水平的中国史知识,对历史文献和俄中以及西方学者的专业研究的了解。该书由三部分构成,分别研究古代、中世纪和新时期的中国史。

О. Е. 涅波姆宁是新时期中国史研究成果最多、知名度最高的专家之一。他的研究成果中对历史进程有独特的观点,在某些方面不无争议。2005 年出版了他最好的成果之一:关于清史的专著④。该书研究和总结了清朝的事件,分析了最重大的事件以及与之相关的历史进程:17 世纪后半期的农民战争,满族征服中国,清帝国的形成,混乱时期,19 世纪中期的农民战争和起义运动。第二部分介绍了鸦片战争的后果,帝制的灭亡和共和国的建立。作者是循环发展概念的支持者和创立者。就中国而言,他提出直线发展、衰退、繁荣周期性循环相交织的观点。他的新成果——研究中国 20 世纪史⑤,涵盖了从清朝帝制灭亡到新的现代化发展

---

① Кучера С. История, культура и право древнего Китая: собрание трудов. М. , 2012.
② Чудодеев Ю. В. Крах монархии в Китае. М. , 2013.
③ Бокщанин А. А. , Непомнин О. Е. , Степугина Т. В. История Китая: древность, средневековье, новое время. М. , 2010.
④ Непомнин О. Е. История Китая: эпоха Цин. М. , 2005.
⑤ Непомнин О. Е. История Китая XX века. М. , 2011.

阶段的中国社会主义体系改革。作者展现了对历史事件和历史进程的客观研究方法。他的研究显示出作者对中国史的深入了解。同之前的成果一样，О. Е. 涅波姆宁从循环性的观点考察了历史进程。不过，他可能夸大了1949年之前中国历史中农民战争的因素，忽略了其与社会经济和政治发展的其他因素的联系。

2002—2008年间，东方所出版了六卷本的《东方历史》①。最后一卷《新时期的东方(1945—2000)》于2008年问世。中华人民共和国时期的"中国"一章由远东所资深汉学者、从事了大量研究的历史学博士 Ю. М. 加列诺维奇编写。

在中国史研究中，国内历史学家总是非常关注各自治区的历史。新疆和内蒙古的历史，是阿尔泰国立大学基地——阿尔泰国立大学东方学教研室［2000—2007年教研室主任是西伯利亚杰出的东方学学者之一 В. А. 莫伊谢耶夫(В. А. Моисеев)］，2007—2014年是知名汉学学者 А. В. 斯塔尔采夫(А. В. Старцев)和阿尔泰东方学研究中心(后来由 А. В. 斯塔尔采夫变更为阿尔泰国际亚洲研究中心)汉学研究的热门方向之一。在 В. А. 莫伊谢耶夫教授著名的《俄罗斯与中国在中亚(19世纪后半期—1917年)》一书中②，中国新疆内蒙古问题和中国的国内政策受到特别关注。О. А. 奥梅利琴科(О. А. Омельченко)在书中分阶段评述了1949—1978年新疆的社会经济和政治进程，介绍了这个中国最大自治区的城市和农村改革的特点，考察了苏中合作对新疆维吾尔自治区经济局势的影响。新疆历史研究基地为西伯利亚学者编写高水平高校教材打下了基础③。

2005年，对西藏历史了解相对较少的俄罗斯读者得到了一本讲述西藏从古至今历史的书④。该书由两位在国立圣彼得堡大学东方系讲授过西藏史课程的中国历史学家完成。在欧美学界没有类似研究的情况下，

---

① История Востока. В 6 томах / Гл. редкол.: Р. Б. Рыбников, М. С. Капица и др. М., 2002—2008.

② Моисеев В. А. Россия и Китай в Центральной Азии (вторая половина XIX в. —1917 г.). Барнаул, 2003.

③ Анисимова И. В., Бармин В. А., Лысенко Ю. А., Старцев А. В. История Синьцзяна: учебное пособие. Барнаул, 2012.

④ Кычанов Е. И., Мельниченко Б. Н. История Тибета с древнейших времен до наших дней. М., 2005.

该书在俄罗斯的出版具有特别重要的意义。该书在某种形式上可以看作是教材。虽然这两位作者不是西藏学学者,但他们有两位高水平的前辈——以研究 1912—1949 年西藏历史的专著而闻名的西藏历史学家 B. A. 博戈斯洛夫斯基(В. А. Богословский)(远东所)①,和苏联科学院西伯利亚分院社会科学研究所的 P. E. 普巴耶娃(Р. Е. Пубаева)②。

中国的民族问题被放到了历史的透镜中研究。这个方向的主要代表人物是 А. А. 莫斯卡廖夫。他研究了中国的民族语言政策、民族政策、中国民族政策理论问题、中国对待少数民族和民族主义的观念演进过程。这位天才的汉学家的重要成果于 2000 年代出版③。中共在民族地区的政策,首先是干部政策,是中国史专家 Т. В. 拉扎列娃(Т. В. Лазарева)的主要研究课题④。她研究得出结论,中国领导层考虑到中国人口的特点、法律结构、民族地区的生活水平,在制定这些地区的干部政策时非常谨慎。

世界级的苏俄汉学家 С. Л. 齐赫文斯基 2005 年出版了《飞速变革的时代》一书⑤,作为史学家、外交家和社会活动家(前任特命全权大使、俄罗斯功勋外交家、俄罗斯科学院主席团顾问)发表了自己的观点。书中除了研究论文,还收入了对国内外史学家和外交家论著的评论、一些之前不为人知的档案材料。论文和评论归为几章:世界历史、国内历史、中国历史。该书对过去 100 年的主要历史进程和事件进行了独特的分析。该书的中心题目是国家的外交政策和 20 世纪国际关系史。关于苏联外交官们在 1941—1945 年伟大的卫国战争期间活动的特写,为国际关系史做出了重大贡献。作者掌握了该题目独一无二的材料。并且,他在中国从事外交工作,是许多国际事件的见证者和参加者⑥。

---

① Богословский В. А. Политика XIII Далай√ламы в Тибете. М.,2002.
② Ныне-Институт монголоведения, буддологии и тибетологии СО РАН.
③ Москалев А. А. Теоретическая база национальной политики КНР (1949—1999). М.,2001; Он же. Нация и национализм в Китае: эволюция китайской мысли в подходах к нации и национализму. М.,2005.
④ Лазарева Т. В. Кадровое строительство в национальных районах КНР (1949—1999). М.,2001.
⑤ Тихвинский С. Л. Век стремительных перемен. Сб. ст. М.,2005.
⑥ Сборники материалов подобного рода выпускаются С. Л. Тихвинским раз в 30 лет, составляют как бы своего рода источник для изучения атмосферы и основных событий в Китае и на международной арене. Данный сборник является третьим в этой серии.

2006 年，С. Л. 齐赫文斯基的五卷本选集出版。每一卷都是一个庞大的题目①。科学出版社再版 С. Л. 齐赫文斯基重要论著的决定非常及时，也符合今天国内外对中国历史文化语言兴趣大增的需求。

第一卷研究 20 世纪前的中国史。这一卷的主要内容是《19 世纪末中国的改革运动和康有为》。作者根据新的史料，对 1959 年第一版中的内容作了一些更正。这一卷还收入了 С. Л. 齐赫文斯基关于中国新历史的其他文章。

第二卷研究国民党领袖、中华民国首任临时大总统孙中山的活动和外交观。早在 1964 年，С. Л. 齐赫文斯基担任俄语版《孙中山选集》的责任编辑时，就把孙中山推到了中国历史科学的前沿。接触到孙中山著作决定了许多苏俄汉学学者后来的职业和命运，使俄国汉学界更接近中国现实，理解和触摸到其特征。

第三卷研究 19 世纪 90 年代末至 1949 年的中国史。中心线索是中共领导人、曾经的孙中山身边的助手和同事——周恩来在中华民国历史背景中的政治传记②。关于这本杰作我们不再赘述，前文已有介绍。第三卷里作者提出了许多关于中国革命史和中华民国历史的新观点。

С. Л. 齐赫文斯基选集的第四卷主题为《俄国历史与世界历史》。收入了苏联外交官在二战时期活动的特写。有一章名为"俄罗斯—日本：注定的友好邻邦"，介绍战后苏日关系正常化；再现了苏联在东方不平凡的外交史，以及同当代国际关系史中许多线索有关的国家间接触的历史。

第五卷名为《外交官回忆录与史学家手记。作者关于自己和同行——史学家与外交官的回忆》。第一部分的中心内容是关于 С. Л. 齐赫文斯基院士的老师——В. А. 阿列克谢耶夫（В. А. Алексеев）及其他彼得堡学派汉学家。这部分有作者对自己同行生活和创作道路的回忆——А. А. 古别尔（А. А. Губер）、В. М. 赫瓦斯托夫（В. М. Хвастов）、А. Л. 纳罗奇尼茨基（А. Л. Нарочницкий）、刘大年、费尔本克、В. С. 米亚斯尼科夫等。第五卷第二部分有自传特征。С. Л. 齐赫文斯基在对自己的思考进

---

① Тихвинский С. Л. Избр. произв. В 5 кн. М., 2006.
② Подробно о книге С. Л. Тихвинского «Путь Китая к объединению и независимости (1898—1949)» см. на с. 60—61 данной Главы.

行总结时说,自己有机会做一个见证者,有时还是中国重大事件的参与者。他认为其中最重大的事件是1949年10月1日,中国土地上一个崭新的国家——中华人民共和国宣布成立。在研究国内的中国史学界时,我们会不由自主地对被研究的史学学术书籍的范围、质量和数量进行对比,不得不赞叹С. Л. 齐赫文斯基的才干、学术能力,和他善于深入历史事件内部,寻找重新评价那些仿佛早就为人所知的事件的新方法的能力。他的书培养了大部分的汉学家,尤其是史学家。他的新成果显示出他的知识储备和迸发的创作热情。五卷本选集出版后,2012年又出了第六卷,补充卷①。这一卷的主要内容是2008年科学出版社出版的他的《俄罗斯形象在中国的感知》一书②。书中研究了俄中关系史,以及两国居民对俄中关系重大事件的认知。这两种认知,正如作者写道,不总是相同的。作者善于宏观思考并把人的因素带入政治史,还考虑到俄苏文学对中国的影响,使这一卷易于被不同社会阶层的人接受。书中关于俄中关系稳定的结论也令人信服。

在不同的历史时期,中国史都与苏联/俄罗斯史紧密相关,俄中两国国家层面的建设性关系和民间外交层面友好关系的发展证明了睦邻友好关系和民众间互相理解是两国关系的主流。不久前出版了一本俄罗斯知名学者、记者、社会活动家、外交官、作家和翻译论中国的文集,他们中的大部分人都在远东所工作过,或与该所有联系。该书体现了国内知识界和汉学家对中国和中国人民深厚的感情③。该书作者中,多人在中国长期生活工作和学习过。在中国期间,他们结识了可信赖的朋友和同志,从内部感受到了中国的生活特点。他们共同相信,中国具有克服一切障碍的能力。

各种文集以及学术期刊上发表的文章也表明了汉学的研究水平④。

---

① Тихвинский С. Л. Избр. произв. В 5 кн. Кн. 6. Дополнительная. М., 2012.
② Тихвинский С. Л. Восприятие в Китае образа России. М., 2008.
③ Китай глазами китайских друзей. М., 2012.
④ Как видно из предыдущего текста, в основу характеристики отечественной историографии положены монографии и крупные фундаментальные работы разных жанров. Их оказалось такое большое количество, что в рамки Главы, размер которой весьма значительный, нет возможности в той мере, как этого хотелось бы, включить содержание сборников и различные статьи. Характеристика статей имеет место, но оно не столь велико.

2000年代和2010年代出版了汉学文集系列①,充分显示了汉学研究,尤其是中国历史问题研究的极高水平。每篇论文的标题说明了文集总的研究方向。

2013年,全新形式的史学著作《俄罗斯汉学档案》问世②。编者和编辑将这种形式称为"献给国内最为领先的学科之一——汉学三百年的新的延续之作"。文集的论题和体裁极为宽泛,包括独创性的当代研究、学术遗产、教材、回忆录与档案材料、书评、图书文献目录、保持完好的珍贵插图等。《俄罗斯汉学档案》有助于读者扩充知识,回忆杰出学者和一些不应被遗忘的优秀成果,让历史学家和社会公众更加关注汉学研究。该书由科学院东方所策划,得到了俄罗斯人文科学基金的支持。

1990年代—2000年代初以及更早的时候,俄罗斯就在积极研究中国文化、哲学、历史、神学传统、道德美学学说,为五卷本(后来补充了第六卷)《中国精神文化大典》的出版打下了基础。该书2000年代出版,并于2010年荣获俄罗斯联邦国家奖。该书在俄罗斯的文化和社会生活中引起了极大反响③。该书由远东所策划出版,所长季塔连科担任主编,每一卷各有编委会。来自全国的优秀汉学家参与了各卷的编写工作。大典第四卷有研究中国国内史的章节④。这一卷的编写者是俄罗斯知名汉学家:С. Л. 齐赫文斯基、В. А. 维尔古斯(В. А. Вельгус)、Л. М. 古多什尼科夫、Б. Г. 多罗宁、Ю. Л. 克罗尔、Е. И. 克恰诺夫(Е. И. Кычанов)、Н. Л.

---

① Восток-Россия-Запад. К 70-летию академика В. С. Мясникова. М., 2001; Китай в диалоге цивилизаций. К 70-летию академика М. Л. Титаренко. М., 2004; Раздвигая горизонты сотрудничества. К 90-летию академика С. Л. Тихвинского. М., 2008; Китай: поиск гармонии. К 75-летию академика М. Л. Титаренко. М., 2009; Китай на пути к возрождению. К 80-летию академика М. Л. Титаренко. М., 2014; Революция и реформы в Китае новейшего времени: поиск парадигмы развития. М., 2004.

② Архив российской китаистики. В 2 т. / Сост. А. И. Кобзев, отв. ред. А. Р. Вяткин; ред. кол.: А. И. Кобзев (председатель), А. Р. Вяткин, В. Г. Дацышен, Д. Е. Мартынов, А. Н. Хохлов, М. Ю. Ульянов. М., 2013. Рукопись подготовлена к публикации в рамках проекта РГНФ № 12 — 33 — 09010а (ц). Издание осуществлено при финансовой поддержке РГНФ, проект № 13 — 01 — 16011.

③ Духовная культура Китая: энциклопедия. В 6 т. / Гл. ред. М. Л. Титаренко. М., 2006.

④ Историческая мысль. Политическая и правовая культура // Духовная культура Китая: энциклопедия. В 5 т. Т. 4 / Гл. ред. М. Л. Титаренко; ред. тома М. Л. Титаренко, Л. С. Переломов, В. Н. Усов, С. М. Аникеева, А. Е. Лукьянов, А. И. Кобзев. М., 2009.

玛玛耶娃、А. С. 马尔特诺夫、О. Е. 涅波姆宁、Л. С. 佩列洛莫夫、И. Ф. 波波娃、В. М. 雷巴科夫、Г. Я. 斯莫林、Д. А. 斯米尔诺夫、В. Н. 乌索夫、А. Н. 霍赫洛夫等。第四卷由两个大的章节构成：总论和词典部分。总论包括以下主题（或章节）："历史思想""中国传统政治文化""新时期政治文化""国民党：历史与当代""中国共产党""传统法律""20 世纪中国法律"。总论的特色之一是，从传统与当代中国的视角来考察涉及的问题。第四卷中有许多关于中国的独一无二的珍贵材料。词典部分也很有价值，介绍了历史政治思想的基本概念和学派，历史朝代和法规，中国史学家笔下的人物、历史人物生平。这一卷还包含了精选的书目、年表、地图和索引。

在评述这项决定了随后五年俄国中国史学家主要研究方向的大项目之前，我们重新关注人物研究这一国内汉学研究最常用的体裁。这是一种必要和有益的、不可替代的专题研究形式，用于细节或整体问题，赋予中国史研究系统特征。正是写于历史背景中的传记，提供了很多当时的详情，有助于了解中国人生活的细节，感受时代气氛。В. Н. 乌索夫研究因辛亥革命退位的中国末代皇帝溥仪（1906—1987）的生活和活动的书就属于这样的传记①。该书主要依据 1964 年中国出版的溥仪本人的回忆录，用鲜活的文学语言和科学研究的元素还原了与国家历史紧密相关的中国末代皇帝生活史。作者在书中表现出自己的研究能力与文学才能。

В. Н. 乌索夫还写了一本关于中共政治局委员、"文革"的主要发起者和传播者之一、与侦查机关关系密切的康生的传记研究②。1966 年 5 月 28 日中共中央文化革命小组成立之后，康生被任命为顾问。作者采用了所有能找到的文献材料和新闻报道，对再现党内和国内在"文革"准备阶段的政治局势做了很大贡献。他尤其关注了"文革"时期的标语和"文革"活动的形式和目的。对于这个给党内同事和中国百姓带来了巨大苦难的人，作者持否定态度。该书试图弄清局势，明确康生在政治进程中的具体地位。

此外，我们对 В. Н. 乌索夫的《中国改革开放的总设计师邓小平（1984—1997）》一书充满期待也顺理成章③。我们发现，不少史学家都研

---

① Усов В. Н. Последний император Китая. Пу И (1906—1967). М., 2003.
② Усов В. Н. Китайский Берия Кан Шэн. М., 2004.
③ Усов В. Н. Дэн Сяопин и его время. М., 2009.

究邓小平,可是都采用的某种透视法,例如通过研究中共党史和党政体系、经济改革、干部政策、现代化模式等。远东所和其他研究所的汉学家对邓小平及其战友的工作研究已经取得了不俗成果。不过这并不影响作者为重现邓小平一生的活动所做的大量工作。B. H. 乌索夫的书既是传记,又是科学研究。作者认为,邓小平的主要功绩在于结束了"文革"后的混乱贫穷局面,制定了方针实现国内稳定的社会经济发展。我们不赘述细节,只是指出,作者采用了系统的方法来评述这位中国改革领袖。他不光书写了邓小平实行的经济政策带来的经济奇迹,还写了20世纪70年代开始的政治改革、积极立法、政治开放、恢复传统、奔小康等话题。作者高度评价了邓小平的活动,同时展现给读者一个并非完人的鲜活形象。

书写政治传记,评述同中国杰出人物相关的重要事件的翘楚当属学界知名的汉学家和外交官 Ю. М. 加列诺维奇①。他论著丰硕,对俄罗斯汉学的发展做出了重大贡献②。他的论著有一定的特色,体现出他对某些人或事的个人看法。Ю. М. 加列诺维奇在中国生活工作多年,熟悉中国著名国务活动家,经常参加或见证各种会谈。虽然他的大多数论著都是研究苏(俄)中关系、中国与俄罗斯外交政策,可我们也注意到有一些论著更接近于对中国国内历史和政策的研究。Ю. М. 加列诺维奇研究的特点在于极力引发读者兴趣,展开讨论。这样的研究使人"放松意识",解放思想,有助于形成对某些事件的新的研究方法。以他一本在汉学学界引起很大共鸣的论著为例,在《是邓小平正确,还是中国21世纪门槛上的异见者正确》一书中③,作者介绍了中国继续发展道路上出现的异于官方的观点。胡锦涛及其思想是 Ю. М. 加列诺维奇另一本书的内容④。他是

---

① Биографии как самостоятельная форма исторических исследований, как это видно и из нашей главы, имеют, можно сказать, различные виды; они в разной степени связаны с элементом научного исследования.

② Активная научная деятельность Ю. М. Галеновича в различных жанрах изучения истории и современного Китая по своему многообразию, количественным и качественным показателем нуждается в специальном исследовании историографов, ибо включить ее в достаточно полном объеме в книгу не представляется возможным. В нашей главе по внутренней истории Китая освещается лишь небольшая часть его работ, в большей степени посвященных вопросам внешней политики.

③ Галенович Ю. М. Прав ли Дэн Сяопин, или Китайские инакомыслящие на пороге XXI века. М., 2000.

④ Галенович Ю. М. Девиз Ху Цзиньтао: социальная гармония в Китае. М., 2006.

2000年代中期重新开始研究毛泽东的汉学家之一。这位伟人生命中的最后几年是《毛泽东逝世》一书的焦点。作者详细研究了毛泽东及其身边人，包括康生、吴德、倪志福、"四人帮"的所有活动，以及为许多国家领导人和文化界名流平反等工作。在另一本关于毛泽东的书中①，Ю. М. 加列诺维奇展现出毛泽东的个人日常生活。第三本书《彭德怀与毛泽东》研究了这两位中国领导人在1950年代末至1960年代的关系②。作者认为彭德怀是最富天才的统帅，"真理元帅"。

Ю. М. 加列诺维奇的另一本书《刘少奇的回归》③，详细叙述了这位中国前国家主席(1956—1966)的生活和活动。Ю. М. 加列诺维奇还出版了两卷本的《到湖广》④，研究了1980—1987年任中共中央总书记的胡耀邦的生活和活动。

2012年Ю. М. 加列诺维奇没有放慢研究速度，又著书研究了中国政治家、国家领导人赵紫阳的生活和活动⑤。他的书很受读者欢迎。在Ю. М. 加列诺维奇的"中国20世纪领导人"系列中，还包括《蒋中正，或者称为不为人知的蒋介石》⑥一书。书中包含了个人传记、政治活动等有趣又可信的材料。

史学界中优秀的"传记"或者"人物志"相当多。我们用А. В. 潘佐夫介绍毛泽东和邓小平的两本书（"杰出人物生平"系列）来结尾。2007年俄罗斯图书市场第一次出现了当时最全面介绍毛泽东的书。作者是А. В. 潘佐夫⑦。该书的亮点之一在于其史料极其丰富，包括多卷毛泽东个人档案、卷宗、中国其他革命家的数千册个人档案、作者与认识毛泽东的人士的谈话。这些材料大部分是第一次采用。书中А. В. 潘佐夫表现出既是作家，又是学者的身份。兼顾这两种身份并非易事。此书既是"精神传记"（该书当之无愧属于此类）同时又是高水平研究，自然会引起专家们的疑问。而在"杰出人物生平"系列的其他书中很难找到答案。其中一个问题是，作者评价毛泽东在建国前后的政策时有多大的客观性。由此

---

① Галенович Ю. М. Мао Цзэдун вблизи. М. , 2005.
② Галенович Ю. М. Пэн Дэхуай и Мао Цзэдун. М. , 2005.
③ Галенович Ю. М. Возвращение Лю Шаоци. М. , 2008.
④ Галенович Ю. М. Дао Ху-гуана. М. , 2008.
⑤ Галенович Ю. М. Чжао Цзыян и реформы в Китае. М. , 2012.
⑥ Галенович Ю. М. Цзян Чжунчжэн, или Неизвестный Чан Кайши. М. , 2000.
⑦ Панцов А. В. Мао Цзэдун. М. , 2007.（ЖЗЛ.）

可以注意到对 И. В. 斯大林和毛泽东的评价存在不少争议性、自由主义或极权主义的评价，中国的"斯大林化"及其与"毛泽东化"的关系。作者仍然将党内政治生活与国家建设中的极权主义特征归结为苏联对中国的影响。完全忽略了 20 世纪中叶起，中国治理体系中存在的个人崇拜特点。只要回想起孙中山的"宪政三段理论"学说就能说明问题：紧密依靠军法之治和"约法之治"，实现一党体系和国家领导人的个人集权。

整体上作者比此前的俄罗斯史学界更为细致地在广阔的历史背景下追踪了毛泽东的生活，尝试研究了毛泽东世界观形成的过程。这本宏大包容独一无二的研究成果扩充了关于"伟大舵手"和中国的知识。书中呈现出的毛泽东不仅是政治家，还是一个有血有肉的人。作为传记的后续，2009 年 А. В. 潘佐夫出版了两卷本的《毛泽东的故事》[1]，以引人入胜的情节，对事件和人物的生动描写，介绍毛泽东的个人生活。

"杰出人物生平"系列之邓小平传[2]与毛泽东传的书写方式类似。作者将传记的经典特征与历史问题及国家发展叙事相结合，创作了一部接近客观事实的作品。正如作者在结束语中所写，"'中国特色社会主义'富有生命力"[3]。作者一步步研究了邓小平的一生之后，与大部分中国人一样，赞同第三代领导人江泽民给予他的高度评价："如果没有邓小平同志，就没有中国人民今天的新生活，中国就没有今天的改革开放环境和社会主义现代化的美好未来。"[4]

十卷本《中国古代至 21 世纪初历史》无疑也引起了史学界、学术界和社会各阶层很大的兴趣。这是俄罗斯各研究所和高校（俄罗斯科学院远东所、东方所、东方文献所、科学院西伯利亚分院考古与民族学所、莫斯科大学亚非学院、圣彼得堡大学等）的学者长期合作的成果。作者、各卷的责任编辑和主编委会成员深知工作的难度，尽力呈现中国历史上的主要事件——从旧石器时代遗址和新石器时代最早的居民，到享有国际声誉

---

[1] Панцов А. В. Рассказы о Мао Цзэдуне. В 2 кн. Ростов-на-Дону-Краснодар, 2009. Кн. 1: Любовьи революция, или Приемный сын Бодхисаттвы. Кн. 2: Революция без любви, или Бунт-дело правое.
[2] Панцов А. В. Дэн Сяопин. М., 2013. (ЖЗЛ.)
[3] Панцов А. В. Дэн Сяопин. С. 480.
[4] Там же. С. 481.

的中国的当代生活。每一卷平均60印张①,附有年表、生平、插图和地图详表、精选书目、姓名和地名表。现在已出版了三卷。由于一系列客观和主观原因,已问世的各卷没有按照年代顺序出版。2013年出版的第二卷:《中国古代至21世纪初历史》是集体成果,研究了奠定中国文明基础的三个历史时期②。总结这三个奠定了中国文明的主要方向和发展趋势的历史时期,工程浩大,但对于了解中国的历史进程意义深远。第一个时期是战国时期(公元前5世纪－前3世纪)——中国哲学和法律思想的"黄金时代"。战国时期产生了两个伦理－政治学派,提出了各种社会和国家结构模式。一派提出"人民为国家"(法家),另一派主张"国家为人民"(儒家)。两派相争中,法家获胜。法家胜利使国家统一,改革者秦始皇称帝建立了秦朝(公元前221年－前207年)。他以推行一系列经济和政治改革著称,同时残酷剥削人民,实行严酷的法律。社会政治环境并不轻松,引发了大量起义,导致了国家的灭亡。汉朝(公元前206年－公元220年)接替了秦朝,儒家思想成为了国家意识形态。治理体系中纳入了国家考试,今天中国的高考在很多方面与其相似;进行了儒家乌托邦社会的尝试——建立小康社会。最近几十年中国领导人再次提出这一目标,显示出当代中国与传统的密切联系,显示出传统持久的生命力和在当代生活中的意义。

2013年出版的《中国古代至21世纪初历史》第七卷涵盖了1912年中华民国成立至1949年中华人民共和国成立的历史时期③。同该系列的每一卷一样,本卷从国家和社会生活各方面系统研究了中国。作者把中华民国时期界定为中国从传统向现代的过渡期。书中介绍,正是在此阶段,有了国家发展道路的选择,中国共产党在民主力量和民众当中的影响力上升,国民党执政威望下降,民族自觉性形成。作者呈现出中国社会

---

① 每一印张合40 000个印数符号。——译者注

② Эпоха Чжаньго, Цинь и Хань (V в. до н. э.-III в. н. э.) / Отв. ред. Л. С. Переломов // История Китая с древнейших времен до началаXXI века. В 10 т. / Гл ред. С. Л. Тихвинский. Т. II. М., 2013. Изданиеосуществлено при финансовой поддержке Российского гуманитарного научного фонда (РГНФ), проект № 13－01－16022.

③ Китайская Республика (1912—1949) / Отв. ред. Н. Л. Мамаева // История Китая с древнейших времен до начала XXI века. В 10 т. / Гл. ред. С. Л. Тихвинский. Т. VII. М. 2013. Издание осуществлено при финансовой поддержке Российского гуманитарного научного фонда (РГНФ), проект № 13－01－16013.

生活的全景图。在这里,同在现实生活中一样,政治史同经济、法律、行政的历史,同军事史、外交史、社会史、宗教史、文化史等交织在一起。书中还特别指出了 20 世纪上半期的社会动荡、战争和革命对中国产生的影响。如此开阔的研究方向使该书比此前关于这段历史的研究成果更胜一筹。

一系列概念性研究问题得到了修正。这些问题包括:1920 年代的国民革命、共产国际直到解散前的政策、抗日战争前后及抗战时期的国共统一战线的发展过程、苏联对中华民国教育援助的意义、中国共产党的发展壮大、1949 年中共民主运动的发展和胜利。书中对国民党领导的中国做了新的评价,认为尤其是在南京政府的十年中,这个国家一直在努力实现现代化。

通过大量引用"联共(布)、共产国际与中国"系列和其他出版物中出现的新材料,1920 年代(即孙中山所说的"国家建设的军事阶段")的革命画卷得以全方位呈现。本卷用了两章(第六和第七章)来分析国民革命事件。作者(Н. Л. 玛玛耶娃和 А. И. 卡尔图诺娃)从国民党角度(第六章)和共产党角度(第七章)对 1920 年代的事件进行了区分性研究。这样能从政治、社会、革命实践方面理清头绪,确定(国共)合作的方向和国共两党的主要分歧,以及共产国际和国民党在中国问题上的主要分歧。因此,该研究对国共两党在群众运动,以及国民革命胜利中的作用做出了更为公正的评价①。新文献的采用令人信服地呈现出苏联在中国的重要作用,弄清了抗日战争期间苏联政府对中华民国援助的具体形式,苏联政府在建立中国东北革命基地时同中共以及民主力量的合作,对中国恢复国家主权和 1949 年 10 月 1 日建立统一的中华人民共和国的作用。

由于档案材料的熟练运用,关于抗战之初的统一战线和国共合作问题出现了更为详细的研究,以及多方面的新见解。作者 Н. И. 梅尔尼科娃详细阐述了在建立统一民主阵线问题上,蒋介石方面与毛泽东方面互相让步,两党达成更易于接受的立场的过程。书中表现出共产党为寻求双方接近采取了更为积极的态度。正如书中所言,建立民主统一阵线,哪

---

① Новейшая история Китая. 1917—1927. М., 1983; Новейшая история Китая. 1928—1949. М., 1984.

怕它并不牢固,但对于双方,对于全中国都具有积极的意义①。

此类研究成果中第一次介绍了历史人物的日常生活②(第四部分,第六章,作者 А. Л. 维尔琴科)。这一同社会历史紧密相关的方向,近年来在俄罗斯史学界得到迅速发展。中华民国的政策在人的意识和实践中的体现反映出民心向背。该课题同时还包含了传统在中国历史中的作用问题③。

第七卷展现了几个"平行"的历史进程中的复杂事件。包括 1916—1928 年共和力量同北方和东北反动军阀的斗争史;国民党及其活动家的历史;共产主义运动发展过程——毛泽东正是在此过程中成为了共产主义和民主运动的领袖;抗日战争史和国内战争的主要阶段;1949 年民主革命的胜利。这一时期中国文明在人类历史的总轨道中发展,显示出发展潜力,也表现出由于抗日战争的影响,国民党领导人的保守等导致的内部弱点。第七卷中的文章极大地拓展了俄罗斯国内外读者对中国的了解,也提高了俄中两国人民的互信水平。

2014 年多卷本的《中国古代至 21 世纪初历史》出版了第十卷④。由四章构成:"台湾""香港""澳门"和"中国海外侨民"。前三章对中国台湾省,曾经的英国和葡萄牙殖民地、20 世纪末作为特别行政区回归中国的香港和澳门进行了系统研究。从历史和当代的视角考察政党体系,评说社会经济,研究教育、科学、宗教生活、建筑。第四章介绍了生活在世界各地的中国侨民的过去和现在,追踪了他们离开中国的历史和原因,指出了华侨在世界各地的主要聚集地,尤其关注了侨民对中国实现现代化的作用。

---

① Мельникова Н. И. Проблемы единого фронта и сотрудничества между Гоминьданом и КПК в первые годы войны // Т. VII: Китайская Республика (1912—1949). М., 2013. С. 453—463.

② Верченко А. Л. Повседневная жизнь // Т. VII: Китайская Республика (1912—1949). С. 696—723.

③ См. также: Верченко А. Л. Китайские народные праздники. М., 2002.

④ Тайвань, Сянган (Гонконг), Аомэнь (Макао), зарубежная китайская диаспора / Отв. ред. Л. М. Гудошников, Г. А. Степанова // История Китая с древнейших времен до начала XXI века. В 10 т. Т. Х. М., 2014.

俄罗斯汉学界中,20 世纪 70－80 年代以 Г. В. 叶菲莫夫①、В. Н. 尼基佛罗夫②为代表的史学学派,虽然在 20 世纪 90 年代之前地位下降,可是并没有完全中断。2007 年远东所同清华大学的历史学者胡显章、王奇、周永东以及白俄罗斯学者 Н. И. 阿布洛娃(Н. И. Аблова)合作出版了史学文集③,由以下板块构成:"社会、组织、出版"[Г. В. 库利科娃(Г. В. Куликова)、胡显章、Л. М. 古多什尼科夫、Г. А. 斯捷潘诺娃、Т. Г. 格拉西莫娃(Т. Г. Герасимова)、图琳娜(И. А. Тулина)],"对外政策与俄中合作问题"(Р. А. 米罗维茨卡娅、Н. И. 阿布洛娃、王奇、周永东、А. Л. 维尔琴科),"俄罗斯汉学界对中国史学和政治学新趋势的研究"[А. С. 伊帕托娃、Н. Л. 玛玛耶娃、С. А. 戈尔布诺娃、Д. А. 斯米尔诺夫、В. Ф. 波罗季奇(В. Ф. Бородич)、А. В. 别利亚科夫(А. В. Беляков)]。松散的题目并没有降低该文集的研究水平,相反,每个研究题目的成果都论据充分,涉猎广泛。该书的出版在学界引起了不错的反响④。М. Л. 季塔连科撰写的前言为全书定下了主调,将全书不同的论题进行了总结归纳,并提出俄中学术与文化对话问题⑤。В. Н. 乌索夫写了几篇关于中国史学界的文章⑥。这些文章广泛分析了国内史学家对中国的研究,对俄罗斯汉学家从事中国历史,尤其是当代中国历史研究很有帮助。唯一的缺点是文章篇幅所限导致信息量不足。还要注意到,И. Н. 索特尼科娃的文章研究了苏俄史学界对辛亥革命的研究。作者表现出俄罗斯汉学家对中国历史

---

① Ефимов Г. В. Историко-библиографический обзор источников и литературы по новой и новейшей истории Китая. Л. , 1980;Историография и источниковедение истории стран Азии и Африки: посвящается 70-летию И. П. Петрушевского / Отв. ред. Г. В. Ефимов. Л. , 1968.

② Никифоров В. Н. Очерк истории Китая. II тысячелетие до н. э. -начало XX столетия / Отв. ред. Н. Л. Мамаева. М. , 2002.

③ Образ Китая в современной России. Некоторые проблемы китайской истории и современной политики КНР в исследованиях российских и зарубежных ученых / Отв. ред. Н. Л. Мамаева, сост. : А. Л. Верченко, Н. Л. Мамаева. М. , 2007.

④ Волохова А. (рец). Образ Китая в современной России. М. , 2007 // ПДВ. 2008. No 4.

⑤ Титаренко М. Л. О роли российского китаеведения в развитии диалога российской и китайской цивилизаций // Образ Китая в современной России. С. 5－16.

⑥ Усов В. Изучение истории КНР в России за последние десять лет (1999—2009 гг.) // ПДВ. 2009. No 5;Он же. Изучение истории КНР советскими и российскими учеными (основные этапы исследования) // Китай: поиск гармонии: к 75-летию академика М. Л. Титаренко / Отв. ред. С. Г. Лузянин. М. , 2009.

上这一重大事件的极大兴趣,表达了国内汉学家对辛亥革命在中国历史上的内容和意义的一致观点①。

史学界重镇科学院远东所成立 50 周年之际出版了《人与思想》一书②。50 年中,远东所致力于中国问题研究,对俄罗斯汉学的发展做出了难以估量的贡献。书中勾勒出一系列国内汉学界不可或缺的学者群像 [С. Л. 齐赫文斯基、М. И. 斯拉特科夫斯基、М. Л. 季塔连科、Б. Т. 库里克、А. М. 列多夫斯基、А. А. 莫斯卡廖夫、纳乌莫夫、Л. С. 佩列洛莫夫、Т. Р. 拉西莫夫、Р. М. 涅罗诺夫(Р. М. Неронов)、В. Ф. 费奥柯基斯托夫、К. В. 什维廖夫、А. Г. 雅科夫列夫(А. Г. Яковлев)]。该书第二部分介绍了远东所的主要研究方向,首先是关于本书中介绍的中国研究方向。

俄罗斯汉学在很长时间内都引起中国的汉学研究者的极大兴趣。一部分汉学者,主要是中国的俄罗斯研究者,对知名的俄罗斯汉学家和一系列科研成果都非常熟悉,并且对俄罗斯学者及其成果的兴趣与年俱增。不过这是另外一个题目了。在本研究框架内我们要指出的是中国 2011 年出版了中俄学者共同完成的文集《俄罗斯汉学》③。文集有两个主要部分。第一部分是关于俄罗斯的中国研究。作者们既关注宏观问题,也关注俄罗斯汉学的细节。第二部分对俄中文化进行了对比研究。应当说,俄罗斯的中国研究和中国的俄罗斯研究互为补充,加深了两国及两国人民之间的相互了解。俄方作者为 М. Л. 季塔连科、А. В. 罗曼诺娃(А. В. Ломанова)、О. И. 扎维亚洛娃、А. С. 伊帕托娃、О. Н. 鲍洛赫。

2014 年我们与清华大学的中国同行共同出版了《俄中战略伙伴对话:现状、问题和建议》④。该书也同时用中文出版。书中研究了俄中关

---

① Sotnikova I. Russian historiography of the Xinhai Revolution // *Journal of Modern Chinese History*. Vol. 6. No 1. June 2012. pp. 95—103.

② Люди и идеи: к 50-летию ИДВ РАН / Отв. ред. А. В. Островский. М., 2006. См. также: Институт Дальнего Востока. Годы, люди, труды. Инф.-библиограф. справочник / Отв. ред. М. Л. Титаренко, сост.: В. П. Журавлева, А. С. Ипатова, О. Н. Попова. М., 2006.

③ Элосы чжунго сюэ (Российское китаеведение) / Отв. ред. Ли Сяотао, Се Чжоу. Чунцин, 2011 (на кит. яз.).

④ Стратегический партнерский диалог между Россией и Китаем. Современное состояние, проблемы и предложения. М., 2014.

系及其发展战略,国际舞台中安全、经贸、军事、文化、教育领域战略协作伙伴关系的历史经验。俄方作者大部分来自远东所[М. Л. 季塔连科、А. В. 罗曼诺夫、С. В. 乌亚纳耶夫(С. В. Уянаев)、С. Г. 卢佳宁、В. И. 特里丰诺夫(В. И. Трифонов)、Н. Л. 玛玛耶娃、А. Л. 维尔琴科等]。合作研究提高了成果水平,加强了两国学者交流,拉近了学术界距离,提升了俄中人民之间的互信水平。

研究俄罗斯汉学,不能不提到一些持续的出版物对其发展的意义。首先是系列信息分析出版物《中华人民共和国:政治、经济、文化》(1972年之前为内部刊物,1973年之后开始公开出版),或者说这是一本远东所从1969年出版至今的年鉴。Т. Г. 格拉西莫夫(Т. Г. Герасимов)在一篇关于年鉴的文章里写道:"从出版之初,年鉴的任务就是向社会各界客观介绍中国发展的方方面面。①"数十年中,年鉴成功地发挥着自己的功能,有科学依据地提供中国的发展图景,标注出中国发生的重要事件,总体反映了俄罗斯汉学的发展方向。另一个权威的系列出版物是《世界和区域政治中的中国》②。

汉学作为一个内涵丰富的系统,还包括俄国国内国际学术会议、学术杂志、人才培养等,本书无法进行全面评述,为此还需要专门的研究。因此我们只列举影响最大的几个国际学术会议和几本核心学术期刊。从1969年起,苏联科学院东方学研究所中国部就开始组织"中国的社会与国家"学术研讨会(会后出版论文集)。今天这已经成为了汉学界最权威的学术会议之一。会议的起源可以追溯到汉学家 Л. П. 杰柳欣、А. Н. 霍赫洛夫、О. Е. 涅波姆宁、В. А. 鲁冰(В. А. Рубин)。当时这样的研讨会对汉学发展的作用难以估量。可以说,是它培养了年轻一代学者,它在不同年龄的汉学学者心中都极具权威性。1989年起,远东所几乎每年都举行国际学术研讨"中国与世界:历史、当下与前景",会后出版论文集。会议发起人是远东所所长 М. Л. 季塔连科,以副所长 Р. М. 阿斯兰诺夫、А. В. 奥斯特洛夫斯基为首的整个团队,包括 С. А. 戈尔布诺娃、Н. Ю. 杰米多(Н. Ю. Демидо)等研究人员也付出了极大的努力。这个关于中国

---

① Герасимова Т. Г. Продолжающееся издание ИДВ РАН «Китайская Народная Республика: политика, экономика, культура» и его место в развитии отечественного китаеведения // Образ Китая в современной России. С. 77.

② Подробнее см. в главе III.

问题的研讨会在俄罗斯极具权威性,在国外,尤其是在中国也同样知名。会议报告的大部分都是关于中国的对外和对内(历史和当代)政策、俄中关系、当前中国局势与世界局势。研讨会对于俄罗斯汉学的发展具有极大的意义。因为正是在这个会上,进行了大量两国学术界的交往。从1972年开始出版的《远东问题》杂志,现在的主办方是俄罗斯科学院和远东研究所,它是远东所以及整个俄罗斯汉学界的重要组成部分。

圣彼得堡大学东方系在圣彼得堡举办的"亚非国家史料学和史学"国际学术研讨会在东方学学者中也非常知名。最近一次举办的已经是第27届了。汉学在这次研讨会上占据了重要地位。

1990年代至21世纪初的俄罗斯史学研究没有落后于汉学发展的总体进程。并且由于档案材料的开放以及同中国史学家的密切交往,史学研究更为深入,对某些事件和历史时期的原有评价被改写。中国历史研究中有特色的是中国新历史研究(19世纪中期至20世纪中期),首先是从辛亥革命至1949年中华人民共和国成立。对中共的研究一直有系统性,还深入联系了共产国际学、国民党历史和中华民国总体情况等新的因素。对国民党在1930—1940年代的政策研究有所推进。虽然国内汉学界对中华人民共和国时期的历史研究存在碎片性,研究速度也需要提高,但这一时期的研究仍然取得了显著成绩。改革开放时期吸引了史学家的注意力,首当其冲的是政治体系和政治研究。可是在我们看来,这样的研究还需要更详细的历史内幕研究为支撑。

多卷文献系列和大型总结性著作《中国精神文化大典》《С. Л. 齐赫文斯基选集》、十卷本《中国古代至21世纪初历史》(第二、七、十卷)都是本章研究时段的史学研究的代表作。俄罗斯史学界还表现出这样的特征:出版了大量中国杰出活动家的政治肖像和传记,将其置身于历史背景中,并超越了人物所处时代的研究水平。

中国史学的发展水平在很大程度上取决于专著以及各种基础总结性成果的数量和质量,在本书中我们已经尽最大可能列出了这些成果。有理由认为,本章反映了俄罗斯中国史学界的主要方向和问题,相当全面地介绍了俄罗斯的中国新历史及最新历史学。同时,传统中国历史学还需要专门的史学研究来书写。

第三章

俄罗斯国内对中国政治体制和法制的研究

一　1990 年代

　　东欧国家"天鹅绒革命"、苏联解体发生数年之后，一个困难的任务摆在了俄罗斯学者的面前：在中国政治改革迈向新阶段之时客观评价其国内政治进程。无论在俄罗斯，还是在中国，政治学家都需要反思社会主义的历史经验，研究新方法以分析建设市场经济时苏联式"经典"社会主义的转变过程。与此同时，研究政治体制改革的具体内容和速度也同样重要。

　　总览新中国成立以来的历史发展道路，可以发现："从更广义上看，中国建设新型社会主义社会的进程以独特的形式（即在中国的条件下）反映了社会主义，或'社会主义理念'发展的总趋势——从乌托邦走向科学，从革命浪漫主义走向现实主义。"要在中国和苏联这类大国推行改革，需要"稳定的政治环境和强力且有威望的政权，该政权还必须有能力克服来自'顶层'和'底层'的阻力，能创造'上层推行下层支持'的改革环境，能在生活和生产条件发生转变时拥有稳定政治经济环境①。"然而社会经济自由化积累到一定程度之后,"必然要求进行与之匹配的政治变革"。邓小平去世后,看衰中国国内政治形势发展的观点站不住脚,改革在逐步推行,没有发生太过剧烈的变动,国家保持了稳定②。

俄罗斯科学院远东研究所所长 М.Л. 季塔连科院士指出,从长远看,中国领导层"面临着'推行政治体制改革'的难题,需要使中央集权的上层建筑符合多种所有制并存的经济基础"。

市场关系逐渐发展的同时,中国国内一贯存在的区域主义势力,特别是个别民族边疆地区分离主义势力纷纷抬头。谈到维护国家统一的问题时,作者指出:第一,中国各区域情况复杂,"地方离心倾向并非主流",因为中国的政治经济体制保证了"对重点省份的人员、区域经济和原料资源的有力监控";第二,维护中国社会和国家稳定的重要因素,是"军队在政权结构中传统而深入的渗透",维持军事力量的政治功能,这对于中国来说是"遏止区域主义(分离主义)和防止国家崩溃的保障"③。

俄罗斯研究人员的著作中,对中共政策和党建问题的分析占比很大。P. M. 阿斯兰诺夫解读了共产党在中国推行现代化的战略战术以及邓小平在制定和施行改革开放政策时发挥的作用。该政策实施的结果便是建立了市场经济,保存了以人民代表大会为基础的现有政治体制。P. M. 阿斯兰诺夫还强调了中国国家政治建设中的"新内容":宣布建设法治国家的任务,中国共产党最终须得依法办事。

P. M. 阿斯兰诺夫认为,邓小平所推行的改革是对中国加速发展生产力这一客观需求的呼应,而对"'文化大革命'本质及其后果的反应"则是推行改革的主观原因。作者同样强调,在经济停滞不前,人民对自身命运漠不关心时,要想摆脱困局,仅仅依靠"'实践是检验真理的唯一标准''解放思想'等几句邓小平所说的注重实用性的话并不足够"。因此需要深入改造中国社会的思想理论基础,在此过程中,"一些看似不可动摇,属于全球社会主义建设普遍准则的概念会获得具有创造性的新解读"。在

---

① Титаренко М. Л. Россия и Восточная Азия: Вопросы международных и межцивилизационных отношений. М., 1994.

② Титаренко М. Л. Россия лицом к Азии. М., 1998.

③ Титаренко М. Л. Жизнестойкость и стабильность китайской цивилизации—условие развития Китая по пути реформ и модернизации // Востоковедение и мировая культура. К 80-летию академика С. Л. Тихвинского. М., 1998. С. 70.

作者看来,某些创新的意义已经跳出了纯中国的范围,"它们是社会主义科学的突破,对于经济制度不发达的国家则更为重要"①。

Н. Л. 玛玛耶娃(Н. Л. Мамаева)研究了改革时期中共在中国政治体制中的作用和地位。她指出,中国推行"改革开放和现代化"政策以来在经济发展领域取得了举世瞩目的成就。尽管政治体制并未像经济体制那样受到"革命性的"改造,但"以中国共产党为首的权利主体的职能发生变化,导致政治体制的变化,这在中国的特殊条件下具有很深刻的意义"。

中国政治体制改革的出发点源自"文化大革命"的破坏性后果,具体体现在"文革"期间党政结合过分紧密(在地方上这种情况尤其突出),建立"革命委员会""人民公社",削夺人民代表权力等。作者认为改革过程中治国方式转变的实质是"从以行政命令治国(这种方式在'文化大革命'期间已变得不可理喻)转向更分散的领导模式"。中国共产党所推改革的特点是"前后连贯、按部就班、循序渐进"。

为落实改革开放和现代化战略,执政党必须变更自身工作模式及国家机关的职能。党和国家的职能被分开,避免了以党的机关代替国家机关的做法,"权力过于集中"的问题逐渐得到解决。该问题曾被邓小平视为政治改革的主要方向之一。根据中共十二大(1982)通过的章程,党的"主要任务是在政治、意识形态和组织关系等领域进行领导",这在党的具体任务、工作风格和方法上都有所体现。

玛玛耶娃认为以下领域尤其受到关注,包括人事制度改革,惩治贪腐,行使党的监督、建议和教育功能,促成"党、人大、人民政府和法律检察机关在管理领域的稳定平衡"。"中国特色政治体制改革逐渐推进的过程中,依法保障国家机制和社会功能实现的方针逐渐加强"②。

Д. А. 斯米尔诺夫研究了同一时期中共政策在意识形态层面的内容。中共领导层所处的意识形态环境很复杂,一方面,"戈尔巴乔夫改革"触动了权力体系,在其框架内推行自由化的尝试瓦解了苏联及以苏联为首的社会主义阵营,社会主义制度的历史前景必然会遭受质疑;另一方面,中

---

① Асланов Р. М. КПК: формирование стратегии на современном этапе (1977—1997) // Китай на пути модернизация и реформ. 1949—1999 / Отв. ред. М. Л. Титаренко. М., 1999. С. 372—392.

② Мамаева Н. Л. Коммунистическая партия Китая_ядро политической системы // Китай на пути модернизации и реформ. 1949—1999 / Отв. ред. М. Л. Титаренко. М., 1999. С. 393—410.

国国内形成于内战和社会主义建设时期的官方意识形态同共产党发展市场经济的方针间早就存在分歧，深化始于70年代末的改革开放政策势必会加剧这一分歧。

戈尔巴乔夫改革时，政治自由化（自主或不自主地）与经济自由化同时进行，中国的情况与之不同，即使是改革已成功推行20年之后，无论是政治还是意识形态领域都始终坚持共产党执政的方针，更不会引进外国的民主发展模式。中国共产党的领导地位是维护社会政治稳定的关键，也是处理改革、发展和稳定之间的关系时应首要考虑的对象，同时还必须承认"依法治国的必要性"。

为弥合二者的裂痕，除推行相应社会政策外，在社会意识形态领域中国也强势植入了维护国家稳定的方针，因为国家是推行改革、维持发展的主要保证。

要捍卫共产党执政权力及其作为改革发起人和执行人的地位，需要更新党的意识形态纲领。改革过程中，与社会主义经济市场化改革相悖的意识形态设定逐渐被摒弃。之所以逐步推进该项工作，是为了避免不必要的意识形态争论，防止出现社会政治不稳定因素。

在国家现代化进程中，为正确应对逐渐形成的新社会形势，中国共产党由阶级斗争的政党转为阶级和平的政党，成为无论是纲领上还是社会成分上都能支撑改革政策、维护社会政治稳定的全国性组织。

中国法律专家 H. X. 阿赫梅特申阐明了20世纪80年代中国政治经济改革对苏联、东欧乃至全世界的影响，展示了"始于1917年的社会主义模式在政治经济体系方面进行自我完善的"范例。东欧国家与斯大林模式强行捆绑在一起，中国与它们不同，它"以最纯粹的形式重复了苏联的社会主义实验"。"以邓小平为首的共产主义改革者"推行的改革"促进了国内民主的发展"。

俄国学者在20世纪90年代出版了一系列研究中国国内形势与政治体制改革的著作，关注中国民族问题和民族政策、香港和澳门回归后的法制问题、国家法制建设和发展问题等等。汉学家 В. Я. 波尔加科夫研究兴趣广泛。他认为尽管存在一系列可能会破坏稳定的潜在威胁，但"中国基本不会陷入国家分裂或暴力更替社会制度等社会政治极度不稳定的状态。看得出来，中国社会经济形势不太可能发生剧烈动荡，中央丧失对地方的控制权、出现经济大萧条和饥荒等的概率也很小"①。

A. A. 莫斯卡廖夫是中国民族政策的专家,他研究了中国共产党民族政策的演变。他认为第十一届三中全会后,民族政策及其理论基础开始发生变化。首先,民族问题的地位得到恢复,它在国内政策中的重要性大增,成为"战略性问题"。非汉族民众生活水平得到提高,总人口数量在1995年达到了1亿人(占总人口数的8.98%)。从自治乡到等同于省的自治区,发达的民族自治体系可在很大程度上照顾到少数民族的特点和利益。20世纪80—90年代形成了多级化的民族法律体系,少数民族干部培养力度加大,他们被任命担当民族地区的领导。

从总体上描写邓小平改革战略框架下的民族政策时,作者指出,中国"开始建设性地解决民族问题,形成了一整套具有中国特色的民族问题理论"②。

改革期间民族政策得到了发展,中国领导人更加关注人口数量少的民族(总数少于10万人),这也反映在了俄罗斯汉学家的研究中。Т. В. 拉扎列娃是中国民族政策领域的专家,她认为这些民族,特别是生活在中国西部地区的民族,在"政治、经济和文化等方面"都很落后于其他民族。得益于国家采取的各项措施,人口数量开始增长,然而在改革时期这些民族又遇到了新的问题:"传统生活方式被打破"及其他因素导致患病率提升和酗酒人数增多③。

既是汉学家,又是法律专家的Л. М. 古多什尼科夫和К. А. 卡卡列夫研究了香港回归中国的过程,从1984年中英谈判一直分析到(1997年)香港回归后的政治体制特点。作者认为"政治体制改革初期,法律、组织和人事等领域的工作很成功",他们还指出"中国并未加速改造香港承袭自英国的政治体制,以避免社会动荡和经济损失,同时保全中国在国际社会中的威信。1997年召开的中共十五大上确认了该路线,决定长期实

---

① Портяков В. Проблемы обеспечения социально-политической стабильности в КНР // ПДВ. 1998. № 2. С. 17—28.

② Москалев А. А. Национальный вопрос: поиски и находки // Китай на пути модернизации и реформ. 1949—1999. М., 1999. С. 458—472.

③ Лазарева Т. В. Проблемы малочисленных национальностей в КНР // Перспективы сотрудничества Китая, России и других стран Северо-Восточной Азии в конце XX—начале XXI века // VIII МНК ККЦиМ: тез. докл. М., 1998. С. 111—114.

施'港人治港''高度自治'的方针"①。

Л. М. 古多什尼科夫详细探究了进入改革期后中国的经济法、民法、行政法、刑法、环境保护法、家庭法等法律现代化的问题;研究了与国家公务及反腐等问题相关的规范性文件。作者发现"各个领域的法律都更加现代化,适用范围也相应扩大",然而同时他也强调,对于中国来说,"保证这些法律在社会经济生活和政治生活中的效力"是"一项并不简单的任务"②。

Л. М. 古多什尼科夫与年轻汉学家 М. А. 雅科夫列夫联合研究了 20 世纪 90 年代从法律角度规范"政法机关"行为的过程,所谓政法机关,包括司法机关、公共和国家安全机关、处罚实施机关等。作者们有两方面的发现,一方面,在中国存在文明化的普遍趋势,国家和社会法制文化也在加强;另一方面,本领域的法律法规并不完善③。

俄罗斯科学院远东研究所撰写了分析中国权力机关的概括性著作④,分析对象包括中国共产党、统一战线、行政事业机关以及政法机关等。此外,为迎合发展战略并保障其实施,高层的治国方略也发生了相应变化,这些变化亦被纳入了研究视野。所谓发展战略,包括干部任用、现代化理论问题研究、党政分离、防止权力过分集中等方面的内容。人大在积极立法过程中的作用,政协在实现社会主义现代化和中国依照"一国两制"和平统一过程中的作用,旨在提高国家管理机关工作效率的人事政策改革等等都是该书的研究对象。作者得出结论,认为渐进式政治体制改革会伴随深入的经济改革。作者认为中国需要逐渐完善政治体制并参考各民族的传统和历史经验,对于这么一个大国而言,激进的改革有很大风险。

当代中国问题专家 В. И. 安东诺夫指出,在 20 世纪 90 年代中期前,

---

① Гудошник Л. М., Кокарев К. А. Важный шаг в объединении Китая (о некоторых политико-юридических аспектах воссоединение Сянгана с КНР) // Востоковедение и мировая культура. К 80-летию академика С. Л. Тихвинского. М., 1998. С. 362—381.

② Гудошников Л. М. Становление и модернизация правовых институтов // Китай на пути модернизации и реформ. 1949—1999. М., 1999. С. 411—428.

③ Гудошников Л., Яковлев М. Обновление законодательства КНР о политико-юридических органах // ПДВ. 1996. № 1. С. 54—63.

④ Гудошников Л. М., Асланов Р. М., Степанова Г. А. Политическая система Китайской Народной Республики (структура основных институтов власти). М., 1996.

中国中央国家机关工作人员总数减少,新老更替,平均年龄降低,省、市、区级管理机关工作人员也有很大更新,受教育水平也大幅度提高。В.И.安东诺夫认为,1990年代前的人事制度"能够维持稳定的环境"并"实现经济改革和政治开放"①。

中国政党问题专家 Г.А.斯捷潘诺娃分析了政治改革时期民主党派在中国政治生活中的地位和作用。对于共产党而言,民主党派是中国共产党与不同社会层级沟通联系的渠道。社会矛盾激化时,与民主党派就重大问题进行协商可"抹平裂痕"和"释放压力"。民主党派在经济、科学、医疗及其他领域的作用是建设性的,他们在中国大陆拓展与台湾同胞、海外侨胞的关系时也起着重要作用。

作者还研究了政协等特殊权力机构,政协是所有党派及无党派人士的统一战线,在俄罗斯没有任何机构在功能和社会代表的广泛性上能与之相提并论。政治改革使中国社会的成分变得更加复杂,思想也更加自由,在政治改革深化的过程中该机构的作用也日趋重要②。

Т.М.叶梅利扬诺娃曾研究过中国社会自治,与该题目相关的史料研究并不多见。她指出,在改革年代通过了一些规范本领域的新法律,《中华人民共和国村民委员会组织法》是其中之一。作者强调,根据该法,村民委员会获得了广泛的权力,包括自治权、经济和行政领域的权力等③。

Т.М.叶梅利扬诺娃还探索了中国女性运动发展的基本问题。得益于政治改革和一系列维护妇女权益的法律,女性的社会经济地位不断提高,她们在国家政治生活中发挥的作用也不断增大。

Е.Г.帕先科拥有渊博的汉学和法学知识,他研究了中国经济改革过程中民法的发展过程,关注中国法律规范改革时的特点,包括国家在改革中的决定性作用、改革的阶段性、修订经济法时的谨慎态度等,最后一点

---

① Антонов В. И. О реформе органов государственной власти КНР в 1993—1994 гг. // Китайские традиции, культура и проблемы модернизации // V МНК ККЦиМ: тез. докл. М., 1995. С. 23—29.

② Степанова Г. А. Система многопартийного сотрудничества в Китайской Народной Республике. М., 1999.

③ Емельянова Т. М. Сравнительное исследование организаций самоуправления в Китае / Перспективы сотрудничества Китая, России и других стран Северо-Восточной Азии в конце XX— начале XXXI века // VIII МНК ККЦиМ: тез. докл. М., 1998. С. 47—54.

具体体现为"规范所有制关系是生产关系的核心"①。

Б. Н. 戈尔巴乔夫研究了军队在中国社会政治生活中的作用,他指出,从 20 世纪 70 年代末起,军队"逐渐不再积极参与国家政治生活",转而专注完成自身的军事任务。根据邓小平提出的"军队应该服从大局,服务于国家建设",军队在国家经济生活中开始发挥更大的作用。

作者强调:"中国军队的地位在任何时候都十分关键,因为军人能够顺应社会变化,把控国家发展过程中的剧烈震荡。"Б. Н. 戈尔巴乔夫还指出"大部分职业军人都很保守,而这种保守并不是因为他们不愿变革,而是基于对合法政权的忠诚和避免社会动荡、避免走向混乱和无政府状态的愿望"。

作者在结论中写道:"评价中国内政外交方针时必须考虑军队的社会政治作用以及军人在解决当代中国道路和方法问题时的立场。"②

二　2000 年代

2000 年代,中国进入全面建设"小康社会"的时期,俄罗斯学者对中国的政治体制和法制展开了综合研究。这一时期的政治体制发展导致中国社会分化加速,明确该体制发展的基本特点和矛盾是学者们需要完成的任务。分析该时期中国历史发展的重要任务还包括:分析进一步发展的市场经济同 1949 年后建立的共产党执政的社会主义国家制度间的相互联系;确定中国政治体制改革的内容、目标、任务、速度及其发展的可能前景。

研究 21 世纪前中国历史发展的普遍成果时,М. Л. 季塔连科发现了中国全面现代化事业中最重要的因素,即"国家及党的权力的决定性作用",其基础是大部分中国人民承认该因素的第一性地位,而这也是中国共产党合法执政的基础。该政权拥有旨在"持续并深入改革社会生活方方面面的"创新能力。在现阶段,共产党领导的特征是根据"摸着石头过河"的原则推行渐进式改革,意味着需要先在理论层面全面论证各项问题,而后再"在有限的区域或一定规模内验证已经做出的决议"。

---

① Пащенко Е. Экономическая реформа в КНР и гражданское право. М.，1997.

② Горбачев Б. Н. Вооруженные силы Китая：роль в общественно-политической жизни КНР в 1949—1979 годы. М.，1999.

中共十一届三中全会后开始改革开放，М. Л. 季塔连科总结了此后中国政治体制的流变并明确了其主要成果和特点。20 世纪 80 年代中国开始尝试解决党政分离的迫切问题，政治体制改革便开始于此，它不受政治体制民主化进程的影响。不过在最近几年"党的机关和国家立法及行政机关的权力、职能、责任等方面还是得到了足够清晰的划分"。

此外，М. Л. 季塔连科还指出中共引进了一系列旨在促进国家生活民主化的法律条文，例如中国共产党及一切政治和社会组织、国家机关必须在《宪法》的框架内活动。全国和地方人民代表大会及其常务委员会、权力代表机关、司法监督机关的作用显著增长，选举制度正在民主化，民族政策朝着各民族平等、和谐、合作的方向大步迈进。

作者指出，在改革阶段，国家管理体系最重要的工作是制定法律法规，明确国家发展的基本方向，1982 年《宪法》（以修正法条的形式）首当其冲，它在法律层面上巩固了社会主义市场经济的建设，同时又保留并完善了现存国家管理体系及其民主化，将基本人权写入法律。作者认为中国正经历"立法浪潮"，在多种所有制并存、社会及国家生活其他领域分化加剧的条件下，需要利用法律约束经济发展的速度，保护环境，促进社会关系健康发展。

作者强调，随着时间的推移，治理国家任务会愈发困难。因此需要完善决策的机制和程序，同时加强社会对管理体系的监督，换言之，需要更加透明和公开。目前此项任务局限于推行行政改革，目的是"将政府从经济缔造者转变为提供服务的机构，然而这并未弱化其作用"。

中国政治体制改革的诸多重要方向中有一条：根据准确的公务员行为条例"确立正规的国家公务员体系"。

研究中国当代社会政治发展时作者特别强调了贪污腐化的问题，中国领导人已经"完全"意识到该问题的危险性。作者认为，要解决该问题，除惩罚性措施外，"需要长期且根本的制度性变革，以强化对腐败官僚和近权商人的监督，这种监督不仅来自政府、执政党和执法机关，同样也来自公民社会"。

作者从总体上得出结论，认为"中国现存管理体制符合发展经济，成为现代强国的任务。形成于改革时期且固化在现行中国宪法中的政治制度大部分被保留了下来,这也符合上述任务的要求"①。

俄罗斯科学院远东研究所集体撰写的著作《中国的治国方略:20世纪末到21世纪初中国权力机关的嬗变》②专门研究了20至21世纪中国政治体制和法制的发展。本书第一部分大篇幅探讨了中国共产党在国家和社会中的作用,如此安排并非偶然。Р. М. 阿斯兰诺夫是本部分的合著者之一,他强调共产党是"中国政治体制的轴心",他深入分析了新中国成立后中共的历史,包括个人在国家管理中的作用等,"正是非凡的领袖决定国家发展的理念并利用他能动用的所有手段来贯彻实施这一理念"。

作者详细考察了中共世纪之交的理念变化,其结果体现为"三个代表"的思想,即中国共产党有责任"代表先进生产力的发展要求、先进文化的前进方向和最广大人民的根本利益"。该思想是对新时代挑战的理论回应,因为中国的社会结构发生了巨大变革。实践邓小平"建设中国特色社会主义"理论、推行国家经济现代化、与资本主义国家开展广泛合作等都意味着阶级思维已被摒弃。"三个代表"应该成为"中国新政"的理论基础,"用以促成民族统一,为开展全面、互惠的国际合作营造氛围"。

发展市场经济催生了新的社会阶层:企业家以及其他官方承认的"中国特色社会主义"建设者。"三个代表"为上述人群入党打开了大门,这说明中共领导清楚他们的作用和他们对国家经济生活的影响力,这也是"吸引他们参与实施党的各项计划,促进国家全面快速发展的机会"。

Н. Л. 玛玛耶娃在该书中研究了中国推行政治体制改革时共产党的地位和作用。尽管在党治国家内推行激进经济改革并未伴随"革命性的政治改革",但中国经验有趣之处在于这些改革影响政治体制发展的方式,作者认为,"必须充分认识它们对各领域改革性质的影响"。

作者详细阐述了中共制定发展战略、改革管理体系及共产党本身的改革过程,首先是它根据建设市场经济和开展政治体制改革的要求对管理环节进行的改变。党的领导机制改革受到了特别关注,党政职能清晰区分后,党的决议通过立法机关和行政机关执行。作者指出,20世纪90年代末"共产党、各级人民代表大会、人民政府和司法机关的功能已经专

---

① Кузык Б. Н. , Титаренко М. Л. Китай-России 2050: стратегия соразвития. М. , 2006.
② Как управляется Китай: Эволюция властных структур Китая в конце XX—начале XXI в. / Гл. ред. Титаренко. М. , 2004. Первое издание этой книги появилось в 2001 г.

门化","党政分离的过程并不容易,它是一个不停做出选择、根据形势不停修正的过程"。

作者详细追踪了中国共产党的人事、反腐、党政机构分离、意识形态教育等方面的政策。

作者指出:"中国共产党通过所有渠道影响国家和社会"的趋势在世纪之交得到加强,同时对党员遵守党纪的要求也更加严格。"基于国家法律建设国家的过程得到激活","尝试强化党的体系,优化党、国家机关和社会组织的关系,共同努力克服过渡时期的难关"。作者强调,这两大趋势"都为中国的政治体制发展注入了一些特色"①。

Н.Л.玛玛耶娃的专著《政党与权力:中国共产党及政治体制改革》汇聚了有关中国党政建设的新观点,详细分析了新中国成立后中国共产党党史的主要阶段,研究了中共适应2000年后的新局面和新国内政治形势所采用的方式,追踪了执政党的领导功能变革以及党对国家和社会施加影响时所用渠道的变换,厘清了中共的人事政策,其中包括领导人换代的问题等。

Н.Л.玛玛耶娃研究了改革时期及建设"小康"社会初期共产党的政策并得出结论:在"'完善和发展政治机构',结合中国特色构建政治体制时,党的领导人致力于完善党政体制,弥合社会与政权的分歧"。作者认为"当代中国领导人完善具有中国特色政治体制的立场""符合现实且基本可以接受",更何况"在现有政治体制和国家体制的框架内存在继续发展的潜力"②。

Д.А.斯米尔诺夫就中国在意识形态领域的改革撰写了专著,概括了邓小平所推行的现代化政策的理论和实践。他指出,中国持续贯彻经济市场化方针的同时,在政治体制内并未推行与之类似的激进改革,因为政治体制改革的内容并非在经济自由化程度提高后逐渐修补社会主义体制,而是完善之前形成的行政管理体制。用这种方式推行政治体制改革,

---

① Как управляется Китай: Эволюция властных структур Китая в конце XX—начале XXI в. / Гл. ред. Титаренко. М., 2004. Первое издание этой книги появилось в 2001 г. С. 43—33, 69—70.

② Мамаева Н. Л. Партия и власть: Компартия Китая и проблема реформы политической системы. М., 2007.

是为了使改革速度符合经济改革和社会发展的需求,在解决问题时既不滞后,也不"超前",要渐进式、分阶段进行,要考虑已有的客观条件。在国家现代化领域,中国经验可与其他成功推行现代化的亚洲国家的经验相媲美。

坚持改革方针为经济发展和参与国际市场竞争营造了良好的外部环境。中国面向世界宣布开放政策的同时,正如邓小平理论中所提出的那样,保留了独立自主解决一切经济和社会政治问题的权力。这些问题如何解决属于中国内政,取决于国家和社会的现实情况①。

К. А. 卡卡列夫的大作《中国的政体和现代化》专门研究了中华人民共和国政治体制的演变。作者详细探查了"文化大革命"后中国政治体制发展的主要阶段以及该体制的主要组成部分,例如党的建设、代表机关发展、人事政策、构建社会主义法治国家的方针、确立党的工作方式的方针、行政改革,此外还有中国领导人在各种消极因素作用下稳定政局的措施等。

作者指出:"在改革的所有阶段,中国政治体制最重要的功能是保证良好的政治环境,维护社会稳定,这二者如果缺失,将无法实现经济和国家社会政治生活的积极变革。"描述 2000 年代初中国政治体制改革的特点时,作者指出它具有融合性:在经济生产和专业管理领域利用外国经验,在政治改革领域否定了"自由主义和西方议会主义要素"。

积极的法制建设被赋予了最重要的意义,中共的决议纳入法律,为经济改革提供全面的司法护航,同时有助于辅助维稳,维持社会秩序,与反腐和犯罪作斗争。

政治体制改革另一最重要的方向是"在现代化进程中提高经济及社会生活各领域的管理效率"。

作者写道,中国政治体制的发展取决于一系列因素和问题,包括党员更新换代,甚至还会取缔某些组织,因为它们没有为"工人阶级和广大人民群众"的利益服务,而是利用特权谋取私利。

Л. М. 古多什尼科夫同俄罗斯科学院远东所的研究员 А. В. 西多夫

---

① Смирнов Д. А. Идейно-политические аспекты модернизации КНР: от Мао Цзэдуна к Дэн Сяопину. М., 2005.

详细研究了中国多年来行政改革的过程,认为该项改革具有如下特点:行政机关改革的深度同"中国经济体制改革的阶段性发展"联系紧密,"中国市场经济体系还在形成和发展",所以行政改革才会兼具"创新性"和"不彻底性"。

Л. М. 古多什尼科夫与 К. А. 卡卡列夫研究了中国国家公务体系,在改革开放后,该体系的改革已经成为政治体制改革的优先方向之一。作者提出中国现代国家公务体系的形成具有几个特点:"不再采用用行政指令吸纳人员的方法,在选拔国家公务员担任特定职位时引入竞争元素,如此即可克服旧人事任命体制的缺点,例如不重视公务员人选的个人品质等。"[①]

Л. М. 古多什尼科夫与 Г. А. 斯捷潘诺娃研究员共同研究了"文化大革命"后中国司法体系的重建过程和改革开放时期该体系的发展。作者指出,在此过程中诉讼程序逐渐公开,甚至在大众传媒和互联网上能直接了解庭审文件,诉讼时集体原则分量渐重,还采取了特定措施来"全面保障控辩双方在诉讼过程中的权利"[②]。

俄罗斯科学院远东所的 П. В. 特罗辛斯基撰写了关于中国法律责任机制的专著。书中分析了中国法律责任机制的构成和特点,并与俄罗斯的相应机制做了比较。作者认为在当前条件下"财产责任的作用和意义都在增强,其目的是保证既定义务的完成或弥补财产损失"[③]。

П. В. 特罗辛斯基研究了中国法制的形成和变化过程,突出强调中国在 2010 年前建成"社会主义法制"的任务,这符合中国共产党将中国转变为法治国家的方针。为完成经济任务和推行经济改革提供的法制保障受到特别关注。П. В. 特罗辛斯基还指出现代中国立法过程的特点,如"完全从自身利益出发",从中国社会的目标和任务出发;尽管面临国际社会的压力,中国立法者拒绝将国际法的诸多条款写入现行法律,这取决于中国法制关系的特点、文化传统和中国人的民族心理;(与俄罗斯相比)法律

[①] Смирнов Д. А. Идейно-политические аспекты модернизации КНР: от Мао Цзэдуна к Дэн Сяопину. С. 345.

[②] Там же. С. 370.

[③] Трощинский П. В. Юридическая ответственность в праве Китайской Народной Республики. М., 2011.

数量相对不多,"为了更高效地应对国内发生的变化",各法统辖下的地方性法规增长迅速,地方权力机关也获得了相应的授权①。

A. Д. 沃斯克列先斯基分析了1949年人民战争胜利后中国政治体制的形成过程。

作者以中国宪法的变化为例,明确指出中国政治体制呈现出渐进式民主化的趋势(保护私有财产和人权等等),然而这种变化并未促成"政治体制的大幅变革",因为在经济不稳时必须首先维护政治稳定②。

A. B. 维诺格拉多夫研究了中国自19世纪中叶到21世纪初社会政治转型的过程以及目前社会主义现代化思想体系的形成过程。作者指出"中国的社会制度显现出了自身的生命力,它能够维持自身合法地位,成功应对国内外挑战,最后,它还能不断再生"。至于当前中国领导人面临的问题,已经"不再关乎发展模式,而是涉及细节"。"取得成功最重要的保障是共产党继续保有核心地位,这是自上而下改革而非自下而上革命的最优方案"。作者还强调:"负责让中国不再落后于他国的政治力量正转变为现代化的核心。"③作者从文明发展的角度描写中国政治机制时指出:"传统的公平理想并非社会平等,而是遵循道德原则和义务,在这样的社会中,政治机制运行的目的不是协调社会利益,而是监督社会利益是否得到维护,像西方反对派那样迫使政权自我完善。共产党成功克服了革命的激进主义和教条主义,正因如此,它成为了社会承认的国家管理机制,中国文明最终会重建规约社会生活的传统原则,但并非通过力量的权威,而是通过拥有相应继承机制的权威的力量。"④

Ю. М. 加列诺维奇在大量著作中研究了中国当代历史的各个方

---

① Трощинский П. В. Основные этапы формирования правовой системы Китайской Народной Республики // Журнал зарубежного законодательства и сравнительного правоведения. М., 2012. No 4. C. 77—78.

② Воскресенский А. Д. Политические системы и модели демократии на Востоке. М., 2007. C. 103—106, 115.

③ Виноградов А. В. Китайская модель модернизации. Поиски новой идентичности. М., 2005. C. 202.

④ Виноградов А. В. Россия-Китай: параметры общности политической системы // КНР: проблемы демократизации и государственного управления // ИМ ИДВ РАН. Сер. В: Общество и государство в Китае в период реформ. М., 2007. Вып. 21. C. 83—84.

面,包括现阶段政治体制发展的问题。他所撰写的大部头专著尤为细致地分析了 2000 年代在中共中央总书记胡锦涛领导下制定的建设和谐社会主义社会的理念。作者认为,提出建设和谐社会并非偶然,其原因在于中国社会在推行改革开放的过程中两极分化日渐严重。如果该问题得到成功解决,那么中国的"黄金世纪"即将到来,"换言之,经历多年混乱和'伟大团结',达到某种程度的小康之后,中国终于进入了大和谐的状态"。要完成这一任务,需要改造权力机制,需要官员们,首先是那些"从事管理工作的官员"开始"为人民服务",这是人民的夙愿,他们如今"要求权力不能高于他们,要为他们服务",具体说来,就是要官员"平等对待外国投资者和本国公民"。"依法管理,行为透明"①的要求也源自与此。

  В. Я. 波尔加科夫在大量著作中研究了中国国内政治生活的发展,包括以胡锦涛为核心的中共"第四代"领导人推行政治体制改革的基本目标。作者指出这一代领导人希望"制定独有的社会经济纲要及部分对外政治纲领,要求中国的发展更加平衡,也要求中国的国际面貌更具吸引力"。通过从以江泽民为首的前任领导那里引入了"遵循前任的基本理论方针并部分创新"的方法,胡锦涛的改革更加灵活,创新更加激进。作者又指出:"总之可以认为,中国领导拥有特定的理由在未来采用政治改革时遵循经济改革中已得到验证的'摸着石头过河'的方法,换言之,就是要渐进式改革。"②

  政治进程研究专家 В. Ф. 波罗季奇在专著中对比了中国和俄罗斯的政治体制,分析了影响两国发展的内部和外部因素,包括社会、经济、社会文化因素等。作者认为"中国的理论思想和政治实践形成了对民主机制的独特看法,它与中国现代化政策的意图相适应,也符合现代化的实施条件,既包括内部社会文化环境,又包括国际环境"。如此理解民主的基础在于社会主义民主不是抽象个体的权利,不是西方民主所指的少数人的民主,而是多数人的民主。民主发展的目标并非西方民主模式那样愈发圆满地实现个体权利和自由,而是"建立不同于西方国家的更完善的人民

---

① Галенович Ю. М. Девиз Ху Цзиньтао: социальная гармония в Китае. М., 2006. С. 363—364.

② Портяков В. Я. От Цзян Цзэминя к Ху Цзиньтао: Китайская Народная Республика в начале XXI в. : Очерки. М., 2006. С. 39, 57.

政权；社会主义民主的发展并非自发，而是在执政党的领导下进行"，"也就是说要发展社会主义制度的优势"。作者得出结论，认为"中国改革首先是出于社会，即国家管理对象的需要"，而俄罗斯的改革是"出于社会管理主体，即国家的需要"，这也解释了为何"中共领导下中国发展政策成效如此显著"，而"俄罗斯发展经济、政治和精神文明的政策收效甚微"。作者认为，中国经验"需要得到正面评价"，"无论是俄罗斯还是俄罗斯社会都可对其加以利用"，"在俄罗斯从病态改变转向建设性发展的过程中，该经验有可能起到决定性作用"①。

В. Г. 冈申（В. Г. Ганшин）的专著对中国和俄罗斯公民社会的形成过程进行了对比分析，追踪了中国公民社会发展的基本趋势和特点，包括社会和经济方面，他还研究了中国非政府组织的快速发展过程，这对中国而言还是一个比较新的现象。将公民社会的发展视为中国总体发展最重要的组成部分，作者着重探索了中国领导人在改革中建立"适当管理体系"的努力以及建设"小康"社会的方针，而所谓"小康"，体现了从古代流传至今的公平社会理想，在当前具有很大的凝聚力②。在 В. Г. 冈申撰写的另一本专著中，他分析了中国的改革政策，认为："中国改革的目的不是优化个别精英群体，而是绝大多数公民的生活条件。"执政者承认"除'中间阶层'外，社会两极——穷人和富人的存在无可避免"，要"让一切都更依赖执政者，其目的是要让高收入来得透明且正当，还要最大限度地帮助最需要帮助的人"，只有在这种条件下才可能维持社会政治稳定。作者认为，"探索中国现实情况时，我们可能成为某些突破的见证者，这些突破既存在于社会构建的理论思考中，也存在于新思想、新理念的实际反映中"。同时他还提出了一个思路，认为必须解决国家历史传统与市场关系间的矛盾，"民族主义"会助力中国完成上述突破，此处的"民族主义"不是沙文主义，也不是对"蛮夷"的高傲态度，而是所谓的"健康民族主义"，它符合以公平、理智为基础的和谐发展理念③。

Г. А. 斯捷潘诺娃在大量著作中研究了当代中国的统战政策。在分

---

① Бородич В. Ф. Проблемы трансформации политических систем России и Китая（конец XX—начало XXI в.）: опыт сравнительного анализа. М., 2008. С. 228, 238-239.

② Ганшин В. Г. Формирование гражданского общества в России и Китае. М., 2007. С. 76, 82.

③ Ганшин В. Г. Китай: искушение либерализмом. М., 2009. С. 172, 176.

析改革开放时期人民政协的作用时,作者指出这一中国特有的社会政治机关活动日益频繁,并得出结论:"中国领导人在以后也会采取措施强化这一统战机关的权威,作为中国政治体制的独特成分,它会在社会政治生活中发挥特殊作用"。

作者还分析了当前中国民主党派的活动和涉及民主党派的政策。首先,她区分了中国共产党领导的多党合作制和西方国家执政党与反对党共存的多党制。民主党派是"中国特有的现象",它们不争夺权力,依据《宪法》和自身章程积极参与国家社会生活。"中国共产党在中国政治体制内的领导地位使其有能力引导民主党派走向国家需要的方向,成功运用它们的力量以解决摆在国家面前的各项任务"。作者强调,"有充分的理由认为……在未来中共也会尽一切可能支持和强化民主党派在国家中的作用"①。

T. M. 叶梅利扬诺娃研究了中国群众性社会组织以及基层自治机关,发现中华总工会、中华全国妇女联合会和中国共产主义青年团的活跃度有所增加,特别是 2000 年代初,其原因在于中共政策的社会指向性在增强。

作者还研究了城乡地方自治机关在"文化大革命"后的重建及其在改革开放时期的发展历程。T. M. 叶梅利扬诺娃分析了城市新型基层自治机关——社区的活动,它产生于改革年代,被"赋予了维护城市环境稳定的重要社会功能"。作者认为如果能够让社区成功运作,那么"它将转变为新形势下中国城市社会的最小组成单位"。

A. A. 莫斯卡廖夫梳理了中国民族主义发展史,研究了国民党和共产党对该问题的理解。他指出 20 世纪 90 年代取消禁止研究民族主义的命令后,中国社会和科学界对该题目的兴趣逐渐加大。作者认为中共领导人在 21 世纪初积极完成了"弘扬民族精神"来动员普通大众的精神力量,以完成社会主义现代化的任务,同时"提高中国社会的社会政治整合程度和中华民族的凝聚力"。

T. B. 拉扎列娃介绍了新疆维吾尔自治区和内蒙古自治区的情况,介绍了中国政府在这些区域加速推行发展社会经济和文化的方针,与贫穷

---

① Политическая система и право КНР в процессе реформ 1978—2005. М., 2007. С. 78, 87-88.

作斗争，培养少数民族干部的情况①。作者同样研究了中国民族政策中相对新的方面，如在沿海发达城市中非汉族居民的适应问题②。

上文提到的作者，以俄罗斯科学院远东研究所的代表为主，他们提出了中国政治改革可能的结局。

"腐败会危害社会和政治稳定，是最危险的导火索"，反腐斗争的结果取决于"政权管理中国社会发展的能力"③。

中国共产党的管理工作逐渐走上正轨，首先表现在党与国家机关的相互关系上，这种转变"并未定位于政治自由化"，其基础是中共执政会不断完善的理念以及现有政治体制会更加优化的可能④。

在研究中国国内政治进程时需要铭记："政治稳定在社会中被视为最重要的民族使命"，因此政治上有任何剧烈变动在中国都不会被接受，因为它可能会破坏"中共营造的社会团结"。Л. М. 古多什尼科夫和 К. А. 卡卡列夫认为："民主变革将会持续，会在执政的共产党庇护下进行。"中国的选举也"不是不同政治平台的竞赛，而是候选人之间的竞争，他们其实都站在同一平台上"⑤。

Д. А. 斯米尔诺夫认为："总的来看，政治体制改革会有如下前景：中国会走上自己的社会政治发展之路，不会遵循西方的标准；中国现存的政治体制原则上不会发生改变；中共会通过人民代表选举体制践行自身战略，保留并活化政治协商制度，维持民主党派参政议政和发展社会联系，特别是与新兴社会阶层沟通的职能。执政党需要维持稳定的经济发展，

---

① Лазарева Т. В. Развитие и прогресс Синьцзяна（по материалам китайской печати）// Внутренняя политика КНР: история и современность ИМ ИДВ РАН. Сер. В: Общество и государство в Китае в период реформ. М., 2011. Вып. 26. С. 206－223；Она же. Автономный район Внутренняя Монголия-60 лет со дня образования // КНР: поиски стабильности на пике мирового финансового кризиса. ИМ ИДВ РАН. Сер. В: Общество и государство в Китае в период реформ. М., 2009. Вып. 24. С. 251－266.

② Лазарева Т. В. Проблемы миграции и перемещения неханьского населения КНР в современных условиях // КНР: проблемы демократизации и государственного управления. ИМ ИДВ РАН. Сер. В: Общество и государство в Китае в период реформ. М., 2007. Вып. 21. С. 179－180.

③ Кузык Б. Н. Титаренко М. Л. Китай-Россия 2050：стратегия соразвития. М., 2006. С. 47, 81－82.

④ Мамаева Н. Л. Коммунистическая партия Китая в процессе реформы политической системы КНР // Как управляется Китай... С. 91.

⑤ Как управляется Китай... М., 2004. С. 205－206.

同时保障社会公平,维持普遍接受的社会利益平衡。"①

В. Я. 波尔加科夫认为,尽管政治改革"看起来不会过于激进",但显然,"社会情绪更倾向于加速改革,而国家领导人注意到了这一点",他们仍在仔细研究苏联解体的教训,"包括研究权利过度集中和决议机制不民主招来的恶果"。

一章的篇幅无法涵盖俄罗斯学者 1990 年代到 2000 年代发表的全部著作,也不能反映他们所有的研究方向。笔者只列举了其中的一部分。

可以看出,中国思想政治的变化过程具有多面性,在很大程度上取决于国家历史特点和中国人民的民族心理,这也使得该进程具有很大的惯性,就连深入的经济改革都不能直接加快政治改革的速度。"改革开放"方针执行 30 余年,中国的政治体制(与苏联"改革"不同)得以保留,在管理经济时还展现出很高的效率。

根据上述材料,可以得出结论:在 1990 年代到 2000 年代,俄罗斯学者已足够全面地分析了中国改革开放时期政治体制的变化。

20 世纪 80—90 年代在苏联发生的系列事件明显影响了某些俄罗斯学者的评判(与中国现存政体在未来可预见的变化有关)。在这些事件的影响下,20 世纪 90 年代初中国推行改革开放政策时并不积极,致使意识形态和政策上发生"左"倾,这种情况一直持续到 1992—1993 年间决定实施深化改革的方针才得以纠正。

我们认为,俄国学者在各类著作中对中国 1990 年代到 2000 年代发生的事件和进程进行了客观的评述,他们的评价并未受到自身世界观的干扰,因此这些事件和进程在俄罗斯能够被正确理解和接受,同时促使俄罗斯联邦同它在远东的伟大邻居之间形成并发展出睦邻友好关系。

---

① Смирнов Д. А. Особенности трансформации идейно-политической основы модернизации КНР // ПДВ. 2011. № 5. С. 24.

第四章

俄罗斯研究中国外交政策和国际关系的基本方向和特点

一　1990 年代

1990 年代俄罗斯对中国外交政策和国际关系的研究发生了根本性变化。这是由一系列因素决定的。

其中,最主要的因素就是俄罗斯联邦成为具有独立主权的国家。1989 年 5 月,苏联走向没落之际,经历了 30 年的不和甚至是敌对关系后的中苏两国实现了关系正常化。苏联解体后,其继承者——俄罗斯一方面努力保持和巩固同自己最大的东方邻居的关系,另一方面也丝毫不掩饰其亲西方的意图,认为这是推动俄罗斯民主化和市场化改革的保证。同时,俄罗斯也期望得到资本主义国家的财政援助。这样的态度从最开始就将中俄关系引向了务实的轨道,并从根本上抵制了那些打算赋予中俄关系意识形态色彩的计划。这就使俄罗斯国内学者研究中国国际关系和外交政策时,将新俄罗斯的国家民族利益放在首位,不再去考虑以前那些经不住时间和实践检验的意识形态构想和口号。

自然，由于俄罗斯学者在对自己国家利益的理解上存在分歧及对俄罗斯长远发展最优方向上的设想存在差别，决定了他们对中国国际关系和中俄相互影响方面观点各异。总体上，可将研究者分为三类：第一类研究者支持同中国保持最紧密的联系，拥护"中国道路"为俄罗斯改革所用；第二类研究者以传统多疑的态度看待中国，对北京方面提出的睦邻伙伴政策持有戒备之心；最后一类研究者认为俄罗斯的定位应优先选择西方价值观，对中国国际地位的不断增强总有杞人忧天似的担忧。

在分析中国国际活动方面，尽管俄罗斯学者们的见解不同，但与之前命令式的意见必须一致相比，这些客观不带偏见的分析显得更有效力。虽有些夸张，但可以得出一个难以置信的结论：最初很长一段时间引领分析中国现代外交政策的正是学者们。众所周知，在苏联时期，这个领域是只有负责联系社会主义国家共产党和工人党的苏联外交部和苏共中央委员会才有的特权。

俄罗斯有关中国国际关系的研究还发生了其他实质性的变化。此课题的研究超出了莫斯科的范围，其中最积极加入该研究进程的是远东地区，尤其是符拉迪沃斯托克的汉学家。此外，对中国和中俄关系的研究不再是汉学家的专利了，该领域也引起了越来越多的不同研究方向政治家们的关注，其中包括全球问题研究专家、美国问题研究专家和俄罗斯问题研究专家。

在对中国外交政策的研究中取得质的进展有着非常重要的意义。20世纪80年代末，中国遭到西方的试图隔离，其自身在某种程度上也倾向于实行十分封闭的半孤立政策。1992年春中国改革开放的总设计师邓小平到南方视察改变了这一形势，确保了国家最终转向市场化改革方向并推动了对外经济开放政策的实施。1992年中国开始的新阶段的改革开放政策首先将目光投向了俄罗斯和中亚各国。自这一年开始中国就积极加入一些基本的国际条约和公约中，宣布中国奉行睦邻友好的新外交政策，愿意同世界上的许多国家建立不同形式的伙伴关系。1993年国际货币基金组织和世界银行公开高度评价中国国内生产总值，这引起了大家对中国改革和现代化模式的普遍关注。中国加入了亚太经合组织，与东盟保持着积极联系，并开始制定新的自身在亚洲中心地区的外交政策新方向。美国因素对于中国在国际舞台上的定位具有越来越重要的意义。所有这些都为俄罗斯汉学家的研究工作创造了最广阔的空间。

这里不得不提一下研究工作的总体环境也发生了变化。许多以前被禁的档案材料得以公开,这拓宽了俄罗斯学者们研究的课题范围,丰富了事实基础和研究资料。俄罗斯学者们能够定期与中国学者们联系,比以前更经常地去中国出差,开展学术交流活动,能很容易找到课题研究范围内的期刊和新的中文学术文献,同国外的汉学家同行们也建立了学术联系。俄罗斯的汉学家更经常地参加欧洲汉学学会会议,其中1994年该会议是在布拉格举办的,1996年会议举办地在巴塞罗那,1998年该会议在爱丁堡召开。2002年莫斯科也赢得了欧洲汉学学会国际会议的举办权。

研究形式和研究成果的实现也有了明显的变化。其中,具有重要意义的就是同建立了伙伴关系的研究所定期举办一些会议。比如,俄罗斯科学院远东研究所与中国现代国际关系研究所(现为研究院)从1992年至今轮流在俄罗斯和中国举办会议。

俄罗斯的汉学家们开始参加各种形式的国际圆桌会议(如围绕东北亚问题的圆桌会议)、国际讨论(如在英国的威尔顿庄园召开的会议)等。

许多重要的国际会议的举办也都期望俄罗斯学者们的积极参加。这里可以提一下第一次在境外召开的围绕俄罗斯西伯利亚和远东地区中国新移民问题的国际会议。1994年12月,该会议由位于美国亚特兰大的佐治亚理工学院主办。俄罗斯方面有来自莫斯科研究中心、哈巴罗夫斯克研究中心和符拉迪沃斯托克研究中心的代表们参加。

定期举办的国际会议——"中国、中华文明与世界"(俄罗斯科学院远东所举办,首次举办是在1990年)是规模很大且非常有权威性的国际会议。尽管财政方面有些困难,但无论是俄罗斯科学院东方学研究所举办的"中国的社会与国家"大会,还是俄罗斯国立圣彼得堡大学东方系举办的史料学和历史编纂学方面的会议,都广泛吸引着大量汉学家的参与,都保持着很高的学术水平。20世纪90年代,俄罗斯莫斯科大学亚非学院和俄罗斯联邦外交部外交学院也举办了一些有关中国国际关系问题的会议。

俄罗斯有关中国外交政策问题研究一个重要的新刊物当属俄罗斯科学院远东研究所出版的年度论文集《世界与区域政治中的中国(历史与现代)》,该论文集自1995年开始出版。在符拉迪沃斯托克也开始出版杂志《俄罗斯与亚太地区》(主编为 B. Л. 拉林),该杂志刊登了不少有关中国外交政策和中俄关系问题方面的材料。其中,1993—1994年间该杂志刊登了对俄罗斯滨海边疆区工作的中国移民的第一次社会调查结果。

20世纪90年代中期开始,莫斯科卡耐基中心开始出版有关中国、包括中俄关系的刊物。该中心出版的一期名为《赞成与反对》的杂志全面地介绍了不同领域中的中俄关系问题。

这一时期的俄罗斯国内汉学家们也登上了新俄罗斯的政治舞台。汉学家们经常参加一些国家杜马中的讨论,积极参加国家杜马国际事务委员会的工作[当时的负责人是 В. П. 卢金(В. П. Лукин)],并作为中国问题专家参与联邦委员会的活动。

俄罗斯汉学家们的课题研究结构也发生了一定的变化。

对当今中俄关系发展的研究和预测成为了优先方向,既将中俄关系放在双边关系的范畴内来研究,同时也将其放在俄罗斯在亚洲及亚太地区政策的大背景下进行研究。

起初,后者甚至占据研究的主导地位。这也间接地反映了俄罗斯外交部的意图,他们意识到,对于转向东方的俄罗斯来说,中国毫无疑问是重要的伙伴,但绝不是唯一的伙伴。他们将重大的希望寄托在同美国西海岸、日本、韩国甚至是澳大利亚关系的发展上。应该说,外国人直到1998年经济大萧条之前都对俄罗斯远东有着很大兴趣,并一直希望俄罗斯远东能积极加入到东北亚一体化进程当中。

这一时期出版了一系列著作,主要反映俄罗斯在东亚地区的利益,研究其在东亚的定位模式①。俄罗斯科学院远东研究所的工作人员集体写作的科研报告《俄罗斯在东北亚的利益及为发展俄罗斯远东而进行的同区域内各国多边合作的发展前景》引起了很显著的学术反响。1995年3月,俄罗斯科学院经济所②会议讨论了该报告。作为苏联解体后的俄罗斯学术研究成果,报告首次强调了广泛利用同邻国的经贸关系发展西伯利亚和远东的必要性,就东北亚的一些主要一体化项目也给出了对俄罗斯有益的评价,其中包括"环日本海经济圈""环黄海和渤海湾经济圈""图们江区域开发项目"。根据报告讨论的结果向俄罗斯政府提交的建议之一就是,建立享有广泛权力的东西伯利亚和远东开发发展部(类似机构于

---

① Титаренко М. Л. Россия и Восточная Азия. М., 1994; Он же. Россия лицом к Азии. М., 1998; Михеев В. В. Российские подходы к проблеме участия России в азиатско-тихоокеанской интеграции // ПДВ. 1997. No 1. С. 27—33.

② ПДВ. 1995. No 3. С. 4—37.

2012 年设立）。

在上述报告的基础上出版了一部合著《俄罗斯远东和东北亚：经济合作问题》(莫斯科，1998 年，项目负责人为 М. Л. 季塔连科和 А. В. 奥斯特洛夫斯基）。这本书首次对俄罗斯远东的中国新移民及远东同中国经贸合作问题进行了系统研究。

中俄关系也逐渐成为了研究的中心。20 世纪 90 年代一位著名的中国国际关系研究者 А. Г. 雅科夫列夫就曾指出，"'俄罗斯与亚洲'所涉及的广泛的问题范围中，中国因素是关键的、核心的因素，因此也是课题研究中最现实的部分"。他提出分析中俄关系的一套方法，强调指出，为理解当今中俄关系及其变化的实质，应"公平地评价俄罗斯和中国，无论是将二者看作世界政治和地区政治中的国家主体，还是看作相互影响的双方"，同时"公平地描述那些新的有历史记载的具体的国际条件，在这些条件下两国发生了并将继续发展两国间的相互联系"①。

А. Г. 雅科夫列夫分析了中俄两国的基本特点及 20 世纪 90 年代中期他们在国际关系体系中的地位，并以自己的分析为出发点，断定："历史命运显示出的共同性一定会客观上使中国和俄罗斯的国家民族利益相近，因此，这也会对中俄双边关系的发展起到积极的作用。"同时，该学者认为，"对这种命运共同体的认识远没有达到需要的程度"。А. Г. 雅科夫列夫得出的总体结论及预测是："在中国和俄罗斯已经开始的人民为争取有尊严的活着的斗争中，没有比依靠自己的力量及与世界上其他伙伴的紧密协作更可靠的保障了。"学者发现了加强中俄关系总体战略中"令人疼痛的神经"，就是支持俄罗斯同西方紧密联系的人们不愿意接受这一战略。А. Г. 雅科夫列夫认为，俄罗斯应该摆脱对西方的依赖，摆脱目前已经存在并正在加强的危险，而不是摆脱假设的"单方面依赖中国"这个站不住脚的观点②。

虽然中俄双方在进行多样化及多层面合作中有些摩擦，但俄罗斯驻华大使 И. А. 罗加乔夫（罗高寿，И. А. Рогачев）认为，在 20 世纪 90 年代中国和俄罗斯做出了共同的"有利于长期睦邻友好合作的历史选择"。借用惯用的说法，在 1996 年中俄两国建立了"发展平等信任的、面向 21 世

---

① Яковлев А. Г. Россия и Китай: состояние и перспективы отношений // Китай в мировой и региональной политике (История и современность) // ИБ ИДВ РАН. М., 1995. № 3. С. 28.

② Там же. С. 45—47.

纪的战略协作伙伴关系"①。在俄罗斯外交部编撰的《中俄条约集(1949—1999)》(莫斯科,出版社：Терра-Спорт,1999)中可以找到中俄两国相关机构在日常双边关系所涉及的细致复杂工作中的许多具体方向、方面和阶段。自然,俄罗斯外交官汉学家也定期会在俄罗斯国内大众媒体上对俄罗斯对华政策的基本特点及中俄两国就国际和双边问题达成的重要协议进行点评。② 可以肯定,俄罗斯外交方面的最主要成就之一就是同中国建立了建设性睦邻友好关系。

俄罗斯汉学家在积极发展中俄关系的学术支撑方面起着非常显著的作用。В.С.米亚斯尼科夫分析了中俄两国在20世纪90年代形成的新型合作关系的特点和因素。他认为,"战略伙伴关系仅次于同盟关系,具有一系列优势"：一方面"这种关系不同于同盟关系,它不需要俄罗斯为中国的行为负任何责任";另一方面"这种关系可以提高双边关系的信任度,并促使其他大国(各种国际性多边关系的参与国)在双边或多边关系中达到像中俄关系这样的高水平③。"

А. Д. 沃斯克列先斯基特别注意到,中俄关系变化过程通常取决于两国国内政治形势的发展。他呼吁"俄罗斯外交战略家要力求使中俄两国的国家利益不要变成敌对状态,同时要为俄罗斯保留可以选择东西方盟友的权利"④。

А. Д. 沃斯克列先斯基提出为俄罗斯寻找最优"平衡的多维伙伴关系"的观点,而 М. Л. 季塔连科持不同观点,他在自己国内外大量的发言和发表的文章中一直坚持认为,同中国的睦邻友好、战略协作伙伴关系绝对是俄罗斯最优先方向,应把这种关系看作是保卫俄罗斯国家安全、保证俄罗斯在国际关系体系中应有地位的根本条件,和俄东西伯利亚和远东

---

① Рогачев И. А. Проблемы и перспективы двустороннего сотрудничества // Китай на пути модернизации и реформ, 1949—1999. М., 1999. С. 38.

② Пожалуй, самой популярной статьей российских «мидовцев» по двусторонним отношениям стала публикация Е. В. Афанасьева и Г. С. Логвинова «Россия и Китай: на пороге нового тысячелетия» в журнале «Международная жизнь»(1995. № 11—12. С. 51—60).

③ Мясников В. С. Россия и Китай: перспективы партнерства в АТР в XXI в. // Внешняя политика и безопасность современной России (1991—1998). Хрестоматия. В 2 т. Т. 1. Кн. II. М., 1999. С. 200—201.

④ Воскресенский А. Д. Россия и Китай: теория и история межгосударственных отношений. М., 1999. С. 279—282; Он же. Китай во внешнеполитической стратегии России // Внешняя политика и безопасность современной России (1991—1998). С. 153—158.

发展的主要推动力之一。①

苏联解体后中俄关系的发展具有了重要的新特性:历史上两国双边关系由两国人民代表组成的有限团体之间的关系,现今转变成了真正意义上的两国人民之间的关系。

随后对中俄双边关系的科学分析也超出了国家间层面关系的研究,这为俄罗斯汉学家们提供了新的研究领域,如俄罗斯的中国移民[В. Г. 格里布拉斯,А. Г. 拉林(А. Г. Ларин)]、20世纪90年代广泛流行的倒爷形式和易货形式的双边贸易[Е. В. 斯普罗吉斯(Е. В. Спрогис)、А. Б. 库里克(А. Б. Кулик)②]、军事技术合作③。

20世纪90年代俄罗斯远东和中国东北多层面合作的加强,从区域(首先是"远东角落")层面推动了中俄关系研究的发展。В. Л. 拉林论证了用该方法补充被视为核心的"莫斯科"研究法的必要性,他提出,"即使看起来是合情合理的聪明做法,在民主国家……也不应该只根据中央的利益及其对形势的理解来制定外交……政策"④。

根据1991年签署的《中俄国界东段协定》,随着两国边界线走向勘定工作的开始,远东学术界部分人员对俄罗斯政府的相关行为提出了批评,指责俄政府在勘界问题上单方面向中国让步。⑤

在俄罗斯总统 Б. Н. 叶利钦(Б. Н. Ельцин)首次访华(1992年12月)的筹备过程中,俄罗斯联邦外交部亚洲司委托俄科学院远东研究所首

---

① Титаренко М. Л. Взаимовыгодное партнерство, обращенное в XXI век // ПДВ. 1997. No 3. С. 45—49; Он же. Китай в пост-Дэновскую эпоху и российско-китайские отношения // МЖ. М., 1995. No 5. С. 27—36.

② Спрогис Е. В. Вызовы и возможности экономического сотрудничества // Proet Contra. 1998. No 1. С. 58—69; Она же. О некоторых проблемах развития двусторонних торгово-экономических связей // БП. М., 1997. No 12. С. 18—22; Кулик А. Б. Российско-китайское экономическое сотрудничество // БП. М., 1997. No 12. С. 14—17.

③ Макиенко К. Опасно ли торговать оружием с Китаем? // Proet Contra. М., 1998. No 1. С. 41—57.

④ Ларин В. Л. Россия и Китай на пороге третьего тысячелетия: кто же будет отстаивать наши на-циональные интересы? Взгляд с российского Дальнего Востока // Внешняя политика и безопасность современной России (1991—1998). Т. 1. Кн. II. М., 1999. С. 161. См. также: Ларин В. Л. Китай и Дальний Восток России в первой половине 90-х годов: проблема регионального взаимодействия. Владивосток, 1998.

⑤ Ткаченко Б. И. Восточная граница между Россией и Китаем в договорах и соглашениях XVIII—XX веков. Владивосток, 1998.

次对中俄两国经济发展水平进行了对比研究。俄学者们提出了一个极有可能实现的推测,"到20世纪末中国经济总体发展的基本重要指标将超过俄罗斯"。此外,研究还指出,"西伯利亚和远东出口基础的薄弱导致了俄罗斯原料出口结构的不合理"。因此强调,"将远东地区变成中国的原料附属地是不符合俄罗斯利益的"①。后来此方面的研究表明,五六年后,即1998年经济大萧条之前,俄罗斯在最近150年里第一次在世界舞台上成为"比中国还弱、地位不及中国的国家"②。

这种时过境迁沉重打击了俄罗斯人民,也为政治团体中制造对中国和中俄关系前景危言耸听的说法提供了有利的理由。А. Д. 博加图洛夫(А. Д. Богатуров)指出,"中国以其庞大的人口和4 300公里的中俄边界逐渐成为……俄罗斯最大的地缘政治危险根源",其中也因为俄方没有经验积极应对"中国对俄远东地区的和平渗透"③。莫斯科卡耐基中心的Д. В. 特列宁(Д. В. Тренин)描绘了由于中国崛起给俄罗斯造成的广泛威胁,并指出主要威胁是"俄罗斯无论在经济还是政治方面都对中国有着过度的单边依赖性,这种依赖性将使俄罗斯失去外交……方式的自由"④。

不得不指出,即使在俄罗斯经济社会非常困难的20世纪90年代这一时期,"中国威胁论"也没有对俄罗斯社会产生明显的影响。相反,中国的成就没有吓跑俄罗斯人,大家普遍认为,应借鉴中国经济改革经验来发展俄罗斯。20世纪90年代在俄科学院远东研究所就已开始分析中国的改革经验能否运用到俄罗斯社会,将结论归纳到《中国改革与俄罗斯》⑤文集中。В. Я. 波尔加科夫发表了一系列文章,主要研究中俄两国改革与发展经验的对比。⑥

这一时期,俄罗斯的中国威胁论曾实际上占了上风,俄罗斯大部分公

---

① Сопоставление уровней экономического развития Китая и России / Отв. ред. В. И. Шабалин // ИБ ИДВ РАН. М., 1993. № 9. С. 9—10.

② Портяков В. «Он уважать себя заставил...» (Китай и Россия в экономическом измерении) // Proet Contra. М., 1998. № 1. С. 27.

③ Богатуров А. Д. Великие державы на Тихом океане. История и теория международных отношений в Восточной Азии после Второй мировой войны (1945—1995). М., 1997. С. 285.

④ Тренин Д. В. Китайская проблема России. М., 1998. С. 37.

⑤ Китайские реформы и Россия. В 2 т. / Сост. и ред. А. М. Круглов. М., 2000.

⑥ Портяков В. Я. Китайские реформы в российских оценках // БП. 1997. № 5. С. 42—48; Он же. Китайские ученые о российских реформах // БП. 1997. № 4. С. 51—58; Он же. Сюй Минь. Экономические реформы в Китае и СССР/России: проблемы сопоставления и взаимовлияния // Восток. М., 1997. № 5. С. 86—97; № 6. С. 62—76.

民担心自身的民族安全,因此他们大都接受了北约支持塞尔维亚的反对派并干涉前南斯拉夫国内冲突的做法。但随后的中国驻贝尔格莱德大使馆被炸事件直接促使了中俄相互靠近,及两国在双边关系和国际舞台上合作的加强。

20世纪90年代,分析苏联解体后中国与新俄罗斯关系的形成具有非常实际的重要性和迫切性。因此,在分析时,俄罗斯汉学家们没有忽略两国之前的长期合作。А. Д. 沃斯克列先斯基就指出,现阶段发展同中国的关系应"全面参考过去的经验……以继承性模式为基础"[1]。他在自己的一系列著作中指出,要理解历史上形成的中俄双边关系的本质,关键是要清楚一个情况,即"中俄两国近400年关系的主要特征是和平:中国和俄罗斯从未正式宣布采用军事行动……双边关系中的一些问题……基本都是以外交谈判的方式解决"[2]。尽管有些人对该观点提出过异议[3],但它在俄罗斯汉学界已成为主流观点,并在后来的诸多著作中被广泛引用。

1917年之前的中俄关系研究中,两国领土勘界及其条约立法程序问题占据最重要的地位。20世纪90年代,俄罗斯从事此问题研究的重要专家 В. С. 米亚斯尼科夫出版了专著《签约确认:俄中边界交涉史(17—20世纪)》,这成为当时汉学界的重大事件。书中作者在大量文献资料基础上阐述了俄罗斯对于中俄边界形成主要阶段的基本解释。

20世纪初,区域层面(东北、内蒙古、新疆和西藏)上的中俄关系研究也成为了俄罗斯学者 Е. А. 别洛夫积极研究的课题。[4]

20世纪90年代,在有关1917年前中俄关系史研究中俄罗斯宗教驻

---

[1] Воскресенский А. Д. Китай во внешнеполитической стратегии России... С. 141.

[2] Там же. С. 145. Впервые идея мирного характера российско-китайских отношений на протяжении нескольких сот лет была сформулирована в монографии А. Д. Воскресенского «Дипломатическая история русско-китайского Санкт-Петербургского договора 1881 года». М., 1995. С. 43—44.

[3] Например, историк из Красноярска В. Г. Дацышен назвал свою работу о русско-китайских отношениях на рубеже XIX-XX вв. «Русско-китайская война. Маньчжурия 1900 г.» (Санкт-Петербург, 1996).

[4] Белов Е. А. Россия и Китай в начале XX века: русско-китайские противоречия в 1911—1915 гг. М., 1997; Он же. Россия и Монголия (1911—1919 гг.). М., 1999; Он же. Тибетская политика России (1900—1914 г.) // Восток. М., 1994. No 3. С. 93—109; Он же. К истории русско-китайских отношений в Синьцзяне в период Синьхайской революции (1911—1913) // ПДВ. 1995. No 2. С. 85—95.

华使团和驻华东正教会的活动也吸引了俄罗斯汉学家们的注意①。

20世纪90年代,俄罗斯学者们更多的是研究中苏关系的各个方面。文献集"联共(布)、共产国际与中国民族革命运动"前两卷的出版②明显加强了20世纪20年代中俄双边关系研究的史料基础。

В.С.库兹涅佐夫在关于国民政府时期中国外交政策的专著中分析了中苏关于中东铁路和伪满洲国问题的冲突与摩擦③。Р.А.米罗维茨卡娅基于档案文献资料分析了在太平洋战争(1941—1945)④的复杂年代中苏关系在中国国家体制形成中的作用。А.М.列多夫斯基大使研究了苏联和И.В.斯大林在中国1937—1952年间事件发展中的作用。书中既有作者在复杂年代在中国工作的个人回忆,又记载了1949年1—2月А.И.米高扬重要的对华访问,以及刘少奇率中共代表团于1949年6—8月对莫斯科的访问,正是在这两次访问进程中,双方"深入探讨了苏联同即将成立的中华人民共和国的关系问题"⑤。

俄罗斯学者们借助于文献资料深入分析了中苏"伟大友谊"时期(也就是20世纪50年代,Б.Т.库利克⑥)的中国外交政策特点,分析了中苏关系破裂的原因和后果(Л.П.杰柳辛、Н.П.里亚布琴科、Б.Т.库里克⑦),分析了20世纪80年代中苏双边关系的特点。在评论此次会晤

---

① История Российской духовной миссии в Китае. М.: Изд-во Свято-Владимирского братства. 1997; Ипатова А. С. Место Российской духовной миссии в Китае в истории российско-китайских отношений // Востоковедение и мировая культура: к 80-летию академика С. Л. Тихвинского. М., 1998. С. 202—223.

② Т. I (1920—1925 гг.) опубликован в 1994 г.; т. II (1926—1927 гг.) в двух частях в 1996 г. Издание осуществлено при поддержке Свободного университета Берлина.

③ Кузнецов В. С. Внешняя политика Китая в 1923—1937 гг. В 2 ч. М., 1992.

④ Мировицкая Р. А. Китайская государственность и советская политика в Китае. Годы Тихоокеанской войны: 1941—1945. М., 1999.

⑤ Ледовский А. М. СССР и Сталин в судьбах Китая. Документы и свидетельства участника событий: 1937—1952. М., 1999.

⑥ Кулик Б. Т. Китайская Народная Республика в период становления (1949—1952) // ПДВ. 1994. No 5. С. 111—125; No 6. С. 73—83; Он же. О феномене внешней политики КНР. 1954—1956 гг. // ИБ ИДВ РАН. М., 1995. No 3. С. 3—27.

⑦ Делюсин Л. П. Некоторые размышления о начале советско-китайского конфликта // Россия и современный мир. М., 1998. No 3. С. 233—256; Рябченко Н. П. Советско-китайский конфликт, 60-е—начало 80-х годов // Россия и АТР. Владивосток, 1998. No 2. С. 53—59; 1998. No 4. С. 50—62; Кулик Б. Т. Влияние советско-китайского конфликта на международные отношения // ИБ ИДВ РАН. М., 1997. No 13. С. 181—202.

时，Б. Т. 库里克指出："……中苏关系的历史不可能由单方或双方声明就可以结束的。邓小平对它的解释……并不意味着这段历史不应该被研究……以后无论是俄罗斯学者，还是中国学者都会对其进行研究。"①

众所周知，目前中国出版了很多研究苏联时期中苏关系的书籍，来论证中国对这一时期和许多关键事件的观点（其中，出版最多的是沈志华的著作）。20世纪90年代初俄罗斯出版了Ю. М. 加列诺维奇就该问题的首批刊物，旨在阐述俄罗斯国内对该复杂问题的观点。Ю. М. 加列诺维奇的著作《1917—1991年苏中关系中的"空白点"和"痛处"》成为该研究方向的奠基作品，著作中使用了大量中国文献史料分析了1917—1949年间和1949—1991年间的诸多重要事件和两国关系问题②。

还要指出的是，20世纪90年代中俄双边关系研究还出现了两个新方向。一个是研究俄罗斯侨民在中国生活的各个方面，比较有代表性的是Г. В. 梅利霍夫和Е. П. 塔斯金娜③的研究成果，以及许多哈尔滨俄侨、上海俄侨的回忆录；另一个方向是中国的苏联学研究［К. В. 伏努科夫（К. В. Внуков）就是首批研究人员之一④］，1991年后改为俄罗斯学研究。

随着国际局势发生了根本性的变化，俄罗斯汉学界出现了研究中国外交政策的新方向。

首先，中印关系被列为首要研究课题之一，然后是中国、印度、俄罗斯三边关系问题。正如1996年А. Г. 雅科夫列夫预测的那样，"当今世界被重新划分为超级发达中心和边缘地区，历史进程使得俄罗斯、中国和印度同属一条线上的同一方向，这不可避免地促使三方在广泛的国际和地区问题上直接或间接地合作"⑤。

---

① Кулик Б. Т. Советско-китайские отношения на пути к нормализации (1997—1989 г.). ИБ ИДВ РАН. М., 1999. № 2. С. 184—209. С. 199, 206.

② Галенович Ю. М. «Белые пятна» и «болевые точки» в истории советско-китайских отношений. В 2 т. М., 1992. Т. 1: От октября 1917 г. до октября 1949 г.; Т. 2. В 2 кн: СССР и КНР (1949—1991 гг.).

③ Мелихов Г. В. Маньчжурия далекая и близкая. М., 1991; Таскина Е. Харбин-продукт контактов стран-соседей // ПДВ. 1999. № 4. С. 132—137.

④ Внуков К. П. Советология КНР и советско-китайские отношения (1970—1990 г.). ИБ ИДВ РАН. М., 1992. № 8.

⑤ Яковлев А. Г. Россия, Китай и Индия в условиях становления новой биполярности мира. ИБ ИДВ РАН. М., 1996. № 13. С. 19.

在此强调,这种"三角关系"的观点是汉学家们早于 Е. М. 普里马科夫(Е. М. Примаков)提出来的,从本质上①分析问题也决定了俄罗斯的印度问题学者进行类似的分析②。

根据事物的发展规律,中国对前苏联加盟共和国(1991 年之后是独联体国家)的政策研究应该是优先方向之一。现实也具备了这样的条件。20 世纪 90 年代上半期,独联体的汉学家仍"习惯性地"同俄罗斯汉学家保持联系,同乌克兰学术界保持着很好的关系。1993—1995 年俄罗斯科学院远东所的汉学家三次去基辅参加大型会议和开讲座。但是后来他们之间的联系慢慢就少了,最后只有中国在中亚的政策③成为了关注的焦点。想仔细研究中国同独联体其他成员国的关系,各方均感力不从心。

20 世纪 90 年代下半期,俄罗斯对中美关系的研究活跃起来。这时的中美相互"试探"过程已基本结束。比尔·克林顿政府的对华"接触"政策有了成熟的轮廓。俄罗斯学者 Б. Н. 扎涅金(Б. Н. Занегин)和 В. Н. 巴雷什尼科夫(В. Н. Барышников)对此有过专门研究④。

Ю. М. 加列诺维奇分析了中美关系可能会给中俄关系带来的影响,根据中国史料分析了近 150 年中美关系模式的变化。他得出了一个有力的结论,该结论在后来事件发展进程中也得到证实,即"20 世纪末,中国和美国作为国际舞台上的两个大国,其直接合作的历史时期到来了。因

---

① См.: Педин А. В. Китайско-индийские отношения на современном этапе // Новые акценты и тенденции во внешней политике Китая. ИБ ИДВ РАН. М., 1994. № 7. С. 161—171; Он же. Индия и Китай ищут пути к сотрудничеству // Китай в мировой и региональной политике: история и современность. ИБ ИДВ РАН. М., 1995. № 3. С. 121—132.

② См.: Педин А. В. Китайско-индийские отношения на современном этапе // Новые акценты и тенденции во внешней политике Китая. ИБ ИДВ РАН. М., 1994. № 7. С. 161—171; Он же. Индия и Китай ищут пути к сотрудничеству // Китай в мировой и региональной политике: история и современность. ИБ ИДВ РАН. М., 1995. № 3. С. 121—132.

③ Педин А. В. Отношения Китая с центральноазиатскими государствами СНГ. ИБ ИДВ РАН. М., 1996. № 13. С. 130—141; Песков Ю. С. Проблемы и перспективы сотрудничества России и Китая со странами Центральной Азии-членами СНГ // ПДВ. 1997. № 4. С. 19—27.

④ Занегин Б. Н. США и Китай: конфликтный потенциал // США-Канада: экономика, политика, культуры. 1999. № 3—4. С. 44—55; Барышников В. Н. / Авт. предисл. О китайско-американских отношениях на современном этапе (К саммитам между председателем КНР Цзян Цзэминем и президентом США Б. Клинтоном) ЭИ ИДВ РАН. М., 1997. № 10; Барышников В. Н. / Сост., авт. предисл. и рефератов. Китайские политологи о перспективах развития китайско-американских отношений после обмена визитами между Цзян Цзэминем и Б. Клинтоном. ЭИ ИДВ РАН. М., 1999. № 4.

此，中美关系对俄罗斯来说具有最重要的意义……"①

至于中国同其他国家及地区关系的研究，该研究力度通常首先取决于具体研究者的热情和工作能力。20世纪90年代，Т. Л. 杰伊奇（Т. Л. Дейч）出版了有关中国在非洲政策的一系列刊物②。С. Г. 卢佳宁提出了俄罗斯、中国、蒙古关系的新方向及细微差别③。Е. И. 萨夫罗诺娃（Е. И. Сафронова）继续分析中国对发展中国家的政策，并特别强调政策中的一些新因素④。日本问题研究专家А. В. 肖明（А. В. Семин）分析了中日在双边层面和地区背景下的关系⑤。

对中国同社会主义国家和东欧各国关系政策的研究，曾是20世纪70、80年代最主要的国际问题之一，现今却没有任何意义了。

俄罗斯汉学家还对20世纪90年代初中国外交政策理论和理念的变化给予了一定的关注。А. А. 沃拉霍娃（А. А. Волохова）和О. Н. 沃拉巴耶娃（О. Н. Воропаева）分析了1990—1992年间中国对世界局势的不同看法，提出了最具前瞻性的一种观点，即世界格局开始由两极向多极发展。这种变化给中国带来了一系列好处：以和平共处五项原则为基础，同所有国家发展关系的想法将成为现实，这有利于增强中国自身的综合实力⑥。

然而，20世纪90年代提出的推动世界走向多极化的想法并没有顺

---

① Галенович Ю. М. Рубеж перед стартом: китайская проблема для России и США на пороге XXI века. М., 1999. С. 308.

② Дейч Т. Л. Китай и Африка: время перемен (80-е годы). М., 1992; Дейч Т. Л., Шубин В. Г. Китай и Юж-ная Африка: эволюция взаимоотношений. М., 1999.

③ Лузянин С. Монголия: между Китаем и советской Россией (1912—1924) // ПДВ. 1995. № 2. С. 71—84; Он же. Ялтинская конференция и проблемы международно-правового оформления МНР накануне и в годы Второй мировой войны // ПДВ. 1995. № 2. С. 52—60.

④ Сафронова Е. И. К вопросу о роли преемственности и традиций в построении современного политико-экономического курса КНР относительно развивающихся стран / Новые акценты и тенденции во внешней политике Китая // ИБ ИДВ РАН. М., 1994. № 7. С. 87—104; Она же. Отношение КНР к сотрудничеству «Юг-Юг» как средству установления нового международного экономического порядка. ИБ ИДВ РАН. М., 1999. № 2. С. 156—165.

⑤ Семин А. В. Китай-Япония: и партнеры, и соперники // ААС. М., 1998. № 9. С. 16—21; Он же. Японо-китайские отношения в многополярном мире // ПДВ. М., 1998. № 3. С. 10—15; Он же. Токио-Пекин: непростой диалог // ПДВ. М., 1999. № 3. С. 45—49.

⑥ Волохова А., Воропаева О. Изменения в мире в начале 90-х годов и роль КНР: оценки китайских политологов // ПДВ. 1994. № 6. С. 22—31.

理成章地被接受。А. Г. 雅科夫列夫是这种观点的一贯反对者,他指出,"两极化——是国际社会昨天、今天和明天的主要参数",认为第一极是西方、发达国家,另一极是外围国家。А. 汤因比(А. Тойнби)将所有"追赶发展"的国家定义为"外部无产阶级"。А. Г. 雅科夫列夫认为,外围国家的政治多极化非常不利,"在不久的将来会全面失败"。学者认为,外围国家作为"全球政治的一极",其形成的最重要因素是中国、俄罗斯和印度战略协作伙伴关系的形成①。

А. А. 斯维什尼科夫(А. А. Свешников)在其专著《中国外交理念和中国国际问题专家的概念性认识》中分析了在大的历史背景下20世纪90年代中国外交政策理论的变化。作者直观地展现了中国学术界就国际主要矛盾问题展开的尖锐争论,因为这直接影响国家外交政策优先方向的选择。其中А. А. 斯维什尼科夫特别关注了何方(时任中国社科院日本所所长)的观点,他指出,现代世界的主要矛盾不是东西方之间,或者南北之间的矛盾,而是发达国家(美国、日本和欧洲国家)之间的矛盾。以此为出发点,何方主张中国必须要面向美国,而不是俄罗斯:"中俄的主要任务是经济合作。在经济领域俄罗斯不能依赖我们,我们也不能依赖俄罗斯。在经济发展和提高技术水平方面,我们只有依靠美国、日本和西欧,应该真实地看待这一点。"②

1992—1999年间,俄罗斯学界对国际关系和中国外交政策的研究是非常有成果的。俄罗斯学者整体上对中国、东亚和亚太地区外交政策方面的研究都保持着应有的水平。这些年学术界和社会上不同观点的碰撞最终使得中俄战略协作最佳方案出炉。这个方案是建立在三个原则的基础上:始终相互尊重,以自身的国家民族利益为根本点,不断地寻找接触点和互相可以接受的解决方案。

也许,20世纪90年代期间出版的学术著作,按其数量形式的标准来看,并不算丰厚,但这一时期建立起来的庞大智力储备、新课题研究的开

---

① Яковлев А. Г. Биполярность—главный параметр мирового сообщества и вчера, и сегодня, и завтра / Китай в мировой и региональной политике: история и современность // ИБ ИДВ РАН. М., 1997. No 13. С. 44—47.

② Свешников А. А. Внешнеполитические концепции КНР и концептуальные представления китайских специалистов-международников // ИБ ИДВ РАН. М., 1999. No 1. С. 109—110; 1994. No 4. С. 173—174.

展和新研究形式的开辟、自由的创作氛围,这些都值得给予很高的评价。

二　21 世纪初期(2000 年至今)

相比于 20 世纪 90 年代,21 世纪初俄罗斯对国际关系和中国外交政策研究的特点是,研究的方法和形式明显多样,研究规模明显扩大。产生这些特点的直接原因是,21 世纪初中国在世界经济政治方面地位不断增强,中俄双边合作不断发展和深化,中国和俄罗斯在对待许多国际问题和"热点"事件上态度相似,两国人民相互间的联系(在旅游、教育、经贸和文化方面)也在不断增加。此外,俄罗斯在选择自我归属认同感(是选择西欧大西洋沿岸,还是相反,欧亚太平洋地区)的优先方向时,中国因素的影响明显增长。

对于与中国交界的俄罗斯边境地区,同邻国省市的互动往来在这些地区的对外联系中居主导地位。渐渐地,不仅符拉迪沃斯托克和哈巴罗夫斯克,还有布拉戈维申斯克和赤塔也成为了定期大型会议的举办地,成为了中俄关系和其他与中国有关问题刊物的出版平台。此类大型活动也定期在巴尔瑙尔、叶卡捷琳堡、车里雅宾斯克、托木斯克和克拉斯诺亚尔斯克等地举行。近些年,以圣彼得堡国立大学国际关系系为代表的中国国际关系研究非常活跃。位于莫斯科的远东研究所在现代中国和中国外交政策研究方面保持着历史形成的主导地位。莫斯科国际关系学院、俄罗斯外交部外交学院、俄罗斯科学院世界经济和国际关系研究所、俄罗斯科学院东方学研究所和非洲研究所就中国国际问题的不同方面也发表了不少有价值的文著。

与 20 世纪 90 年代相比,21 世纪俄罗斯的汉学家、国际问题专家更广泛地在国内报纸上发表文章,包括一些主流报纸:《生意人报》《独立报》《新闻时报》(2011 年后改为《莫斯科新闻报》)、《俄罗斯报》及其他杂志。在一些传统刊物上(《东方》《今日亚非》《远东问题》《世界经济和国际关系》)新增了定期发表关于中国外交政策及其在国际关系中地位的文章。《国际进程》、一些大学定期出版的学报(如圣彼得堡国立大学东方系学报和莫斯科国立大学亚非学院学报)上也经常刊登有关中俄关系、中美关系及中国同其他国家关系的文章。俄罗斯外交部主办的杂志《国际生活》也是如此。

危机发生之前的几年时间里,带有插图的月刊《俄罗斯与中国:21世纪》(主编:A. B. 卢金)出版了。这本杂志在汉学界和社会各界非常流行。出于对中国问题研究的需要,该杂志发行了《理性》专刊,专门用于研究中国及其国际关系。例如,《适合慢读的杂志》《祖国笔记》都筹备了特刊《中国风》(2008 年第 3 期),近 15 位中国问题研究专家成为了该刊的作者。

2000 年时俄罗斯学者开始在广播里(俄罗斯广播、俄罗斯广播中国编辑处、"莫斯科回声")、电视上、俄罗斯和中国及国外通讯社、网站的纪录片和节目里积极地评论了中国政策。

与 20 世纪 90 年代相比,各种类型的圆桌会议的举行更为频繁。2005 年在俄罗斯科学院远东研究所举行了一次圆桌会议,研究了长时间以来中国方面围绕中俄关系最具代表性的会议资料汇编①。2010 年底,主题为"变化世界中变化的中国"的圆桌会议②召开。2012 年,俄罗斯和美国汉学家召开了主题为"关于俄罗斯、中国、美国关系的历史、现状与前景"的圆桌会议③。

与中国的国际关系传统一样,包含了与联合国成员国建立睦邻友好关系的中国总体外交政策、经济外交政策等都引起了学者们的关注④。

---

① Обсуждение сборника статей «История и современное состояние китайско-российских отношений» (Кайфэн, 2004, на кит. яз.) // ПДВ. 2005. No 3. C. 8—43; No 4. C. 17—42. В «круглом столе» принимали участие: М. Л. Титаренко, В. Я. Портяков, Н. Л. Мамаева, Ю. М. Галенович, А. А. Свешников, А. В. Островский, М. В. Александрова, А. Г. Ларин, В. Б. Кашин, Е. Д. Степанов, В. Ф. Бородич, Ю. С. Песков, С. Л. Тихвинский, Р. А. Мировицкая, М. В Крюков, А. С. Ипатова, И. Б. Кульчицкая, Н. А. Самойлов, А. А. Москалев, С. Г. Лузянин, В. И. Балакин.

② См.: ПДВ. 2011. No 1. C. 45—123.

③ Фактор Китая во взаимоотношениях РФ и США: заочный «Круглый стол» российских и американских китаеведов // ПДВ. М., 2012. No 2. C. 75—122. С российской стороны в заочном круглом столе приняли участие: А. С. Давыдов, Ю. А. Дубинин, А. С. Крушинский, А. Г. Ларин, В. И. Трифонов, С. М. Трущ. С американской стороны—Эзра Вогель, Джон Гарвер, Лоуэлл Диттмер, Джун Дрейер, Эллис Миллер, Грегори Мур.

④ Пяти принципам мирного сосуществования и их месту в дипломатии КНР посвящена книга: Волохова А. А. Основы китайской дипломатии. М., 2007; А. Мардашову принадлежит глава об экономической дипломатии Китая в коллективной монографии «Экономическая дипломатия в эпоху глобализации» под редакцией Л. М. Капицы (Москва. МГИМО⟨У⟩. 2010). См. также: Портяков В. Внешнеполитический инструментарий Китайской Народной Республики в процессе перемен // ПДВ. 2011. No 1. C. 135—149.

民间外交问题也受到研究者的关注。需要指出的是，Г. В. 库利科娃出版了关于中俄友好协会①的力作，还有关于中国尝试积极借助"软实力"提升自身国际形象的新内容②。

最后，不得不提的是，学者们非常注重围绕中国在世界的地位及中国与其他国家关系问题广泛征询社会的意见，学者们会定期在西方国家、俄罗斯和中国内部展开调查③。

21 世纪前 10 年在俄罗斯出版了很多著作，这些著作成为了俄国内专家研究 20 世纪 90 年代中国外交政策和国际关系的特有成果。

2001 年出版了具有重要意义的著作《中国边界：形成的历史》，这是一批高水平的汉学家、朝鲜问题专家、日本问题专家、越南问题专家和印度问题专家集体创作的成果。这本书至今仍是苏联解体后研究中国国际关系最好的俄罗斯出版物之一。这本著名汉学家 В. С. 米亚斯尼科夫和 Е. Д. 斯捷潘诺夫共同编辑出版的著作中也尽可能地考虑到了国际关系中的新因素，如"苏联解体和独联体国家的成立"，中国对邻国政策的改变及如何转向"建设性睦邻友好关系"政策。

同时作者还指出了俄罗斯社会的担心，因为在当今中国的科普读物中仍保留着俄罗斯这样的形象，即"中国领土的侵略者"，"国际关系中不友好的伙伴"④。需特别指出的是，Е. Д. 斯捷潘诺夫还对中国海岸线的形成进行了分析⑤，该问题在 2009 年至 2013 年非常敏感。作者在专著《政治始于边界：20 世纪下半叶中国边界政策的若干问题》中总结了自己对中国边界形成的看法⑥。

---

① Куликова Г. В. Россия-Китай: народная дипломатия. М., 2012.

② Ломанов А., Борох О. Стратегия создания «могущественного культурного государства» (о решениях 6-го пленума ЦК КПК 17-го созыва) // ПДВ. 2012. № 1. С. 4—16.

③ Специальный опрос общественного мнения был, в частности, проведен при подготовке работы А. Г. Ларина «Китайские мигранты в России». Результаты опросов общественного мнения в КНР и США широко используются в работах Д. В. Кузнецова (Благовещенск). См., например: Кузнецов Д. Место, роль и политика КНР в международных отношениях в зеркале китайского общественного мнения // Современный Китай в системе международных отношений. М., 2012. С. 231—277.

④ Границы Китая: история формирования / Под общ. ред. В. С. Мясникова и Е. Д. Степанова. М., 2001. С. 6—7.

⑤ Там же. С. 403—449.

⑥ Степанов Е. Д. Политика начинается с границы. Некоторые вопросы пограничной политики КНР второй половины XX в. М., 2007.

俄罗斯的东南亚问题专家,如 Е. А. 卡纳耶夫(Е. А. Канаев,俄罗斯科学院世界经济和国际关系研究所)、Я. В. 列克修金娜(Я. В. Лексютина,圣彼得堡国立大学)、Д. В. 莫斯亚科夫(Д. В. Мосяков,俄科学院东方研究所)、В. Н. 科洛托夫(В. Н. Колотов,圣彼得堡国立大学),他们的著作中补充并深入分析了中国西沙群岛、南沙群岛归属权的争议问题①。

知名的中苏关系问题专家 Б. Т. 库里克试图找到中苏关系破裂的深层原因,认为这是"中国同苏联关系问题的中心"。在其著作《苏中分裂:原因及后果》中他呈现给读者丰富的事实材料,列举了很多有趣的事实。例如,1958 年 Н. С. 赫鲁晓夫提议组建中苏联合舰队和长波电台遭到了毛泽东的拒绝,他直接就变卦,不再同中国合作,并表示不同意毛泽东的言行②。中国学者在 2000 年的著作中仍经常提到该提议,并将其看做是"俄罗斯想要控制中国"的证明。

同时有些学者认为,"修正主义概念"被戈尔巴乔夫式的改革策划者积极地运用到"反社会主义目的"里,具有这种意识形态观点的学者得出了不严谨的结论,好像"中苏关系破裂是两国国内发展过程的产物和反映……即中国同资本主义复辟斗争的过程和苏联反社会主义趋势加深和增强的过程"③。这里顺便说一下,中苏关系变化及其正常化过程在 Ю. С. 培斯可夫(Ю. С. Песков)的专著《苏联与中国:由冲突走向伙伴》中得到分析,他的分析既传统,又具有建设性意义④。

莫斯科国际关系学院的教科书《世界政治中的中国》总结了中国外交

---

① См.: Канаев Е. А. Конфликт из-за островов Южно-Китайского моря: история, характер урегулирования, перспективы эволюции. М., 2007; Лексютина Я. Обострение напряженности в Южно-китайском море: взгляд из ЮВА, КНР и США // ПДВ. 2011. No 5. С. 30 — 41; Мосяков Д. В. Политика Китая в отношении стран Юго-Восточной Азии и ее влияние на безопасность и баланс сил в Азиатско-Тихоокеанском регионе // Актуальные проблемы региональной безопасности современной Азии и Африки. СПб, 2013. С. 77—92; Колотов В. Н. Восточноазиатская дуга нестабильности как основной элемент системы региональной безопасности // Актуальные проблемы региональной безопасности современной Азии и Африки. СПб., 2013. С. 58—76.

② Кулик Б. Т. Советско-китайский раскол: причины и последствия. М., 2000. С. 9.

③ Кулик Б. Т. Советско-китайский раскол: причины и последствия. М., 2000. С. 289, 607.

④ Песков Ю. С. СССР-КНР: от конфронтации к партнерству. М., 2007.

政策的理念基础及其在20、21世纪之交对国际关系主体的态度。这本书的编者有来自莫斯科的学术专家(莫斯科国际关系学院、俄科学院远东所、俄科学院东方所、俄科学院世界经济和国际关系研究所)和来自符拉迪沃斯托克的专家们,也有来自中国和美国的专家参与编写①。在书的结语部分,责任编辑 А. Д. 沃斯克列先斯基总体上预测了中国在不久的将来将实现自身的外交战略目标。今天所有这些问题都在中国对外优先政策清单中占有重要地位。

В. А. 科尔孙(В. А. Корсун)的著作《21 世纪初的中国外交》研究了20 世纪 90 年代"冷战"结束和苏联解体后针对国际形势的变化中国对外政策方针的调整。作者分析了1989 年后西方大国对中国采取的制裁政策及中国为走出国际封锁所作的努力。书中谈到了中国对外政策的新着眼点,如在后苏联空间、朝鲜半岛和整个亚洲以及对美国的政策。В. А. 科尔孙注意到,20 世纪 90 年代中国就已提出,在世界多极化中,和平发展是唯一的选择。20 世纪 90 年代中期,中国开始重视"全球化"概念,并在"新的世界秩序"中找到自己的位置②。В. А. 科尔孙得出的总体结论得到证实。他指出,20 世纪 90 年代"中国平稳和悄悄地进行着这样一个过程……中国由一个特别注意同区域邻国调整关系的区域大国转变成可能唯一一个能够向美国发出挑战的超级大国"③。

21 世纪初不断变化的现代国际生活要求应尽快将研究中心转移到研究当今中国的外交政策及预测其将来可能发生的变化方面。

这一阶段中 2001 年是非常具有代表性的年份,这一年发生了很多具有长远意义的事件,如成立了由中国、俄罗斯、哈萨克斯坦、乌兹别克斯坦、塔吉克斯坦和吉尔吉斯斯坦组成的上海合作组织(7 月 15 日),中俄签署了为期 20 年的《中俄睦邻友好合作条约》(7 月 16 日),美国 9.11 恐怖事件后反塔利班联盟军进入阿富汗。最后,2001 年中、印、俄政治家学者的三边对话成功开启。

俄罗斯学者将主要注意力集中在分析中俄双边合作的不同方向及揭示影响其发展的因素,这是合情合理的。

俄科学院远东所的集体合著《中俄关系:现状与前景》是研究该问题

---

① Китай в мировой политике. М., 2001.
② Корсун В. А. Внешняя политика Китая на пороге XXI века. М., 2002. С. 66, 69.
③ Там же. С. 110.

最早的系列成果之一(项目领导人 М. Л. 季塔连科)。学者们研究了中国内部环境和外交政策对中俄双边关系的影响,分析了中俄双边关系的主要内容,包括经贸合作、国际合作、军事技术合作及文化合作。其中,具体包括中国和俄罗斯在中亚和上合组织的地位研究(С. Г. 卢佳宁、Ю. С. 培斯可夫),中俄关系中的美国因素分析(Б. Т. 库利克、А. А. 斯维什尼科夫),俄罗斯－中国－欧盟的三角关系研究(В. И. 巴拉金、В. И. Балакин),对俄罗斯－中国－日本进行的研究(А. В. 肖明),对俄罗斯－中国－印度进行的研究(С. В. 乌亚纳耶夫),对中国台湾在中俄双边关系中的角色(А. Г. 拉林)进行的分析,以及对在发展中国家中中俄相互影响的可能性进行的分析(Е. И. 萨夫罗诺娃)。关于不同层面的中俄双边合作的章节部分是由 Ю. М. 加列诺维奇、В. Я. 波尔加科夫、М. В. 亚历山德洛娃、А. В. 什雷多夫(А. В. Шлындов)、А. В. 罗曼诺夫这些学者们编写的。

  该书结语部分给出了详尽的结论和建议,直到今天仍具有非常现实的意义。对于俄罗斯来说现在"最优的方案仍是全面深化中俄合作关系,首先在经贸往来及社会联系方面实现突破,在此基础上过渡到两国共同发展的现实模式"。我们认为,"俄罗斯对华政策"基础性文件的制定仍停留在议事日程上①。同时,对"中美战略伙伴关系的加强对俄罗斯而言是最坏的局面"②这种可能性的担心有些夸大。这种观点在俄罗斯引起了一些回应,这些回应带有明显的警惕性,有人认为,中美为实际统治世界将建立 G2(中美共治)。然而,现实中的中俄关系完全是自给自足的。毫无疑问,中俄双边关系容易受到不同外部因素的影响,但总体上都是首先遵循发展这一根本原则的。

  《中国－俄罗斯 2050:共同发展战略》这部著作中继续深入分析了中国发展特点和前景对中俄关系现状和未来的影响。该著作的基本特点是,使用之前俄罗斯经济战略研究所发明的一套方法来研究中国问题,该方法是当时为了分析俄罗斯的历史动态和发展前景而制定的。根据该方法,国家每个时期的状况依据以下 9 个参数来评价:管理、领土、自然资

---

① Российско-китайские отношения. Состояние, перспективы. М., 2005. С. 402－403, 407.

② Там же. С. 399.

源、人口、经济发展、文化宗教、科学教育、武装力量、对外政策①。

该著作的重要结论之一,是指出中国与俄罗斯"根本的国家利益是一致的,在双边关系层面、地区和全球问题领域的个体利益是相符的"。对俄罗斯而言,"不管将来中国因素如何变化,但更重要的是,俄罗斯本身会成为有多大生存能力和影响力的国家"。② 这一论断是非常重要的。

在该著作中首次尝试预测中国外交政策未来的变化,提出了四种可能性:第一,始终和平解决问题;第二,试图将形势向自己有利的方面改变,不排除出现冲突;第三,因为试图武力收回台湾同西方关系恶化(建议俄罗斯"站到一边");第四,可能性最小的,但也有可能的,中国国内出现不稳定(俄罗斯也应"站到一边")。该书总结性的结论大概是比较公正的,指出"随着中国的'崛起',外部环境对其不那么有利,甚至是具有威胁性的"。在此背景下可以预测到,"俄罗斯对中国的关注会与日俱增"③。而众所周知,这种关注在 2009—2013 年就出现了。

《俄罗斯—中国:协作的四个世纪。俄中关系发展历史、现状和未来前景》这部集体创作是另一部极具重大意义的著作之一。该书是国际关系专业高校大学生的教材,其特点为:第一,对两国第一次接触直到现今的中俄关系进行了年代连续性的描述;第二,该书编纂阵容强大,作者分别来自圣彼得堡国立大学(Н. А. 萨莫伊洛夫)和中国台湾淡江大学(А. А. 皮萨列夫)、外交学院(Е. П. 巴扎诺夫、А. В. 卢金)、俄罗斯外交部莫斯科国际关系学院(А. И. 伊万诺夫)、符拉迪沃斯托克的地区研究中心(В. Л. 拉林、Г. Н. 罗曼诺娃)和克拉斯诺亚尔斯克的地区研究中心(В. Г. 达岑申)。А. В. 卢金撰写的有关苏联解体后俄中关系的章节,分析了俄中关系的总体变化,2001 年《中俄睦邻友好合作条约》的作用,中俄在中亚和上合组织及金砖国家中的相互协作,中俄在经济领域的关系,及在能源、投资、军事技术和人文领域的合作。该书总结性结论为:"为深化发展中俄关系和解决两国关系中积累的问题,在研究中国发展经验和中俄合

---

① Кузык Б. Н. , Титаренко М. Л. Китай-Россия 2050:стратегия соразвития. М. , 2006. На предпоследней странице книги отмечается, что при ее подготовке представили свои разработки Е. С. Баженова, Я. М. Бергер, Ю. М. Галенович, Л. М. Гудошников, П. Б. Каменнов, М. В. Крюков, А. В. Ломанов, А. В. Островский, И. А. Петухов, В. Я. Портяков, А. А. Свешников, Е. Д. Степанов.

② Там же. С. 567, 570.

③ Там же. С. 574—577.

作现阶段状态的基础上,必须坚持发展两国的战略伙伴关系,大力发展本国经济,努力发展区域经济,这是应对中国挑战的唯一正确的方法。"①

研究和分析苏联解体后的中俄关系发展的不同方面的研究人员非常多,即使没有上百人,也得有几十人,包括一些身居高位的外交家[С. В. 拉夫罗夫(С. В. Лавров)、И. А. 罗加乔夫、А. Н. 博罗达夫金(А. Н. Бородавкин)、С. С. 拉佐夫(С. С. Разов)、А. И. 杰尼索夫、К. В. 伏努科夫]及很多其他学者。俄罗斯对中国的研究也是国际社会最需要的,因此就出现了这种情况,研究中俄关系的俄罗斯学者定期在国外杂志和集体著作中发表文章②。

在具体研究中俄关系的各个方面过程中,越来越吸引俄国汉学家注意的问题就是领土勘界问题和中俄边界线走向的最终确定问题。

在上面提到的集体著作《中国边界:形成的历史》[И. Т. 莫罗斯、Н. В. 什比列娃(Н. В. Шепелева)、Ю. М. 加列诺维奇]中详细说明了两国边界的形成过程,阐述了20世纪20年代中苏关于边界走向问题鲜为人知的谈判波折,研究了1987年中苏恢复边界问题谈判的进程,最后以1991年5月16日双方就中苏边界东段划界问题签署的协定而圆满结束。

总结20世纪中苏、中俄边界谈判时,Ю. М. 加列诺维奇指出,"我们两个民族在多年努力下最终就边界走向的形成取得了公认的进步。但该协定看起来只是暂时的,因为它无论如何都不会代替之前的一些条约……"③后来他和一些学者(如,В. С. 米亚斯尼科夫)不只一次提议用统一的新边界条约替换那些只确定中俄部分地区边界走向的协议。

然而,该观点没有得到俄罗斯外交部的支持,他们认为,签署了《中俄

---

① Россия и Китай: четыре века взаимодействия. История, современное состояние и перспективы развития российско-китайских отношений / Под ред. А. В. Лукина. М., 2013. С. 689.

② Среди последних по времени публикаций: Lukin A. Russia and Ascendant China // *China Rise: Threator Opportunity? Routledge*, Singapore. 2013. P. 52 – 79; Portyakov V. *Russian-Chinese Relation: Current Stage and Future Prospects* // R/Evolutions. Poznan, Adam Mickewicz University. 2013. Vol. 1. Issue 1. P. 234 – 245; Voskressenski A. *The Structural Stages of Russian-Chinese Cooperation after the Collapse of the USSR and Prospects for the Emergence of a Forth Stage* // Eurasian Review. Kookmin University, Seoul. Vol. 5. November 2012.

③ Границы Китая: история формировании. С. 221.

国界西段协定》(1994年9月3日)和《中俄国界东段补充协定》(2004年10月14日),再没有理由就边界走向问题准备新的条约了。

然而,21世纪前十几年,学者们仍高度关注中俄边界条约的准备与实施,这有几个原因:

首先,很多中国历史学家对中俄领土勘界的历史继续坚持自己的观点,这会在民众心中引起坚定收复领土的心理①。这让俄罗斯学者和外交家们不仅想起双边边界形成的历史,还想起于2001年7月16日签署的《中俄睦邻友好合作条约》第六条中约定的中俄双方相互没有领土要求的条款。

其次,很多参与了中苏、中俄边界谈判的人员借此分享自己对该进程不同阶段的回忆和思考。Ю. М. 加列诺维奇、А. И. 叶利札维京(А. И. Елизаветин)、В. Я. 沃罗比约夫(В. Я. Воробьев)②、Г. В. 基列耶夫(Г. В. Киреев)出版的个人回忆录阐述了自己的立场和观点,他们发表的文著也包含了很多对专家和广大读者有益的文件、事实和谈判进程的细节。

令人感兴趣的是Г. В. 基列耶夫撰写的《俄罗斯-中国:不为人知的边界谈判内幕》这部著作。这位学者对俄罗斯外交部和中国外交部的边界课题进行了35年的潜心研究,1992—1999年间领导了界限标识工作,准备了基本的中俄边界线划界和国界图文件(该文件于2000年1月19日由中华人民共和国和俄罗斯联邦政府外交部通过相应照会交换后生效)。Г. В. 基列耶夫在自己的著作中用大量篇幅分析了符拉迪沃斯托克研究员Б. И. 特卡琴科(Б. И. Ткаченко)的观点:他批评俄罗斯外交部,因其在中俄边界东段问题上单边向中国做出让步。Г. В. 基列耶夫分析了特卡琴科的理由"不知是有意识的伪造,还是由于不知道而造成的误解",Г. В. 基列耶夫提到了一封1997年3月31日为支持俄罗斯外交部

---

① См., например: Цзян Чанбинь. Эволюция восточного участка китайско-российской границы (Чжунэ гоцзе дундуань дэ яньбянь). Пекин, 2007; Чжунго цзиньдай бу пиндэн тяоюэ няньбяо (Хронология неравноправных договоров в новой истории Китая). Пекин, 2012.

② Галенович Ю. М. Россия и Китай в ХХ веке: Граница. М., 2001 (часть II монографии называется «Чего от нас хотел Пекин? Воспоминания участника советско-китайских переговоров 1960—1970-х гг. С. 80—308); Елизаветин А. И. Записки советского посла. М., 2012; Воробьев В. Об урегулировании пограничных вопросов с КНР (Заметки, навеянные воспоминаниями китайских дипломатов) // ПДВ. 2012. № 2. С. 70—74; Он же. Неизвестные страницы пограничных переговоров с Китаем // МЖ. 2006. № 12. С. 56—61.

的决定写给政治领导层的函,该函由一些俄罗斯学者、外交家、不同时期参与边界谈判的边境人员[其中有 С. Л. 齐赫文斯基、Б. Н. 维列夏金、Ю. А. 涅舒莫夫(Ю. А. Нешумов)]①所签署。但特卡琴科直到现在还一直坚持自己的观点②。

最后,外界对中俄边界问题解决方法关注的升温是因为国际上还有未解决的领土争端,他们想要在中俄协定中找到一些提示或技术来解决划界问题。2006 年 А. Д. 沃斯克列先斯基在日本边界问题研究知名专家岩下明裕的著作俄文版序中指出:"在中俄领导人和日本政治家之间能看到这种对比,俄罗斯领导人和中国领导人为了以双方都能接受的条件解决边界问题给予了耐心、智慧和理解,而日本的政治家们却意识不到在边界问题的解决上值当的妥协比无止境解释'谁对谁错'具有更多的安全感。"③

无论怎样,国家边界走向问题的解决,双边关系中信任氛围的总体加强为中俄区域合作的持续发展创造了良好的背景。主要在经贸领域开展的合作渐渐地扩展到其他领域——旅游、教育和文化。因此,中俄关系的研究和预测已经不再局限于国家层面的关系,而且还包括具体的区域研究。

该领域研究的绝对权威是 В. Л. 拉林(俄科学院远东历史考古民族研究所所长)。他的研究客观反映中俄关系的现实,不回避其矛盾之处。

这里以 В. Л. 拉林列出的一个清单为例,该清单列出了因为中国人在俄罗斯做生意,俄罗斯人获得了什么:市场上日用品和食品的丰富,劳动力市场的竞争,价格竞争和本土商品减价,不动产投资,联邦和地方财政增加,推动旅游业和与其相关的服务行业的发展,"同中国人打交道的官员、海关人员和警察的个人福利水平提高"④。这里必须提一下 В. Л.

---

① Киреев Г. В. Россия-Китай. Неизвестные страницы пограничных переговоров. М., 2006. С. 230, 305—309.

② В 2010 г. вышла в свет новая монография Б. И. Ткаченко « Восточная граница между Россией и Китаем в документах и фактах » (Владивосток, 2010.), где, в частности, утверждается, что разрешение в 2004 г. проблемы островов в районе Хабаровска и в верховьях реки Аргунь « наносит геополитический ущерб интересам России в настоящее время и в будущем ».

③ Воскресенский А. Д. Исторические омуты книги профессора Акихиро Ивасита / Предисл. к русск. изд. кн. Акихиро Ивасита « 4000 километров проблем. Российско-китайская граница ». М., 2006. С. 45.

④ Ларин В. Л. Российско-китайские отношения в региональных измерениях (80-е годы XX—начало XXI века). М., 2005. С. 272—273.

拉林的另一部著作,他为其选了一个恰如其分的名字——《睡龙醒来的背后:20世纪与21世纪之交的中俄关系》①,该书能够让我们理解俄罗斯人民对待正在崛起的中国所持的多重心态。

渐渐地形成了一批研究者队伍,他们主要研究中俄边境合作和地区间合作,尤其是经济合作②。边疆区州的学者通常比那些莫斯科和不与中国接壤的联邦主体的学者更积极地评价中俄双边合作现况和前景。对《中国东北地区同俄罗斯远东及东西伯利亚地区合作规划纲要(2009—2018)》的不同评价就体现了学者们的不同立场。该纲要在布拉戈维申斯克和哈巴罗夫斯克得到很高的评价,西伯利亚专家[B. B. 库列绍夫(B. B. Кулешов)、А. Г. 卡尔茹巴耶夫(А. Г. Коржубаев)]和莫斯科专家(М. В. 亚历山德洛娃)对该纲要的印象是,其加强了俄罗斯同中国经贸合作中俄罗斯的原料专业化③。

莫斯科研究中心的政治学家也指出中俄双边关系中区域合作日益重要。С. Г. 卢佳宁第一次尝试从乌拉尔往东将同中国省市发展经济联系的俄罗斯地区进行了批次划分④。А. Д. 沃斯克列先斯基对中俄关系区域合作的潜力和挑战进行分析后,得出结论,中俄双边经贸关系的区域合

---

① Ларин В. Л. В тени проснувшегося дракона. Российско-китайские отношения на рубеже XX-XXI веков. Владивосток, 2006.

② 85 Назовем М. В. Александрову из Института Дальнего Востока РАН-автора монографий « Китай и Россия: особенности регионального экономического взаимодействия в период реформ ». (М., 2003) и « Экономическое взаимодействие регионов России и Китая в период реформ » (М., 2005); Л. А. Понкратову из Амурского государственного университета (Благовещенск), Е. И. Деваеву и Н. И. Рыжову из Института экономических исследований ДВО РАН (Хабаровск).

③ См.: Кулешов В., Атанов Н., Безруков Л., Коржубаев А., Малов В., Санеев Б., Сысоева Н. О некоторых аспектах совершенствования российско-китайского межрегионального сотрудничества // ПДВ. 2010. № 6. С. 62 – 69; Александрова М. В. Российско-китайское инвестиционное сотрудничество: вчера, сегодня, завтра // Российско-китайское сотрудничество в Северо-Восточной Азии: к устойчивому развитию и взаимному процветанию (доклады российско-китайской конференции 11 октября 2011 г.). М., 2012. С. 105 – 117.

④ Лузянин С. Г. Российско-китайское стратегическое партнерство: региональное, культурно-цивилизационное и образовательное измерения // Взаимодействие России и Китая в глобальном и региональном контексте: политические, экономические и социокультурные измерения. Владивосток, 2008. С. 156 – 180.

作部分"按其结构和质量来说,还不符合两国关系声明的战略性质"①。他认为,现今来看,远东和后贝加尔地区的长期稳定发展才能促进中俄区域合作这一进程。

关于2006年在中国举办俄罗斯年和2007年在俄罗斯举办中国年的决定促进了俄罗斯汉学家们开展对新课题的研究:既中国在俄罗斯的形象和俄罗斯在中国的形象。

研究中国在俄罗斯形象的著作中最有名的是 A. B. 卢金的专著《俄罗斯熊看中国龙:17—21世纪中国在俄罗斯的形象》。该作品是在作者博士论文的基础上写的,并非常及时地在2007年出版。A. B. 卢金认为,"中国在俄罗斯的现代形象是一个复杂的体系,在不同层面有各种各样的表现"。作者引入"很多中国次形象"的概念,指的是在俄罗斯不同地区和不同居民团体那里中国的形象。作者深入研究了现代俄罗斯公民对中国印象的特点,这些人有着不同的意识形态观点,如民族主义者、左翼人士、西方自由派,展现了根除这种或那种陈旧观念的复杂性。尤其要强调的是,B. B. 普京执政后,"中国开始被看作是俄罗斯最重要的亚洲伙伴"②。

С. Л. 齐赫文斯基有关俄罗斯在中国形象的专著涵盖了两个大国从17世纪初次接触至今这样长的时期。С. Л. 齐赫文斯基积极评价了中俄关系转向"睦邻友好战略协作伙伴关系",并赞成"两国人民互信友好"。但他仍指出,"很遗憾,在部分中国居民当中对俄罗斯仍存在有陈旧的、反俄罗斯的心理"③。香港一些杂志对习近平2013年3月访俄的评论再一次使这些话得到证实。④。在另一本杂志《外参》的评论中,中国领导人的访问证明了,好像"俄罗斯很长时间在国际事务中都不信任中国,而中国

---

① Воскресенский А. Д. Россия и Китай: потенциал, перспективы, вызовы и проблемы регионального измерения отношений // Взаимодействие России и Китая в глобальном и региональном контексте... С. 70—136.

② Лукин А. В. Медведь наблюдает за драконом. Образ Китая в России в XVII—XXI веках. М., 2007. С. 486, 482.

③ Восприятие в Китае образа России // Тихвинский С. Л. Избр. произв. В 5 кн. Кн. 6. Дополнительная. М., 2012. С. 228.

④ Синь баньцзы и да байби (Крупный промах нового руководства) // Чжэнмин. Гонконг. № 427. Май 2013. С. 2—3.

的普通老百姓也对这个北方邻居没有什么特别好感"①。显然,要建立中俄两国和两国人民间的真正信任的氛围还需要两国继续不断地努力。

正如俄罗斯汉学家就该问题的一篇著作中指出的,"现代中俄关系和其引出的俄罗斯在中国的形象在今天仅仅具有实用主义的特点,其中缺乏感情的衬托、真诚的好感……"要克服这个缺点就要努力使俄语和俄罗斯文化回归到使之成为一种广泛的现象,同时也要不断努力继续完善中国在俄罗斯的形象②。

俄罗斯国内研究者非常关注中国在其参与的国际组织中的自我定位以及在这些组织中中俄之间的相互影响。

也许,研究上合组织的刊物是最多的。最初研究这一领域最活跃的机构是俄科学院远东研究所、莫斯科国际关系学院东亚及上合组织研究中心③和俄罗斯战略研究中心④。

2005年,俄科学院远东研究所出版了《上合组织的形成及中俄在中亚的相互作用(2002—2004)》的圆桌会议材料论文集,其中分析了中亚的地缘政治和地缘经济意义、世界主要大国在该地区的利益[В. В. 米赫耶夫(В. В. Михеев)、В. Б. 雅库波夫斯基(В. Б. Якубовский)]、上合组织在中俄关系中的地位、美国因素对中俄在该组织和区域合作中的影响(Ю. С. 培斯可夫、А. А. 斯维什尼科夫、С. Г. 卢佳宁)。书中提出上合组织的近期策略和长期任务,指出"上合组织的团结,首先意味着中国和俄罗斯的相互靠近",提出要仔细研究"上合组织维和行动的可能性",并预测,"上合组织如发挥好其经济和政治方面的潜力,可能成为强大的国际力量中心"⑤。

---

① Чжан Вэй. «Политический вальс» Си Цзиньпина (Си Цзиньпин дэ «чжэнчжи хуаэрцы») // Вайцянь. Гонконг, 2013. No 5. С. 17.

② Китай в мировой и региональной политике: история и современность. Ежегод. сб. ИДВ РАН. М., 2008. Вып. XIII (спец.). С. 272—274.

③ См.: Лукин А., Мочульский А. Шанхайская организация сотрудничества: структурное оформление и перспективы развития // Аналитич. записки Научно-координационного совета по международным исследованиям МГИМО(У) МИД России. М., 2005. Вып. 2.

④ См.: Комиссина И. Н., Куртов А. А. Шанхайская организация сотрудничества: становление новой реальности. М., 2005.

⑤ Проблемы становления Шанхайской организации сотрудничества и взаимодействия России и Китая в Центральной Азии / Отв. ред. А. В. Болятко, сост. А. Ф. Клименко. М., 2005. С. 216—221.

这本书之后又出版了一系列研究类似问题的新著作①。В. Я. 沃洛比约夫、Л. П. 莫伊谢耶夫（Л. П. Моисеев）、К. М. 巴尔斯基（К. М. Барский）等人在不同的年代担任俄罗斯驻上合组织的协调人，定期在刊物上发表文章，分析有助于上合组织工作运作完善的中俄协作问题②。虽然这些人中代表官方的对上合的正面评价占多数，但最近也有一些间接批评上合组织的声音。В. Я. 沃洛比约夫提到，2012 年北京上合组织峰会期间提出了开始制定上合组织中期发展战略，强调为"保证上合组织活动的蓬勃发展"而制定该战略的必要性："为避免上合组织工作停滞不前或者出现巨大震荡，该组织应及时修正自身……"③可见，总结上合组织自 2001 年以来一系列活动的经验，如果对上合组织中的一些领域特别是经济领域合作停滞不前的原因进行严肃和批判性地分析，将十分有益。

2001 年 9 月，中印俄三国政治学者在莫斯科召开了第一次联合会议，具有现实意义的三边合作由此开始。2014 年 7 月在莫斯科进行的第十三次会议，是三国学者最近一次的会面。学者对话促进了中印俄三国外长定期会晤的启动，之后也陆续开展了农业、卫生和"排除紧急情况所引起的后果"方面合作前景的对话。学者们会晤的成果定期在《远东问题》期刊上发表④。中国出版的杂志《中国报道》也定期刊登三方会议与会者的发言。2004 年远东研究所出版了前三次大会中印俄与会者的报告集，报告集中强调"三边合作潜力很大"，因为三个国家在国内发展目标和全球优先方向方面具有相似性，维护全球稳定的利益相互交织，在中印

---

① См., например: Россия и Китай в Шанхайской организации сотрудничества. М., 2006; Взаимодействие России с Китаем и другими партнерами по Шанхайской организации сотрудничества. М., 2008.

② См., например: Барский К. Центральная Азия под «непромокаемым зонтиком» ШОС // МЖ. М., 2012. No 5; Он же. Шанхайская организация сотрудничества накануне саммита в Бишкеке: основные задачи момента // МЖ. М., 2013, No 5; Моисеев Л. П. Через ШОС снимается масса проблем // МЖ. М., 2010. No 6.

③ Воробьев В. Некоторые аспекты подготовки стратегии Шанхайской организации сотрудничества // МЖ. М., 2013. No 7. С. 126－132.

④ См., например: Уянаев С., Портяков В. Об итогах 11-й трехсторонней конференции ученых России, Индии и Китая // ПДВ. 2012. No 1. С. 32－37; Уянаев С. Россия-Индия-Китай: 12-я трехсторонняя конференция ученых // ПДВ. 2013. No 1. С. 19－24.

俄模式下三个双边关系都在改善①。

在俄罗斯印度学问题专家的著作《印度－俄罗斯：21世纪伙伴关系战略》中有专门的一章研究三边合作。作者预测，"维护俄中和俄印关系的稳定、中印关系的不断完善为提升三国在国际舞台上的政治经济合作、联合反对单极世界的建立创造了条件"②。

俄罗斯汉学家的出发点是，金砖国家（巴西、俄罗斯、印度、中国、南非）的合作积极启动后，中印俄仍有自己独一无二的合作领域。中国在金砖国家的利益成为俄国内汉学家专门分析的课题。С. В. 乌亚纳耶夫指出，中国被认为是金砖国家形成更平衡、公平和合理世界秩序的建设性因素。同时，中国一直提议加强成员国在"实际有意义领域"的合作。整体上说，金砖国家框架内的相互合作是中国外交政策的优先方向③。

俄罗斯科学院远东研究所所长 М. Л. 季塔连科院士在俄罗斯和国际大会上发言的演讲集《全球化世界中俄罗斯及其亚洲伙伴》中，有个别章节研究了以上提到的三种模式，分别是第六章"俄罗斯和中国在中亚——日益彰显作用的上合组织"和第八章"中印俄和金砖国家——新的合作和对话模式"④。

对当今有关中国外交政策方面史料的综合分析证明，现今俄罗斯汉学家明显倾向于研究中俄关系，而对中国外交政策其他方向关注较少。"俄罗斯因素"被纳入到这方面的研究有时是合适的，有时又不合适：研究的主体通常不是中国和其他一个国家的双边关系，有时可以人为的建立一个有中国、俄罗斯和其他任何一个国家或地区的三边关系，但这种关系并不总是合理的。

此外，对中国同其他大多数国家（可能除了美国）关系的研究者通常不是汉学家，而是其他国情学领域的专家。例如，俄罗斯社会对中日关系

---

① Уянаев С. Проблема трехсторонних отношений России, Индии и Китая // Взаимодействие России, Индии и Китая в XXI в.：проблемы, перспективы, направления. В 2 т. 2004. Т. 1. С. 10－11.

② Кузык Б. Н., Шаумян Т. Л. Индия-Россия：стратегия партнерства в XXI веке. М., 2009. С. 1124－1125.

③ Уянаев С. Интересы Китая в БРИКС：отражение роли и стратегии КНР в мире // ПДВ. 2012. № 6. С. 4－19.

④ Титаренко М. Л. Россия и ее азиатские партнеры в глобализирующемся мире. Стратегическое сотрудничество：проблемы и перспективы. М., 2012. С. 397－432, 474－540.

的了解是通过日本问题专家和东方学专家撰写的大量成果,他们是 А. В. 肖明、Г. Ф. 库纳泽(Г. Ф. Кунадзе)、В. В. 米赫耶夫、В. О. 基斯坦诺夫(В. О. Кистанов)①。而以汉语史料为基础,从"中国方面"对这个关系的研究实际上是不存在的。对目前中国同朝鲜和越南这种复杂关系的研究也和上述情况一样,朝鲜问题专家和越南问题专家对此问题显示出的积极性要比汉学家高得多②。

而在世界上非常受关注的一些问题,如中国同欧盟③、非洲国家④、阿拉伯世界国家、近东和中东国家的关系,俄罗斯研究这些问题的刊物较少。

只是最近几年,中国同其他独联体国家(除了中亚国家)和波罗的海沿岸国家⑤的关系成为了俄罗斯学者专门研究的课题。

同时,俄罗斯的汉学界对中美关系的研究显示了很高的积极性。这是因为,他们明白中美关系对总体国际局势的客观重要性,还担心会形成中美各为一级的局面,提出不能忽略这种可能性。

俄罗斯外交家 Г. В. 季诺维耶夫⑥仔细研究了中美关系中台湾因素的作用,以及中国在苏联和美国方面政策的历史相关性。他得出的结论

---

① См., например: Семин А. В. Японо-китайские отношения: состояние, проблемы и тенденции (конец XX—начало XXI века). М., 2008; Кунадзе Г. Ф. Китай во внешней политике Японии // Китай в XXI веке: глобализация интересов безопасности. М., 2007. С. 178—196; Михеев В. В. Китай-Япония. Стратегическое соперничество и партнерство в глобализирующемся мире. М., 2009; Кистанов В. Антикитайская сеть Японии. Токио создает сдержки и противовесы Пекину по всему миру // НГ. 10.06.2013.

② См.: Федоровский А. Н. Корейский полуостров и Китай // Китай в XXI веке: глобализация интересов безопасности. М., 2007. С. 217—236; Колотов В. Н. Вьетнам между США и КНР: историко-политологический анализ современной геополитической ситуации в регионе // Основные тенденции политического и экономического развития стран современной Азии и Африки. СПб., 2011. С. 289—305.

③ См.: Носов М. Г., Смольников С. В. ЕС-Китай на пути к глобальному партнерству. М., 2005; Мардашев А. Китайская Народная Республика и Европейский союз: процесс становления всестороннего стратегического партнерства и перспективы его дальнейшего развития // ПДВ. 2009. № 3. С. 7—15; Майборода Д. Саммиты КНР-ЕС // ПДВ. 2010. № 3. С. 20—28.

④ Здесь следует выделить монографию Т. Л. Дейч «Африка в стратегии Китая» (М., 2008).

⑤ См.: Страны СНГ и Балтии в глобальной политике Китая. М., 2013.

⑥ Зиновьев Г. В. История американо-китайских отношений и тайваньский вопрос. 2-е изд. Томск, 2007; Он же. Китай и сверхдержавы. История внешней политики КНР (1949—1991). СПб., 2010.

是公允的,即"随着苏联的解体,中国同美国和俄罗斯的相互关系进入了新的阶段。""'冷战'和两极世界秩序成为了过去,这从根本上改变了美国—俄罗斯—中国的三边关系。美国成为唯一的超级大国,他不再需要从前的那种三边关系交往模式"①。

中美俄三边关系的复苏是在2000年,因为中俄两国不断地靠近让美国有些担心。最近一些学者更喜欢将中美关系作为三边关系的一部分来研究。А. С. 达维多夫认为:"在俄罗斯—美国—中国的三边关系布局中,相互关系对俄罗斯有着重要意义。虽然现在还没有必要说这个三边关系模式的现实性,但这不意味着在经济方面逊色于其他两个国家的俄罗斯的作用和重要性在相互关系中越来越不重要。"А. С. 达维多夫认为,俄罗斯在此三边关系中两个最强的成员面前也有优势,"俄罗斯可以也应该利用这些优势"②。

О. А. 季莫菲耶夫(О. А. Тимофеев,阿穆尔国立大学,布拉戈维申斯克)很关注中美双边关系:包括两国对话机制、经贸联系、美国历届总统对华政策的特点③。

В. Б. 阿米罗夫(В. Б. Амиров)2007年做的预测在今天看来仍具有很强的现实性:"不仅在美国专家界,而且在美国国家层面,首先延续的政策就是抑制中国或将其引入到国际事务中,或者两者相结合——同亚太地区的伙伴一起同中国来争夺在这一地区的领导权,美国对这里无疑有着极大的兴趣"④。

其实,Я. В. 列克修金娜认为,奥巴马作为美国总统的第一任期内,中美关系总体上的特点是"日益增加的不稳定性和持续加强的冲突性"。此外,奥巴马开始推行"回归亚洲"的外交政策……这"与中国利益是矛盾的"⑤。

---

① Зиновьев Г. В. Китай и сверхдержавы. История внешней политики КНР (1949—1991). СПб. , 2010. С. 315.

② Давыдов А. КНР-США-Россия: обещают ли перемены во власти власть перемен? // ПДВ. 2013. № 2. С. 81.

③ Тимофеев О. А. Американо-китайские отношения на современном этапе: события, процессы, тенденции // Современный Китай в системе международных отношений. М. , 2012. С. 82—127.

④ Амиров В. Б. Соединенные Штаты: демистификация Китая? // Китай в XXI веке: глобализация интересов безопасности. М. , 2007. С. 175.

⑤ Лексютина Я. В. США и Китай: линии соперничества и противоречий. СПб. , 2011. С. 206—207.

在此背景下，最近这些年俄罗斯专家日益关注中国在亚太地区的政策，该政策包括一系列相对独立的分支方向。其中包括：中国为确认其在中国南海岛屿和在中国东海岛屿享有主权的措施、同觊觎这些岛屿的国家冲突调整的立场、保障朝鲜半岛安全的态度、同东盟各国的关系、在亚太地区不同多边关系模式中的定位。

В. И. 特里丰诺夫（俄科学院远东所）认为，虽然中国的政策越来越具有全球性，但中国活跃的主要中心仍是亚太地区。他认为，中国增强了在这一地区的势力和影响，"中国确实挤走了这里的美国和日本"①。然而，今天未必可以说中国在亚太地区有了绝对的领导地位。莫斯科卡耐基中心主任 Д. В. 特列宁反驳了上述观点，Д. В. 特列宁提出相反的观点认为：中国"同东亚国家存在'尚未解决的战略分歧'，将来面临同亚洲另一个'崛起'的大国——印度的竞争，日本也表现出前所未有的抑制中国在海上和空中日益增长势力的决心"②。几年前 Г. Ф. 库纳泽就注意到，"希望得到有争论岛屿的一方（即中国）在钓鱼岛问题上持非常坚决的观点，实质上就是决不妥协……有这样一种观点，就是与其说中国要解决争端，不如说他要保持这种争端……为了给对手以政治压力"③。

至于俄罗斯对此问题的反应，Д. В. 特列宁认为，"在中国东海和南海的领土问题上俄罗斯将一直保持中立态度"④。В. И. 特里丰诺夫没有直接谈论岛屿主权问题的争端，他认为"该地区国家采取稳定局势的有效措施是非常迫切的"，并提到了中俄两国领导人共同倡议加强亚太地区安全的协议（2010年9月26—28日）⑤。

在俄罗斯独立外交政策中，亚太地区分量的不断加强要求要进一步系统而深入地研究中国在该区域外交政策的总体方向和细微差别。

俄罗斯有关中国国际关系和对外政策总体特点的著作并不多。其中

---

① Трифонов В. И. Ситуация в Азиатско-Тихоокеанском регионе: столкновение линий на сотрудничество и противоборство // Китай в мировой и региональной политике: история и современность. М., 2012. Вып. XVII. С. 32.

② Тренин Д. Верные друзья? Как Россия и Китай воспринимают друг друга. М., 2012. С. 30—31.

③ Кунадзе Г. Ф. Китай во внешней политике Японии // Китай в XXI веке: глобализация интересов безопасности. С. 192.

④ Тренин Д. Верные друзья? Как Россия и Китай воспринимают друг друга. С. 64.

⑤ Трифонов В. И. Ситуация в Азиатско-Тихоокеанском регионе: столкновение линий на сотрудничество и противоборство. С. 36—37.

第四章　俄罗斯研究中国外交政策和国际关系的基本方向和特点 | 167

有 Е.О. 波多里科(Е. О. Подолько)的《中国外交政策观念的演变》,及前面提到的由 Г. И. 丘福林(Г. И. Чуфрин)担任主编的世界经济和国际关系研究所的学者们撰写的论文集《21 世纪的中国:安全利益的全球化》①,还有 В. Я. 波尔加科夫的著作《中国作为负责任的世界大国的形成》②。

在俄科学院远东研究所的年鉴《中华人民共和国:政治、经济、文化》国际政治章节中大多数情况下会涵盖诸多内容。2010—2013 的年鉴中分析了中俄的政治、经贸和国际合作[作者分别为:В. Е. 彼得罗夫斯基(В. Е. Петровский)、С. В. 乌亚纳耶夫和 М. В. 亚历山德洛娃]、中国外交政策的总体问题(В. И. 特里丰诺夫)、中国同独联体国家的关系[А. И. 莫克列茨基(А. И. Мокрецкий)]、同美国的关系[А. С. 达维多夫,(А. С. Давыдов)]、同欧盟的关系[А. О. 维诺格拉多夫,(А. О. Виноградов)]、同印度的关系(С. В. 乌亚纳耶夫)、同阿富汗的关系[А. Ф. 克里缅科(А. Ф. Клименко)和 Ю. В. 莫罗佐夫(Ю. В. Морозов)]、中国在中印俄和金砖国家合作框架中的立场(С. В. 乌亚纳耶夫)、与上合组织的关系(С. Г. 卢佳宁)、中国在近东的政策[К. В. 安季波夫(К. В. Антипов)]、与非洲和拉丁美洲国家开展交往的政策(Е. И. 萨夫罗诺娃)③。

中国近些年外交政策的改变在 М. В. 马莫诺夫(М. В. Мамонов)④ 和 С. Г. 卢佳宁⑤的文章中有所体现。在 В. Я. 波尔加科夫一系列文章中(这些文章研究 2008 年北京奥运会后中国外交政策的特点⑥)分析了中

---

① Подолько Е. О. Эволюция внешнеполитических концепций Китайской Народной Республики. М., 2006.
② Портяков В. Я. Становление Китая как ответственной глобальной державы. М., 2013.
③ Китайская Народная Республика: политика, экономика, культура. 2012—2013. М., 2013. С. 215—374.
④ См.: Лузянин С. Г., Мамонов М. В. Китай в глобальных и региональных измерениях: ресурсы и маршруты «возвышения» // Китай в мировой и региональной политике: история и современность. М., 2011. С. 5—31.
⑤ Лузянин С. Г. Внешняя политика Китая: от регионального к глобальному // Российско-китайское сотрудничество в Северо-Восточной Азии: к устойчивому развитию и взаимному процветанию. М., 2012. С. 31—54.
⑥ Портяков В. О некоторых особенностях внешней политики Китая в 2009—2011 гг. // ПДВ. 2012. № 2. С. 27—42; Он же. Перспективы дальнейшего возвышения Китая и его возможные геополитические последствия // ПДВ. 2013. № 2. С. 52—66; Он же. О некоторых аспектах внешней политики Китайской Народной Республики в 2012 г. // ПДВ. 2013. № 3. С. 50—58.

国在国际舞台上积极活动的原因,这些原因有:经济实力的增强、社会上民族主义倾向对国家领导层的压力、试图削弱美国的影响力以及快速使中国获得超级大国的地位。

从2010年底开始,中国就试图修正自己在国际社会上的处世方法,中共十八大(2012年11月召开)颁布的外交纲领也向世界证明了,在遵循和平发展道路的条件下中国准备坚决维护自己的利益。

总体可以得出这样的结论,邓小平执政时期作为中国实用外交政策领导方针的"韬光养晦"正渐渐接近尾声①。

最后,简要地说一下现今俄罗斯研究中国对外政策和国际关系时遇到的一些问题。

关于该课题研究的著作数量一直在增加,但显然研究的质量并没有得到同步的增长。以丰富的中文一手资料为基础进行研究得出自己结论和预测的专家,屈指可数。中国国际关系方面大量的科研文献,包括出版的期刊,在俄罗斯了解的人不多。同样,至于说俄罗斯国内有关中国的英文文献,这些文献比苏联时期还难弄到,一部分因为价格昂贵,一部分因为俄罗斯普遍失去了搞科研工作的文化氛围(网络资源只是部分弥补了这个空白)。

更令人伤心的是,俄罗斯汉学家的许多著作现在都很难获得。原因在于,书和杂志的发行量小、价格昂贵。现今,俄罗斯对中国研究完整的科教空间存在着被打破的现实威胁,其中包括对中国的国际关系和对外政策方面的研究,这个领域被分解成诸多地方性汉学研究,在俄罗斯各地区高校中被不断研究。

现今,在俄罗斯一流的汉学家和国际问题专家共同努力下,《中国国际关系和外交政策史》即将出版,该著作将涵盖从20世纪80年代末至今的历史,并将成为大学教师、新闻工作者和俄罗斯社会的标准性读物。

---

① Портяков В. Внешнеполитические заветы Дэн Сяопина и их современная интерпретация // ПДВ. 2012. № 5. С. 24.

第五章

最新俄罗斯国内历史研究中中国经济的光与影

苏联解体之后,俄罗斯的汉学同整个俄罗斯科学一样,开始经历极大的困境。这不仅是由于资金的缺乏,还在于学界严重低估了1978年12月中共中央十一届三中全会通过关于实行家庭联产承包责任制决议之后开始的中国经济改革的潜力。从20世纪70年代末到80年代初,中国领导人认真研究了苏联在一段时期内实行的计划经济与市场经济结合模式的行政管理、计划经济发展经验——该模式在南斯拉夫、捷克和匈牙利都实行过一段时间,还研究了一些混合经济学理论家[波兰的 B. 布鲁斯(В. Брус)、捷克斯洛伐克的 O. 锡克(О. Шик)、匈牙利的 Я. 科尔内(Я. Корнаи)]的著作之后,得出结论,必须对国内现有计划经济发展模式进行大的改变。可是,正如后来证实的那样,中国进行的经济改革与俄罗斯和东欧国家进行的类似经济转型改革的根本差别在于其转向市场时的从容不迫、循序渐进和阶段性。

中国实行经济改革已经30多年,俄罗斯的经济改革也超过了20年。应该说,对比俄罗斯和中国的改革成果,无论是经济发展速度还是生产指标，暂时看不出俄罗斯模式的优势。对中国改革可以有不同的看法，但是有一点显而易见——经济体系改革后，中国的国民经济发展取得了重大成就。1990年中国的国民生产总值仅相当于俄罗斯的60%，可是1995年GDP规模就已经赶上了俄罗斯。而现在这种相对关系已经反转过来。俄罗斯的GDP不到中国的40%①。

在我们看来，无论是中国还是俄罗斯都正在实施从计划经济向市场经济的转变。可是如果说中国的转变预计需要很长时间——到2050年之前，那么俄罗斯是打算把所有的改革举措在几年内完成。俄罗斯在进行"休克疗法"时完全没有考虑到后果，只是指望过一两年就会有投资进入俄罗斯，俄罗斯就会迅速恢复到改革前的经济指标，并开始赶超实行市场经济的发达资本主义国家。俄罗斯走上了一条激进的改革之路。在一年内国内就实行了价格自由化和私有化，建立了非国有的（或者非公有的）经济部门。

过去这些年两国的改革之路出现了严重背离。尤其是1992年俄罗斯私有化开始之前宣布价格自由化，并在全民数十年劳动建立起来的国有企业基础上设立了非公有制部门后，情况更甚。

正如中国改革的主要理论成果分析和实践证明的那样，中国应用的过渡到市场的理论模式完全符合俄罗斯的实际，但在实践中，很多举措很大程度上是由中国特色决定的。② 中国没有走激进的转向新的经济和政治体制之路，而是循序渐进分四步走，进行了由计划经济转向市场经济的改革：1）1979—1984年，"计划经济为主，市场经济为辅"；2）1984—1993年，有计划的商品经济；3）1993—2002年，"社会主义市场经济"；4）2003—2013年，"完善的社会主义市场经济"；5）从2014年开始，"让市场在资源配置中起决定作用"。企业管理改革过程中，越来越多的工人和员工成为了股东，许多股份制企业和外资企业的管理者是通过招聘确定，而不是中共或上层的任命。现在还在形成一种新的经济体系，以开拓和发展市场为主要环节，建立新型的企业管理体系，形成微观调控和监管体系。这表现出中国领导人理性的总体改革方法：不用"休克疗法"，而是渐

---

① Чжунго тунцзи чжайяо-2010 (Китайский статистический справочник—2010). Пекин, 2010. С. 196.

② См.: Линь Ифу, Цай Фан, Ли Чжоу. Чжунго цзинцзи гайгэ юй фачжань (Китайская экономическая реформа и развитие). Шанхай, 1999; Ли Теин. Гайгэ кайфан таньсо (Исследования о реформах и открытости). Пекин, 1999; и др.

进地过渡到市场经济,逐步提高人民生活水平。

中国取得这样令人瞩目的成绩源于对经济改革理论问题的深入研究。他们没有不假思索地用货币主义的方法转向市场经济,而是提出了自己的"社会主义市场经济"理论,实质上是从行政指令性高度集中的经济转向市场经济的理论。该理论"不仅改变了对传统计划经济理论的认识,还高质量地发展了传统的市场经济理论原理"①。在我们看来,两个国家——中国与俄罗斯——都是经济转型国家。两国经济转型的主要差异在于,中国从计划到市场的转型具有国家和中国共产党监督下渐进化特征,而俄罗斯是革命性的。并且苏共用国家政权换来了私有制,因此国家在很大程度上对市场经济转型失去了监管。两国市场经济转型的特点决定了其社会经济发展成就上的差异。

在1990年代少有人能预料到中国经济的如此成就。无论是俄罗斯还是国外的大部分政治家和学者都认为,中国和苏联以及其他东欧国家一样,随着马克思主义意识形态的崩溃会开始领土分裂,随之在国内会出现经济危机。类似的局面在20世纪20年代辛亥革命之后曾出现过。在这样的情况下,在俄罗斯,迥异于对中国政治问题的热度,几乎无人对中国经济问题感兴趣。20世纪90年代大部分中国经济研究都是在俄罗斯科学院远东所的范围内进行的。而其他机构,无论是学术机构还是机关都停止了对中国经济问题的研究。因为在市场经济条件下,这项没有前途的研究难以获得有力的经费支持。

可是,20世纪末中国取得的改革成就、2001年中国加入WTO、成功地克服2007—2008年世界金融危机带来的经济困难、跻身世界第二大经济体、世界第一大出口国、人民币走强、发展航天研究和纳米技术,极大地激发了全世界包括俄罗斯对中国经济的兴趣。世界对中国经济在十余年高速增长的原因表现出兴趣。俄罗斯人也希望了解,中国如何在20年间从更低的起点赶上并超过了俄罗斯和其他世界发达国家。21世纪初,俄罗斯的政治家和一些中国问题专家开始思考另一个问题:与中国有6000公里共同边界的俄罗斯远东和西伯利亚地区应该怎么办?是与中国划清界限,还是全面合作,依靠中国的帮助来发展远离中心地区的远东和西伯利亚?

这一切引发了对中国经济和社会问题的研究兴趣。因此从21世纪

---

① См.:Цюши. 1999. No 6. С. 19.

初开始,关于中国问题的专著、博士副博士论文和关于中国经济的教材数量大增。可是,尽管俄罗斯社会对当代中国社会经济问题的兴趣提高,却并没有引起国家对该课题的重视。对中国问题研究包括中国经济问题研究的拨款仍然微不足道,这说明国家对此研究几乎没有需求。与之相反的是美国、欧盟、日本和澳大利亚多次增加对中国经济研究的拨款,设立了多个新的科研机构,办起了多种出版物。不过尽管如此,21世纪俄罗斯对中国经济的研究规模与20世纪90年代相比仍然显著增加。

一 1990年代俄罗斯史学界对中国经济改革的研究

1990年代,俄罗斯中国经济研究者的主要课题是始于20世纪70年代末的中国经济体制改革。应该说,在那个年代该课题就极具现实意义。70年代末80年代初,根据对中国的执政党——中国共产党、主要执政机构——中国国务院和立法机构——全国人民代表大会的重要文件和材料,以及中国主要经济学家理论著作的初步分析,就能得出结论,中国已经开始对马列主义的政治经济理论进行重要修正,旨在逐步从行政指令性经济转向市场经济。在此基础上进行的经济改革旨在实现经济腾飞——要实现工农业总产值在2000年之前翻两番,并在此基础上显著提高国内居民的生活水平。

本来在1980年代中期苏联就应该对中国改革经验进行大规模地深入研究,可是受到意识形态教条主义的影响,中国的改革被苏共领导人认为是脱离了社会主义。对中国改革经验的研究看上去基本都是对妄图脱离马列主义总路线的中国修正主义者的批评。1990年代初,俄罗斯的领导人也忽视了中国改革经验。原因有二:第一是意识形态原因,因为中国的经济改革是由中国共产党领导的;第二是臆想的经济原因,认为中国改革获得成功首先是因为其生产力水平比俄罗斯低得多,中国的改革也正是由此而起。

因此,1990年代俄罗斯公开低估中国的改革成就。大多数人(包括俄罗斯的高层领导)仍持有以前的观点,认为中国是一个落后贫穷、人均GDP极低的国家。大部分俄罗斯领导人曾期待着中国由于政治经济和社会原因分裂成几个国家。可是中国无论是在1990年代还是后来都没有发生分裂。并且在1990年代中期,中国的GDP赶上了俄罗斯。中国如此辉煌的改革成就似乎应该引起俄罗斯领导人的特别关注,可是俄罗斯仍然没有明显加大经费力度支持学术界对中国的经济、中国改革的社会经济模式进行研究,也没有加大经费投入扶持整个中国问题研究。这不仅导致了学者放弃汉学研究(包括早前通过了副博士和博士论文答辩的学者),还导致了从事中国经济研究的科研机构数量减少。

更有甚者,在俄罗斯的学术期刊上出现了一些理论文章,得出完全错误的结论,说中国经济改革的成就首先是由于实行了自由经济政策,拒绝国家插手经济。对此观点阐释得最深入的是 A. 伊拉利奥诺夫(А. Илларинонов)。他对中国的统计数据进行了非常表面的分析,并与俄罗斯的相关统计指标进行对比之后得出结论:"1979—1997 年中国发生的不是渐进式(渐进主义的),而是自由主义的经济改革。"以此为依据,他又宣称:"中国改革的经验证明,只有极度自由的经济政策才能阻止俄罗斯渐渐落后于自己的邻国和世界其他国家。"①紧接着,Л. В. 诺沃谢洛娃发表在俄罗斯主流杂志《远东问题》上的文章中给出了答案,反驳了 A. 伊拉利奥诺夫文章中的基本观点。②

仔细分析中国统计数据显示,中国改革进程正是国家监控之下的渐进式(渐进主义的)经济改革。上面提到的 A. 伊拉利奥诺夫的文章,在进行俄罗斯和中国统计数据对比研究时,很遗憾,既没有考虑到中国国家统计库的特点,也没有考虑到中国改革根本举措的实质:改革的主要目的不是以经济自由化为目标,而是要在全面发展生产的基础上,提高国内不断增长的人口的生活水平。的确在此过程中,国家逐渐使自己脱离了对经营者活动的日常监管,但这是渐进的,在多年的时间内分阶段进行的。同时国家仍然借助各种经济杠杆保持了对重点经济领域(能源—燃料行业、交通、银行)的监管。这样在改革的最初阶段由于这些领域产品价格的稳定,保障了建立不同所有制企业并相互进行市场竞争的可能性。当一些经济领域内形成了竞争环境后,国家才开始放开主要生产材料的价格。

一些俄罗斯学者同其他国家的同行们一起试图质疑中国经济改革的成就,试图推翻中国统计年鉴中公布的经济统计数据。例如 В. Г. 格里布

---

① См.: Илларионов А. Секрет китайского экономического чуда // Вопросы экономики. М., 1998. No 4. С. 25—26.
② Подробнее см.: Новоселова Л. Экономическая реформа и государственное регулирование в КНР // ПДВ. 1999. No 1. С. 71—77.

拉斯认为,中国的统计数据被人为提高了。实际的中国经济指标低于各种统计年鉴中的数据。年鉴中存在 GDP 增速与各种能源需求和货运及货物运输量不符的情况。① 同时俄罗斯的汉学界中,也有持对立观点的学者,如 А. Н. 阿尼西莫夫。他认为中国经济指标被低估了。由于统计的基础面不够广,很多公布的统计数据代表性程度不同,不少生产部门根本没有被统计。② 对中国经济状况还存在一些中间的评价(Л. И. 莫洛措娃、В. Я. 波尔加科夫),认为应当仔细弄清楚中国公布的经济情况统计数据,尤其应注意到,中国的统计文献中常会根据新情况定期对统计数据进行修订。③

总体考察俄罗斯经济学家对中国经济状况的研究可见,1990 年代关于中国经济的大部分成果都是俄罗斯科学院远东研究所完成的。这首先包括 1992—2000 年发表于远东所各期信息简报上的关于中国经济各方面的一系列论文④;译自中文的各项法律;中国法律机关和行政机关在中国改革的最初十年——1979—1988 年发布的各种关于改革具体内容的法规⑤。1991—2000 年间,远东所仍坚持像 20 世纪 70 和 80 年代一样,

---

① См.: Гельбрас В. Г. Экономическая реформа в КНР: Очерки, наблюдения, размышления. М., 1990.

② См: Анисимов А. Н. Эконометрический анализ развития КНР. М., 1991.

③ См.: Молодцова Л. И. Китай углубляет реформу. М., 1995; Портяков В. Я. Экономическая политика Китая в эпоху Дэн Сяопина. М., 1998. См.: Анисимов А. Н. К оценке реального потенциала народного хозяйства КНР // РЭЖ. М., 1994. No 7.

④ См., например: Социальное измерение экономической реформы в КНР (1978—1997) / Отв. ред. Э. П. Пивоварова // ИБ ИДВ РАН. М., 1998. No 3; Экономическая реформа в КНР: возможности использования китайского опыта в России / Отв. ред. А. В. Островский, В. Я. Портяков // ИБ ИДВРАН. М., 1996. No 4; Россия-Китай-Украина: пути экономической реформы в деревне / Отв. ред. А. В. Островский // ИБ ИДВ РАН. М., 1994. No 5; Структурные изменения экономики Китая (70—90-е гг.) / Отв. ред. Л. М. Гирич // ИБ ИДВ РАН. М., 1997. No 12; Экономика КНР в преддверии XXI в. (1991—2000) / Отв. ред. И. Н. Наумов // ИБ ИДВ РАН. М., 1997. No 2; Новые моменты в экономической политике КНР / Отв. ред. В. Н. Ремыга // ИБ ИДВ РАН. М., 1994. No 1; Актуальные проблемы экономики КНР / Отв. ред. В. Я. Портяков // ИБ ИДВ РАН. М., 1999. No 5.

⑤ См, например: Экономическая реформа в КНР: Преобразования в городе, 1979—1984: Документы / Пер. с кит., отв. ред. В. Н. Ремыга. М., 1994; Экономическая реформа в КНР: Преобразования в городе, 1985—1988: Документы: (пер. с кит.) / Отв. ред. И. Б. Шевель. М., 1993.; Экономическая реформа в КНР: Преобразования в деревне, 1978—1988: Документы: (пер. с кит.) / Отв. ред. Л. Д. Бони. М., 1993.

出版《中华人民共和国：经济、政治、文化》年鉴。年鉴相当部分内容是对上一年中国经济和社会问题的分析,包括各经济领域形势的综述。①

特别值得注意的是远东所出版,由 М. Л. 季塔连科主编,纪念新中国成立 50 周年的文集"现代化与改革之路上的中国"。这部文集中的一个重要板块"经济与社会"收录了俄罗斯学者的 12 篇文章,研究中国发展中的各种社会经济问题,分析 50 年来的经济发展。这些文章为中国改革 20 年来社会经济各领域的发展做了总结,研究内容包括对经济改革成就的全面评述(В. Я. 波尔加科夫)、改革年代中国的经济思想发展(О. Н. 鲍洛赫)、工业化问题(Л. И. 康德拉绍娃)、农业现代化(Л. Д. 鲍尼和 Л. А. 沃尔科娃)、区域政策与生产力布局(Г. А. 冈申)、国家预算[И. Б. 舍维尔(И. Б. Шевель)]、银行金融体系[Е. Ф. 阿夫多库申(Е. Ф. Авдокушин)]、投资战略(Л. В. 诺沃谢洛娃)、人口形势[Е. Ф. 谢利万诺娃(Е. Ф. Селиванова)]、提高生活水平(纳乌莫夫)、国防工业问题[П. Б. 卡缅诺夫(П. Б. Каменнов)]以及外部经济联系[М. А. 波塔波夫(М. А. Потапов)]②。

在这一时期,因俄罗斯发展在亚洲—太平洋地区的对外经济联系需要,科学院远东研究所开始拓展新的研究方向。该课题研究过程中,激活同亚太国家,尤其是东北亚国家经贸政治关系的问题凸显出来。这些研究对俄罗斯在东北亚的利益进行了全面分析,并展现出通过与该区域国家进行多边合作加快俄罗斯远东社会经济发展的前景③。俄罗斯加入亚太经济合作组织之后,远东所与俄罗斯外交部合作,开始系统研究俄罗斯

---

① Китайская Народная Республика: экономика, политика, культура в 1991 г. М., 1994; Китайская Народная Республика: экономика, политика, культура в 1992 г. М., 1994; Китайская Народная Республика: экономика, политика, культура в 1993—1994 гг. М., 1995; Китайская Народная Республика: экономика, политика, культура в 1995—1996 гг. М., 1997; Китайская Народная Республика: экономика, политика, культура в 1997 г. М., 1999; Китайская Народная Республика: экономика, политика, культура в 1998 г. М., 2000.

② См.: Китай на пути модернизации и реформ. 1949—1999 / Отв. ред. М. Л. Титаренко. М., 1999. С. 158—371.

③ См., например: Российский Дальний Восток и Северо-Восточная Азия. Проблемы экономического сотрудничества / Рук. проекта М. Л. Титаренко. М., 1998; Островский А., Титаренко М. Интересы России в СВА и перспективы использования многостороннего сотрудничества со странами региона для развития российского Дальнего Востока // ПДВ. 1995. No 2.

与亚太经合组织以及亚太地区的合作问题。在此基础上,从 1990 年代末开始,与俄罗斯外交部联合组织一年一度的学术会议。参会人员除了学者,还有来自各部及政府机关对此问题研究感兴趣的代表①。可是很遗憾,后来由于缺乏资金,该课题的研究规模缩小了。

1990 年代在中国经济研究主要方向的框架内,出版了一系列关于改革时期经济变革主要领域的研究成果。它们细致地分析了中国改革时期的经济政策,在研究的基础上,许多论著都得出了重要的结论:中国实施的是"总体上正确的改革选择——逐步、分阶段地从集中体系过渡到建立在全面考虑国情和国家强大的宏观调控作用基础上的现代化市场经济。"②在俄罗斯主要中国问题研究专家的大量著作和论文中还指出,俄罗斯的改革有必要学习中国经验③。可是正如后来实际情况显示的那样,中国转向市场经济的经济改革经验被俄罗斯执政和立法当局完全地忽视了。

分析中国经济学家关于所有制问题和市场与计划相互关系问题理论

---

① Россия в АТЭС: новые возможности в новых условиях: Материалы Второй научно-практической конференции 《Россия в АТЭС и АТР》, Москва, 20 июня 2000 г. / Отв. ред. И. Д. Иванов, М. Л. Титаренко. М., 2000.

② Портяков В. Я. Экономическая политика Китая в эпоху Дэн Сяопина. М., 1998. С. 213.

③ См., например: Ганшин Г. А. Экономика современного Китая: возможности и реальность // ИБ ИДВ РАН. М., 1992. № 9; Он же. Экономика КНР: реформа и развитие. Эволюция социально-экономического эксперимента // ИБ ИДВ РАН. М., 1997. № 3; Он же. Экономическая реформа в Китае: эволюция и реальные плоды. М., 1997; Карпов М. В. Экономические реформы и политическая борьба в КНР (1984—1989). Автореф. дис. ... канд. ист. наук. М., 1997; Китай: плюсы и минусы эволюционного перехода к рынку: сб. ст. М., 1996; Китайские реформы и Россия. В 2 т.: сб. ст. М., 2000; Молодцова Л. И. Китай углубляет реформу. М., 1995; Экономика КНР на пути в XXI век / Отв. ред. И. Н. Наумов // ИБ ИДВ РАН. М., 1999. № 10; Островский А. В. Экономические реформы в КНР: уроки для России // ЭИ ИДВ РАН. М., 2000. № 2; Пивоварова Э. П. Уроки хозяйственной реформы в КНР // РЭЖ. М., 1997. № 5, 6; Портяков В. Я. Поиск путей социально-экономического развития в Китайской Народной Республике (конец 70-х — первая половина 90-х годов). Автореф. дис. ... д-ра экон. наук. М., 1999; Он же. Путь китайских реформ // ПДВ. 1999. № 4; Он же. Он уважать себя заставил... : Китай и Россия в экономическом измерении // Proet Contra, Moscow. Vol. 3. № 1; Портяков В. Я., Шабалин В. И. О сопоставлении динамики роста экономических потенциалов России и Китая // ПДВ. 1993. № 1; Титаренко М. Л. Китай: цивилизация и реформы. М., 1999; Он же. Модернизация Китая: шансы и вызовы времени. М., 2000.

概念的演进,是中国经济研究的一个重要方向。大量研究介绍了中国研究和运用最新的国外理论的情况,分析了结合中国文化传统的经济学新方向①。在Э. П. 皮沃瓦洛娃的成果中特别指出了一个事实,中国学者在转向市场经济规律的理论认识上已经显著超越了其他国家的同行,包括俄罗斯学者。中国学者勇敢地提出了一系列社会主义理论的基本问题,如社会主义条件下发展商品经济的必要性、收入差距、国内国际竞争、所有制形式多元化、发展私有经济等②。由此可以得出重要结论,中国学者在改革年代通过理论和实践探索,在社会主义经济理论上做出的"突破",实质性地改变了之前的社会主义概念。"'中国特色社会主义'在很多标准上并不符合马列主义经典著作中描述的社会主义模式。③"最后在分析改革条件下的中国经济思想时,О. Н. 鲍洛赫指出:"改革年代的中国经济学无论是在同化西方思想成就,还是在理解中国发展特色方面,都达到了更高的理论水平。因此中国经济学家认识到,不可能在中国机械照搬西方办法。这种认识不是出于意识形态的禁忌,而是建立在比1970年代末更深刻理解经济改革的理论与实践的基础之上。"④

1990年代中国还开展了国家管理下市场发展问题的研究,划定了一些对于经济转型国家非常现实的研究方向,如国家管理与市场调节的关系⑤。这一时期撰写了一些关于转型经济条件下新的市场类型的文章,例如股票市场、有价证券市场、保险市场、不动产市场、消费品市场⑥。结

---

① Борох О. Н. Современная китайская экономическая мысль. М., 1998; Пивоварова Э. П. Строительство социализма со спецификой Китая: поиск пути; Она же. Социализм с китайской спецификой: итоги теоретического и практического поиска. М., 1999.

② Пивоварова Э. П. Социализм с китайской спецификой: итоги теоретического и практического поиска. М., 1999. С. 252.

③ Там же. С. 254.

④ Борох О. Н. Современная китайская экономическая мысль. М., 1998. С. 256.

⑤ См., например: Балюк М. А., Балюк И. А. Экономическая реформа в КНР: государство и рынок. М., 1996; Портяков В. Я. Рынок акций в Китае // ПДВ. 1998. № 3; Балюк И. А., Портяков В. Я. Рынок ценных бумаг в Китае. Рынок облигаций в КНР. Рынок акций в КНР. Вторичный рынок ценных бумаг// ИМ ИДВ РАН. Сер.: Проблемы экономического развития и сотрудничества в Северо-Восточной Азии. Вып. 6. М., 1998.

⑥ См., например: Жигулева В. В. Проблемы рынка потребительских товаров в Китае // Китай и АТР на пороге XXI в. // IX МНК ККЦиМ: тез. докл. М., 1998. Ч. 1. С. 71—75; Она же. Становление рынка недвижимости в Китае // БП. М., 1997. № 12; Она же. Страховой рынок Китая // Финансы. М., 2000. № 7.

论是,在转向市场的条件下,伴随着市场经济会出现通货膨胀。与其他经济转型国家,尤其是俄罗斯相比,中国成功地降低了通胀①。

1990年代有一系列关于不同所有制形式企业形成和发展问题的研究,出版了一些专著,研究国有企业、私营和个体企业②、不同所有制的新型股份制企业③,包括经济改革中的各种乡镇企业④。研究得出结论:改革过程中,社会经济结构从两种所有制——国有和集体(民间共有制),转向国有制显著减少、新型所有制出现的多种所有制:从私人个体到合资企业、混合型企业,包括外资企业。

可是应该指出,1990年代俄罗斯的中国问题研究学者对中国的区域经济研究不足。这个问题主要是Г. А. 冈申在研究。他写了各种文章和小册子介绍中国高层的区域政策,以及中国一些地区的经济发展状况⑤。这一阶段,国际经济与政治研究所也出版了一本论文集,俄罗斯和中国的学者对俄中区域经济政策进行了对比分析⑥。论文集显示,中国同行特别注重研究包括新疆在内的中国各地区发展经验。而俄国学者着重从理论角度研究俄罗斯经济改革的总体情况。关于中国的区域经济,学者特

---

① См. статью М. Г. Солнцевой в сборнике «Китайские реформы и Россия» (в 2 т.). (Сб. ст. М., 2000. Т. 1).

② См.: Карлусов В. В. Частное предпринимательство в Китае. М., 1996; Чуванкова В. В. Социальный аспект развития индивидуального и частного предпринимательства // ИБ ИДВ РАН. М., 1998. № 3; Она же. Индивидуальная и частная форма хозяйствования в Китае // ПДВ. 1998. № 2.

③ См., например: Пивоварова Э. П. Опыт акционирования в КНР // БП. М., 1997. № 12.

④ См.: Круглов А. М. Сельские (волостно-поселковые) предприятия в КНР: роль и место в народном хозяйстве, проблемы и перспективы. В 2 ч. // ИБ ИДВ РАН. М., 1997. № 7, 8.

⑤ См.: Ганшин Г. А. Северо-Западный Китай в фокусе перспектив экономического развития страны / Перспективы сотрудничества Китая, России и других стран Северо-Восточной Азии в конце XX — начале XXI в. // VIII МНК ККЦиМ. М., 1997. Ч. 1. С. 27—31; Он же. Восточный Китай «локомотив» экономического развития // ИМ ИДВ РАН. Сер.: Проблемы экономического развития и сотрудничества в Северо-Восточной Азии. М., 1999. Вып. 11; Он же. Региональная политика и размещение производительных сил // Китай на пути модернизации и реформ. 1949—1999 / Отв. ред. М. Л. Титаренко М., 1999. С. 227—243; Он же. Западный Китай — важный резерв ускорения экономического роста // Китайская Народная Республика в 1999 г. М., 2001. С. 161—164.

⑥ См.: Региональное развитие и региональная экономическая политика РФ и КНР. М., 2000.

别关注到了改革进程中不断凸显的城市化问题①。俄罗斯科学院国际经济与政治研究所出版的 Л. 康德拉绍娃和 Н. 科尔涅丘克(Н. Корнейчук)的专著,对中国的整体区域政策做出了总结。作者认为:"从形成统一的经济空间的复杂性和利用劳动的地区分布刺激经济发展的观点来看,中国的区域政策很有意义。"②

这些年俄罗斯还对中国的工业发展问题展开了研究。该题目最引人注目的成果出自 З. А. 穆罗姆采娃和 Л. И. 康德拉绍娃。她们分析了中国经济改革条件下的工业发展问题、工业内部比例的变化以及在该领域进行的改革③。还有对个别工业领域的研究:燃料-能源工业[Л. М. 奥霍特尼科娃(Л. М. Охотникова)]、机械制造与冶金工业[Н. Н. 科列金科娃(Н. Н. Коледенкова)]、交通与通信[Н. Н. 曼德雷卡(Н. Н. Мандрыка)]。他们都分析了改革年代该领域迅速增长的原因④。

传统上被视为决定中国经济发展潜力的农业,在中国经济学研究者的论著中占据重要地位。改革中实施家庭承包体系,逐步使农村劳动生

---

① См.: Кондрашова Л., Островский А. Урбанизация в КНР // ПДВ. 2000. № 3. С. 82—97.

② Кондрашова Л., Корнейчук Н. КНР: реформа и региональная экономическая политика. М., 1998. С. 136.

③ См., например: Муромцева З. А. Индустриальное развитие КНР в условиях экономической реформы (1978—1990 гг.) // ИБ ИДВ РАН. М., 1992. № 11; Она же. Реформа в промышленности КНР: трудный путь // Обозреватель. М., 1996. № 8; Она же. Углубление реформы в государственном секторе промышленности // ПДВ. 1998. № 3; Кондрашова Л. И. Индустриализация // Китай на пути модернизации и реформ. 1949—1999 / Отв. ред. М. Л. Титаренко. М., 1999. С. 188—210.

④ См., например: Коледенкова Н. Н. Машиностроение КНР: современное состояние и перспективы развития // ИМ ИДВ РАН. Сер.: Проблемы экономического развития и сотрудничества в Северо-Восточной Азии. М., 1999. Вып. 10; Она же. Современное состояние черной металлургии КНР и основные направления технического прогресса // ИБ ИДВ РАН. М., 1999. № 10; Охотникова Л. М. Решение проблем энергообеспечения в Китае // Проблемы и потенциал устойчивого развития Китая и России в XXI веке. VIII МНК ККЦиМ: тез. докл. М., 1997. Ч. 1. С. 66—69; Она же. Топливно-энергетическая промышленность // Китайская Народная Республика в 1998 г. М., 2000. С. 107—115; Мандрыка Н. Н. Транспорт и связь // Китайская Народная Республика в 1995—1996 гг. М., 1997. С. 154—162; Он же. Связь в КНР (80-е—90-е гг.) // Китай в XXI веке: шансы, вызовы и перспективы. IX МНК ККЦиМ: тез. докл. М., 2000. Ч. 1. С. 211—215.

产率大幅提升,解决了粮食问题,为提高国内居民的生活水平保障了粮食基础。因此20世纪80年代之后,大量从事农业的人口转入非农领域,农村人口移居城市。不少中国经济研究学者都著述研究中国农业发展问题和土地问题。1990年代末,俄罗斯科学院远东所出版了文集,研究中国1990年代土地领域的宏观调控①。Л. Д. 鲍尼在研究中分析了20世纪80—90年代中国农村市场的发展问题。② Л. А. 沃尔科娃主要研究了经济改革条件下土地分配的变化问题③。1990年代远东所有一批研究中国农业的学者,如 И. Н. 科尔古诺夫(И. Н. Коркунов)专门研究中国的土地政策,С. Н. 阿列克萨欣娜(С. Н. Алексахина)研究了在中国农村实验区进行的经济改革,Е. В. 布宾措夫(Е. В. Бубенцов)研究改革进程中的中国农民问题,Е. И. 克拉尼娜(Е. И. Кранина)研究动物养殖业、渔业和林业的发展④。

1990年代,俄罗斯汉学非常关注人口和国内居民生活水平。Е. С. 巴仁诺娃和 А. В. 奥斯特洛夫斯基的论文研究了中国的人口问题、就业领域的就业率和政策;И. Н. 纳乌莫夫研究了经济改革进程中提高居民生活

---

① См.: Макроэкономическое регулирование аграрной сферы в КНР / Отв. ред. И. Н. Коркунов // ИБ ИДВ РАН. М., 1999. No 6.

② См., например: Бони Л. Д. Рынок в китайской деревне (1978—1995 гг.). В 2 ч. // ИБ ИДВ РАН. М., 1997. No 5, 6; Бони Л. Д., Волкова Л. А. Модернизация аграрного сектора // Китай на пути модернизации и реформ. 1949—1999 / Отв. ред. М. Л. Титаренко М., 1999. С. 211—226; Бони Л. Д. Итоги, проблемы, перспективы перехода к рынку китайской деревни // ПДВ. 1998. No 1.

③ См.: Волкова Л. А. Реформа в китайской деревне. М., 1990; Она же. Проблемы регулирования подряда на землю в китайской деревне в 90-е гг. // Проблемы и потенциал устойчивого развития Китая и России в XXI веке. VII МНК ККЦиМ: тез. докл. М., 1996. Ч. 1. С. 70—74; Волкова Л. А., Коркунов И. Н. Продовольственная проблема в Китае в условиях перехода к рынку // ПДВ. 1997. No 2; Волкова Л. А. Социальные аспекты реформы в деревне // ИБ ИДВ РАН. М., 1999. No 6. С. 49—84.

④ См., например: Коркунов И. Н. Сельское хозяйство КНР на рубеже XXI в. в свете программы развития экономики до 2010 года // Китай на пути модернизации и реформ. X МНК ККЦиМ: тез. докл. М., 1999. Ч. 1. С. 69—73; Алексахина С. Н. Основные проблемы и тенденции формирования отраслевой структуры сельского хозяйства КНР // ИБ ИДВ РАН. М., 1991. No 13; Она же. Опыт проведения экономических реформ в экспериментальных сельских районах КНР // ИБ ИДВ РАН. М., 1998. No 7; Бубенцов Е. В. Сельское хозяйство Китая в 80-е гг.: динамика и проблемы развития // ИБ ИДВ РАН. М., 1993. No 12; Он же. Духовный мир и традиции китайского крестьянства // ИБ ИДВ РАН. М., 1998. No 7; Кранина Е. И. Проблемы развития животноводства и водных промыслов в Китае // ПДВ. 1999. No 6.

水平的问题①。就这个问题展开研究的还有俄罗斯科学院东方学所的专家们。1990 年代出版了两本专著——В. П. 库尔巴托夫（В. П. Курбатов）系统总结了人口、土地和生态问题，指出了这三大问题的相互关系；А. Д. 季卡廖夫（А. Д. Дикарев）研究了总数超过 1 亿人，可只占中国总人口不到 9% 的少数民族的人口问题②。俄罗斯的汉学家们在对中国人口问题进行研究的基础之上得出一个重要结论："经济改革带来的社会政策，在未来可能会对中国解决人口问题产生正面影响，促进国内人口稳定增长……"③，这与今天的情况相符。在 Е. С. 巴仁诺娃和 А. В. 奥斯特洛夫斯基合著的专著中特别指出："今天的生育制度是超高的人口增长潜力的后果，它与社会经济结构现代化之间形成了矛盾。这是中国社会发展中的矛盾之一。家庭规模与社会规模的矛盾决定了必须实行计划生育政策。④"

对中国金融问题、国家预算和银行体系的研究还在继续。С. П. 萨文斯基（С. П. Савинский）在远东所答辩通过了关于中国预算改革的副博士论文⑤，此外还发表了一系列研究 1990 年代中国税制改革、编制国家预算和外汇调控、包括外资银行在内的中国银行体系和银行业务改革的论文⑥。Л. В. 诺沃谢诺娃关于改革进程中中国投资政策的研究对于研究

---

① См., например: Баженова Е. С., Островский А. В. Население Китая. М., 1991; Баженова Е. С. Китай в демографическом измерении. М., 1992; Наумов И. Н. Проблемы формирования и подъема уровня жизни населения КНР. М., 1993; Островский А. В. КНР: проблемы занятости, трудоустройства, подготовки кадров. М., 1993.

② См.: Курбатов В. П. Актуальные проблемы КНР: демография, агросфера, экология. М., 1996; Дикарев А. Д. Демографические проблемы национальных меньшинств Китайской Народной Республики. М., 1996.

③ См.: Баженова Е. С., Островский А. В. Население Китая. М., 1991. С. 194.

④ Там же. С. 195.

⑤ Савинский С. П. Реформа бюджетной системы КНР. Автореф. дисс. ... канд. экон. наук. М., 1996.

⑥ См., например: Портяков В. Я. Банки и банковская деятельность в Китайской Народной Республике // БП. М., 1997. No 12; Портяков В. Я. Иностранные банки в Китае // Китайская Народная Республика в 1995—1996 гг. М., 1997; Шевель И. Б. Валютное регулирование в КНР // ПДВ. 1997. No 4; Он же. Государственный бюджет // Китай на пути модернизации и реформ. 1949—1999 / Отв. ред. М. Л. Титаренко М., 1999. С. 244－251; Шевель И. Б. Реформа банковской системы Китая // ПДВ. 1999. No 5; Он же. Реформа налоговой системы Китая // ПДВ. 1997. No 2.

中国总体经济政策和金融体系的发展具有重要意义①。研究结论指出，国家机构深化改革的过程中试图"让新的投资机制的形式和内容更为相符，以利于在将来实质性地提高中国社会经济改革的效率"②。

应该指出，1990年代中国经济研究中对科技发展、科技进步、军工体系状况以及中国的生态问题关注不够。这些问题在21世纪逐渐成为了研究中国经济状况的主要课题。1990年代 Л. М. 基里奇（Л. М. Гирич）、П. Б. 卡缅诺夫、И. А. 别图霍夫（И. А. Петухов）的一系列论著研究了科技进步和军工体系问题③。1990年代还有几篇关于生态问题的文章发表。其中包括 Е. В. 毕柳林分析中国自然保护领域法规的文章和 Ю. В. 米纳科夫（Ю. В. Минаков）关于中国生态状况的文章④。

1990年代人们大量关注改革进程中中国对外经济联系的问题和前景。不过在我们看来，关注度还不够。М. А. 波塔波夫就此题目写了一系列论文，出版了两部专著，并在科学院远东所通过了博士论文答辩⑤，对研究中国的对外经济发展做出了重要贡献。在论著中，М. А. 波塔波夫介绍了中国在世界经济体系中不断增长的作用，并得出重要结论："未

---

① См.: Новоселова Л. В. Инвестиционная политика и экономическая реформа в КНР. М., 1995.

② Там же. С. 292.

③ См., например: Гирич Л. М. Постановление ЦК КПК об ускорении научно-технического прогресса в КНР // Китайская Народная Республика в 1995—1996 гг. М., 1997; Каменнов П. Б. Военное строительство в 90-е гг. // ПДВ. 1997. No 3; Он же. Проблемы обороны // Китай на пути модернизации и реформ. 1949—1999 / Отв. ред. М. Л. Титаренко. М., 1999. С. 309—318; Петухов И. А. Перспективы реализации программы создания международных бизнесинкубаторов (международных коммерческих инкубационно-инновационных центров в Китае) // ИБ ИДВ РАН. М., 1999. No 10.

④ См., например: Бирюлин Е. В. Закон КНР о предотвращении загрязнения окружающей среды твердыми отходами // ЭИ ИДВ РАН. М., 1997. No 8; Он же. Проблема экстремальных ситуаций и стихийных бедствий в природоохранном законодательстве КНР // Китай на пути модернизации и реформ. X МНК ККЦиМ: тез. докл. М., 1999. Ч. 1. С. 66—69; Минаков Ю. В. Экологическая ситуация в Китае на современном этапе // Проблемы и потенциал устойчивого развития Китая и России в XXI веке. VI МНК ККЦиМ: тез. докл. М., 1999. Ч. 1. С. 108—111.

⑤ Потапов М. А. Внешнеэкономическая политика Китая (1980—1990 гг.). М., 1995; Он же. Внешне-экономическая политика Китая: проблемы и противоречия. М., 1998; Он же. Внешнеэкономический курс // Китай на пути модернизации и реформ. 1949—1999 / Отв. ред. М. Л. Титаренко. М., 1999. С. 319—341; Он же. Внешнеэкономическая политика реформенного Китая (конец 70-х—90-е гг.). Автореф. дис. ... д-ра экон. наук. М., 2000.

来几年,外部经济要素无疑将在中国生产技术增长潜力中保持显著作用。"①这一点在 21 世纪初得到了印证。

研究中国的对外经济联系发展时,俄罗斯汉学家重点关注了亚太经合组织框架内东北亚的区域合作发展问题和俄中经贸联系。1990年代发展俄罗斯与东北亚的区域合作非常重要。中国是该地区对外经济联系最活跃的国家。对该课题进行研究的学者有:А. А. 科兹洛夫(А. А. Козлов)、В. В. 米赫耶夫、А. В. 奥斯特洛夫斯基、В. Я. 波尔加科夫、Е. В. 斯普罗吉斯、Т. Г. 杰林齐耶娃(Т. Г. Терентьева)、М. Л. 季塔连科和 В. Б. 雅库波夫斯基(В. Б. Якубовский)②。И. Н. 科尔古诺夫、В. Я. 波尔加科夫、Е. В. 斯普罗吉斯和 М. Л. 季塔连科等学者在研究中非常关注俄中对外经济联系发展问题。远东所学者们在研究中指出,在俄罗斯亚洲与欧洲部分存在经济差距的情况下,同中国的经贸联系对于发展俄罗斯远东具有决定性意义。俄罗斯与 APEC 国家,尤其是与东北亚国家的经贸联系对于迅速发展俄罗斯经济具有同样重要的意义。А. А. 科兹洛夫在论文中研究了中国香港与中国内地在 APEC 中的发展问题,结论是中国香港回归后仍然在中国外部经济联系中保持着重要作用③。

这一时期还有一些俄罗斯汉学家和经济学家的论著也研究了中国对外经济联系。例如 Е. Ф. 阿夫多库申、Д. А. 萨普利卡(Д. А. Саприка)、Г. С. 雅斯金纳(Г. С. Яскина)、Л. А. 阿诺索娃(Л. А. Аносова)研究了发

---

① См.: Потапов М. А. Внешнеэкономический курс // Китай на пути модернизации и реформ. 1949—1999 / Отв. ред. Титаренко М. Л. М., 1999. С. 338.

② См., например: Михеев В. В. Китай и азиатский регионализм // МЖ. М., 1999. № 9; Российский Дальний Восток и Северо-Восточная Азия: Проблемы экономического сотрудничества / Рук. проекта-А. В. Островский, М. Л. Титаренко. М., 1998; Портяков В. Я. Китай в мировой торговле услугами // Китай на пути модернизации и реформ. X МНК ККЦиМ: тез. докл. М., 1999. Ч. 1. С. 8—12; Спрогис Е. В. Развитие внешнеэкономических связей КНР в 1996—2000 гг. // Экономика КНР в преддверии XXI в. (1991—2000) // ИБ ИДВ РАН. М., 1997. № 2. С. 106—121, 196—201; Якубовский В. Б. Становление регионального экономического сотрудничества в Северо-Восточной Азии: роль Китая // Китай и мир. Актуальные проблемы изучения экономики, политики, истории и культуры Китая. II МНК ККЦиМ: тез. докл. М., 1991. Ч. 1. С. 112—115; и др.

③ См.: Козлов А. А. Гонконг накануне возвращения в Китай // МЖ. 1996. № 4; Он же. Глобализация и взаимодействие Китая со странами АСЕАН // Китай вXXI веке: шансы, вызовы и перспективы. XI МНК ККЦиМ: тез. докл. М., 2000. Ч. 1. С. 187—192.

展自由经济区问题,Т. Л. 杰伊奇研究了中国与非洲的经济合作经验,А. Г. 伊万奇科夫(А. Г. Иванчиков)研究了中国引进外国技术的情况,С. А. 马涅热夫(С. А. Манежев)研究了中国使用外资的问题①。

1990年代,尽管存在经费减少、汉学科研人才流失等不利因素,但以俄罗斯科学院远东所为代表的俄罗斯汉学家仍然对中国经济的几乎所有重要领域开展了研究。在研究的基础上,俄罗斯学者对中国经济的问题和发展前景都给出了重要结论,指出了中国经济改革毋庸置疑的成就,改革对增强国力、实现经济快速增长并在此基础上显著提高人民生活水平的作用,发展同世界各国的合作对于中国经济改革成功和发掘经济增长潜力的重要性。

二 俄罗斯汉学家眼中的21世纪中国经济

21世纪初,中国的经济成就已经显而易见,不容忽视。2000年中国的GDP达到了1.199万亿美元,外贸总额4 743亿美元。与1990年相比,中国的GDP总量从世界第11位上升至第6位,外贸总额从第15位上升到世界第8位②。很多人认为,中国经济已经见顶。加入WTO之后,随着质量较低的产品在国际市场失去竞争力,进口商品涌入这个相对封闭的市场,中国经济会开始出现危机。可是事实正好相反。中国的轻工和纺织产品在国际市场上依然具有竞争力。同时,1980年代中期外资进入中国市场建立了大量高科技合资企业,覆盖机械制造、电子、制药以及纳米技术领域。这极大地提高了中国产品的国际竞争力,并使GDP和外贸额在21世纪初迅速增长。

2000年代的两大重要事件,直接使中国经济在全世界发展中国家和

---

① См., например: Авдокушин Е. Ф. Свободные (специальные) экономические зоны. М., 1993; Яскина Г. С., Аносова Л. А. Сямынь: свободная экономическая зона (становление, развитие, управление). СПб., 1995; Дейч Т. Л. Опыт китайско-африканского экономического сотрудничества. М., 1998; Иванчиков А. Г. Теоретические и практические аспекты привлечения иностранной технологии в КНР. М., 1991; Манежев С. А. Иностранный капитал в экономике КНР. М., 1990.

② Чжунго тунцзи чжайяо—2013 (Китайский статистический справочник—2013). Пекин, 2013. С. 19, 62, 186, 191.

发达国家经济放缓的背景下实现了迅速增长。首先是2001年中国加入WTO,促进了国家外贸迅速增长,显著带动了中国工业生产的发展。中国由此获得了"世界工厂"的称号。第二个事件是2007—2008年的国际金融危机。除中国以外的几乎所有国家经济发展指标都显著下滑,这让中国的主要经济指标赶上了众多发达国家。

应该指出,俄罗斯和国外的不少经济学家认为,完全接受WTO成员国的所有权利和义务会带给中国极大的困难。尤其是"在最初的5—10年经济损失会超过外汇收入和其他收入。由于取消了进口额限制和降低关税,中国经济的优势领域——汽车、纺织、电子、化工、农业将会在国内市场遭遇外国企业的残酷竞争……而考虑到中国商品与发达国家和新兴工业国家的同类商品相比缺乏竞争力,再加上国际市场严厉的反倾销政策,寄望于出口增长也存在很大问题。"[1]可是现实完全推翻了理论经济学家和中国问题专家们的想象。中国加入WTO之后,2012年外贸总额比入世当年的2001年增加了6.6倍[2]。这显然出乎全世界,包括俄罗斯的意料。М. А.波塔波夫和А. И.萨利茨基(А. И. Салицкий)对该现象做出了准确的评价。他们在合著的论文中表示,俄罗斯分析家对中国2001年底加入WTO一事反应不足。他们认为,就两方面来看,这是巨大的疏漏。第一,俄罗斯本身也在进行入世谈判,应当清楚地知晓最新的成功范例,以有利于自己的入世谈判。第二,中国在急剧扩大自己在国际市场上的参与度,正在变成一个具有潜力的合作伙伴和危险的竞争对手。低估该国在世界经济中的地位将导致俄罗斯的损失[3]。十多年之后,俄罗斯也于2012年加入了WTO。М. А.波塔波夫和А. И.萨利茨基论文中预言的一切都正在发生。俄罗斯的入世谈判完全没有借鉴中国经验,今天中国已经不仅成了一个有潜力的合作伙伴,还是国际市场上一个相当危险的竞争对手。俄罗斯在制定至少近25—30年经济政策时必须重

---

[1] Подробнее см.: Потапов М. Проблемы присоединения Китая к ВТО: плюсы и минусы // ПДВ. 2000. No 3. С. 58—59.

[2] Рассчитано по: Чжунго тунцзи чжайяо-2013. С. 62.

[3] Потапов М., Салицкий А. Китай и ВТО: что делать России? // ПДВ. 2002. No 5. С. 107.

视这一点。

中国入世之后,国外对中国经济的发展前景有两种预测。一部分学者认为中国官方公布的经济增长数据被人为抬高,因此预测中国经济未来将崩溃。另一种则相反,他们关注到中国经济实力的增强和在国际经济中地位不断提升,推测由于中国的经济增长和出口增加,其他国家会出现经济衰退,中国的成功发展将让别国付出代价。最后他们提出了五种外国主要理论来解释21世纪初意外的"中国崛起"。

摩根士丹利的首席经济学家史蒂芬·罗奇提出"中国输出通货紧缩论"。该理论认为,中国通过抑制人民币对美元汇率使中国出口商品在国际市场的价格更具竞争力。这样中国就成了全球通缩的源头。另一个是由托马斯·罗斯基提出,并得到保罗·克鲁格曼部分赞同的"统计数据造假论"。该理论质疑中国经济高速增长的真实性,认为未来中国经济的崩溃将不可避免。章家敦提出并得到乔治·斯塔德维尔支持的"中国崩溃论"宣称中国经济将在2008年北京奥运会后迅速崩溃,国家将由繁荣转入经济衰退。还有一种"中国威胁论",承认中国经济的显著发展,并证明中国的继续崛起将导致经济扩张。杰弗里·加藤提出"中国制造威胁论",其实质是商品生产集中到中国所带来的威胁。这将便于中国在国际市场开出自己的条件①。

应该说,某些关于中国经济必然崩溃的理论也在俄罗斯得到了大量响应。例如 В. Г. 格里布拉斯支持"统计数据造假论",他的论据是 GDP 增长的官方统计数据与所有种类能源的消耗量和货物运输量之间有出入②。可是在我们看来,这个问题上我们可以赞同 Я. М. 别尔格尔（Я. М. Бергер）的观点,官方关于经济增长的统计数据,尽管受到 Т. 罗斯基教授的质疑,但还是非常接近实际情况的。更应该关注的不是中国经济的数量指标,而是其质量指标——失业、贫困、贫富差距、城乡差距、地

---

① Борох О. Перспективы экономики КНР: зарубежные оценки в зеркале китайской критики // ПДВ. 2003. No 3. С. 94—109.

② Гельбрас В. Китай: «У пчелы спина полосатая, но тигром ее не назовешь» // Вопросы экономики. М., 2003. No 3. С. 61—75.

区差距①。"中国威胁论"也在俄罗斯得到广泛传播,尤其是在那些不了解中国现实,却对西方经济问题非常熟悉的政治家和商人当中。这在相当大的程度上阻碍了俄中经贸关系的发展,最终阻碍了俄罗斯远东地区的发展。那里发展俄中商品贸易的基础设施薄弱。一个奇怪的事实是,虽然当时两国总理,B.C.切尔诺梅尔金(В. С. Черномырдин)和李鹏早在 1995 年就已经签署了修建跨黑龙江连接布拉戈维申斯克与黑河大桥的协议,但在额尔古纳河、黑龙江、松花江沿岸俄中 6 000 公里的水上边境线上,迄今没有建成一座跨河大桥。正如在不同层面进行的调查与谈话后得出的结论,这一现象的主要原因是俄罗斯政府官员担心"无法限制中国居民从跨黑龙江大桥移民俄罗斯"所带来的"中国威胁"。

美籍华人黄亚生那本在西方轰动一时的《中国特色的资本主义:国家与生意》一书由"斯科尔科沃"莫斯科管理学校从英文翻译过来。这是俄罗斯不愿意更多了解中国经济状况的又一个表现。尽管该书具有客观性,还详细全面地分析了大量统计数据和在中国进行的企业调查材料,可实际上作者还是同几年前的章家敦、T.罗斯基、阿瑟·沃德伦(林蔚)等汉学家一样,总体上对中国改革作出了负面评价。奇怪的是,黄亚生预言,世界金融危机将给中国带来最严重的后果。他写道:"金融危机的结构性前提条件有不少,包括脆弱的金融体系、恶化的社会基础和不够发达的国内私有部门。与东亚相比,中国不富裕。在中国,金融危机的后果将非常严重"②。结果,中国比西方所有国家,美国、东亚、东南亚,更不用说俄罗斯,都更好渡过了这场危机。这是因为,中国生产的不是如股票、债券、期票和衍生工具这样的金融工具,而是在国内外市场上持续变现的大量商品和高清偿等级的服务。中国领导人在困境中采取的社会政策也积极有效。

在俄罗斯科学院世界经济和国际关系研究所 A. A. 邓金(А. А. Дынкин)主编的书中,也出现了由于低估中国经济潜力导致的对 2020 年

---

① Бергер Я. О достоверности экономического роста Китая и «китайской угрозе» // ПДВ. 2002. № 6. С. 40—55.

② См.: Яшэн Хуан. Капитализм по-китайски: Государство и бизнес. М., 2010. (пер. с англ.). С. 337.

前中国经济发展预测的类似错误。2007年完成的该书在引言《预测方法与主要结论》中指出,"研究所的专家们认为,至少到2020年前不会出现能使世界经济倒退很多年的大的危机和灾难。"①书中根据平均购买力得出了所有国家2020年前的经济发展动态。按照作者们的计算,中国在全球GDP的比重将达到近25%,而美国为18%。我们认为,这是完全合理的。可是下一句对中国经济前景的评价让人存疑,因为"按照人民币兑美元的市场价计算,2020年中国的GDP约为美国的40%"②。可是根据中国的官方统计数据,早在2010年,按照人民币兑美元市场价计算,中国的GDP总量就已经达到了美国的41%,而2011年达到了48.8%③。正如我们所看见的那样,评价中国经济必须使用另一种方法,从不同层面——社会国家层面、地区层面、企业层面——对中国经济进行有规律的研究。只有这样才能得出近似的中国经济发展矢量。

  Ю. М. 加列诺维奇的专著《中国奇迹还是中国绝境》又是一个对西方"中国崩溃论"不加鉴别就进行评论的例子。作者透过中国面临的政治、社会,尤其是经济威胁的棱镜,在大量实际材料的基础上考察了中国的状况。分析后得出结论,如果中国共产党多年执政,中国的经济奇迹会就此止步,国家就会走入"中国绝境"。因为当今政府未必能有效清除快速发展道路上的所有障碍④。书中的经济分析不多,主要是政治动因。可是这本书完成后已经十多年过去了,中国的"经济绝境"并未出现。根据2012年中共十八大的总结和过去十年中国社会经济发展成果判断,暂时还是应该多谈谈经济奇迹。应当指出,大部分研究经济的汉学家,并没有受到西方各种"中国威胁论"或"中国崩溃论"的影响,而是在大量现有中国统计资料的基础上展开自己对21世纪中国经济的研究。随着中国经济在国际市场中比重的逐步增长,中国对毗邻的俄罗斯领土造成的经济压力越来越大,这样的研究越来越具有现实意义。

---

  ① 　Подробнее см.: Мировая экономика: прогноз до 2020 года / Под ред. А. А. Дынкина. М., 2007. С. 11.

  ② 　Подробнее см.: Мировая экономика: прогноз до 2020 года / Под ред. А. А. Дынкина. М., 2007. С. 14.

  ③ 　См.: Чжунго тунцзи чжайяо—2013. С. 186.

  ④ 　См.: Галенович Ю. М. Китайское чудо или китайский тупик? М., 2002.

2006年，Б. Н. 库兹克和 М. Л. 季塔连科在合著的《中国—俄罗斯2050：共同发展战略》一书中预言了事件的发展。书中总结了当时两家科学院下属研究所——俄罗斯科学院远东研究所和经济战略研究所——的主要研究成果，预测了俄罗斯和中国两个邻国的经济发展。正如当前情况显示的一样，书中对中国经济的预测完全得到了印证："21世纪中国的发展会遇到问题。可是仍然未必会有什么能严重影响中国持续巩固自己的超级经济大国地位……"①

由于世界经济变化和中国国际地位的提升，俄罗斯国内外对中国经济的研究兴趣明显提高。十余年间，俄罗斯出版了100多部专著、合著、各种中国经济问题的材料文集。这些成果可以分为五类：(1)中国经济总论(经济状况、评价、预测)；(2)与国外学者，包括与中国学者的合作研究；(3)中国经济教材；(4)各种中国经济问题学术研讨会的材料；(5)各地区高校和俄罗斯科学院分院完成的大量中国研究。

21世纪初，俄罗斯汉学家完成了大量中国经济研究成果，详细分析了国家的全面经济形势、中国领导层的经济政策、中国和外国学者对社会发展道路的看法、中国社会经济发展动态、国民经济各领域及各地区经济发展总图。应当指出，大部分成果(约60%)都是长期以来俄罗斯的中国经济研究重镇——科学院远东所完成的。无疑，最有分量的成果应该是Я. М. 别尔格尔的专著《中国经济战略》。书中用大量详实的材料证明，改革年代中国取得引人注目的社会经济发展成就的原因在于，国家政权是火车头。它整合了自己的政治意志、可调动的资源和具有强大市场竞争机制的意识形态资源。正如Я. М. 别尔格尔正确指出的那样，"中国被积极纳入国际生活，首先是由其经济成就推动的。早在2008年中国对世界经济发展的贡献就超过了美国"②。对中国经济战略的全面分析让作者得出一个与世界经济研究有直接关系的重要结论，中国不是某种国家

---

① См.：Кузык Б. Н.，Титаренко М. Л. Китай-Россия 2050：стратегия соразвития. М.，2006. С. 388. В этой работе представлены разработки Е. С. Баженовой, Я. М. Бергера, Ю. М. Галеновича, Л. М. Гудошникова, П. Б. Каменнова, М. В. Крюкова, А. В. Ломанова, А. В. Островского, И. А. Петухова, В. Я. Портякова, А. А. Свешникова, Е. Д. Степанова.

② Бергер Я. М. Экономическая стратегия Китая. М.，2009. С. 518.

总和中的一个客体,而是"世界文明的一种,不能用任何普遍模式去套它"①。

同 1970—1990 年代一样,科学院远东所继续出版《中华人民共和国:经济政治文化年鉴》。年鉴大部分内容都是对当年中国的经济和社会问题的分析,包括对各经济领域的形势总览。科学院远东所在中华人民共和国成立 55 周年和 60 周年出版过两次纪念年鉴。应该指出,这些年鉴中最重要的栏目是"社会经济政策和经济战略"。当中不仅分析当年总的社会经济状况,还分析国民经济和各生产领域的情况②。

特别值得关注的是远东所出版的由 А. В. 奥斯特洛夫斯基主编的两卷本《当代中国主要经济领域》。该书共四个部分:"经济政策、国家预算、创新""工业""农业""对内对外贸易"。在全面分析经济状况和国民经济各领域的基础上,书中得出一个重要结论:"没有理由认为,中国会在最近十年成为世界经济领袖,并取代美国的地位。可是中国完全有可能在 2020 年前达到领先地位。现在中国进入了决定其未来发展趋势的决定性时期,它已经到了无法靠大量吸引劳动力来发展经济的阶段。"③对中国各领域状况的全面分析显示,中国已经成了世界经济中不可小视的重要力量。

总体来看,在 2000 年代,在中国经济主要研究方向的框架内,出现了大量研究各领域经济改革的研究成果,这些成果还详细分析了经济政策问题。在研究的基础上得出了一些重要结论:"中国采用的转向市场的理论模式,可以在一定程度上结合俄罗斯特色,运用于俄罗斯条件下。"④并

---

① Там же. С. 522.

② Китайская Народная Республика: экономика, политика, культура в 2001 г. / Гл. ред. М. Л. Титаренко. М. , 2002; КНР 55 лет: политика, экономика, культура / Гл. ред. Титаренко М. Л. М. , 2004; Китайская Народная Республика: политика, экономика, культура в 2004—2005 гг. / Гл. ред. М. Л. Титаренко. М. , 2005;. Китайская Народная Республика: политика, экономика, культура в 2006 г. М. , 2007; Китайская Народная Республика: политика, экономика, культура. К 60-летию КНР. М. , 2009; Китайская Народная Республика: политика, экономика, культура. 2010—2011 / Гл. ред. М. Л. Титаренко. М. , 2011.

③ Основные отрасли и сферы экономики современного Китая. В 2 кн. / Под ред. А. В. Островского. М. , 2012. Кн. 2. С. 234.

④ Островский А. В. Китайская модель перехода к рыночной экономике // ИДВ РАН. М. , 2007. С. 198.

且,俄罗斯主流汉学家在大量论著中指出,在俄罗斯转向市场的过程中必须考虑中国经验。① 可是正如后来的实践显示那样,在 21 世纪,同 20 世纪 90 年代一样,中国转向市场经济的经济改革经验都被俄罗斯执政和立法当局完全忽视了。

与 20 世纪 90 年代不同的是,中俄及其他经济转型国家(波兰、越南等)的经济和社会学者开始进行国际科研合作。这种国际合作的成果既有各国学者的论文集,也包括对俄罗斯、中国和越南的社会经济状况进行的比较分析研究。俄罗斯科学院经济研究所定期出版的文集,对各国转型经济发展的总体情况和特点得出了结论和定义。② 在俄罗斯和越南学者合著的关于俄中越三国(由计划向市场)转型经济的著作中得出结论:

---

① Кузык Б. Н., Титаренко М. Л. Китай-Россия 2050: стратегия соразвития. М., 2006; Наумов И. Н. Стратегия экономического развития КНР в 1996—2020 гг. и проблемы ее реализации. М., 2001; Салицкий А. И. Взаимодействие КНР с мировым хозяйством. М., 2001; Островский А. В. Китайская модель перехода к рыночной экономике. М., 2007; Портяков В. Я. Экономическая реформа в Китае (1979—1999 гг.). М., 2002; Он же. От Цзян Цзэминя к Ху Цзиньтао // Китайская Народная Республика в начале XXI в. М., 2006; Стратегия превращения Китая в супериндустриальное государство (1996—2050) / Отв. ред. М. Л. Титаренко. М., 2002; Глобализация экономики Китая / Под ред. В. В. Михеева. М., 2003; Китай: угрозы, риски, вызовы развитию / Под ред. В. В. Михеева. М., 2005; Социальные последствия рыночных преобразований в КНР (1978—2002 гг.) / Отв. ред. Э. П. Пивоварова. М., 2004; Экономика КНР вступает в XXI век / Отв. ред. и авт. предисл. М. Л. Титаренко. М., 2004; Кондрашова Л. И. Китай ищет свой путь. М., 2006; Островский А. В. Опыт Китая в решении социальных проблем в условиях перехода к рыночной экономике // Научные доклады ИДВ РАН—2011 / Гл. ред. М. Л. Титаренко М., 2011. С. 4—19; Кондрашова Л. И. Современные споры вокруг «Китайской модели» // Научные доклады ИДВ РАН—2012 / Гл. ред. М. Л. Титаренко. М. 2012. С. 20—47; Экономическая стратегия КНР в XXI веке и вопросы сотрудничества с Россией / Сост. П. Б. Каменнов. М., 2010.

② См., например: Китай и Россия: Развитие экономических реформ / Под ред. Л. В. Никифорова и др. М., 2003; Второй Международный форум экономистов России и Китая. Сборник докладов участников форума, 29—30 сент. 2004 г. СПб., 2004; Китай и Россия: общее и особенное в социально-экономическом развитии: сборник / Под ред. Л. В. Никифорова, Т. Е. Кузнецовой, М. Б. Гусевой. М., 2005; Китай и Россия: социально-экономическая трансформация / Под ред. Л. В. Никифорова, Т. Е. Кузнецовой, М. Б. Гусевой. М., 2007; Китай, Польша и Россия: стратегия трансформации, структурный поворот / Отв. ред. Л. В. Никифоров, Т. Е. Кузнецова, М. Б. Гусева. М., 2010; Китай, Польша, Россия. Стратегические приоритеты развития: общие и особенные / Отв. ред. Л. В. Никифоров, Т. Е. Кузнецова. М., 2012.

"俄罗斯、中国、越南的市场转轨模式整体上相似,经济上正在完成向市场自我调节机制的转换,政治上正在完成由传统向现代法治国家模式的转换。①"著作建议所有改革国家都致力于经济现代化,改变劳动密集型方式,摆脱对亏损性劳动力的依赖,转向熟练劳动力,发展科技进步和创新。俄中社会学者合著的另外两本著作分别对在俄罗斯和中国、圣彼得堡和上海进行的社会研究做出分析。他们对 20—30 年来,由于计划经济转向市场经济引起的俄罗斯和中国社会结构的变迁进行了全面分析②。经济改革开始后,随着两种所有制的转换,多种所有制的出现——从个体私营到国有和外资,两国都开始出现社会结构的巨大变化。无论是俄罗斯还是中国,各种社会阶层和集团的数量都在扩大,社会分层加剧。在理论层面,两国都从马克思主义社会结构分析理论转向社会分层理论,考察分析大量随着经济改革、新的所有制出现而出现的社会阶层和集团③。

在大量中国经济学论著的基础上俄罗斯开始为开设远东、东亚、金砖国家和上合国家经济研究课程的高校出版教材④。20 世纪 90 年代对上

---

① Сравнительный анализ общих черт и особенностей переходного периода в России, Китае и Вьетнаме / Отв. ред. А. В. Островский, До Тиен Шам. М. , 2012. С. 405.

② Россияне и китайцы в эпоху перемен: сравнительное исследования в Санкт-Петербурге и Шанхае начала XXI в. / Под общ. ред. Е. Н. Даниловой, В. А. Ядова, Пан Давэя. М. , 2012; Китай в начале XXI в. М. , 2011. (пер. с вьетн.); Россия и Китай: изменения в социальной структуре общества / Отв. ред. М. К. Горшков, Ли Пэйлинь, З. Т. Голенкова. М. , 2012.

③ Более полный анализ совместных российско-китайских социологических исследований см.: Островский А. Россия и Китай: изменения в социальной структуре общества. Рец. на книгу «Россия и Китай: изменения в социальной структуре общества» / Отв. ред. М. К. Горшков, Ли Пэйлинь, З. Т. Голенкова. М. , 2012 // ПДВ. 2013. № 3. С. 146—152.

④ См. Ли Цзи Шен, Казаринова О. В. Экономические реформы в Китае: Учеб. пособие. Киров, 2001; Гельбрас В. Г. Экономика Китайской Народной Республики: важнейшие этапы развития, 1949—2007: курс лекций. М. , 2007; Ольсевич Ю. Я. Влияние хозяйственных реформ в России и КНР на экономическую мысль Запада: учеб. пособие. М. , 2007; Авдокушин Е. Ф. , Жариков М. В. Страны БРИКС в современной мировой экономике. М. , 2013; Основные тенденции политического и экономического развития стран современной Азии и Африки. СПб. , 2011; Потапов М. А. , Салицкий А. И. , Шахматов А. В. Экономика современной Азии: учебник. М. , 2011; Современный Китай: социально-экономическое развитие. Национальная политика. Этнопсихология / Отв. ред. Д. В. Буяров. М. , 2011; Кочергин И. В. Регионоведение: Китай: учебник. М. , 2013.

述国家经济研究不足,大多数高校毕业生对中国、东亚、东南亚国家经济缺乏了解。与那时相比,情况有了很大变化。很多高校开始开设中国经济的专业课程。这在中国国际地位提升、经济腾飞的背景下具有特殊意义。

俄罗斯各地区关于中国经济的文章发表数量也在逐渐增加。首先是与中国毗邻地区:滨海边疆区、哈巴罗夫斯克边疆区、后贝加尔边疆区、阿穆尔州和阿尔泰边疆区。对各地区的材料分析显示,大部分报告、文章和材料都是研究中国与之毗邻地区的发展问题。在哈巴罗夫斯克和滨海边疆区研究的是整个东北的经济,阿穆尔州研究黑龙江省,后贝加尔边疆区研究内蒙古自治区,而阿尔泰边疆区研究新疆维吾尔自治区①。应该指出,阿穆尔州和后贝加尔边疆区对中国毗邻地区以及与中国的区域经贸合作的研究取得了积极进展,在很大程度上是由于该地区的主要高校——阿穆尔国立大学和后贝加尔国立大学——设立了俄罗斯科学院远东研究所的分支机构。中心与地方的合作不仅让从事中国问题研究的重要研究所能及时监测到毗邻地区的局势,也能帮助地方高校提高科研教学质量。

同20世纪90年代一样,远东所定期举办中国经济学术研讨会。2006年之前,只有俄罗斯科学院学术委员会在莫斯科定期举办的系统研究当代中国问题的国际学术研讨会"中国与世界"的经济组才讨论经济问

---

① См., например: Экономическое развитие и международное сотрудничество в Северо-Восточной Азии / Отв. ред. П. А. Минакир. Владивосток, 2001; Власов С. Н., Тырцев С. А. Перспективы российско-китайского сотрудничества в банковской сфере. Хабаровск, 2002; Дарбасов В. Р., Борисов В. Д. Аграрная реформа в Китае: опыт и проблемы. Якутск, 2002; Присяжный М. Ю., Фомина М. М. Мировое хозяйство: экономико-географическая характеристика Восточной Азии и Китая. Якутск, 2008; Парамонов В. В., Строков А. В., Столповский О. А. Россия и Китай в энергетике Центральной Евразии: соперники или партнеры? присутствие России и Китая в отраслях ТЭК стран Центральной Азии: состояние, проблемы и перспективы. Барнаул, 2011; Россия и Китай: социально-экономическое взаимодействие между странами и приграничными регионами / Под общ. ред. Л. А. Понкратовой, А. П. Забияко. Благовещенск, 2011; Забайкальский край в трансграничном взаимодействии с КНР (региональное сотрудничество) / Ред. Н. А. Абрамова. Чита, 2010.

题。通过会前发布的报告论题可以看到会议材料①。可是近年来科学院远东所的中国经济与社会研究中心每年三月初都举办研讨会,对上年的经济进行总结。例如2009年的研讨会讨论了中国战胜2007—2008年的世界金融危机问题,2011年对中国入世后的十年作了总结。作为研讨会的总结,每年会定期以与会者报告的形式出版论文集②。这样的定期经济学术会议有助于搞清楚由于中国发展的客观条件、人口问题、相对资源缺乏和生态问题引起的中国经济主要"痛点"。

当前中国经济的一个主要问题是人口问题。可是解决这个问题的难点不在于人口总量(这个数字在2012年达到13.54亿),而在于不断增长的老龄化问题。60岁以上人口的比重持续上升,同时工作年龄人口的绝对数量开始下降。因此十八届三中全会后(2013年11月)中国放松了计划生育政策,允许双独家庭生育两个孩子。后来人口政策再次放松,现在

---

① См.: Китай, Россия, страны АТР и перспективы межцивилизационных отношений в XXI веке // XII МНК ККЦиМ: тез. докл. В 3 ч. Содержание: Ч. 1: Экономика Китая, России и стран АТР в условиях глобализации. С. 6—155. М., 2001; Китай: шансы и вызовы глобализации. XIV МНК ККЦиМ: тез. докл. Из содержания: Углубление экономических реформ в Китае и их социально-политические последствия. С. 9—174. М., 2003; Усиление Китая: внутренние и международные аспекты. XV МНК ККЦиМ: тез. докл. Ч. 1. Из содержания: Углубление экономических реформ в Китае и их социально-политические последствия и перспективы. С. 8—142. М., 2005; Россия и Китай: взаимное восприятие (прошлое, настоящее, будущее). XVI МНК ККЦиМ: тез. докл. Из содержания: Экономическое развитие Китая в разд. Экономические аспекты сотрудничества России и Китая. С. 88—150. М., 2006; 30 лет реформ в КНР: опыт, проблемы, уроки. XVII МНК ККЦиМ: тез. докл. Ч. 1. Из содержания: Экономические аспекты сотрудничества России и Китая. М., 2008; 60 лет КНР: Шестидесятилетие дипломатических отношений СССР/РФ и КНР. XVIII МНК ККЦиМ. В 2 ч. Из содержания: Общие проблемы развития экономики КНР. С. 11—56. М., 2009; Вековой путь Китая к прогрессу и модернизации: К 100-летию Синьхайской революции». XIX МНК ККЦиМ: тез. докл. Из содержания: Экономика Китая. С. 114—227. М., 2011; Китай в эпицентре глобальных проблем АТР. XX МНК ККЦиМ: тез. докл. Из содержания: Опыт социально-экономического развития Китая. С. 141—232. М., 2013.

② См., например: Экономическая реформа в КНР: на рубеже веков / Отв. ред. А. В. Островский. М., 2008; Экономика КНР: меры по преодолению влияния мирового финансового кризиса: сб. ст. / Отв. ред. А. В. Островский. М., 2010; Всероссийская научная конференция «Социально-экономическое положение современного Китая» (Москва, 11.03.2011). Ч. 1—2 // ИМ ИДВ РАН. Сер. Ж: Социально-экономическое положение современного Китая. М., 2012; Экономика КНР: 10 лет после вступления в ВТО // ИМ ИДВ РАН. Сер. Ж: Социально-экономическое положение современного Китая. М., 2013. Вып. 19. Ч. 1—2.

单独家庭也被允许生两个孩子。

俄罗斯汉学家预测到了人口政策和就业政策的变化。如 Е.С. 巴仁诺娃发表了大量关于中国人口问题的文章。奥斯特洛夫斯基也就中国的劳动力问题发表了一部专著和若干论文①。Е.С. 巴仁诺娃认为："人口因素是制约中国经济迅速发展的重要因素之一。将来预计会实行调节人口增长的政策。中国未来发展的一个决定因素,将是人口的动态发展和其他人口指标。"②А.В. 奥斯特洛夫斯基十年前在关于中国劳动力市场的专著中指出,"未来中国也无法摆脱国内劳动力短缺的问题。"当时,在各方估算,包括中国劳动部官方评估都认为国内每年能提供 1 500—2 000 万劳动力的情况下,这样的预测被认为完全不现实③。可是在十二五(2011—2015)末期,退出工作年龄人口的数量已经开始超过达到工作年龄人口的数量。因此奥斯特洛夫斯基认为:"中国将不得不从吸收农村不熟练劳动力转向提高劳动生产率(包括农村的劳动生产率),不得不将生产方式从粗放转向集约,在十二五期间转向创新经济。"④

中国另一个严峻的问题是由于经济迅猛发展,能源需求猛增导致的能源不足。1970—1980 年代曾认为中国能源过剩,尤其是煤和石油。因此那些年中国曾把向某些国家提供石油作为一种外交手段。可是 1993 年原料价格进口价格第一次高出出口价格。20 世纪 90 年代中期起,价差持续加大。现在中国不仅进口原油和天然气,还进口焦煤。

军事技术合作是 20 世纪 90 年代俄中经贸合作的主要方向。不久前俄罗斯科学院军事研究所出版的 С.Н. 冈察洛夫(С.Н. Гончаров)回忆录

---

① См., например: Баженова Е. С. 1 300 000 000. Население Китая: стратегия развития и демографической политики. М., 2010; Островский А. В. Формирование рынка рабочей силы в КНР. М., 2003; Баженова Е., Островский А. Трудовые ресурсы Китая // Отечественные записки. М., 2008. No 3; Баженова Е. Население Китая в эпоху модернизации и экономических реформ // ПДВ. 2009. No 5.

② Баженова Е. С. 1 300 000 000. Население Китая: стратегия развития и демографической политики. С. 276—277.

③ Островский А. В. Формирование рынка рабочей силы в КНР. М., 2003. С. 364—365.

④ См.: Островский А. В. Основные проблемы китайской экономики в 12 й пятилетке (2011—2015 гг.) // Китайская Народная Республика: политика, экономика, культура. 2012—2013. М., 2013. С. 119.

中披露了一些合作内容信息①。可是21世纪初以来,中国主要的进口商品变成了能源。尤科斯公司从产地卡维特卡向中国供气,天然气工业集团从西伯利亚西部和东部向中国供气之后,俄罗斯商人对中国的能源市场越来越感兴趣。随着商界对中国能源市场兴趣的提升,开始出现研究俄罗斯在该领域的机会与前景的文章②,后来又出现了专门研究中国能源体系状况的文章③。可是关于中国能源市场问题的好文章还不太多。这方面最引人关注的是远东所关于中国能源市场的研究。此外还有И. Р. 托姆别尔克(И. Р. Томберг)关于世界经济体系中中国能源问题的专著,以及他在副博士论文基础上完成的关于非洲石油争夺战中的中国利益的专著。他于2011年在俄罗斯科学院世界经济与国际关系研究所完成了该题目的论文答辩④。根据近年来能源问题的研究成果可以得出

---

① См.: Гончаров С. Н. Заметки о военно-техническом сотрудничестве Китая с СССР и Россией во 2-й половине XX в. М., 2013.

② См., например: Потапов М. А. Газовый рынок Китая и перспективы российско-китайского сотруд-ничества // ПДВ. 2002. No 3. С. 88—106;Островский А. В. Перспективы и возможности России в энергетическом сотрудничестве в Северо-Восточной Азии // Перспективы энергетики. М., 2003. Т. 6. No 10. С. 27—39;Ощепков И. Перспективы поставок российского углеводородного сырья в Северо-Восточный Китай // ПДВ. 2003. No 5. С. 79—90;Потапов М. А. Диверсификация экспортной политики Газпрома: освоение рынка Китая // Новые высокие технологии газовой, нефтяной промышленности, энергетики и связи. М., 2003. Т. 2. С. 535—537;Парамонов В. В, Строков А. В, Столповский О. А. Центральная Азия в энергетической стратегии Китая. Последствия и возможности для России // ЭП. М., 2010. Вып. 4, 5;Палкин С. Е. Энергетический треугольник: Китай, Россия, Казахстан // ЭКО. Новосибирск, 2011. No 1.

③ Эдер Л. В. Современное состояние и прогноз развития нефтяного рынка Китая // ЭКО. Новосибирск, 2005. No 2;Островский А. В. Возможности Китая в решении энергетической проблемы // ЭП. М., 2010. Вып. 4—5. С. 53—66;Охотникова Л. М. Основные направления развития топливно-энергетического комплекса Китая / Экономика Китая вступает вXXI век / Отв. ред. М. Л. Титаренко. М., 2004;Троекурова И., Пелевина К. Перспективы Китая на рынке энергоресурсов // ПДВ. 2010. No 5. С. 32—42; Гончарук А. Атомная отрасль Китая: новый большой скачок? // Индекс безопасности. М. 2011. Т. 17. No 4; Он же. Атомная энергетика КНР после Фукусимы // ААС. М., 2011. No 11. С. 37—41; No 12. С. 28—32.

④ Рынок энергетических ресурсов Китая: интересы и возможности России / Отв. ред. А. В Островский. М., 2011;Томберг Р. И. Китай в глобальной конкуренции за нефть Африки. М., 2011; Томберг И. Р. Энергетика КНР в мирохозяйственном контексте. М., 2013; Полякова Т. В. Энергетические проблемы китайской экономики // Аналитические доклады Института международных исследований МГИМО (У) МИД России. М., 2011. Вып. 2 (26).

一个重要结论:"从 21 世纪现代经济发展趋势看来,中国面临着巨大的能源需求保障问题。"①

中国还存在一个随着经济发展和能源需求扩大而出现的尖锐问题——生态问题。能源需求的不断增长导致生态问题的恶化。与从前一样,2012 年煤炭在能源生产中的比重占到 76.6%,需求占 67.1%②。近十年来,中国居民拥有汽车数量显著增加。因此三种环境污染愈发加剧——水、空气和土壤。农业生态系统退化,自然基础弱化。如果说 20 世纪 90 年代已经出现了一些该问题的研究文章,那么在 21 世纪初则是写出了一大批论著[Е. В. 毕柳林、Е. И. 克拉尼娜、В. В. 别图什科娃(В. В. Петушкова)、И. В. 乌沙科夫(И. В. Ушаков)、Е. А. 弗尔雷金娜(Е. А. Фортыгина)],详细分析了中国的生态问题③。其中弗尔雷金娜认为:"中国能源状况的生态特性造成的主要生态问题是空气质量差,包括燃煤污染和大面积酸雨。大气含尘量增加,几乎所有大城市越来越频繁出现的雾霾,影响着居民健康。"④正如所有中国生态问题的研究成果显示的那样,随着国家经济的发展,国内的生态形势愈发严峻。尽管中国领导层通过了加强环境保护的计划和决议,局面仍难以好转。生态问题专家 И. В. 乌沙科夫认为:"中国的生态问题是最为尖锐和突出地显现出国内社会经济发展的所有主要矛盾和问题的领域之一。"⑤应该指出,尽管中国经济研究的成果数量增加了,但是和以前一样,关于中国经济三大关键领

---

① Рынок энергетических ресурсов Китая: интересы и возможности России / Отв. ред. А. В. Островский. М., 2011. С. 235—236.

② См.: Чжунго тунцзи чжайяо-2013. С. 135.

③ См., например: Бирюлин Е. В., Кранина Е. И. Экологические проблемы КНР: опыт правового регулирования. М., 2005; Кранина Е. И. Экологические проблемы устойчивого развития современной китайской деревни. М., 2008; Ушаков И. В. Экологический лабиринт. М., 2008; Фортыгина Е. А. Экологическая безопасность энергетической политики Китая // Рынок энергетических ресурсов Китая: интересы и возможности России / Отв. ред. А. В. Островский. М., 2011. С. 210—233; Петушкова В. В. Экономические аспекты современных экологических проблем КНР: Автореф. дис. ... канд. экон. наук М., 2003; Варакина М. И., Гурулева Т. Л. Экологические проблемы КНР: культурно-нравственный аспект. Чита, 2011.

④ См.: Фортыгина Е. А. Экологическая безопасность энергетической политики Китая // Рынок энергетических ресурсов Китая: интересы и возможности России / Отв. ред. А. В. Островский. М., 2011. С. 233.

⑤ См.: Ушаков И. В. Экологический лабиринт. М., 2008. С. 171.

域——人口、能源和生态的成果明显不足。这在相当程度上加大了预测中国发展前景的难度。

21世纪初俄罗斯出版了大量中国经济各领域的研究论著。近十年来特别多的论著与俄中关系直接相关,包括区域合作、金融、投资和外贸等。

早在20世纪90年代,远东所开始兴起新的研究方向:发展俄罗斯在亚太地区经贸关系的必要性。随后其他科研所和高校也开始研究该方向。远东和与中国毗邻地区——滨海边疆区、哈巴罗夫斯克边疆区、后贝加尔边疆区和阿穆尔州对该课题研究尤为积极。大量研究的主要任务是,确定亚太地区最优先的合作伙伴和主要合作方向。在这些研究中,从20世纪90年代起远东所就保持了领先地位。21世纪初,远东所不止一次在莫斯科和远东组织了有来自亚太经济合作组织各国——中国、日本、韩国等——学者以及远东各地区学者参加的各种学术研讨会,定期出版会议报告集①,此外,还定期出版该题目的专著和以 М. Л. 季塔连科为首的优秀汉学家的论文集②。大部分研究成果都认为,中国是发展俄罗斯远东和西伯利亚的主要伙伴。要指出的是,中国经济研究专家的这些结论在2009年10月俄罗斯总统 В. В. 普京和中国总理温家宝签署的《俄罗

---

① См., например: Теоретико-методологические основы экономической интеграции России в Азиатско-Тихоокеанский регион / Под общей ред. В. Г. Белкина. Владивосток, 2005; Развитие и углубление стратегического взаимодействия России и Китая: доклады участников международной научной конференции (Москва, 9 — 10 октября 2007 года). М., 2008; Российско-китайское сотрудничество в Северо-Восточной Азии: к устойчивому развитию и взаимному процветанию: доклады Международной российско-китайской конференции (Южно-Сахалинск, 10—11 октября 2011 года). М., 2012; Россия и Китай: социально-экономическое взаимодействие между странами и приграничными регионами / Под общ. ред. Л. А. Понкратовой, А. П. Забияко. Благовещенск, 2011; Россия и Китай: история и перспективы сотрудничества: материалы международной научно-практической конференции (Благовещенск-Хэйхэ, 10—12 июня 2011 г. / Отв. ред. Д. В. Буяров. Благовещенск, 2011; Международный молодежный экономический форум «Россия и Китай: вектор развития»: Материалы научно-практической конференции, 11—16 окт. 2012 г. Благовещенск, 2013.

② Титаренко М. Л. Россия: безопасность через сотрудничество: Восточно-Азиатский вектор. М., 2003; Россия и Китай: сотрудничество в условиях глобализации / Науч. рук. М. Л. Титаренко; отв. ред. В. И. Шабалин. М., 2005; Дальний Восток и Забайкалье в России и АТР. Хабаровск, 2007; Экономическое сотрудничество Дальнего Востока России и стран Азиатско-Тихоокеанского региона. Хабаровск, 2007; Кузнецов И. Б. Китай—шанс России на новую экономику? // ЭКО. Новосибирск, 2011. № 1.

斯联邦远东及东西伯利亚地区与中国东北地区 2009—2018 年合作规划纲要》中得到了体现。

中国外贸的大部分研究成果是关于俄中经贸合作发展问题。М. Л. 季塔连科[1]、М. В. 亚历山德洛娃[2]、П. М. 莫易阿斯(П. М. Мозиас)[3]、А. В. 奥斯特洛夫斯基[4]、П. Я. 巴克兰诺夫(П. Я. Бакланов)[5]、В. Я. 波尔加科夫[6]、М. А. 波塔波夫[7]、С. С. 齐普拉科夫(С. С. Цыплаков)[8]发表的文章都是关于俄中经贸合作的总体问题。俄中商务合作中心(莫斯科)也曾在一段时间内参加过俄中经贸问题研究和中国市场行情分析,并在

---

[1] Титаренко М. Л. Экономическое взаимодействие России с Китаем // ЭКО. Новосибирск, 2008, № 3; Он же. Геополитическое значение Дальнего Востока. Россия, Китай и другие страны Азии. М., 2008; Он же. Россия и ее азиатские партнеры в глобализирующемся мире. Стратегическое сотрудничество: проблемы и перспективы. М., 2012.

[2] Александрова М. В. Вступление Китая в ВТО и перспективы российско-китайского торгово-экономического сотрудничества // Ловушки либерализации: (Китай и ВТО). М., 2001. Гл. 7. С. 149 — 171; Она же. Особенности российско-китайского взаимодействия в области лесопромышленного комплекса // ВНИ. 2003. No 4.

[3] Мозиас П. Экономическое взаимодействие России и Китая: от двустороннего формата к региональному // МЭиМО. М., 2011. № 11; Он же. Китайский фактор во внешнеэкономической политике России // Финансы, деньги, инвестиции. М., 2009. No 2. С. 13 — 20.

[4] Островский А. В. Особенности экономического взаимодействия России и Китая // Россия и Китай: сотрудничество в условиях глобализации. М., 2005. С. 268 — 304; Он же. Россия в АТЭС: экономическая стратегия взаимодействия // Россия-Китай: развитие регионального сотрудничества в XXI веке: Второй Международный форум, 25 — 29 апр. 2012 г. Чита-Маньчжурия, 2012.

[5] Бакланов П. Я. Факторы и направления развития российско-китайского сотрудничества // Таможенная политика России на Дальнем Востоке. Владивосток, 2007. No 3. С. 34 — 43.

[6] Портяков В. Я. Россия и Китай в мировой экономике // Становление евразийской безопасности. М., 2005. С. 663 — 673; Он же. Россия и Китай: сотрудничество в условиях глобализации. М., 2005. С. 252 — 267; Он же. Торговля Китая и России с государствами Центральной Азии // Россия и Китай в Шанхайской организации сотрудничества. М., 2006. С. 92 — 98.

[7] Потапов М. А. Россия и Китай // Россия: интеграция в мировую экономику. М., 2002. С. 295 — 309.

[8] Цыплаков С., Попов Е. Российско-китайское торгово-экономическое сотрудничество: проблемы и перспективы // ПДВ. 2003. No 4. С. 79 — 89; Цыплаков С. Российско-китайские торгово-экономические связи: извилистый подъем. // ПДВ. 2008. No 6. С. 52 — 68.

"ПОЛПРЕД"①项目框架内出版了九卷本文集《商务中国》。遗憾的是，由于俄中商务合作中心的关闭，该文集停止了出版②。

俄中经贸合作研究中占据主要地位的是发展得不温不火的边境经贸合作问题。遗憾的是，尽管双方都很努力，边境合作的比重一直不高，不到俄中贸易额的15%。边境合作发展缓慢首先是由于俄罗斯远东基础设施薄弱。С. А. 萨佐诺夫（С. А. Сазонов）、И. П. 乔尔娜雅（И. П. Черная）、М. В. 亚历山德洛娃的专著，А. 巴尔达尔（А. Бардаль）③和М. В. 亚历山德洛娃④的多篇论文都研究了这个问题。该题目的大部分文章都发表在俄罗斯科学院西伯利亚分院在新西伯利亚市出版的《ЭКО》杂志和俄罗斯科学院远东分院经济研究所在哈巴罗夫斯克市出版的《空间经济》杂志上。该题目大量论著的作者都来自远东和西伯利亚，包括 П. А. 米纳基尔（П. А. Минакир）⑤、И. П. 乔尔娜雅⑥、В. В. 库列绍夫（В. В. Кулешов）⑦、Н. П. 雷若娃（Н. П. Рыжова）⑧、Е. И.

---

① 一家提供网上电子出版物资源的大型公司。——译者注
② См., например: Деловой Китай: Экономика и связи Китая с Россией. М., 2005. Т. 6—7. Спец. вып., 2005. Т. 8.
③ См.: Сазонов С. Л. Россия-Китай: сотрудничество в области транспорта. М., 2012; Александрова М. В. Китай и Россия: особенности регионального экономического взаимодействия в период реформ. М., 2003; Она же. Экономическое взаимодействие регионов России и Китая в период реформ. М., 2005; Черная И. П. Проблемы управления развитием приграничного региона в условиях глобализации. Владивосток, 2006; Бардаль А. Транспортные связи Дальнего Востока РФ с Китаем: текущее состояние и перспективные проекты // ПДВ. 2010. № 5.
④ См., например: Александрова М. В. Сибирь и Синьцзян: возможности и направления взаимодействия // ВНИ. М., 2001. № 11. С. 67—82; Она же. Состояние, проблемы и потенциал приграничного и межрегионального сотрудничества РФ и КНР // Российско-китайские отношения: состояние, перспективы. М, 2005. С. 330—348.
⑤ Минакир П. А. Россия-Китай на Дальнем Востоке: мнимые страхи и реальные угрозы // ПЭ. Хабаровск, 2009. № 3. С. 7—19.
⑥ Черная И. П. Дальневосточная модель приграничного сотрудничества: источник роста или тупик развития? // ЭКО. Новосибирск, 2006. № 5.
⑦ Кулешов В. В. Развитие Сибири и грани сотрудничества с Китаем // Экономическая наука современной России. М., 2002. № 1.
⑧ Рыжова Н. Влияние приграничной торговли на экономическое развитие Китая и России // Вопросы экономики. М., 2009. № 6. С. 137—150; Она же. Роль приграничного сотрудничества в развитии окраинных городов Китая и России // ПДВ. 2009. № 4. С. 58—74.

捷瓦耶娃(Е. И. Деваева)①、Ю. И. 别尔那茨基(Ю. И. Бернадский)②等。

一系列关于俄中合作的文章研究了合作的不同方面,包括当代俄罗斯与中国商业环境的对比分析③、粮食保障问题④、自由经济区⑤、毗邻地区的跨境交流⑥、俄中毗邻地区社会经济发展的不对称及其对贸易联系发展的影响⑦、投资合作⑧等。《ЭКО》杂志上的一篇文章对《俄罗斯联邦远东及东西伯利亚地区与中国东北地区 2009—2018 年合作规划纲要》的工作作了初步总结⑨。由于俄中合作及边境合作问题的现实性,该问题吸引了大量俄罗斯中心地区及毗邻中国地区的学者进行研究。该课题成果丰硕的另一个原因在于即使不懂中文,研究材料也唾手可得。无论如何,俄罗斯与中国在亚太地区的地位与作用、俄中经贸合作和边境贸易在 21 世纪初得到了最充分的研究。

21 世纪初,俄罗斯就中国的对外经济联系也发表了相当多的论著。

---

① Деваева Е. И. Экономическое сотрудничество Дальнего Востока России со странами Северо-Восточной Азии: состояние, проблемы, перспективы // ПДВ. 2004. № 1. С. 115—128; Она же. Внешняя торговля Дальнего Востока России // ПДВ. 2005. № 4. С. 79—87; Она же. Структура внешнеторговых потоков Дальнего Востока России // ПДВ. 2006. № 4. С. 71—80; Деваева Е. И., Котова Т. Е. Товарные рынки Северо-Восточной Азии: ориентиры для экспорта Дальнего Востока России // ПЭ. Хабаровск, 2010. № 4. С. 82—105.

② Бернадский Ю. И. Развитие приграничного сотрудничества: каковы самитаковы и сани // ЭКО. Новосибирск, 2010. № 11. С. 57—65.

③ См.: Воронова Т. А, Пермякова Е. В. Сравнительный анализ современной бизнес-среды в России и Китае // Российский внешнеэкономический вестник. М., 2010. № 10. С. 31—36; № 11. С. 45—51.

④ См.: Родионов М. А., Авраменко С. В., Литвинова Е. В. Внешнеторговые связи России и Китая по вопросам продовольственного обеспечения // Национальная безопасность России: проблемы и пути обеспечения. М., 2011. Вып. 4 (13). С. 148—156.

⑤ См.: Абраменков А. В. Совместные свободные экономические зоны в российско-китайском сотрудничестве // Российский внешнеэкономический вестник. М., 2010. № 8. С. 14—23.

⑥ См.: Понкратова Л. Трансграничные обмены и взаимодействие приграничных регионов России и Китая // ПДВ. 2010. № 6. С. 99—115.

⑦ См.: Тулохонов А. К., Зомонова Э. М. Асимметрия социально-экономического развития приграничных территорий России и Китая // АТР. Владивосток, 2009. № 2. С. 7—15.

⑧ См.: Кашина Н. Российско-китайское инвестиционное сотрудничество: региональный аспект // Инвестиции в России. М., 2007. № 12. С. 13—18.

⑨ См.: Изотов Д. А. Пока только намерения: первые итоги реализации программы сотрудничества между восточными регионами России и Северо-Востоком КНР (2009—2018 гг.) // ЭКО. Новосибирск, 2011. № 3. С. 160—178.

我们的观点是，正是20世纪80年代初开始实施的外贸开放政策，使中国更好地融入了国际劳动分工体系，并在国际市场上占据了有利地位。该课题的大部分成果都是 М. А. 波塔波夫完成的。他介绍了中国在世界经济中的地位和作用，特别关注到中国在加入 WTO 之后外贸额的快速增长①。来自圣彼得堡的 Л. В. 波波娃（Л. В. Попова）的一本篇幅不大的专著研究了中国的对外经济战略问题②。来自哈巴罗夫斯克的 Д. А. 伊佐托夫（Д. А. Изотов）认为，人民币低汇率有利于中国对外贸易的发展③。

一部分成果研究了中国 2001 年加入 WTO 问题，以及中国加入 WTO 之后国际市场地位的提升。在我们看来，最具代表性的成果是国立乌拉尔技术大学（叶卡捷琳堡）Л. Е. 斯特洛夫斯基（Л. Е. Стровский）和蒋菁的论著。论著得出重要结论："由于俄罗斯与中国的诸多基础条件具有相似性——潜力巨大的国内市场、经济多元化规模和水平、中央管理水平、基础设施建设发展不足——可以推测，中国经验对于俄罗斯具有特殊的意义。"④况且在中国入世前后，没有人考虑过借鉴中国入世经验为俄罗斯所用。直到 2012 年俄罗斯准备不足地加入 WTO 之后才开始为此遗憾。许多论著都对中国入世进行了各方面的分析。如远东所的论文集《中国——WTO：最初几年的总结》，В. 卡尔鲁索夫、Н. 科特利亚洛夫（Н. Котляров）、А. 洛帕金娜（А. Лопатина）、О. 纳莫佐夫（О. Намозов）、Л. 波波娃

---

① См.，например：Потапов М. А. Внешнеэкономическая модель развития стран Восточной Азии. Международные отношения. М.，2004；Он же. Вступление КНР в ВТО：плюсы и минусы для китайской экономики и внешней торговли // Ловушки либерализации（Китай и ВТО）. М.，2001. С. 5－35；Он же. Китай и Всемирная торговая организация：Последствия вступления КНР в ВТО для самого Китая，региональной и глобальной экономики // Глобализация экономики Китая / Под ред. В. В. Михеева. М.，2003. С. 61－94；Он же. КНР：Опыт стран—членов ВТО по защите национальных интересов на внутреннем и внешнем рынках // МЭиМО. 2002. № 8；Он же. Влияние мирового экономического кризиса на внешнеэкономические связи КНР // Тихоокеанская Азия：экономические и политические последствия глобального финансового кризиса. М.，2010. С. 20－27.

② Попова Л. В. Внешнеэкономическая стратегия Китая. Проблемы формирования и реализации. СПб.，2012.

③ Изотов Д. А. Валютный курс и внешняя торговля КНР // ПЭ. Хабаровск，2009. № 3. С. 36－63；Он же. Внешняя торговля Китая：реакция на изменение валютного курса // ПЭ. Хабаровск，2011. № 4. С. 6－22.

④ Стровский Л. Е.，Цзян Цзин. Китай после вступления в ВТО. Адаптация мировой экономики к условиям мирового хозяйства. М.，2007. С. 218.

的文章①。可是所有这些论文都只研究了中国入世的某些方面,没有分析入世之后中国经济是如何适应世界经济条件的。

21 世纪初出版了一些关于中国入世之后与各个国家和地区——美国②、东盟国家③、澳大利亚④、上海合作组织成员国和中亚⑤、亚洲和非

---

① См., например: КНР-ВТО: итоги первых лет // ЭИ ИДВ РАН. М., 2005. No 2; Намозов О. Китай, ВТО и мировая экономика // МЭиМО. М., 2002. No 11; Котляров Н. Присоединение Китая к ВТО: Анализ китайско-американских договоренностей // МЭиМО. М., 2003. No 6; Лопатина А. В. Китай и Всемирная торговая организация: Политическая игра и объективная реальность // Вестник научной информации ИМЭПИ РАН. М., 2001. No 9; Китай в ВТО: уроки поддержки национального бизнеса // ПДВ. 2004. No 1; Карлусов В., Калашников Д. Государственная поддержка предпринимательства в условиях вступления Китая в ВТО // Проблемы теории и практики управления. М., 2004. No 3; Попова Л. В. Присоединение Китая к ВТО: опыт переговоров и первые результаты // Вестн. Санкт-Петербургского ун-та. Сер. 5: Экономика. СПб., 2006. Вып. 2. С. 109—120.

② Котляров Н. Н. Экономические отношения КНР с США. М., 2003; Он же. Китайско-американские противоречия в области двусторонней торговли // Внешнеэкономический бюллетень. М., 2003. No 6. С. 11—20; Киреев А. А. КНР-США: экономические отношения // Традиционный Китай на пути к модернизации. М., 2013. С. 41—60; Гельбрас В. «Общий рынок» по-китайски: с помощью экспорта КНР стремится догнать и перегнать США // ААС. М., 2003. No 4. С. 5—16.

③ См.: Андреева Н. В. Проблемы и перспективы создания зоны свободной торговли между Китаем и АСЕАН. Дис. ... канд. экон. наук. М., 2005; Гельбрас В. Г. КНР-АСЕАН: факторы притягивания и отталкивания // Современные тенденции развития регионального экономического сотрудничества в Восточной Азии: материалы научной конференции. М., 2003. С. 44—51; Мазырин В. КАФТА-новый формат экономического взаимодействия в Восточной Азии // МЭиМО. М., 2010. No 11. С. 50—58; Кочкин П. Основные факторы и тенденции развития экономических отношений между СРВ и КНР // ПДВ. 2006. No 5. С. 66—81.

④ См.: Архипов В. Я. Бум в экономических отношениях Австралии с Китаем // Российский внешнеэкономический вестник. М., 2007. No 9. С. 46—51.

⑤ См.: Ось мировой политики XXI в.: обострение борьбы за ресурсы в Азии и Африке / Под ред. Л. М. Хазанова. М., 2012; Фроленков В. С. Современные торгово-экономические отношения КНР с центральноазиатскими странами—членами ШОС и Туркменистаном. М., 2009; Быков А. И. Экономическое сотрудничество в рамках ШОС: основные направления и перспективы развития. М., 2011; Эскиндаров М. А., Перская В. В. Точки сопряжения экономических стратегий развития государств—членов АТЭС и ШОС при переходе к многополярности (методологические подходы и инструментарий выявления сфер взаимного интереса). М., 2013; ШОС: экономическая интеграция и национальные интересы / Под ред. А. И. Татаркина, В. А. Черешнева, А. Ф. Расулова. УРО ИЭ РАН. М., 2010.

洲①——对外经济联系的研究专著和论文。尤其值得注意的是 В. Н. 科瓦连科（В. Н. Коваленко）的论文，指出了中国香港对于中国经济发展的特殊作用和内地与中国香港合作建设"大中国"的重要性②。

中国 2001 年加入 WTO 以及 21 世纪初中国外贸规模的迅速扩大，包括俄中贸易额的显著提升，使改变俄中贸易支付体系的问题被提上了议事日程。俄罗斯中央银行和中国人民银行开始积极研究这一问题。因此，21 世纪初在俄罗斯发表了大量关于中国经济发展中的金融问题的研究成果——银行体系、投资政策、发展机构、外汇、证券市场。应该注意到，这些课题的研究都是俄中学者密切合作的成果。首先是俄罗斯政府直属财经学院出版了国际学术研讨会的两卷本论文集，对俄中银行改革经验进行对比分析③。俄罗斯全俄财经函授学院和中国中央财经大学在合作进行俄中两国预算和税收体系改革问题的研究。他们卓有成效的合作成果，是两校学者共同撰写并同时用俄文和中文在莫斯科和北京出版的两本书:《中俄税制改革比较研究》④。可以说，这样的成果对两国在转型经济条件下进行的改革的优缺点作出了更全面的评价。

21 世纪初发表数量最多的论文是关于中国的金融和银行体系问题。2002 年 С. Н. 弗拉索夫（С. Н. Власов）和 С. А. 戴尔采夫（С. А. Тырцев）研究俄中银行合作前景的专著在哈巴罗夫斯克出版⑤。近十年来他们还

---

① См.: Дейч Т. Китай-Африка: экономические отношения на рубеже XXI в. // ААС. М., 2006. № 4; Томберг Р. И. КНР-Африка: экономические связи // ААС. М., 2011. № 7. С. 58—63.

② См.: Коваленко В. Н. Формирование «Большого Китая»: Экономическое взаимодействие Гонконга и КНР / Под ред. С. Ф. Сутырина. СПб., 2012.

③ См.: Опыт реформирования финансовых и банковских систем России и Китая (по материалам Международного форума «Опыт реформирования финансовых и банковских систем России и Китая», состоявшегося в Финансовой академии при Правительстве РФ) // ФиК. М., 2009. № 7.

④ См., например: Романов А. Н., Поляк Г. Б., Тон Вэй. Бюджетные реформы в России и Китае. Москва—Пекин, 2009; Колчин С., Ма Хайтао, Тон Вэй. Налоговая система в России и Китае. Москва—Пек4ин. 2010. (Тексты на рус. и кит. яз.).

⑤ См.: Власов С. Н., Тырцев С. А. Перспективы российско-китайского сотрудничества в банковской сфере. Хабаровск, 2002.

发表了大量论文研究俄中银行间合作①。不过尽管俄罗斯银行部门对该问题十分感兴趣,但目前俄中银行合作中还存在大量问题。例如使用人民币和卢布直接贸易,在俄罗斯境内开设人民币账户,中国境内开立卢布账户,包括"卢布—人民币"的银行交易等②。因此,至今大量的俄中贸易还是使用第三国货币——通常是美元——进行结算,让第三国从俄中贸易中白白获利。

还有比较多的研究是关于中国的金融政策和银行体系的发展。例如 В. В. 库兹涅佐娃(В. В. Кузнецова)的专著③和关于中国银行体系状况的一系列文章。这当中应该关注 С. П. 萨文斯基和 Д. А. 斯马赫金(Д. А. Смахтин)关于中国银行业发展的论文④,А. С. 谢利谢夫(А. С. Селищев)、Н. В. 格利波娃(Н. В. Грибова)、С. Г. 库兹涅佐夫(С. Г. Кузнецов)、И. Б. 舍维尔和 К. 史列德尔(К. Шредер)关于中国银行体系发展的文章⑤,В. В. 日古廖娃(В. В. Жигулева)和 О. Г. 索恩采夫(О. Г. Солнцев)关于中国金融政策和贷款体系特点的论文⑥。总体上这些研究对中国的银行体系状况和改革进程中国家金融政策的主要方向作出了全

---

① См., например: Рудько-Силиванов В. В. О межбанковском российско-китайском сотрудничестве на Дальнем Востоке // ДиК. М., 2002. № 11; Рудько-Силиванов В. В., Зубрилова Н. В. Российско-китайское межбанковское сотрудничество: состояние, проблемы, перспективы // ДиК. М., 2007. № 12. С. 35－42; Врагова Н. К., Симутина Н. Л. Межбанковские расчеты как фактор цивилизованного развития внешнеторговых отношений приграничных регионов России и Китая // ДиК. М., 2007. № 2. С. 56－62.

② О проблемах банковских торгов в паре «российский рубль—китайский юань» подробнее см.: Арутюнянц А. Р., Свечников Д. В. Юань выходит на российский валютный рынок // ЭКО. Новосибирск, 2010. № 11. С. 38－44.

③ Кузнецова В. В. Банковская система КНР. М., 2003.

④ Савинский С. П., Смахтин Д. А. Банки развития Китая // ДиК. М., 2007. № 5.

⑤ Грибова Н. В. Развитие банковской системы Китая в современных условиях // Россия и глобальная экономика. М., 2007. № 8; Кузнецов С. Г. О некоторых проблемах банковской системы Китая // ДиК. М., 2003. № 9; Селищев А. С. Развитие банковской системы Китая // ДиК. М., 2004. № 11; Смирнова О. В. Институты денежного обращения Китая и финансово-экономические показатели их деятельности // ФиК. М., 2013. № 20; Шредер К. Реформирование банковской системы Китая // ДиК. М., 2006. № 5; Шевель И. Реформа банковской системы в Китае // ПДВ. 2003. № 6.

⑥ Солнцев О. Г. Особенности денежно-кредитной политики КНР // Проблемы прогнозирования. М., 2008. Вып. 5. С. 121－137; Жигулева В. В. Финансовая политика Китая после вступления в ВТО // ААС. М., 2013. № 6.

面的评价。

近年来俄罗斯汉学家非常关注中国证券市场的形成和状况。2001年 Д. Н. 沙里诺夫（Д. Н. Шаринов）在科学院远东研究所通过了关于中国证券市场形成与管理问题的副博士论文答辩。随后的 2009 年，И. В. 瓦赫鲁申（И. В. Вахрушин）在俄罗斯政府直属财经学院通过了关于中国有价证券市场的副博士论文答辩①。И. В. 瓦赫鲁申的专著《中国证券市场》中介绍了中国证券市场的总体状况、中国的货币政策对其带来的变化及其发展前景②。除了这些专著之外，还有一些论文[大部分由 И. В. 瓦赫鲁申和 А. С. 别洛瓦雅（А. С. Беловая）完成]简要描述了证券市场情况，世界金融危机对其的影响，以及证券市场作为一个新的发展部门对中国经济发展的影响③。

在上述时段，俄罗斯的中国经济研究者非常重视中国的经济投资问题；中国加入 WTO 之后，又关注中国的对外投资问题。中国经济改革成果显示，一个成功因素在于对中国经济投资的不断增长——在 2000 年代保持在年均 20%－25%的水平。其中既有企业自身投资，也有银行贷款、大型项目国家中央拨款、外国投资。可是在整个改革时期，经济投资中起主要作用的还是中国企业自身的积累，而绝不是其他的来源。银行贷款利率比俄罗斯低得多，西方媒体常常夸大的用于建设大型基础设施及工业项目的中央财政拨款、外国投资，对中国的经济发展并没有发挥显著的作用。其比重也不超过总投资额的 25%。科学院远东所出版的，由

---

① См.：Шаринов Д. Н. Формирование и регулирование фондового рынка. Дис. ... канд. экон. наук. М.，2001；Вахрушин И. В. Рынок ценных бумаг в КНР. Дис. ... канд. экон. наук. М.，2009.

② См.：Вахрушин И. В. Фондовый рынок КНР. М.，2013.

③ См.，например：Макеев Ю. Фондовый рынок Китая // Рынок ценных бумаг. М.，2003. No 5；Лылова М. С. Особенности развития фондового рынка Китая // Актуальные валютно-финансовые проблемы мира. М.，2007. Вып. 5. С. 63－78；Бергер Я.，Михеев В. Фондовый рынок КНР // МЭиМО. М.，2008. No 6；Вахрушин И. В. Фондовый рынок КНР и кризис // ААС. М.，2010. No 9. С. 15－24；Он же. Фондовый рынок КНР：итоги развития：задачи и перспективы // ПДВ. 2011. No 5. С. 61－68；Он же. Факторы образования кризиса фондового рынка Китая // Финансовая аналитика，проблемы и решения. М.，2013. No 7；Он же. Построение многоуровневого фондового рынка в Китае // Финансовая аналитика，проблемы и решения. М.，2013. No 8；Белова А. С. КНР：неистребимый 《 черный 》 рынокакций：[Фондовый рынок] // ААС. М.，2010. No 12；Она же. Фондовый рынок КНР на современном этапе：система регулирования // ПДВ. 2010. No 6.

Л. В. 诺沃谢诺娃主编的论文集《中国:投资战略及对俄前景》中最为详细地研究了中国的投资环境①。此外,2000 年代发表了不少研究中国经济投资的论文,大部分都是由 Л. В. 诺沃谢诺娃完成的②。

同 20 世纪 90 年代一样,有大量论著研究了外国对华投资。可是很多研究都发现,虽然对华投资规模持续增长,外资在国家经济中的地位却逐步下降。这是由于中国加入 WTO 之后,经济完全适应了国际市场。В. И. 巴拉金在专著《美国、日本和欧盟的对华投资战略》③和发表在其他期刊的一系列论文中研究了这一问题④。

中国加入 WTO 后出现了一个新的研究课题——中国对外投资。加入 WTO 前,都是投资进入中国,而中国投资即使投到境外,也不是直接投资,而是经过香港。加入 WTO 后,中国对外投资开始增长,尤其是对亚洲、非洲、拉丁美洲的开采工业——开采石油、天然气和有色金属。现阶段中国的境外投资规模已达到 1 170 亿美元。虽然去年中国累积对俄投资超过了 40 亿美元,但对俄投资仍不多⑤。几年前出版的一本专著研究了俄罗斯对中国的投资吸引力⑥。中国境外投资的增长引起了学者们的兴趣。他们试图解释,一个不久前还急需投资的国家,今天是怎样变成世界最大的对外投资国之一的。俄罗斯杂志上就此题目发表过一系列文

---

① См.: Китай: инвестиционная стратегия и перспективы для России / Отв. ред. Л. В. Новоселова. М., 2008.

② См., например: Новоселова Л. Российско-китайское экономическое взаимодействие: проблемы оживления инвестиционной составляющей // РЭЖ. М., 2008. No 1, 2; Она же. О реализации инвестиционной составляющей стратегии экономического роста в КНР // РЭЖ. М., 2006. No 4; Она же. Новейшие проблемы государственного регулирования инвестиционной сферы в КНР // РЭЖ. М., 2007. No 11, 12; Сурков В. В. Гарантии и риски частных инвестиций в проекты строительства инфраструктуры: опыт Китая // Экономика строительства. М., 2003. No 5; Кульнева П. Либерализация инвестиционного режима в Китае: новый этап // МЭиМО. М., 2009. No 12; Балакин В. Инвестиционная стратегия Китая в межкризисный период (1998—2008 гг.) // ПДВ. 2013. No 4.

③ Балакин В. И. Инвестиционная стратегия США, Японии и Евросоюза в отношении КНР. М., 2002.

④ См., например: Любомудров А. В. Прямые иностранные инвестиции в экономику Китая // Российский внешнеэкономический вестник. М., 2010. No 2, 3; Бергер Я. Использование иностранных инвестиций.

⑤ Жэньминь жибао. 23 янв. 2014.

⑥ См.: Воронина М. В., Макарова Н. С., Собакина Д. М. Инвестиционная привлекательность России для Китая. М., 2010.

章。作者们对此的解释是,为保持中国经济的快速增长和建设小康社会,对能源的需求持续增长。中国的能源不足导致了中国必须投资能源开采业①。

在大量文章研究中国的金融和银行调控问题、对华投资和中国对外投资的背景下,对人民币及其作为一种新型储备货币的前景却少有研究。其中,И. Р. 索菲亚尼科夫(И. Р. Софьяников)在自己的文章中分析了外汇调节体系改革,该措施保障了人民币在国际金融市场的稳定,甚至在国际金融危机的条件下也行之有效②。在世界金融危机过程中,Л. И. 康德拉绍娃在文章中提出了一个合理的问题,在国家经济定位于出口的情况下,是否需要做强人民币③? 可是,尽管如此,由于经济的迅速发展,人民币还是在不断走强。正如 Л. 霍多夫(Л. Ходов)指出的那样,当前人民币在世界经济中的地位在不断增强④。应该说,尽管在研究中尚余一些空白,不过总体上关于中国的对外经济关系和投资关系,以及金融银行体系的研究已相当充分。21 世纪初,中国的黄金外汇储备增长,境外投资增加,外贸额上升,各种指标显示中国的金融实力在迅速提升。可是俄罗斯汉学界对人民币问题及其在世界金融体系中的前景研究仍然非常不足。

21 世纪初整体上保持了中国经济研究的主要方向——改革新阶段的经济变革。А. В. 奥斯特洛夫斯基在专著中提出将改革分为四个阶段:第一阶段 1978 年 12 月至 1984 年 9 月,"计划经济为主,市场经济为辅";

---

① См., например: Попова Л. В. Прямые зарубежные инвестиции КНР: основные тенденции и перспективы для мировой экономики // Вестн. Санкт-Петербургского ун-та. Сер. 5: Экономика. СПб., 2011. Вып. 2. С. 52—63; Терентьева Т. Г., Новоселова Л. В. Ввоз и вывоз капитала // Китайская Народная Республика в 2004—2005 гг. М., 2005. С. 351 — 363; Терентьева Т. Г. Китайские инвестиции за рубежом // Усиление Китая: внутренние и международные аспекты //XV МНК ККЦиМ: тез. докл. М., 2005. Ч. 1. С. 97 — 101; Она же. Вывоз капитала как фактор реализации внешнеэкономической стратегии КНР // ПДВ. М., 2011. No 5. С. 69 — 74; Она же. Основные направления китайской политики «выхода за рубеж»// ИМ ИДВ РАН. Сер. В; Общество и государство в Китае в ходе реформ. М., 2005. Вып. 19. Ч. 2. С. 72 —80; Дейч Т. Китайский капитал на рынках Африки // ААС. М., 2008. No 9; Трошина Е. А. Инвестиционная активность китайских нефтегазовых компаний за рубежом //ВБ. М., 2003. No 11.

② См. например: Софьянников И. Реформа системы валютного регулирования в Китае // ПДВ. М.,2003. No 1.

③ См.: Кондрашова Л. И. Стоит ли укрепляться юаню? // ААС. М., 2010. No 8.

④ См.: Ходов Л. Китайская валюта укрепляет свои позиции в мировой экономике // ПДВ. 2013. No 4.

第二阶段从 1984 年 10 月至 1991 年 12 月,"有计划的商品经济";第三阶段为 1992 至 2003 年的"社会主义市场经济";第四阶段开始于 2003 年,"完善社会主义市场经济"①。就此题目,一些知名俄罗斯汉学家:Я. М. 别尔格尔②、В. Г. 格里布拉斯③、Л. И. 康德拉绍娃④、В. Я. 波尔加科夫⑤撰写了不少专著和教材对经济改革进行总结,展望世界金融危机后新的条件下中国经济发展的前景。上述作者还在期刊上发表了大量关于新阶段中国经济总体状况的论文。他们指出了中国社会经济发展的显著成就,也注意到中国领导层为达到其提出的建设小康社会目标所面临的困难⑥。

В. В. 拉别尔金娜(В. В. Лапердина)研究了如何评价中国经济统计状况、中国 GDP 指标,以及用于分析中国经济前景的数据库的可信度问题,并就该课题撰写了不少文章⑦。著名俄罗斯经济学家 В. М. 波尔杰洛维奇(В. М. Полтерович)对俄中经济改革进行了对比研究,从俄国正在

---

① Островский А. В. Китайская модель перехода к рыночной экономике. М., 2007. С. 11.
② См.: Бергер Я. М. Экономическая стратегия Китая. М., 2009.
③ См.: Гельбрас В. Г. Экономика Китайской Народной Республики: важнейшие этапы развития, 1949—2007. М., 2007.
④ См.: Кондрашова Л. И. Китай ищет свой путь. М., 2006.
⑤ См.: Портяков В. Я. Экономическая реформа в Китае (1979—1999 гг.). М., 2002.
⑥ См., например: Бергер Я. Дэн Сяопин и экономические реформы в Китае // ПДВ. 2003. № 5. С. 30 – 47; Он же. Социально-экономическое развитие и углубление рыночных реформ в Китае // ПДВ. 2004. № 1. С. 6 – 29; Он же. Экономика Китая: о трудностях мнимых и реальных // Свободная мысль. М., 2011. № 9. С. 81 – 92; Кондрашова Л. И. Приватизация с китайской спецификой: (Проблема классификации форм собственности) // РЭЖ. М., 2004. № 7. С. 42 – 55; Она же. Точку ставить рано: начался «третий акт» китайской реформы // ААС. М., 2004. № 10. С. 27 – 35; Она же. Современные споры вокруг «Китайской модели» / Научные доклады ИДВ РАН—2011. М., 2012. С. 20 – 47; Островский А. В. Современная экономика КНР: проблемы, угрозы, перспективы // ЭКО. Новосибирск, 2008. № 8; Он же. Выход из кризиса: специфика Китая // Проблемы теории и практики управления. М., 2009. № 6. С. 36 – 48; Он же. Некоторые особенности экономического развития КНР за 60 лет (1949—2009 гг.) // ПДВ. 2009. № 6. С. 45 – 55; Он же. Подготовиться к мировому кризису—китайский рецепт // ЭКО. Новосибирск, 2009. № 5. С. 35 – 46; Портяков В. Я. Об экономической роли государства в Китае: (в порядке постановки проблемы) // ПДВ. 2003. № 4. С. 103 – 108.
⑦ См.: Лапердина В. В. Анализ экономического роста КНР на рубеже веков: проблемы оценки ВВП. Научный доклад. М., 2009; Она же. Экономический рост КНР: Изменение модели развития (1993—2009 гг.). М., 2011.

进行的同样改革的视角剖析了中国的体制改革①。Д. А. 伊佐托夫和 В. Е. 库切利亚文科（В. Е. Кучерявенко）研究了对中国改革的总体评价问题②，А. И. 雷恰金（А. И. Лычагин）和齐列诺夫（Д. Г. Цыренов）研究了国企改制问题③，波塔诺夫研究了地区和世界危机条件下中国经济的稳定性问题④。

价格构成体系的变化是中国经济改革的一个重要问题。正如 В. В. 日古廖娃在专著中指出的那样，通过三重价格体系——指令性价格、浮动价格和自由（市场）价格——实现的价格体系改革的平稳性和循序渐进使中国避免了俄罗斯 1992 年价格改革的"休克疗法"⑤。30 多年来，中国通过减少指令性价格和指导性价格，正逐步扩大自由（市场）价格的份额，目前超过 95% 的价格是市场价。同时中国通胀率很低——年通胀率不超过 6%，有的年份甚至是通缩。而俄罗斯 1992 年一度出现了物价失控，物价上涨近 2 600 倍。在企业主要工业要素价格保持不变的情况下，居民储蓄贬值。正如 А. И. 萨利茨基、Ю. А. 马克耶夫（Ю. А. Макеев）和 А. В. 沙赫玛托夫（А. В. Шахматов）论文中指出的那样，当前中国在国际市场的价格竞争力比印度和俄罗斯高得多⑥。

分析中国经济学家关于所有制问题、计划与市场关系的理论概念的演进过程，依然是中国经济研究的重要方向。其中 Э. П. 皮沃瓦洛娃做了大量工作。她的主要研究方向是分析中国经济思想，尤其是中国社会在改革过程中的社会转型问题，以及中国学者对"中国特色社会主义"概

---

① См.：Полтерович В. М. Стратегии институциональных реформ. Китай и Россия // Экономика и математические методы. М.，2006. Т. 42. Вып. 2. С. 3—16.

② См.：Изотов Д. А.，Кучерявенко В. Е. Экономическое развитие Китая на современном этапе：(аналитический обзор). Хабаровск，2007. Приложение к журналу ПЭ. Вып. 1.

③ См.：Лычагин А. И. Китай：реформы в интересах народа：Новейшая история реструктуризации государственных предприятий КНР. Н. Новгород，2004；Цыренов Д. Г. Проблемы создания системы современных предприятий в КНР：Автореф. дис. ... канд. экон. наук. М.，2006.

④ См.：Потапов М. К вопросу об устойчивости китайской экономики в период мировых и региональных кризисов // ПДВ. 2013. № 3. С. 89—96.

⑤ См.：Жигулева В. В. От плана к рынку：опыт КНР в области реформы системы ценообразования (1978—2005 гг.). М.，2006.

⑥ См.：Салицкий А. И.；Макеев Ю. А，Шахматов А. В. К вопросу о ценовой конкурентоспособности КНР，Индии и России // ПДВ. 2005. № 4. С. 95—112.

念的探讨①。М. В. 卡尔波夫的论文探讨了中国特色社会主义政治经济学的理论问题②。А. В. 奥斯特洛夫斯基的关于中国改革的社会影响的论文③，В. В. 楚万科瓦雅（В. В. Чуванковая）关于新的改革条件下民营企业的发展以及这一社会阶层地位的变化的论文④，对分析中国社会在经济改革条件下的社会转型具有重要意义。О. Н. 鲍洛赫对中国经济学者关于中国经济状况和改革的观点展开研究，这对于理解中国当前的经济状况具有重要意义⑤。

俄罗斯汉学界对中国地区发展的研究暂时不足。Г. А. 冈申和 И. В. 乌沙科夫就这方面内容撰写了专著，勾画了中国的经济地理轮廓，对汉学本科生非常有帮助⑥。该题目的另一个成果是一本论文集，收入了俄罗斯和中国区域经济的研究论文⑦。关于区域经济的大部分成果都是分析

---

① См., например: Социальные последствия рыночных преобразований в КНР (1978—2002 гг.) / Ред. Э. П. Пивоварова. М., 2004; Пивоварова Э. П. Социализм с китайской спецификой. М., 2011; Она же. Экономическая мысль в КНР // Науч. труды Международного Союза Экономистов и Вольного экономического общества России. М., 2006. Т. 19 (63); Она же. Что такое «социализм с китайскойспецификой»? // ААС. М., 2011. No 8. С. 60—64.

② См.: Карпов М. В. Очерки политической экономии «социализма с китайской спецификой»: «многоколейный ленинизм» // Восток. М., 2011. No 3. С. 95—114; No 4. С. 65—80.

③ См., например: Островский А. В. Опыт Китая в решении социальных проблем в условиях перехода к рыночной экономике // Доклады ИДВ РАН—2011. М., 2012. С. 4—19.

④ См., например: Чуванкова В. В. Социальный аспект индивидуального и частного предпринимательства в условиях развития рыночной экономики // Социальные последствия рыночных преобразований в КНР (1978—2002 гг.). М., 2004. С. 153—197; Она же. Частное предпринимательство в экономике КНР в условиях глобального кризиса // ПДВ. 2009. No 3; Она же. Развитие частного предпринимательства в КНР // ПДВ. 2011. No 6; Она же. Государственная поддержка мелкого и среднего предпринимательства в КНР: новый этап // ПДВ. 2013. No 3.

⑤ См.: Борох О. Н. Обсуждение проблем политической экономии в Китае во время дискуссий 1957 г. // Вестн. Санкт-Петербургского ун-та. Сер. 5: Экономика. СПб., 2011. Вып. 2. С. 88—95; Она же. Судьба экономиста в изменяющемся Китае: Чэнь Чжэньхань и его взгляды // ИМ ИДВ РАН. Сер. Е: Проблемы новейшей истории Китая. М., 2011. Вып. 1. С. 191—204; Она же. Экономические дискуссии в КНР в посткризисный период // ПДВ. М., 2011. No 4. С. 126—136.

⑥ См.: Ганшин Г. А., Ушаков И. В. Китай: Экономико-географический очерк. М., 2004.

⑦ См.: Региональная политика: опыт России и Китая / Отв. ред. Л. И. Кондрашова. М., 2007.

中国某个地区或省份的经济状况。О. С. 西比利亚科娃（О. С. Сибирякова）的专著研究了四川省的经济状况①，Е. С. 巴仁诺娃和 А. В. 奥斯特洛夫斯基的专著中有一些章节介绍了新疆的情况②，С. Н. 阿列克萨欣娜、Е. С. 巴仁诺娃的论文介绍了中国另一些地区的情况③，此外还有一些关于中国领导人区域政策的研究。在上述研究的基础上，哈巴罗夫斯克出版的《空间经济学》杂志发表了 Д. А. 伊佐托夫关于通过调拨政策实行区域间优化平衡的论文、Н. П. 雷若娃关于通过开放发展边境地区的论文、Л. 巴达良（Л. Бадалян）和 В. 克里沃罗托夫（В. Криворотов）关于中国偏远地区开发问题的论文④。

21 世纪初俄罗斯的中国经济学家研究成果中，关于中国农业发展问题一如既往地占据着重要地位。农业虽然继续在国家发展中起着重要作

---

① См.：Сибирякова О. С. Экономическое развитие провинции Сычуань. М.，2013.

② См.：Баженова Е.，Островский А. Синьцзянновый облик древнего Шелкового пути. Алматы，2012.

③ См. например：Алексахина С. Н. Северо-Восточный регион КНР：проблемы и предпосылки устойчивого развития // Усиление Китая：внутренние и международные аспекты //XV МНК ККЦиМ：тез. докл. М.，2005. Ч. 1. С. 83－86；Баженова Е. С.，Островский А. В. От Цинхая до Циндао：(Особенности экономической реформы в западных и восточных регионах КНР) // ПДВ. М.，2005. No 2；Баженова Е. С. Синь-цзян и новые горизонты великого Шелкового пути：(Внешняя торговля) // ПЭ. Хабаровск，2011. No 2. С. 137－145. Она же. Экономические и демографические аспекты современного развития Синьцзяна // ИМ ИДВ РАН. Сер. В：Общество и государство в Китае в ходе реформ. М.，2011. Вып. 26. С. 195－206.

④ См. например：Алексахина С. Н. Северо-Восточный регион КНР：проблемы и предпосылки устойчивого развития // Усиление Китая：внутренние и международные аспекты // XV МНК ККЦиМ：тез. докл. М.，2005. Ч. 1. С. 83－86；Баженова Е. С.，Островский А. В. От Цинхая до Циндао：(Особенности экономической реформы в западных и восточных регионах КНР) // ПДВ. М.，2005. No 2；Баженова Е. С. Синь-цзян и новые горизонты великого Шелкового пути：(Внешняя торговля) // ПЭ. Хабаровск，2011. No 2. С. 137－145. Она же. Экономические и демографические аспекты современного развития Синьцзяна // ИМ ИДВ РАН. Сер. В：Общество и государство в Китае в ходе реформ. М.，2011. Вып. 26. С. 195－206. 177См. например：Изотов Д. А. Оценка опыта КНР по выравниванию региональной дифференциации мерами трансфертной политики // ПЭ. Хабаровск，2007. No 4. С. 147－159；Тулохонов А. К.，Зомонова Э. М. Асимметрия социально-экономического развития приграничных территорий России и Китая // Азиатско-Тихоокеанский регион. Владивосток，2009. No 2. С. 7－15；Рыжова Н. П. Развитие окраинных регионов КНР：роль《Приграничного пояса открытости》// ПЭ. Хабаровск，2008. No 4. С. 36－59；Бадалян Л.，Криворотов В. Особый путь Китая：новая парадигма производства-объектно-ориентированный дизайн и проблемы освоения труднодоступных территорий // ПДВ. М.，2011. No 4.

用,但已在逐渐让位于城市和工业生产。2012 年农业占中国 GDP 的 10.1%,从业人口占 33.6%,而 1978 年这两个数字分别为 28.2% 和 70.5%[①]。粮食问题已没有改革前那么突出,因为多年来中国的几乎所有农产品都能自给自足。还应该同意 Л. Д. 鲍尼的观点,"中国农村不仅带着巨大的成就、问题和矛盾,也带着解决方案走进了新千年。[②]"大多数俄罗斯中国经济学家认为,尽管解决"三农"问题(农村、农民、农业)有一些困难,可是这些问题在逐步得到解决[③]。一些关于中国农业经济的论文对具体问题进行了研究,如 А. В. 列乌茨基(А. В. Ревуцкий)在论文中详细研究了中国粮食安全保障中的粮食问题[④],Е. И. 克拉尼娜研究了动物养殖和水产养殖问题[⑤]。

在我们看来,中国问题研究重镇——科学院远东研究所非常重视中国的工业发展问题研究,出版了两部集体完成的专著,其中大部分章节都是对各个工业领域,尤其是重工业领域的研究:开采、能源、机械制造、黑色冶金、航天工业、高新技术产业[⑥]。З. А. 穆罗姆采娃研究了经济改革中的中国工业发展问题,还分析了工业内部比例的变化[⑦]。尤其应当关注的是 С. А. 萨佐诺夫(С. Л. Сазонов)关于中国交通的研究。他在一些专

---

① Чжунго тунцзи чжайяо—2012.(Китайский статистический справочник—2012). Пекин, 2013. С. 14.

② См.: Бони Л. Д. Китайская деревня на пути к рынку. М., 2005. С. 490.

③ См. например: Продовольственная безопасность КНР и роль государственного регулирования / Отв. ред. И. Н. Коркунов. М., 2002; Аграрная проблема Китая (конец XX—начало XXI вв.) / Отв. ред. В. И. Шабалин. М., 2009; Волкова Л. Сельское хозяйство Китая // ПДВ. 2011. No 6; Бони Л. Китай принимает вызов мирового рынка: стратегическая программа ускорения роста конкурентоспособности сельскохозяйственной продукции на мировом рынке, 2003—2007 гг. // ПДВ. 2003. No 6.

④ См.: Ревуцкий А. В. Зерновая проблема в стратегии обеспечения продовольственной безопасности КНР. Автореф. дис. ... канд. экон. наук. М., 2001.

⑤ См., например: Кранина Е. Роль аквакультуры в обеспечении продовольственной безопасности Китая // ПДВ. 2010. No 2; Она же. Развитие животноводства Китая // ПДВ. 2011. No 6.

⑥ См.: Экономика Китая вступает в XXI век / Отв. ред. М. Л. Титаренко. М., 2004; Экономическая стратегия КНР в XXI веке и вопросы сотрудничества с Россией. М., 2010.

⑦ См.: Муромцева З. А. Китайская Народная Республика: путь к индустриализации нового типа. М., 2009; Она же. Промышленная политика КНР в 2006—2015 гг. в свете задач индустриализации нового типа // ПДВ. 2011. No 4. С. 42—47.

著和论文中对中国交通领域的状况进行了全面的描述①。部分学者针对工业和交通的个别领域也开展了一些研究。И. А. 米申(И. А. Мишин)研究了微电子行业②，Н. Н. 科列金科娃研究了机械制造和冶金业③，М. 希什金(М. Шишкин)研究了汽车制造业④，А. Н. 普洛特尼科夫(А. Н. Плотников)研究了航空工业⑤，З. А. 穆罗姆采娃研究了化学和制药工业⑥，А. С. 申高斯(А. С. Шейнгауз)研究了森林工业⑦。作者们研究了改革新阶段上述领域快速发展的原因。

21世纪初，中国科技、军工体系等方面的研究实现了飞跃。这些问题在21世纪逐步成为了研究中国经济状况的主要课题。俄罗斯科学院主席团出版的两本论文集《创新政策——俄罗斯与中国》中设专栏分析中国的创新政策，并指出，在计划经济转向市场经济的中国模式中，科学技术起到了重要作用⑧。

---

① См., например: Сазонов С. Л. Транспорт Китайской Народной Республики. М., 2012; Он же. Мировой экономический кризис и железнодорожный транспорт Китая // Экономика КНР: меры по преодолению влияния мирового финансового кризиса. М., 2010. С. 114—121; Он же. Порядок и класс: решение проблем городского транспорта в КНР // ПДВ. 2011. No 3. С. 75—84;Сазонов С., У Цзы. Скоростные поезда Китая: успехи, проблемы, уроки // ПДВ. 2012. No 1. С. 64—81;Сазонов С. Л. Реформа транспортной системы КНР и мировой финансово-экономический кризис // ПДВ. 2010. No 2.

② См.: Мишин И. А. Микроэлектронная промышленность КНР в системе международного разделения труда // Россия и глобальная экономика. М., 2006. No 6. С. 93—116.

③ См.: Коледенкова Н. Черная металлургия КНР // ПДВ. 2009. No 1. С. 58—64; Она же. Черная металлургия КНР: возможности и реальность // ПДВ. 2001. No 6. С. 82—90; Она же. Машиностроительный комплекс КНР // ПДВ. 2011. No 5. С. 42—49.

④ См.: Шишкин М. Автомобилизация в Китае // ПДВ. 2006. No 1.

⑤ См.: Плотников А. Авиапром Китая-успехи и трудности // ПДВ. 2007. No 6.

⑥ См.: Муромцева З. А. Химическое производство как индикатор индустриального развития КНР // ПДВ. 2011. No 3. С. 65—74;Она же. Фармацевтика Китая в XXI веке // ПДВ. 2005. No 1. С. 95—103.

⑦ См.: Шейнгауз А. С. Новый феномен восточно-азиатской экономики-китайский лесной комплекс (образ состояния и перспектив) // ПЭ. Хабаровск, 2006. No 4. С. 59—80.

⑧ См.: Каменнов П. Б., Островский А. В. КНР. Анализ глобальных тенденций инновационной политики// Инновационная политика: Россия и мир 2002—2010 / под общ. ред. Н. И. Ивановой, В. В. Иванова. М., 2011; Афонасьева А. В., Каменнов П. Б., Островский А. В., Савинский С. П. Наука и инновации как фактор социально-экономического развития Китая // Научная и инновационная политика: Россия и мир 2011—2012 / Под общ. ред. Н. И. Ивановой, В. В. Иванова. М., 2013.

А. В. 阿法纳西耶娃(А. В. Афонасьева)的专著分析了中国通过华侨将美国和欧盟国家的现代化技术进行转化的机制。这些海外华人长期在美国和欧盟国家学习,后来又在当地公司从事高新技术转化工作。一段时间后回到中国,他们不仅获得了新的现代化知识,还掌握了将科技成就转化为实践的技术①。А. В. 马马耶夫(А. В. Мамаев)就中国发展的软件保障问题通过了副博士论文答辩②。多篇文章研究了中国的科技发展潜力、"知识经济"、创新政策、跨国公司在中国创新发展中的作用③。许多材料[П. Б. 卡缅诺夫、И. А. 别图霍夫、А. В. 匹克维尔(А. В. Пиковер)]关注了军工体系和高新技术领域的部分行业④。

从 20 世纪 90 年代初开始,尽管经历了诸多由于经费减少、人员流失导致的不利条件,俄罗斯汉学界(主要是科学院远东所)仍然就中国经济的所有主要方向开展了研究。21 世纪初,由于中国经济的迅猛发展,俄

---

① См.: Афонасьева А. В. Зарубежные китайцы-бизнес в КНР: Экономическая деятельность зарубежных китайцев и реэмигрантов в КНР в ходе реформ (1979—2010 гг.). М., 2013.

② См.: Мамаев А. В. Развитие наукоемких и высокотехнологичных производств в Китае (на примере нанотехнологий). Автореф. дис. ... канд. экон. наук. М., 2006; Мамаев А. Развитие рынка программного обеспечения в КНР // ПДВ. 2006. № 5. С. 82—91.

③ См., например: Порунов А. Н. Китай: от инвестиций к инновациям // ЭКО. Новосибирск, 2006. № 8. С. 72—81; Унтура Г. А. Экономика знаний в Китае и России: проблемы и перспективы // ПЭ. Хабаровск, 2009. № 4. С. 88—105; Значение научно-технического прогресса в экономике КНР в начале XXI в. // ИМ ИДВ РАН. Сер. А: Проблемы экономического развития и сотрудничества в Северо-Восточной Азии. М., 2001. Вып. 15. С. 1—116; Каменнов П. Б. Мощная инновационная держава // ЭИ ИДВ РАН. М., 2012. № 2. С. 42—69; Машкина О. А. Научно-технический потенциал КНР: прогнозы и реальность // Общество, государство, политика. М., 2011. № 1. С. 83—103; Она же. Особенности научно-технического прорыва КНР // Общество, государство, политика. М., 2011. № 2. С. 24—36; Севальнев В. В. Особенности развития инновационного сектора КНР в последние годы // ИМ ИДВ РАН. Сер. В: Общество и государство в Китае в ходе реформ. М., 2012. Вып. 27. С. 181—191; Селихов Д. Роль транснациональных корпораций КНР в развитии национальной инновационной системы // ПДВ. 2012. № 5. С. 28—42; Леонов С., Домнич Е. Инновационная политика Китая: роль прямых и косвенных экономических стимулов // ПДВ. М., 2010. № 6. С. 79—90.

④ См., например: Каменнов П. Б. Модернизация военно-промышленного комплекса КНР: достижения и проблемы // РЭЖ. М., 2012. № 3. С. 74—87; Петухов И. О развитии промышленности микроэлектроники и создании суперкомпьютеров в КНР // ПДВ. 2009. № 2; Пиковер А. Интернет и развитие электронной торговли в КНР // ПДВ. 2009. № 1. С. 45—57.

罗斯社会提高了对中国经济研究的兴趣。相关的专著和论文数量出现了一定的增长。如果俄罗斯能更重视培养精通汉语的汉学家,俄罗斯研究者对中国经济发展的研究成果将更加丰硕。

上述大多数中国经济研究者的成果中都指出了开始于 20 世纪 70 年代的中国改革模式成功实施的主要原因。研究得出了结论,改革成功的一个主要因素是中国积极加入了国际劳动分工体系,加强了对外经济联系,如吸引外资用于在国内发展外国技术,在中国境内发展自由贸易区,迅速发展同发达国家和发展中国家的外贸联系。同时许多研究都做出了预测,在已经到来的 21 世纪,中国将提升自己的经济实力,并在此基础上逐步提高居民生活水平。现实已经印证了大量俄罗斯中国经济学家在 21 世纪初做出的,关于中国顺利发展前景的预测。中国已经确立了新的目标——在 2020 年前建成小康社会。

第六章

中国哲学与宗教研究

  中国哲学研究是几百年来俄罗斯汉学中重要、不可分割的一部分。18 世纪末,俄罗斯北京传教使团学员 A. Л. 列昂季耶夫(А. Л. Леонтьев)首次将儒家经典《大学》《中庸》和《易经》部分章节的译成俄文。此外,他也从满语和汉语翻译出版了中国文化的"启蒙读本"《三字经》。A. Л. 列昂季耶夫的文集《中国思想》阐明了儒家的政治理念,该书曾以德文和法文在欧洲出版。

  19 世纪,俄罗斯东正教北京传教团领班 Н. Я. 比丘林的多方努力为中国道德哲学著作的研究和俄译奠定了坚实的基础。В. П. 瓦西里耶夫(В. П. Васильев)教授的著述使俄罗斯汉学学术和教育传统得以全面发展,他为中国文学、佛教哲学和宗教传统研究做出了巨大的贡献。他的著作《东方的宗教:儒、释、道》(1873)是俄罗斯研究中国思想的重要的里程碑。他的学生之一,С. М. 格奥尔吉耶夫斯基(С. М. Георгиевский)作为当时盛行的欧洲中心主义的批评者,在 19 世纪百年中的学者里占有特殊的地位。此外,他还呼吁大家摒弃对中国的刻板认识,强调研究中国思想的重要性,其主要著作为《中国生活准则》(1888)。

  修士大司祭巴拉第首次对中国宗教的发展进行了科学分析,并着手编纂了当时最详尽的汉语词典。该词典的编纂工作由俄国驻华高级翻译官 П. С. 波波夫（П. С. Попов）最终完成。П. С. 波波夫还翻译了体现中国精神文化核心的典籍《论语》和《孟子》。这些俄罗斯汉学奠基者的遗产为后来的研究工作打下了牢固的基础。

一 俄罗斯中国哲学研究学派的形成及发展

中国哲学研究成为专门的研究领域后，从 1920 年代起开始了新的发展。

这一进程始于 20 世纪上半叶俄罗斯著名汉学家 В. М. 阿列克谢耶夫（В. М. Алексеев）的一篇文章，即 1923 年他在《东方》上发表的、针对中国学者胡适所著《中国哲学史大纲》①的评论。В. М. 阿列克谢耶夫评价了孔子的学说，认为该学说很难被系统性阐述，因为从宗教、哲学、政治理论、道德准则等各个角度都可呈现它的内容。儒学已摆脱了封建正统思想的束缚，而中国国内发生的社会政治变化为科学地理解儒学开辟了新的前景，这一点是 В. М. 阿列克谢耶夫最重要的论见。中国学者在这一过程中具有不可替代的作用。В. М. 阿列克谢耶夫一直呼吁，希望俄罗斯的汉学家们能开阔视野，在研究经典文献时参考中国学者们的著作：
"从事学术研究的汉学家正在敏捷地将欧美的社会科学思想和研究方法掌握手中，进入新的汉学阶段。他们从翻译和研究的客体变为创造者以及翻译和研究的主体，进入与他们拥有同一学术话语的世界汉学家之列。"②

1935 年，另一篇关于中国哲学问题的精彩论文问世，其作者为青年学者 А. А. 彼特罗夫（А. А. Петров）——俄罗斯汉学历史哲学学派的创立者。1917 年以前俄国出版了大量关于中国哲学和文化的出版物，А. А. 彼特罗夫以此为基础，尝试确立客观研究东方民族哲学思想的远期目标，消除欧洲文明内部业已形成的，认为东方民族"落后"且"没文化"的

---

① Алексеев В. М. Учение Конфуция в китайском синтезе // Труды по китайской литературе. В 2 кн. Кн. 2. М., 2003. С. 320－352. В. Г. Буров отмечал, что в советский период развития отечественного китаеведения это была «первая статья, посвященная китайской философии» (Буров В. Г. Изучение китайской философии в СССР // Великий Октябрь и развитие советского китаеведения. М., 1968. С. 99). Глава VI. Изучение китайской философии и религии 231.

② Алексеев В. М. Учение Конфуция в китайском синтезе... С. 325.

观念,指出"必须科学地规范人类科学—哲学思维发展的统一进程"①。

A. A. 彼特罗夫批判性评价了 B. П. 瓦西里耶夫的著述,指责其对中国文化的看法渗透着过于浓厚的怀疑主义。与此同时,他称赞了 C. M. 格奥尔吉耶夫斯基的《中国生活准则》。该书关注儒家思想,承认哲学思想的发展对古代中国社会政治生活产生过积极影响。A. A. 彼特罗夫高度评价了 C. M. 格奥尔吉耶夫斯基将道教看作探求绝对的宇宙本体的哲学流派的态度。"尽管存在大量错误和缺陷,该书仍然是十月革命前俄罗斯汉学研究中国意识形态的巅峰之作。"②

积极评价中国传统的做法反映了俄罗斯汉学发展的深远趋向,该趋向至今仍影响着俄罗斯汉学的发展。中国文化研究的当代学者 M. E. 克拉夫佐娃(M. E. Кравцова)指出,同西方批评中国"僵化和落后"的"欧洲中心主义者们"激辩后,C. M. 格奥尔吉耶夫斯基"不由自主地站在了中国中心主义的立场,将中华文明及其文化遗产的唯一性绝对化,将其精神文化的基础理想化。从 В. М. 阿列克谢耶夫院士开始,俄罗斯汉学研究者中很多人都持有中国中心主义立场。为了与欧洲中心主义观相抗衡,В. М. 阿列克谢耶夫有时甚至会夸大中国文化传统的独特性质"③。

A. A. 彼特罗夫的文章体现了十月革命后不同年龄段中国思想研究者间的差异。他强调说,自己与前人之间横亘着"巨大的鸿沟"。此外,文章还探讨了一个严肃的论题,即克服旧汉学在历史哲学方法论上的不足:"逻辑学、认识论、本体论等方面的内容要么只有只言片语,要么就完全缺失,伦理、社会、国家法制等等问题是研究者们论述的主要对象。没有人从社会学和逻辑学的角度分析儒家和道家思想,可唯有如此,才能揭示全面展示哲学体系的统一性和多样性。"④

1935 年,A. A. 彼特罗夫指出:"中国哲学史尚未成为独立学科,也未成为整个哲学史的一部分,苏联汉学正面临着建立它的艰巨任务。"⑤

同年,A. A. 彼特罗夫为解决这一问题迈出了第一步,他撰写了关于

---

① Петров А. А. Философия Китая в русском буржуазном китаеведении (критико-библиографический очерк) // Библиография Востока. Вып. 7 (1934). М.-Л. , 1935. С. 5.

② Там же. С. 15.

③ Кравцова М. Е. История культуры Китая. 3-е изд. СПб, 2003. С 32.

④ Петров А. А. Философия Китая в русском буржуазном китаеведении (критико-библиографический очерк) // Библиография Востока. Вып. 7 (1934). М.-Л. , 1935. С. 28.

⑤ Там же. С. 6.

哲学家王弼的专著(包含对《周易略例》的翻译和注释),并藉此获得了哲学副博士学位。A. A. 彼特罗夫在"绪论"中批评了西方的汉学家,认为他们的著述中虽然含有丰富的事实材料,却并未将中国哲学史确立为独立的研究方向。A. A. 彼特罗夫强调,必须承认哲学史就是现代科学世界观的历史。唯有如此才能"凸显哲学逻辑认知和逻辑概念范畴,才能将它们从围绕《易经》及其他的哲学典籍中提炼出来,将之译成普通的哲学语言并纳入一般哲学思想史的发展历程"①。

A. A. 彼特罗夫书中对中国思想发展先进方面的探索集中于研讨王弼的辩证法和逻辑学:"王弼的哲学世界观,逻辑结构严整,充满了现实性的实际内容,完全不同于儒家的形式主义、繁琐哲学和教条主义。王弼以独创、美妙和深邃的思想取代了古代学说原则的传统阐释。"② A. A. 彼特罗夫称王弼为"辩证思维的典型代表",他指出:《周易略例》显示出"现象和规律性间普遍联系、普遍变化、对立现象间相互斗争又交织的思想"。③

A. A. 彼特罗夫此后的一系列研究使他成为了儒家的论敌。1940年,他发表了关于古代中国思想家杨朱(公元前5世纪—前4世纪)无神论和唯物主义观的研究论文,认为杨朱是"打破儒家道德桎梏,为个性自由勇敢斗争的典范"④。文章最后得出结论:"杨朱视世界为现实存在,断言直观感知是人与现实联系的方式。他论证了独创的唯物主义伦理学说,追求解放人的个性,使其摆脱陈规虚礼,达到与天性这一永恒无尽本源的和谐。"⑤

俄罗斯的汉学研究者中,最早系统梳理中国哲学流派并将其分类的人是 A. A. 彼特罗夫。⑥ 他在首版《苏联大百科全书》的"中国哲学"词条中指出,《易经》"含有辩证法元素",道教则"显现出绝对的客观唯心主义特点,带有众所周知的辩证法元素"。在他看来,儒家学说中的"正名"为封建等级制度,即森严的中央集权帝国基础奠定了理论根基,而荀子则是

---

① Петров А. А. Ван Би (226 – 249): Из истории китайской философии // Труды Института Востоковедения. Т. 13. М.-Л. 1936. С. 4.

② Там же. С. 18.

③ Там же.

④ Петров А. Ян Чжу—вольнодумец древнего Китая // Советское востоковедение. М., 1940. № 1. С. 175.

⑤ Там же. С. 211.

⑥ Петров А. Китайская философия // БСЭ. Т. 32. М., 1936. С. 743—755.

"朴素的唯物主义者"。А. А. 彼特罗夫认为,"总体而言",墨翟的世界观"具有宗教唯心主义特点"。然而在墨家的逻辑学文本中,"我们既发现了唯心主义,也发现了朴素唯物主义、经验主义与唯名论(名学)的元素"。名家在其学说中融入了"不可知论、主观主义、相对主义、怀疑论的元素"。这一学派的某些代表人物,譬如惠施,"得出了主观唯心主义的结论:空间是人理智的幻觉"。而杨朱则被认为是"朴素的唯物主义者和感觉论者","杰出的唯物主义者"。在新儒学思想家王阳明的世界观中,А. А. 彼特罗夫发掘出了"主观唯心主义和直觉主义的要素"。

必须指出,中国哲学的特点并不仅仅局限于其拥有悠久的历史,А. А. 彼特罗夫同样运用了当时,即 1920—1930 年代的材料。其中,他指出,"亨利·柏格森、尼采的思想,以及经过现代化改造的王阳明和旧儒家的思想,在资产阶级青年中十分流行",而国民党力图利用古代儒学,特别是孟子的思想,使之"服务于中国资产阶级的政治目的"。这些见解在 А. А. 彼特罗夫 1940 年出版的长篇论文中得到了阐发。①

1940 年代,彼特罗夫放下学术研究,转入外交部工作。1945—1947 年,他担任苏联驻中国大使。1949 年 1 月,这位学者外交官溘然长逝。1954 年,苏联科学院出版社出版了他的著作《王充——古代中国的唯物主义者和启蒙者》②。该书完成于 1941 年,专门研究公元 1 世纪的中国思想家王充。А. А. 彼特罗夫十余年来一直致力于阐明古代中国思维中的唯物主义和辩证法思想,本书成为这项研究的最终成果。

А. А. 彼特罗夫的研究标志着针对中国哲学的专门化研究进程和独立于中国文化和文学研究的开始。В. М. 阿列克谢耶夫院士是这一职业化进程的积极支持者。他将 В. П. 瓦西里耶夫的圣彼得堡大学汉学教育的旧学派与苏联学派相比较,指出:"刨除学生阅读的宋明理学'性与礼记'一类的'晦涩'文章,旧学派的中国哲学教育通常都很外行,受满语译本掣肘且毫无亮点。而苏联学派中出现了大量受过哲学教育的汉学家,他们开始讲授一些复杂的哲学课程,例如开设《易经》理论以及一些著名

---

① Петров А. А. Очерк философии Китая // Китай: история, экономика, культура, героическая борьба за национальную независимость: сб. ст. / Под ред. В. М. Алексеева, Л. Н. Думана, А. А. Петрова. М.-Л., 1940. С. 248—281.

② Петров А. А. Ван Чун—древнекитайский материалист и просветитель. М., 1954.

文人围绕《易经》展开的工作，如王弼（参阅 A. A. 彼特罗夫的学位论文）。"①

第二次世界大战前，苏联学派的中国哲学研究在易经研究领域取得了显著的成就。1937 年，Ю. К. 休茨基（Ю. К. Щуцкий）在列宁格勒对古代中国经典文献之一《易经》进行研究，并首次将其译成俄语。② 1937 年 6 月，他凭借此项研究获得了博士学位，然而时运不济，论文直到 1960 年才得以出版。全书由两部分组成：一是《易经》中各种卦象和名句的翻译；二是收入了 Ю. К. 休茨基精选的各个历史时期对《易经》文本的注疏汇编。

В. М. 阿列克谢耶夫特别重视学者的汉学素养与某一人文学科的专业知识的结合。这种思想反映在了他 1944 年到 1948 年间于列宁格勒国立大学讲学时的课程提纲中。"哲学，孔子、老了、墨子及其他诸学家学说的实质为何仍然没有得到解答？仅具备'普通'的汉语知识是不够的，需要的是受过相关教育的汉学哲学家。"③

这个问题在 20 世纪下半叶得以解决，当时俄国开始培养具有哲学专业知识和汉语知识的研究人员。1970 年，在 М. Л. 季塔连科（М. Л. Титаренко）的倡议下，莫斯科大学哲学系首次组建了学习中国哲学和汉语的学生小组。语言学习不仅包括现代汉语，还包括古代汉语。М. Л. 季塔连科、В. Ф. 费奥克蒂斯托夫（В. Ф. Феоктистов）和 В. Г. 布罗夫（В. Г. Буров）承担了这个学生小组的课程教学和中国哲学史的专业教学工作。这个小组的七位毕业生中，哲学博士 А. И. 科布泽夫（А. И. Кобзев，俄罗斯科学院东方学所；又译"科布杰夫"）、А. Е. 卢基扬诺夫（А. Е. Лукьянов，俄罗斯科学院远东所）和 Л. Е. 扬古托夫（Л. Е. Янгутов，乌兰乌德，俄罗斯科学院北奥塞梯共和国蒙古学、藏学、佛学研究所）在中国哲学研究领域进行着积极的研究工作。

Я. Б. 拉杜尔-扎杜洛夫斯基（Я. Б. Радуль-Затуловский）的著作《儒教及其在日本的传播》④于 1947 年面世，这是第二次世界大战后中国思

---

① Алексеев В. М. Наука о Востоке: ст. и док. М., 1982. С. 177.

② Щуцкий Ю. К. Китайская классическая «Книга перемен» / Пер. и исслед., предисл. Н. И. Конрада. М., 1960.

③ Алексеев В. М. Наука о Востоке: ст. и док. М., 1982. С. 308.

④ Радуль-Затуловский Я. Б. Конфуцианство и его распространение в Японии. М.-Л. 1947.

想史研究的第一件大事。此后约15年的时间里,这部书都是汉学家的基本工具书,他们此前都承认,"1960年代以前,儒家的基本情况都来自日本学家 Я. Б. 拉杜尔-扎杜洛夫斯基的著作"①。本书辟有专门的章节论述中国古代典籍(焦点集中在日本国内盛行的《易经》《春秋》和《论语》),探讨孔子是否是它们的作者以及孔子本人的学说。书中介绍了中国哲学家朱熹、王阳明等人的宋明理学学说,着重反映他们在日本的接受和传播。本书作者对孔子学说持批判的态度,认为"将儒家学说作为中国哲学的'普遍'基石,意味着成为旧儒学教条传统的俘虏,易导致臆造出一个没有科学根据的体系"②。

1950年出版了杨兴顺研究古代道家学派的奠基人老子思想的论著,书中还附有《道德经》的俄文译本③,主要关注古代中国思想的唯物主义传统。作者认为老子学说形成的根基是古代自发的唯物主义,后来其成为了中国唯物主义进一步发展的基础。作者尤其重视剖析道教兴起时的社会政治状况,研究对老子个人及中国学术传统中对《道德经》的各种阐释。老子哲学的特点是"矛盾的唯物主义,有唯理论的特点"④。研究者承认老子学说具有两面性和矛盾性,存在"唯心主义和反动的特点"(抽象物同具象物脱节、消极的认知主义和空想主义)。然而老子哲学以无神论和唯理论为主,这一点获得了承认。"古代哲学家的无神论思想,他朴素的辩证法表述,他对社会的不公正及古代社会剥削阶级专横的批判,他对劳动民众的爱——这一切都表明老子哲学学说在伟大的中国人民的文化和意识形态史上占据着显要的位置。"⑤

中国思想研究者 В. Ф. 费奥克蒂斯托夫在回溯过去时指出:"俄罗斯汉学界对中国哲学研究的真正兴起始于1950年代。"中华人民共和国成立后,苏联对中国文化的兴趣显著提升。与此同时,汉学界内部加速了专业化进程,"保持自身综合性特点的同时,汉学逐渐在历史、文艺学、艺术

---

① Переломов Л. С. Изучение проблем древнего Китая // Проблемы советского китаеведения. М., 1973. С. 96.

② Радуль-Затуловский Я. Б. Конфуцианство и его распространение в Японии. М.-Л. 1947. С. 410.

③ Ян Хин-шун. Древнекитайский философ Лао-цзы и его учение. М.-Л. 1950.

④ Там же. С. 72.

⑤ Там же. С. 96.

学、语言学、经济学,直至哲学等各个领域开展专门化的研究"①。

中国作者的作品成为俄罗斯汉学界中国哲学研究的渠道之一,极大提升了苏联学者对于伦理学、本体论、认识论,以及美学观、社会学观、历史学观和政治学观的研究兴趣。1950—1960年代,郭沫若、杨荣国②关于中国思想史的著作被译成俄语出版。1989年值得注意的事件是中国关于中国哲学史的大学教材③被翻译成了俄语,它涵盖了中国思想史的全部内容,大量引文有助于读者自行理解整段历史。

形成于20世纪苏联时代、研究中国历史哲学的俄罗斯汉学学派尊重中国文化,不但将其视为研究对象,还将它看做平等的对话者,是人类思想精髓不可分割的部分。对阐明中国与西方哲学思想共同点的期望使得俄罗斯学者们反对极端,他们推翻了忽视中国思想理论遗产的西方中心论和建立中国中心思想高于其他一切传统的中国中心论的企图。研究者们珍视中国思想的民族特性,试图建立起其平衡且全面的发展图景,阐明哲学探索同社会历史进程间的关系。

一代新人进入到汉学的研究领域,他们有机会在中国学习,向中国教授学习知识。1950年代末,М. Л. 季塔连科曾在中国留学,著名中国哲学史家冯友兰、思想传统研究家任继愈、胡曲园、严北溟都是他的老师。著名的古代思想史家侯外庐曾是 В. Г. 布罗夫的老师。В. Ф. 费奥克蒂斯托夫在研究和翻译典籍《荀子》时,曾向著名的改革家梁启超之弟、北京大学教授梁启勋求教。

1960年代中叶,Ф. С. 贝科夫(Ф. С. Быков)关于中国社会政治和哲学思想渊源④的著作问世,成为古代中国哲学研究的重大突破。书中运用了中国和西方的现代历史哲学文献,比较并评价了国外学者的不同观点,对《易经》的主要思想,《国语》《左传》的自然哲学观点进行了剖析。该

---

① Феоктистов В. Ф. Становление отечественной философской синологии // Китай на пути модернизации и реформ. 1949—1999. М., 1999. С. 129.

② Го Мо-жо. Философы древнего Китая. Десять критических статей / Пер. с кит., общ. ред. и послесл. Н. Т. Федоренко. М., 1961; Ян Юн-го. История древнекитайской идеологии / Пер. с кит. Ф. С. Быкова, Д. Л. Веселовского, Т. Е. Мытарова, общ. ред. и вступ. ст. Ян Хин-шуна. М., 1957.

③ История китайской философии / Пер. с кит. В. С. Таскина, общ. ред. и послесл. М. Л. Титаренко. М., 1989.

④ Быков Ф. С. Зарождение общественно-политической и философской мысли в Китае. М., 1966.

书重点阐析了古代诸哲学流派的代表人物:孔子、墨翟、杨朱、孟子、稷下学宫之人、老子、庄子、惠施、公孙龙、后期的各位墨家代表、荀子。作者简要勾勒了古代中国意识形态发展的略图:"中国古代诸多社会政治和哲学思潮中,占据领军地位的是孔子及其著名的继承者孟子、墨家学派等,后期墨家代表人物已经基本上摆脱了其祖师的宗教观。唯物主义和无神论思想在杨朱的学说中得到了发展。稷下学派的思想家及后来的老子、庄子、惠施、公孙龙等解决了很多共性问题,不过他们分析问题的方式方法差异很大。荀子和韩非子对前人的成就进行了总结和批判性的发展。"①

先秦时期的哲学思想研究不断拓展。В. Ф. 费奥克蒂斯托夫于1976年出版了专门研究荀子思想的专著,还挑选了《荀子》中的11章内容翻译成了俄语。他得出结论,认为荀子对中国哲学的影响具有双面性。"一方面,其世界观对此后中国唯物主义和无神论的影响毋庸置疑;另一方面,其社会政治观点促使儒家的伦理政治学说最终被确立为封建中国的官方意识形态。"②研究者认为,荀子学说的主要特点在于"其哲学观具有朴素唯物主义的特点,为儒家学说朝着唯物主义的方向发展奠定了基础"③。

老一代学者继续进行着学术研究。1983年,杨兴顺出版了关于中国古代唯物主义思想发展的著作④。该书谈及了中国古代哲学思想的起源和古代中国基本哲学流派(孔子、孟子和老子)的形成。作者将子思、孟子、惠施和公孙龙等人列为唯物主义思想的反对者,而唯物主义的拥护者是列子、杨朱和稷下学派的道家诸子、庄子、墨家诸代表、荀子和韩非子。杨兴顺认为,庄子继承和发展了老子的唯物主义,然而其论说的唯物主义性质尚存争议。"在本体论领域,他(庄子)较之老子更为清晰地构建了一系列关于'道'与'德'的辩证统一、作为生命本源的'气'、普遍与个体、有限和无穷间相互关系的重要学说。承认客观万物存在是庄子认识论图景的出发点。他区分了认识的两个阶段:感性认识和理性认识。换言之,从

---

① Быков Ф. С. Зарождение общественно-политической и философской мысли в Китае. С. 223—224.

② Феоктистов В. Ф. Философские и общественно-политические взгляды Сюнь-цзы: исслед. и пер. М.,1976. С. 166.

③ Там же. С. 173—174.

④ Ян Хиншун. Материалистическая мысль в древнем Китае / Предисл. М. Л. Титаренко. М.,1984.

相对主义的角度出发,他认为,世界原则上是能被认知的。"①

1985年,М. Л. 季塔连科出版了首部专门研究墨家学派及其创立者墨翟的著作②。本书重点关注了墨家的社会政治和伦理观,主要是他们关于公正和平等的思想:墨翟及其弟子倡导大家以"兼爱和互利"原则来处理人际关系。本书还详尽地研究了墨家基于"利人""尚贤""尚同""非攻""节用"等原则对儒家进行的批判。此外,本书分析了墨家学说的宗教伦理维度,居于首位的"天志"的实利主义阐释问题。

墨家致力于系统性思考逻辑问题和知识真假的评价标准,墨家诸子关于本体论、范畴体系及方法的论断在本书中占有重要位置。М. Л. 季塔连科指出,古代思想家的认识论观点与伦理政治观相互关联:"从'适用'和知识的实践价值出发,墨子认为获得'真知'应从属于一系列斗争的任务,这些斗争包括改善普通劳动者的经济情况,扩大其政治权利,以'十原则'为基础改革社会政治体制。'十原则'的基础是'兼爱'和'非攻'。"③

М. Л. 季塔连科认为,墨翟,特别是其后继者的功绩在于:他们为形成完整的逻辑学理论、学术论辩的法则和规范、认识自然和社会的方法奠定了基础。本书将墨翟及其后继者的认识论、逻辑学和伦理学思想,同古希腊罗马思想家及欧洲哲学传统中的类似思想进行了对比,阐明墨翟的很多思想具有领先地位:如在社会契约的基础上建立国家的思想,如在当权者与民众之间以"兼爱和互利""尚贤""尚同"理念为基础建立社会公正、共同富裕社会的乌托邦思想等。

1970年代,俄罗斯汉学中国哲学研究领域开始形成多个学派。中国文学专家Л. Н. 孟列夫(Л. Н. Меньшиков)指出,中国哲学典籍文本的结构主义研究学派于1971年诞生。他认为在研究哲学文本时,经常需要分析文本的整体结构才能提取作者的观点。"要阐释某个哲学文本,必须要有两类注释,即对内容的注释(若缺失会造成理解失误)和对文本结构的注释,据此呈现作者的观点体系。带有第一类注释的译本已经大量存在,第二种注释则尚未得到推广,尽管 В. С. 斯皮林(В. С. Спирин,他系统

---

① Ян Хиншун. Материалистическая мысль в древнем Китае / Предисл. М. Л. Титаренко. М., 1984. С. 129.
② Титаренко М. Л. Древнекитайский философ Мо Ди, его школа и учение. М., 1985.
③ Там же. С. 205.

阐释中国古代思想文本阅读方法的著作已刊印)"①在其著述中论述了这些原则。

这部创新之作出版于1976年②。В. С. 斯皮林在《古代中国原文结构》中提供了一套基于分析平行结构来分析源文本的范式。研究中文文本形式是理解其内容的关键,以此为出发点,学者提出应当厘清同构片段在文本中的交替,弄懂片段间的接续关系。В. С. 斯皮林提出了一套针对汉语文本中不同平行结构的分类方法,采用大量结构特殊的实例并配上了译文。作者指出:"研究典籍结构是理解中国古代思想的手段之一。结构分析并不是什么额外的、非必须的问题。如果本学科希望成为一门学科而非猜想的集合,那么结构分析应该属于它的范畴。结构分析法揭示了中国古代典籍文献中有序安排的文本形式。这些形式的特点是:形式本身常常体现客观世界诸现象的范畴划分,还经常指明其认知方法或者形式,无论文本本身是否提及这些范畴。"③В. С. 斯皮林的方法论对于俄罗斯中国哲学研究的发展产生了重要影响,促使研究者们注重文本结构以及文本中各范畴的意义。

1983年,А. И. 科布泽夫关于新儒家学者王阳明的专著问世,成为向该方向迈出的脚步之一。④ А. И. 科布泽夫指出,不可能将王阳明的学说与西方的唯心主义相提并论,因为"心"的概念在中国传统中首先指向主观特性。作者给予王阳明的学说以独特的评价:"它在本体论层面实质上是唯物的。但唯物性并非解决哲学基本问题时自觉选择的结果。当时并没有其他某个发达的唯心主义学说可供王阳明选择,因此,他的理论是自然主义的,具有泛灵论和泛心论的特点。"⑤А. И. 科布泽夫认为王阳明的学说是"独特的、人格论者的单子论",本质上是"价值论与现象学的认识论"。我们经常遇见将王阳明的学说视为主观唯心主义或唯我主义的观点,А. И. 科布泽夫称这样的观点"完全不能令人满意"⑥。

Б. Г. 布罗夫的巨著《17世纪中国思想家王船山的世界观》研究新儒

---

① Меньшиков Л. Н. Об изучении китайских письменных памятников // Проблемы советского китаеведения. М., 1973. С. 263.

② Спирин В. С. Построение древнекитайских текстов. М., 1976.

③ Там же. С. 213.

④ Кобзев А. И. Учение Ван Янмина и классическая китайская философия. М., 1983.

⑤ Там же. С. 252.

⑥ Там же. С. 253.

家的遗产。作者的结论是:"王船山的贡献首先在于推翻了宋代新儒学的唯心主义观念。"①本书特别关注中国思想家对唯物主义传统发展的贡献:"此前,中国哲学家(包括与其同时代的其他人)中从未有人如此坚定并持续地强调物质高于精神。他们主张的自然主义哲学理论也代表着中国哲学家对自然的认识前进了一大步……之前的中国思想家未曾有人像王船山一样对佛教唯心主义思想进行如此尖锐、系统且持续不断的批判。"②书中还能找到曾经发生过争论的痕迹,争论的主题是:王船山及其同代人的观点是否具有启蒙性质。Б. Г. 布罗夫建议道:"可以认为他们的观点是启蒙思想的前身,因为是它们催生出了真正的启蒙思潮。"③

1970—1980年代的学术著作中必须提到的还有 Л. Е. 波梅兰采娃(Л. Е. Померанцева)④的《淮南子》研究。其中论述了后期道家关于有和无的观点,对道,对天人关系,对美的认知及评判等问题的阐释。

"东方作家与学者"系列学术丛书中,В. В. 马良文(В. В. Малявин)关于庄子⑤的书是对深刻理解早期道家思想极有益的贡献。1982年出版了两部关于儒家和道教的论文集⑥,它们标志着俄罗斯对中国传统思想的研究走向成熟。论文集揭示了儒家和道家的思想同乌托邦传统的联系,书中还有论文论述了谭嗣同、章炳麟、刘师培及孙逸仙⑦等人的观点。

1980年代末,Л. С. 瓦西里耶夫(Л. С. Васильев)⑧的书中呈现了中国思想发展的总体图景。1987年,И. И. 谢梅年科(И. И. Семененко)⑨的专著问世,他从宗教的角度出发分析了孔子的名言。И. И. 谢梅年科强调,儒家学说充满了精英特质和宗教性,它将自然现象与超自然现象联

---

① Буров В. Г. Мировоззрение китайского мыслителя XVII века Ван Чуань-шаня. М., 1976. С. 184.

② Там же. С. 185.

③ Там же. С. 183.

④ Померанцева Л. Е. Поздние даосы о природе, обществе и искусстве (《Хуайнань-цзы》-II в. до н. э.). М., 1979.

⑤ Малявин В. В. Чжуан-цзы. М., 1985.

⑥ Конфуцианство в Китае: проблемы теории и практики. М., 1982; Дао и даосизм в Китае. М., 1982.

⑦ Китайские социальные утопии. М., 1987.

⑧ Васильев Л. С. Проблемы генезиса китайской мысли (формирование основ мировоззрения и менталитета). М., 1989.

⑨ Семененко И. И. Афоризмы Конфуция. М., 1987.

系在一起,没有在它们之间划出清楚的界线。作者从这些方面出发,不仅阐析了作为自然与精神统一体的儒家世界图景,还分析了家庭和社会要服从天意,在人性中发现天性。研究者在界定作为孔子所言的圣人之治时,于"正名"中发现了崇拜与祭祀。

В. Ф. 古萨罗夫(В. Ф. Гусаров)关于8—9世纪思想家韩愈①世界观的著述,是深入理解儒家演变以及儒佛之争的重点。В. Ф. 古萨罗夫重视社会制度及道德关系中的"儒家之道",他同时还指出了韩愈的"心"学对宋代新儒学发展的影响。В. Ф. 古萨罗夫翻译了韩愈的系列文章,包括《原道》《原心》等等,并添加了注释。

В. А. 鲁冰(В. А. Рубин)探讨了古代中国思想中关于人道主义、政权统治和人类文明的内容,还探讨了早期儒家、墨家、法家和道家各派人物的观点②,篇幅虽然不长,涵盖面却很广。Л. С. 佩列莫洛夫(Л. С. Переломов,稽辽拉)出版了论著,深入研究了中国政治史上儒家与法家的地位③。作者的立足点在于,中国的政治文化从古至今都具有政史紧密结合的特征。这部著作分为两部分:第一部分研究古代中国儒家与法家发挥的作用,第二部分审视了他们在1970—1980年代新中国社会政治生活中的地位。Л. С. 佩列莫洛夫依据中国顶尖学者(郭沫若、杨荣国、冯友兰等人)的著述和讲话,深入剖析了中国1970年代前5年"批林批孔"政治运动的文化历史背景。

研究佛教哲学的著作成为1980年代中国哲学思想研究领域的显著现象和新的潮流。Л. Е. 扬古托夫出版了研究华严宗哲学理论的著作④。书中探讨了该学派的主要哲学理念——因果论和关于存在基础(法理)的学说,其中包含了"圆融"的辩证法要素,此外,还系统整理了华严宗代表人物对其他佛教学派、儒家及道家的评价。"华严宗的哲学观实质上是主观唯心主义的。华严宗思想家们消除极端主观主义的种种努力,没有将其带入客观唯心主义的立场。与此同时,主体意识与实体意识,意识与道(理),道(理)与如来的同一性学说,为华严宗哲学的类别归属提供了理

---

① Гусаров В. Ф. Некоторые положения теории пути Хань Юя // Письменные памятники Востока. Историко-филологические исследования. Ежегодник 1972. М. , 1977. С. 197—223.

② Рубин В. А. Идеология и культура Древнего Китая (четыре силуэта). М. , 1970.

③ Переломов Л. С. Конфуцианство и легизм в политической истории Китая. М. , 1981.

④ Янгутов Л. Е. Философское учение школы Хуаянь. Новосибирск, 1982.

据,可认为它是泛神论,其宗教性的神秘义理将本源归结于神。"①本书附录中还有两位华严宗思想家所写文章的译文(杜顺《华严法界观》,法藏《华严金师子章》),译者就是 Л. Е. 扬古托夫本人。

Н. В. 阿巴耶夫(Н. В. Абаев)的著作为中国佛教的方法论问题研究做出了贡献②。学者关注的中心是"人的心理活动文化"这一概念。在此视域中,他探究了儒、道及藏传佛教间的相互联系,并对它们进行了比较。在 Н. В. 阿巴耶夫看来,儒家对个体道德完善的追求凭借的是内省和自控,而道家则旨在明确人身上所包含的宇宙本源。藏传佛教与道家相似,追求对真理的非语言感知和意识的自我调节——这些会将人从传统规范中解放出来,但同时要求高度的内部自律及组织性。书中指出,道家和藏传佛教的诸多实践改变了心理的深层结构,使人的个性比儒家所规训的更加和谐。书中有一章探讨了以电脑训练模式③为基础,导入传统中式身心训练法的前景,这一点值得称道。本书附有最重要的中国藏传佛教经籍《六祖坛经》及《临济录》的译文片断。

俄罗斯的研究者们特别关注新时期及当下的中国思想。С. Л. 齐赫文斯基在关于中国 19 世纪变法运动的专著中全面研究了康有为的思想④。书中揭示了康有为主张的社会乌托邦"大同"的内容,确定了其诸思想根源。С. Л. 齐赫文斯基得出结论:"康有为的乌托邦理论是伟大的中国民众社会思想形式的独特性与丰富性的表现之一。"⑤这一主题在 Л. Н. 博罗赫(Л. Н. Борох)的书中得到了发展⑥,书中阐释了孙逸仙、梁启超的进步理论和"大同"学说对中国早期社会思想的影响,还分析了梁启超对孙逸仙主张的社会发展与"人民幸福"等西方理论的理解。专著的结论是:"'黄金时代'尚未到来,符合新时代的马克思主义理想是理解 20 世纪初期中国社会主义思想发展的关键点。共产主义乌托邦的存在具有

---

① Янгутов Л. Е. Философское учение школы Хуаянь. Новосибирск, 1982. С. 67.

② Абаев Н. В. Чань-буддизм и культура психической деятельности в средневековом Китае. Новосибирск, 1983; Абаев Н. В. Чань-буддизм и культурно-психологические традиции в средневековом Китае. 2-е изд., перераб. и доп. Новосибирск, 1989.

③ Там же. С. 155—174.

④ Тихвинский С. Л. Движение за реформы в Китае и Кан Ювэй. М., 1959.

⑤ Тихвинский С. Л. Избр. произв. В 5 кн. Кн. 1: История Китая до XX века: Движение за реформы в Китае в конце XIX века и Кан Ювэй. М., 2006. С. 392.

⑥ Борох Л. Н. Общественная мысль Китая и социализм (начало XX века). М., 1984.

双重作用。它减弱了西方社会主义思想对中国政治思想的渗透,同时又增加了理解西方社会主义理论的困难,因为很多观点脱离语境,似是而非,失去了自己本来的意义。"①

С. Л. 齐赫文斯基院士与他的学生们完成了孙逸仙著作的翻译。② Н. Г. 谢宁(Н. Г. Сенин)专著中单独辟有一章专门研究孙逸仙的哲学观点。③ 新时代中国先进思想家作品译文集中包含了来自19世纪中国哲学界的材料。④ Н. Г. 谢宁和 М. Л. 季塔连科主编出版了中国思想家李大钊哲学论述文集。⑤ 瞿秋白著作译文集的出版促进了对马克思主义哲学在中国传播初期的深刻认识。⑥

中华人民共和国建立后,俄罗斯出版了毛泽东哲学论著《实践论》(卷1)和《矛盾论》(卷2)的俄文版。⑦ 1969年,一部研究毛泽东诸哲学观点的著作问世。⑧ 该书的两名作者试图阐明中国领袖对马克思主义的理解,展示其观点与中国的历史文化传统和当时的社会情况之间的联系。其中,毛泽东的观点同古代中国哲学思辨的联系尤其受到重视。

В. Г. 布罗夫撰写了关于当代中国哲学发展问题的专著。⑨ 这部作品的重要特点在于它研究中国哲学思想的一切思潮,包括20世纪以来胡适、冯友兰、贺麟、梁漱溟、陈立夫、蒋介石的观点,这些人都不是马克思主义的拥戴者。作者借助中国本土的资料详细研究了1950—1960年代哲学论辩的问题。本书专门有一章研究1957年的历史哲学争论,学者们当时提出了很重要的问题,即中国哲学传统的接续及其在新条件下的传承。

第二次世界大战后,大量中国古代的经典文献和思想家的作品被翻

---

① Борох Л. Н. Общественная мысль Китая и социализм (начало XX века). М., 1984, С. 231.

② Сунь Ятсен. Избр. произв. / Вступ. ст. С. Л. Тихвинского. М., 1964.

③ Сенин Н. Г. Философские и общественно-политические взгляды Сунь Ятсена. М., 1956. С. 124—142.

④ Избранные произведения прогрессивных китайских мыслителей нового времени (1840—1898) / Сост. и общ. ред. Н. Г. Сенина, Ян Хиншуна; вступ. ст. Н. Г. Сенина. М.,1961.

⑤ Ли Дачжао. Избр. произв. / Отв. ред. Н. Г. Сенин, М. Л. Титаренко. М., 1989.

⑥ Цюй Цюбо. Очерки и статьи. М., 1959; Он же. Публицистика разных лет. М., 1979.

⑦ Мао Цзэ-дун. Избр. произв. В 4 т. М., 1952.

⑧ Алтайский М., Георгиев В. Антимарксистская сущность философских взглядов Мао Цзэ-дуна. М., 1969.

⑨ Буров В. Г. Современная китайская философия. М., 1980.

译成了俄语。1950年代,杨兴顺翻译了《道德经》,Н. И. 康拉德(Н. И. Конрад)翻译、注释并出版了俄文版的古代兵书《孙子》和《武子》①。这些古代中国的经典作品包含了研究中国古人辩证思想的丰富材料,同时也是研究中国军事谋略的重要参考。

В. М. 施泰因(В. М. Штейн)在其关于中国古代经济思想史的著作中,不仅翻译了《管子》一书的部分章节,还在附录中出版了《孟子》《荀子》《前汉书》《盐铁论》《周礼》的片断。② 杨朱的著作、列子和庄子全部作品的俄文版都被收录进了 Л. Д. 波兹德涅耶娃(Л. Д. Позднеева)的书。③ Л. Д. 波兹德涅耶娃在书中试图意译所有的文本,包括专有名词。这使得她的译文不仅形象鲜明,同时又有些奇怪。俄文版《庄子》中的人名都好记又有寓意:"来自南郊能控制情感的人""超然的秦""无羞之人""讲理的人""北海神若""独脚愚人""否定灵魂的徐""公正的调停者"……

Л. С. 佩列莫洛夫在《商君管理》中附上了《商君书》的译文。④ 这部巨著极大地拓展了中国哲学及政治思想研究的对象。作者为译文写了导言,还做了详细的注释。Л. С. 佩列莫洛夫指出,商鞅吸引了20世纪的中国民族主义者,因为在这部古代典籍里"观点丰富,还有大量具体意见以攫取绝对权力并建立凌驾于邻国之上的强权国家"⑤。这部专著于1968年出版,随后在中国开展的"评法批儒"运动直接证明了 Л. С. 佩列莫洛夫关于《商君书》对中国政治文化具有重大影响的结论。

思想出版社的"哲学遗产"丛书非常畅销,该出版社于1969年将研究古代和中世纪哲学遗产的第一卷《世界哲学选集》安排进了"哲学遗产"系列丛书并出版。本书恰如人类古典哲学遗产的"导引",书中有许多片断都是首次译成俄语。本书辟有中国哲学部分,其内容均由 М. Л. 季塔连科编选、翻译和注释,既涵盖了春秋战国时代(老子、孔子、墨子、杨朱、孟子、庄子以及后期墨家、韩非子)的中国古代哲学遗产,也包括此后各代著

---

① Конрад Н. И. Сунь-цзы. Трактат о военном искусстве: пер. и исслед. М.-Л., 1950. Он же. У-цзы. Трактат о военном искусстве: пер. и коммент. М., 1958.

② Штейн В. М. Гуань-цзы: исслед. и пер. М., 1959.

③ Атеисты, материалисты, диалектики древнего Китая / Вступ. ст., пер. и коммент. Л. Д. Позднеевой. М., 1967.

④ Книга правителя области Шан (Шан цзюнь шу) / Пер. с кит., вступ. ст. и коммент. Л. С. Переломова. М., 1968.

⑤ Там же. С. 135.

名思想家(董仲舒、王充、范缜、张载、朱熹)①的作品。

1972—1973年间,"哲学遗产"丛书系列又增添了两卷本的《古代中国哲学》,几乎收录了全部先秦时代的著述。② 收入文集中的有《诗经》《书经》《道德经》《论语》《墨子》《孙子》的译文片断,《列子》中的杨朱学说选译,《孟子》《庄子》《国语》《左传》《管子》《公孙龙子》的译文节选,后期墨家的认识论观点的选译,《礼记》《荀子》《商君书》《韩非子》《吕氏春秋》,司马迁的《史记》译文片断。经典哲学文献译文集的出版使俄罗斯的中国哲学研究迈出了重要的一步。

1990年,汉代思想家著述译文集③的出版为苏联时期中国哲学典籍翻译工作画上了圆满的句号。文集中收入了各个派别思想家的作品片段,包括董仲舒、王充、桓宽、杨雄及其他作者。这些作品都是首次被译成俄语。

俄罗斯苏联时期的中国哲学研究沿着两个方向发展。方向之一,是翻译中国作者著作。方向之二与前一方向存在有机联系——研究中国哲学思想的主要流派。中国典籍的翻译和苏联汉学家们对中国古代及现当代哲学的研究,为中国精神文化史研究进入下一阶段,即撰写具有总结性、体系性的大百科全书式作品奠定了基础。

二 撰就中国哲学百科全书辞典

21世纪前十年,俄罗斯中国哲学与宗教研究领域最重大的事件当属六卷本大百科全书《中国精神文化大典》④的出版。俄罗斯学者用时15年,最终成功地完成了这项他们的前辈早在20世纪上半叶就提出的任务。

---

① Антология мировой философии. В 4 т. М., 1969—1973. Т. 1. Ч. 1. С. 181—261.
② Древнекитайская философия: собрание текстов. В 2 т. М., 1972—1973.
③ Древнекитайская философия. Эпоха Хань / Отв. ред. В. Г. Буров, сост. Ян Хиншун. М., 1990.
④ Духовная культура Китая: энциклопедия. В 5 т. + доп. 1 том / Гл. ред. М. Л. Титаренко. М., 2006—2010. Т. 1: Философия. М., 2006; Т. 2: Мифология. Религия. М., 2007; Т. 3: Литература. Язык и письменность. М., 2008; Т. 4: Историческая мысль. Политическая и правовая культура. М., 2009; Т. 5: Наука, техническая и военная мысль, здравоохранение и образование. М., 2009; Т. 6 (доп.): Искусство. М., 2010.

1940 年出版的文集《中国:历史、经济、文化,为民族独立英勇战斗》①是为出版这部既具有权威性又包罗万象的词典所迈出的第一步。文集中收入了二十篇顶尖学者们关于中国各方面生活的论述。除了关于历史、现代政治及经济的资料,文集还收录有一些论文[А. А. 彼特罗夫的《中国哲学述略》,В. М. 阿列克谢耶夫的《中国文学(史略)》,Г. О. 孟泽列尔(Г. О. Монзелер)的《宗教在中国》]。

文集《中国:历史、经济、文化,为民族独立英勇战斗》成为后来出版有关中国及其他国家辞典阐释类著作的样本。1999 年,中华人民共和国建国五十周年前夕,俄罗斯科学院远东所出版的巨著《现代化和改革路上的中国》②,无论是形式还是内容编排都仿效了这部 1940 年出版的文集。书中还收入了 В. Ф. 费奥克斯托夫研究俄罗斯汉学哲学形成过程及其特点的论文③。此外,文集中还刊有论述中国特色社会主义理论、俄中文化传统的对话、当代中国宗教现状、中国文化发展的现实趋向等方面的论文。本书为塑造客观的中国形象,消除 1960—1980 年代苏中意识形态和政治对抗时累积于俄罗斯人社会意识中对邻国的消极思维定势,起到了重要的、积极的作用。

文集《中国:历史、经济、文化,为民族独立英勇战斗》(1940)的编者之一是著名的俄罗斯汉学家 В. М. 阿列克谢耶夫院士。他始终呼吁编撰并积极使用关于中国的工具书,还以"中国文化百科"为题,面向在校大学生开设了一系列课程,包括"文化、历史、文学、语言、中国科学、欧洲汉学、艺术、风习、旅游专题讲座"等等④。

1930 年代,В. М. 阿列克谢耶夫指出,汉语和中国文化整体上发生了巨大变革决定了对工具书的需求。基于熟记文本的教育体系成为了过去。如果说以前在中国,所学文本本身就是"工具书",那么如今接受过教育且受西方文化影响的人们则要求对文本进行外在的阐释。"现在,缺乏

---

① Китай: история, экономика, культура, героическая борьба за национальную независимость: сб. ст. под ред. В. М. Алексеева, Л. Н. Думана, А. А. Петрова. М.-Л., 1940.

② Китай на пути модернизации и реформ. 1949—1999 / Отв. ред. М. Л. Титаренко. М., 1999.

③ Феоктистов В. Ф. Становление отечественной философской синологии // Китай на пути модернизации и реформ. 1949—1999 / Отв. ред. М. Л. Титаренко. М., 1999. С. 129—135.

④ Алексеев В. М. Наука о Востоке. М., 1982. С. 171.

体系性百科知识的中国人和我们一样,很难判别自身对文本的理解是否准确无误,因为理解文本的基础已不再是此前他们所采用的以文本理解文本的方式(通过基础性文本理解此后遇到的任意文本)。与无数旋律中不断重复的某段音乐类似,基础性文本会制造出一种刻板的直觉,由它来决定文本的主题及其他细微之处……"①

因此,中国国内的有识之士正逐渐摒弃往日全面解读经典的方法,其他国家的汉学家也不得不研究各种现代问题,他们同样无法将全部精力投入到阐释中国历代典籍中。这种情况之下,无论是在中国还是在国外,汉语词典和各种中国文化专题工具书的作用正在逐渐加大。В. М. 阿列克谢耶夫常常就此告诫说:对于真正的汉学家而言,使用工具书并不能替代对汉语文本的研读,工具书"整合知识",却无法取代知识。他作为学者还多次强调汉学家独立编撰各类查询工具书、目录和索引的重要性。与此同时,他呼吁应竭尽全力向学习汉学的大学生们提供国外的各种工具参考书。他认为:"在阅读古汉语和现代汉语文本时,如果没有中国的工具书,会导致对事物的理解变得片面又古怪。"②

1930 年代末,В. М. 阿列克谢耶夫开始了巨著汉俄大辞典的编纂工作,其中几乎囊括了从古至今全部的汉语财富。1948 年出版的讨论辞典方案的资料中,В. М. 阿列克谢耶夫强调,这应是"全部中国文化遗产的辞典",是"中国现代科学与文化的辞典",是"为对中国感兴趣并展开科学研究的人编纂的辞典"③。以鄂山荫(И. М. Ошаниный)为首,В. М. 阿列克谢耶夫的学生们继续了这项工作,《华俄辞典》遂于 1952 年出版,而后在 1983—1984 年间又面世了 4 卷本的《华俄大辞典》④。

第二次世界大战前苏联已经出现了普及与中国相关的知识的问题。需要相关参考资料的读者人数明显增多,然而专业研究人员的数量有限,

---

① Алексеев В. М. Рабочая библиография китаиста. Кн. руководств для изучающих язык и культуру Китая. СПб. , 2010. С. 133.

② Там же. С. 144. Глава VI. Изучение китайской философии и религии 233.

③ Алексеев В. М. Рабочая библиография китаиста. Кн. руководств для изучающих язык и культуру Китая. СПб. , 2010. С. 463, 468.

④ Китайско-русский словарь / Под ред. проф. И. М. Ошанина. М. , 1952 (1-е изд.); 1955 (2-е изд. испр. и доп.), более 70 тыс. слов и выражений; Большой китайско-русский словарь по русской графической системе в четырех томах. Около 250 тыс. слов и выражений / Сост. коллективом китаистов под руководством и редакцией проф. И. М. Ошанина. М. , 1983—1984.

他们平日所使用的对汉语典籍文本的外语索引和注释无法满足这一需求。1944年，В. М. 阿列克谢耶夫呼吁，应该为汉学研究人员，首先是初入门径者提供俄语版的中国文化工具书。在语言水平还不能直接进行汉语阅读前，他们可以使用这些参考书。В. М. 阿列克谢耶夫认为，首先要翻译汉语的工具书，但此后要出版俄罗斯人的作品。"我想，我们首先需要的是关于中国的百科全书，包含苏联学者撰就的关于其国情文化的论述。到时候无论是未来的关注点还是科研人才培养都会以完全不同的速度走上完全不同的道路，而不是像现在这样，人们研究语言，却对国情和文化一无所知。我轻易就能想象到，初入汉学之门的人如果拥有一本这样的百科全书，那他就已不再是初学者，而是一名成手。语言学习过程本身对他而言已不再类似求解多元方程，他已不需要同时完成研习文本和了解文中所指这两项任务。"①

中华人民共和国的成立使俄罗斯大众对其伟大近邻的历史和文化燃起了持续而广泛的兴趣，这使得关于中国的工具书能够出版并流传开来。1954年，《苏联大百科全书》②中的"中国"一章以单行本的形式面世。这一简洁的版本还涵盖了中国文化的诸多问题，"哲学"一节的作者是汉学家侯外庐，他从马克思主义的角度研究哲学史。不过 В. М. 阿列克谢耶夫提出的撰写中国百科全书的任务距完成还很遥远。只有再过几十年，在俄罗斯汉学研究领域形成多个学派且拓展了研究范围，出版大量论文及专著后，撰写概述类工具书所必需的基础准备工作才算完成。

1994年，俄罗斯科学院远东所完成并出版了百科辞典《中国哲学》③，该书是过去几十年研究成果的集中总结，对于未来的研究工作而言，它又是一张独特的"路线图"。本书包括了15 000余词条，内容涉及中国哲学与文化、哲学文本、学派、思潮以及中国思想家。辞典中首次对中国哲学的史料研究进行了深入的阐述，介绍了著名的中国、俄罗斯及西方中国哲学研究者的科研生涯。

辞典编纂者指出，该辞典"在许多方面具有实验性，应基本勾画出俄语汉学辞书的编纂方法和理念基础，保证以最浓缩的形式体现符合本主

---

① Алексеев В. М. Труды по китайской литературе. В 2 кн. Кн. 2. М.，2003. С. 263.
② Китай // БСЭ. 2-изд. 1954. Т. 21.
③ Китайская философия: энциклопедический словарь / Под ред. М. Л. Титаренко. М.，1994.

题的材料,找到对其加以阐释并体系化的最佳方法。与此同时,该辞典还应明确总结俄罗斯的汉学历史哲学研究,为此类探索指出最重要且最有前景的方向"①。

辞典主编 М. Л. 季塔连科多年从事古代和新时期的中国哲学和历史研究,他得出结论:无论是从整体还是从具体的政治实践出发,中国哲学在中国文化的形成发展过程中都发挥了奠基、主导和规约的作用。这也是俄罗斯汉学家撰写与中国精神文化史和中国哲学有关的鸿篇巨著时的主要动力。

辞典编纂的准备工作进行于 1980 年代至 1990 年代之交,当时俄罗斯国内对中国文化的兴趣明显提升。辞典面向的是广大的读者群体,书中引用了大量中文书目,使用了汉字,注重用俄语复制中国哲学概念体系,因此本书又适用于汉学家。此外,本辞典的受众还包括人文社科学界和希望更深入了解中国思想的广大读者群。

辞典尝试在西方传统的背景下厘清中国哲学的特点,研究中西方相互影响和补充的诸多过程。编者们尤为关注中国思想对西方文化的影响。研究中国哲学、思想及精神文化的俄苏学者很多,关于他们的材料占有重要的地位。辞典中不仅收入了关于汉学家的论述,还收入了一些关于中国思想传播者的词条,例如,有词条介绍伟大的俄罗斯作家 Л. Н. 托尔斯泰以及他对道家、儒家思想的阐释。来自中国的学者,首先是中国社会科学院的学者们也参与了词条的撰写工作。

将从中国哲学移植到俄语的概念体系标准化,同时揭示中国哲学概念的多义性及其历史流变,这二者成为了关键问题。В. М. 阿列克谢耶夫指出:孔子《论语》的完美译本"只有在确定了儒家思想的术语体系并从整体上(而非该书的某一部分)明确其思想特点后才可能出现。"②。在更宽泛的语境下,这一思想或许可应用在编撰有关中国的百科全书的过程中,这些书籍是记录术语和从整体上把握传统特点的重要工具。

虽然类似的哲学词典在中国早已有出版,但在中国出版的这些词典

---

① Китайская философия: энциклопедический словарь / Под ред. М. Л. Титаренко. М., 1994. С. 9.

② Алексеев В. М. Китайская литература (историко-библиографический очерк) // Китай: История, экономика, культура, героическая борьба за национальную независимость: сб. ст. / Под ред. В. М. Алексеева, Л. Н. Думана, А. А. Петрова. М.-Л., 1940. С. 283.

仅在汉语语境里阐述问题,并在很大程度上依托于大量来自古汉语文本的原文引文,使得这些词典很难被大众接受。俄文版辞典的独创性首先在于尝试用西方语言(此处即俄语)建立中国思想及其范畴系统的完整概念图景。《中国哲学》百科辞典对于西方汉学界而言属于首例。①

出版《中国哲学》百科辞典使俄罗斯科学院远东所的学术团队在中国文化资源系统化、中国哲学术语的深度和多义性研究、术语体系标准化等方面累积了重要的经验。这部作品对于俄罗斯哲学汉学的发展具有极其重要的影响。得益于科学院对中国先贤经典的翻译工作,很多新知被发掘出来,对研究方法的认识也得到了拓宽。这些方法包括比较分析范畴机制的内容,比较分析同一时期中西方思想家哲学体系的构建逻辑等。《中国哲学》的编撰有助于俄罗斯学者填补对中国精神文化认识中存在的空白,推进具有现实意义的新研究。

然而对中国文化百科全书的需求并未得到满足。中国古代思想史专家 Г. А. 特卡琴科(Г. А. Ткаченко)编撰的小词典手册《中国文化》于 1999 年面世,收录了涉及历史、哲学、宗教、神话和艺术等方面的 250 个词条。②

目前在中国台湾生活并工作的俄罗斯学者马良文(最早加入到科学院的中国文化百科全书编写委员会的学者)试图展示其对中国文明的特殊观点,他的观点无所不包又具有个人主观色彩。③ 本书章目包括:中国哲学(经典中国伦理学派、哲学传统、中国哲学分期)和宗教(民间信仰与文化、佛教、道教、混合宗教、外来宗教)。

1990 年代中叶,以俄罗斯科学院远东所为基地展开了撰写多卷本百科全书《中国精神文化大典》④的工作。首卷《中国哲学》卷反映出中国哲

---

① Созданная иностранными учеными англоязычная «Энциклопедия китайской философии» увидела свет через десятилетие: Encyclopedia of Chinese philosophy / Ed. Cua A. C. New York, London, 2003. В издание энциклопедического формата объемом около тысячи страниц вошло 187 словарных статей (в более компактном российском энциклопедическом словаре «Китайская философия» их примерно в восемь раз больше). Они посвящены лишь самым крупным мыслителям и течениям, ключевым категориям мысли, объем средней статьи приближается к журнальной исследовательской публикации (5—9 тыс. слов).

② Ткаченко Г. А. Культура Китая: словарь-справочник. М., 1999.

③ Малявин В. В. Китайская цивилизация. М., 2000.

④ Духовная культура Китая: энциклопедия. В 5 т. + доп. том / Гл. ред. М. Л. Титаренко. М., 2006—2010.

学在整个中国文化内部的重大意义,及其作为中国社会发展动因的决定性作用。

《中国精神文化大典》以浓缩的形式展示中国文明从古到今的独特性、内在整体性及其多样性。М. Л. 季塔连科和 А. Е. 卢基扬诺夫在百科全书第一卷"序言"中指出:"中国位于欧亚大陆,所以必定会参与欧亚地区世界观的形成过程。因此中国精神文化知识对俄罗斯有重大意义,后者对民族自我认同的培养正处在最复杂的时期。"[1]

"大典"需要将严格的学术标准与立项的教育目标相结合,揭示中国文化的动态发展进程,阐明古今各个发展阶段间的联系,明确中国文明在世界文化中的地位和作用。这种参考读物应满足那些力求深化对中国认知的受过教育的读者的需求,同时成为新入门的汉学家们有价值的辅助导读。百科全书副主编 А. И. 科布泽夫指出,20世纪末的西方科学界开始重新建构和丰富对于"认识了四个世纪,研究了两个世纪的中国"所积累的认知。"汉学正如任何普通学术一样,发展的同时进行着如此多的分化,以致成为了不是百科全书编写者,而是需要百科全书的专家们的宿命。"[2]换言之,百科全书关注的是汉学家们的专业兴趣,他们力图获得诸多中国文化领域可靠、丰富的信息,了解这一方向主要著述的目录和达到的研究水平。

如果没有对中国传统文明基础,首先是对哲学的洞察力,这部巨著的编写者们对中国的现代发展及其在经济、社会和文化发展中显而易见的非凡成就,就不可能做出客观完整的理解和阐述。"百科全书的编撰正是回应了由于对中国文化、对这个国家的现代化经验的社会兴趣大增而产生的学术和教育的现代需求。百科全书的编撰者们关注的不仅是中国精神对许多中国周边国家文化形成的重要影响,还有中国文化是组成世界文化宝库重要部分的这一事实。此外,正在实行改革开放政策、变化中的中国备受瞩目地成为在许多方面决定人类和世界文明未来的世界强国

---

[1] Духовная культура Китая: энциклопедия. Т. 1: Философия / Ред. М. Л. Титаренко, А. И. Кобзев, А. Е. Лукьянов. М., 2006. С. 28.

[2] Кобзев А. И. Энциклопедизм китайской культуры и энциклопедия 《Духовная культура Китая》 // Китай: поиск гармонии: к 75-летию академика М. Л. Титаренко. М., 2009. С. 421.

之一。"①

每卷百科全书都以总论开卷,概述性的序言和共性的问题使得读者可以对全书预先有个大概了解。然后是词条部分,每卷按字母顺序分列中国术语、思想潮流、学派团体和人物作品词条。第三部分是为方便读者查找书中所需信息列出的详细的索引(人名、术语、概念、流派组织、作品)。此外,可以通过最近半个世纪的俄罗斯主题出版书目继续查找感兴趣的信息。

第一卷"哲学"将《中国哲学》辞典中的部分材料修改后选入,也出现了新的概述条目:"哲学与中国精神文化""中国哲学的自决""中国哲学范畴及基本概念""中国的逻辑学与辩证法""中国伦理思想""中国美学思想"。对中国思想史进行多层次的学术研究得到的主要结论,可以归结为中国思维中固有的深刻的历史记忆、对历史和传统的尊重成为中华民族统一性的强大基础以及中国文化与其他民族文化关系中的调节器。如下事实可证明这一点:来自于所有历史阶段的外来文化的一切只有在经历了"中国化"阶段过程后才被中国文化"公认",而新产生的一切都要经过民族本源确立的阶段。在中国,新事物产生于弃旧的基础上,但是并非全盘抛弃,而是对旧的进行"扬弃"。

第二卷"神话、宗教"开卷概述了中国神话及其在中国和海外的研究、民间信仰与国家崇拜、世界观范畴、占卜和星术。书中以梳理中国宗教历史发展形式综述了尊孔、道教、佛教、混合教派和外国宗教(包括东正教的基督教、伊斯兰教、犹太教、拜火教和摩尼教)的发展。本书在内容上非常贴近第一卷"哲学"。"最开始的这两卷书最紧密相关,可以看作是独立的,基于共同的术语、文本和礼制的两卷集,探讨的对象是哲学神学思想及宗教神话意识的精神统一体。"②

此外,第五卷"科学、技术与军事思想,卫生与教育"中揭示了具有哲学底蕴的中国传统科学方法论。本卷"总论"阐述的是方法论科学(象数学、数学),天学(占星术、天文学、气象学、历法),物理学,地学(包括风水),工程思想,物质转化学(炼丹术、化学),生命和人学(生物学、医学、色

---

① Духовная культура Китая: энциклопедия. Т. 1: Философия / Ред. М. Л. Титаренко, А. И. Кобзев, А. Е. Лукьянов. М., 2006. С. 13.

② Духовная культура Китая: энциклопедия. Т. 2: Мифология. Религия / Ред. М. Л. Титаренко и др. М., 2007. С. 13.

情学、长生学)。本卷编撰者强调其结构建立于中西科学范式的天然融合(其中词条部分包括有"国学"),本卷主题的多样性符合中国对科学的宽泛认知,中国的科学包括人文科学、自然科学、实用科学以及现代人认识中的伪科学(占星术、炼丹术、风水地学)。类似的认知将中国科学与哲学、宗教结为统一的混合体,使得第五卷与第一、二卷紧密结合起来。

К. М. 多尔戈夫(К. М. Долгов)教授强调说:构建出与研究中国资料相符的方法论,百科全书的立项才有实现的可能。"六卷《中国精神文化大典》的全部内容都贯穿着最深刻的历史主义,无论是总论长文还是分章词条。对人类生活最不同领域现实事件必须进行符合这些事件(观念、思想、行为等等)逻辑的历史主义精神的构拟,使得学者们有了做出或多或少的准确预测的可能。这部厚重的著作将历史性与逻辑性紧密相连,它们互相依存互相作用。"① 在学者看来,正是因为这部百科全书的作者们,学界才成功地对中国文化范畴体系进行了深刻的阐释。

编纂百科全书是俄罗斯中国文化研究者们的集体事业。与俄罗斯科学院远东所学者们一同参与其中的还有来自莫斯科、圣彼得堡、乌兰乌德、海参崴和新西伯利亚等地汉学中心的专家们。书中以已经去世学者们的著述为依据的条目成为本书的一个特点②。编纂百科全书使我们可以总结俄罗斯汉学发展,系统地整理研究资料库,发现"空白点",拟定未来的研究方向。编纂规划的目的之一是为了"透过俄罗斯的汉学棱镜展示中国精神文化"③。因此,本书的贡献不仅在于认知中国,而且在于巩固和发展俄罗斯的学术传统。

百科全书的出版历史具有象征性。第一卷面世的 2006 年恰逢中国的"俄罗斯年",本书的出版获得了中国社会的高度评价,成为北京国际图书博览会的头条。2010 年,整套百科全书《中国精神文化大典》完成出版,当年刚好又是旨在普及俄罗斯人的中国文化知识的俄罗斯"汉语年"。

---

① Долгов К. М. Духовная культура Китая. Критический анализ и краткое изложение энциклопедии «Духовная культура Китая» (в 6 т.). 2-е изд., доп. М., 2011. С. 114—115.

② К примеру, во второй том энциклопедии были включены восемь статей по китайской мифологии, составленные на основе материалов книги российского китаеведа и генерального консула в Пекине П. С. Попова (1842—1913) «Китайский пантеон». СПб., 1907.

③ Кобзев А. И. Энциклопедизм китайской культуры и энциклопедия «Духовная культура Китая» //Китай: поиск гармонии: к 75-летию академика М. Л. Титаренко. М., 2009. С. 428—429.

俄罗斯学者们的工作为促进两国人民间的文化交流做出了自己的贡献。

2011年6月，主编 М. Л. 季塔连科和副主编 А. И. 科布泽夫、А. Е. 卢基扬诺夫因在科学技术领域"为俄罗斯和世界汉学的发展做出杰出贡献及编纂大型学术百科全书《中国精神文化大典》"①获得了2010年度俄罗斯联邦国家奖。在关于本书的正式报道中指出："该书题材之广、事实之精确和理论研究之深刻在任何一个相关学科中都无可比拟。这套百科全书极大地丰富了俄罗斯的汉学专业研究，开辟了中国研究的新战略方向，打下了建立欧亚大陆文明对话结构的坚实的基础，促进了东亚地区文化和政治冲突的消除。"②

三 中国传统哲学研究

后苏联的俄罗斯由于精神探索的影响，汉学研究具有了欧亚的思想意识倾向。汉学家们力求使对中国精神文化的认知成为俄罗斯和中国相互接近和合作的因素，这种认知也是俄罗斯注意到中国飞速增长的全球影响力后全面认识自身国际地位的基础。

1990年代，俄罗斯的哲学汉学研究形成了一股文明研究潮流，注重传统遗产的现代意义、中西文化的相互作用前景以及中国与东亚整体发展中传统和现代的关系。从这个角度出发，"中国传统哲学是所有中国文化中最重要的文明形成要素"③。该研究方向的领军代表是 М. Л. 季塔连科、Л. С. 佩列莫洛夫、А. Е. 卢基扬诺夫、А. В. 罗曼诺夫（А. В. Ломанов）和 В. Г. 布罗夫。

研究者的关注中心是中国哲学与中国文明的相互关系问题。М. Л. 季塔连科强调，中国哲学是"所有人类精神和物质活动及人与国家关系的关键的规范组成"，"具有调节整个社会、精神和道德价值体系的作用"④。中国哲学融多元为一体，界定了贤明和道德的一切标准，经过漫长的世纪形成了中国文化的整体趋势。在全球化和西方文化挑战的背景下，"中国

---

① URL：http://www.kremlin.ru/news/11508
② URL：http://www.kremlin.ru/ref_notes/959.
③ Феоктистов В. Ф. Становление отечественной философской синологии // Китай на пути модернизации и реформ. 1949—1999. М., 1999. С. 132.
④ Титаренко М. Л. Китайская философия и будущее китайской цивилизации // Китайская философия и современная цивилизация: сб. ст. М., 1997. С. 5—6.

文明正是保持中国整体性及其独特性,保证其稳定增长和其国际外交政策方针的条件"①。在学者季塔连科看来,中国哲学在各种思想和潮流对话进程中,在世界精神文明发展中,具有重要的作用。

学者们获得了更多主动参与国际学术合作的机会。1990年代中叶,俄罗斯科学院远东所的中国思想研究专家与在美国成立的国际中国哲学学会(ISCP)建立起学术联系。在国际中国哲学学会和中国文化复兴促进会的支持下,1997年出版的俄文版《中国哲学与当代文明》国际学者论文集成为各国学者富有成效的合作范例。②

该文集中的论文论述了哲学与文化的相互作用问题,阐明了中西方文明价值体系的异同,关注的中心是"全球化语境中的中国思想,当代儒家的前景以及基督新教与儒家的比较"这些新的学术问题。收入该部文集的论文作者有:М.Л.季塔连科、杜维明、В.Ф.费奥克蒂斯托夫、南乐山(Р.Невилл)、成中英、刘述先、А.В.罗曼诺夫、余英时、Л.С.佩列莫洛夫、Г.Д.苏哈尔丘克(Г.Д.Сухарчук)、А.Е.卢基扬诺夫。国外研究者的关注点在于比较西方与中国文明的精神基础,预测并阐明其共存与合作的趋势,俄罗斯的论文作者则主要揭示了中国文化各历史阶段的继承以及中国思想阐释的方法革新。

1990年代,传统与当代中国思想研究者В.Ф.费奥克蒂斯托夫专注于中国哲学的方法论认知。他强调说,将中国思想家分为唯物主义和唯心主义的尝试使其不可能进入欧洲和西方的哲学范畴。"如果中国哲学史上没有提出与欧洲文化范畴相同的'物质'和'意识'概念,那么使用欧洲人理解的术语将中国哲学家区分为'唯物主义者'和'唯心主义者'的尝试就并不令人信服……谈论中国哲学史上存在纯粹的'唯物主义与唯心主义之战'是不正确的,因为不存在这些概念,不存在这些欧洲哲学的表达概念。"③在В.Ф.费奥克蒂斯托夫看来,中国传统哲学的主要问题是认识世界的界限。"中国哲学家最忧虑的是对宇宙也包括人类本原的探求,中国哲学的主题不是人的理性与现实的关系,而是人在自然和社会中的

---

① Титаренко М. Л. Китайская философия и будущее китайской цивилизации // Китайская философия и современная цивилизация: сб. ст. М., 1997. С. 12.

② Китайская философия и современная цивилизация: сб. ст. М., 1997.

③ Феоктистов В. Ф. Китайская классическая философия и современность (к методологической постановке вопроса) // Китайская философия и современная цивилизация: сб. ст. М., 1997. С. 34.

位置。"①结论便是,中国哲学借助西方哲学进行的"现代化"尝试会损害中国思想,中国哲学的未来发展或许只有基于本国传统才能够成功。

论及将古代中国思想家典籍译成现代俄语的问题,В.Ф.费奥克蒂斯托夫指出,中国哲学具有特殊的范式和专门的语言表达。他反对将西方哲学文化范畴和概念机械地移入中国土壤,他看到中国哲学的未来在于运用有助于深化中国精神财富的西方成就,在本国自身遗产的基础上有机发展。为了避免中国传统被强加上那些外来的曲解说法,学者 В.Ф.费奥克蒂斯托夫呼吁将音译中国概念广泛运用于历史哲学学术实践中。

А.Е.卢基扬诺夫曾出版关于中国古代哲学和神话的著作②。А.Е.卢基扬诺夫关注的中心是《易经》《道德经》《列子》《庄子》《淮南子》《山海经》,他试图将易经、道教及儒家文明作为相异的"道"文化原型进行比较研究。在阐明道家哲学概念的形成体系和道家哲学说教的风格特点的范围内,解读辩证地螺旋上升的"道"的起源代码,是该研究的初步成果。对中国人的神话思想演变的研究导致了神话形象与哲学概念思想的类型学的建立。作者试图发掘"道"文化的那些原始的宇宙范式,将其与有"奥姆符"的印度文化和"逻格斯"的希腊文化进行比较。对《易经》的研究激起了 А.Е.卢基扬诺夫对外部描述与图表象征关系的探索,以卦气说对典故"五常"的概念象征的阐释,对《易经》、儒家及道家指称概念进行比较。А.Е.卢基扬诺夫借助大量图标模型来研究中国哲学的文化学概念,他还提出了星海原型说,包括界定民族文化的判定原则、各民族文化间进行交流并相互理解的方式。

2010年代初,在中国发掘出的《郭店竹简》的研究成为中国古代思想探索的新的方向。这些文本开启了重新认识中国古代哲学遗产之路。А.Ю.布拉日基娜(А. Ю. Блажкина,俄罗斯科学院远东所)在《郭店竹简》研究的基础上,探讨了早期儒家的为政以德问题。

俄罗斯汉学哲学的结构考据学领域的研究学者 А.И.科布泽夫、А.А.克鲁申斯基(А. А. Крушинский)、А.М.卡拉别江茨(А. М.

---

① Феоктистов В. Ф. Китайская классическая философия и современность (к методологической постановке вопроса) // Китайская философия и современная цивилизация: сб. ст. М. , 1997. С. 37.

② Лукьянов А. Е. Лаоцзы (философия раннего даосизма). М. , 1991; Он же. Истоки Дао: древнекитайский миф. М. , 1992; Он же. Дао « Книги Перемен ». М. , 1993; Он же. Лао-цзы и Конфуций: философия Дао. М. , 2000.

Карапетьянц)取得了重大研究成果。这一领域源起于 В. С. 斯皮林(В. С. Сприн)在 1970 年代提出的以探索平行结构为基础的,研究中国典籍的形式主义方法。这一方法的发展和充实体现在 1993 年 А. И. 科布泽夫专著①的出版,其中提出了对传统的中国哲学及科学知识进行方法逻辑基础的综合研究。

根据 А. И. 科布泽夫的界定,结构考据学方法的实质在于"阐明及剖析经典或正统文本的非线性(诸如规则,二维的,或者可能是三维的)结构,这一结构具有纯语义意义,是上述著作不可分割的一部分"②。研究者 А. И. 科布泽夫在"象数之学"研究领域,辨析了三类研究对象:以《易经》中"巽"和"乾"为代表的"象";包含在古籍"河图"和"洛书"中的"数";正如象形字的"象"和"数"一样进行剖析的二元"阴阳"和"五行"。А. И. 科布泽夫认为,中国的"象"和"数"具有改变、促使获得各种内容丰富阐释的作用,它们凭借形成的各个序列,建立起成形的线形排序和空间排列。

书中对古代中国另类的哲学方法论——原始逻辑论潮流进行了剖析,后期墨家、名家学派和荀子对此皆有阐发。研究者 А. И. 科布泽夫将古代中国的数论、原始逻辑论思潮与毕达哥拉斯主义、亚里士多德的逻辑学进行了对比,指出毕达哥拉斯的数论在欧洲被当成怪异之说,但是在中国基于儒家正统思想的"象数之学"却替代了原始逻辑论。А. И. 科布泽夫批判地评价了"中国逻辑"概念,认为数论"在普通方法论功能上与逻辑学相反又替代了逻辑学"③,反对那些将数论方法论看作逻辑或者科学的研究者。

А. А. 克鲁申斯基在自己的书④中提出了另一种观点⑤,在研讨古代中国逻辑推导的理论与实践基础上,突出古代中国论证中严密的数学结构性。他强调:"与广泛传播的认为古代中国无形式逻辑研究的意见相

---

① Кобзев А. И. Учение о символах и числах в китайской классической философии. М., 1993.
② Там же. С. 11.
③ Там же. С. 31.
④ Крушинский А. А. Логика 《 И цзина 》: дедукция в древнем Китае. М., 1999.
⑤ Подробнее о различных позициях и спорах внутри структурного течения исследования китайской философии см.: Рыков С. Ю. Методология науки и философия. Изучение в России китайских наук, языков и образования//Духовная культура Китая: энциклопедия. В 5 т. Т. 5: Наука, техническая и военная мыслъ, здравоохранение и образование. М., 2009. С. 662—668.

反，中国的早期典籍中有大量的形式逻辑推论例证，而《易经》正是符合形式逻辑理论，与其相互依存的经典编撰，基本上担负着独特的逻辑教科书的作用。"①同时，应该关注结构调整后的《道德经》的出版，其顾及了古代中国典籍中的各种说法。②

А. А. 克鲁申斯基关于古代中国逻辑的专著③开启了上述研究方向的发展，作者关注的中心是中国的思想概念化和中国逻辑概念表述的独特性问题。书中提出了寻求"内在中国逻辑"和阐明其独特性，包括其与诸多数字算法间联系的任务。

俄罗斯研究者在认知传统中国方法论领域进行了诸多探索。В. Е. 叶列梅耶夫（В. Е. Еремеев）关于《易经》象数观研究④和传统中国科学的哲学世界观基础的著作，在中国哲学研究结构学派的发展中做出了突出的贡献。研究这位早逝学者著作的专家们指出，В. Е. 叶列梅耶夫的算学符号学（арифмосемиотика）概念引人注目。"这一概念凭借在各种知识领域具有的说明和分类性能，受到历史学家、哲学家和方法论学家们的密切关注"；算学符号学的主要思想在于：人是天地间轮转过程的媒介，人的行为不仅影响自身命运，还会影响世界的命运。"⑤此外，还必须提到 Л. И. 戈洛瓦契娃（Л. И. Головачева）对《论语》文本从"前汉学"角度展开的语文和结构分析。⑥

俄罗斯科学院远东所中国分部编撰的两部主题学术论文集是中国精神传统研究的重要里程碑。1990 年代初，俄罗斯出版了一部论述从古代至 20 世纪人格问题的著作。⑦ Л. С. 佩列莫洛夫描述了儒家的人伦特

---

① Крушинский А. А. Логика «И цзина»: дедукция в древнем Китае. М., 1999. С. 5.
② Карапетьянц А. М., Крушинский А. А. Современные достижения в формальном анализе «Дао дэ цзина» // От магической силы к моральному императиву: категория дэ в китайской культуре. М., 1998. С. 340—406.
③ Крушинский А. А. Логика Древнего Китая. М., 2013.
④ Еремеев В. Е. Символы и числа «Книги перемен». 2-е изд., испр. и доп. М., 2005.; Он же. «Книга перемен» и исчисление смыслов: статьи, очерки, доклады. М., 2013.
⑤ Орлова Н. А. Арифмосемиотика в реконструкции В. Е. Еремеева // Еремеев В. Е. «Книга перемен» и исчисление смыслов: статьи, очерки, доклады. М., 2013. С. 41.
⑥ Головачева Л. И. Изучение «Лунь юй» и гипотеза развития китайской письменности // ПДВ. 2000. № 3. С. 148—160; Головачева Л. И. Конфуций поистине непрост // XL науч. конф. ОГК. М., 2010. С. 323—332.
⑦ Личность в традиционном Китае. М., 1992.

点,指出应实用主义地用"道"培养新人,"君子"是能够进行人格自我完善的理想的类型,具有仁爱和文化教养。А. С. 马尔特诺夫(А. С. Мартынов)在论文《中华帝国的人格问题》中提出国家机制中儒家的人格地位问题。儒士典范应该渴求助力于国君对世界的"未来治理",以其才智为国效力。国君与儒士臣子相交正如宇宙天然和谐的一部分,但是随着时间的流逝,"奇人"也生出哪怕是暂时地离开俗事退隐山林的欲求。因此出现了儒家式的与作为文化载体的自然的相融,同时,首位问题已经不是遇到君王,而是生与死的问题。

А. И. 科布泽夫在论文集中指出,人本主义决定了中国哲学的价值论和实用主义。同时,它突出了物质与道德心理形成的主客观统一的思想。研究者指出,中国传统中人的特点并不在于知识能力,而在于义和礼。论文集也探讨了新时代下人格论的现代化诸问题。Л. Н. 博罗赫根据梁启超的哲学著述剖析了基于世界法则认知的自由个性对历史进程的影响主题,这一影响作用的最高目标是社会的发展。Н. М. 卡柳日娜娅(Н. М. Калюжная)在章炳麟"革命之道德"理论的背景下,观照独一无二,能够以其威望引领大众,必定具有诚信、廉洁、知耻、自尊的个性思想。

20世纪最后十年,俄罗斯出版了"东方哲学史丛书"中由 Л. Н. 博罗赫和 А. И. 科布泽夫主编的专题论文集,论及中国哲学与文化中最重要的范畴之一——"德"。① 这一范畴被认为是中国社会生活各方面的组成部分:中华帝国的国家学说、《易经》的占卜玄学、儒家伦理学和道教逻辑学、文学创作。А. И. 科布泽夫指出了"德"与中国古典哲学相关性范畴的关系,并与西方传统范畴进行对比,由此揭示出"古代无个性的魔力观念向个人道德至上思想的变化"②。А. С. 马尔特诺夫将"德"等同于"秩序"和"人生"两大概念的综合,认为其类似于将混沌带向宇宙的创造力。他强调说:"德"没有匿名,因为文化的宗旨就是创造。《易经》传统中的"德"的问题在论文集中占有重要的位置[С. И. 布柳姆亨(С. И. Блюмхен)、А. А. 克鲁申斯基、О. М. 克罗杰茨卡娅(О. М. Городецкая)]。作为新儒

---

① От магической силы к моральному императиву: категория дэ в китайской культуре. / отв. ред. Л. Н. Борох, А. И. Кобзев. М., 1998.
② Кобзев А. И. Дэ и коррелятивные ей категории в китайской классической философии // От магической силы к моральному императиву: категория дэ в китайской культуре. М., 1998. С. 34.

学泰州学派主张的道德的力量的"德"[С. А. 谢罗娃(С. А. Серова)],和表明集体利益高于部分的新概念"全德",这些在儒学伦理现代化时期的发生史(Л. Н. 博罗赫)受到了观照。

1993年,在俄罗斯科学院远东所学者们的努力下,中国思想的研究者 В. А. 克里夫佐夫(В. А. Кривцов,1921—1985)早年未出版的著作得以问世,该书①论及道家世界观的美学因素及其对中国文化的影响,试图阐明美学与道家的自然哲学和认识论的联系。В. А. 克里夫佐夫强调:比较、分析和生动的隐喻赋予了道家哲学艺术色调。道家哲学具有的相对主义、离奇、怪诞、夸张,使得道家思想家们对美好事物的认知被打上了相对性的印迹,而他们的论断则被认为是直觉的、主观主义的。В. А. 克里夫佐夫剖析了道家的美学概念:美、善、和、道、自然、气、阴阳、神、朴、质、真、拙、一、玄、虚、淡。В. А. 克里夫佐夫指出,道家的美学思想是自然、朴素、灵、隐——"淡"。创造性的个性应该充满了自由、专注和自信,最高级的技艺却给人粗糙的、未加工作品的印象。在 В. А. 克里夫佐夫看来,道家生活方式从根本上是美学的,其体现在中国诗歌、绘画、书法和建筑中。

研究者们试图阐明历史上中国哲学与文化的联系。А. Г. 斯托罗茹克(А. Г. Сторожук,索加威)研究了儒释道对唐代文化发展的影响。② 儒释道三家学说在一个时代的文学创作上留下了烙印,而他凸显了这些烙印的关键"概念"。譬如,为了天下繁盛和纠正君王道德缺失的儒家"正名"思想,它应显现在礼制类艺术文本中并获取力量。作者指出,这些思想对于"复古"运动具有极大的影响,儒家的动机使文学家们追求叙述的简洁,在其创作中以反映社会问题为前提。韩愈身体力行的古文运动试图根据儒家天职来明辨道路,塑造楷模供后代效仿。书中也指出了《易经》象数对诗词韵律的影响。

唐代文学中的佛教概念是"空"和"境"。作者指出,文学作品在这种语境中如同"被巧妙组织起来的空",在"边际"或者"支点"的基础上形成了对周围世界的感知。"现在"的远景进入了唐诗,它不具时间性,给人以乐观之感,是在"空"中确定坐标的工具。文学创作中"虚""气""神"的概

---

① Кривцов В. А. Эстетика даосизма. М. , 1993.
② Сторожук А. Г. Три учения и культура Китая: конфуцианство, буддизм и даосизм в художественном творчестве эпохи Тан. СПб. , 2010.

念来自于道家,"气"是天才的尺度,而"神"是灵气的尺度。人的精神脱离了身体的外壳后发生变形的情节,也来自道家的世界观。А. Г. 斯托罗茹克强调道,空相作为绝对的虚淡成为构成艺术文本的基本原则,唐代文学家以道家风格讲述人的孤独和世界的不完美。А. Г. 斯托罗茹克的书是置身于哲学、历史、宗教学和文学理论交叉点上的综合研究,书中采用了作者大量的中国文学作品译文。

Г. А. 特卡琴科①展示了古代典籍《吕氏春秋》的内容创新,该书文本以概括的形式反映了中国古代各思想流派的概念,Г. А. 特卡琴科重点关注的正是文本作者的美学观和宇宙观间的关系。研究的中心是"礼""善""美"和"文"等范畴。在 Г. А. 特卡琴科看来,《吕氏春秋》的作者追求的是创造融于宇宙神话、美学及其社会理论的理想的世界模式。在自然、社会与个人相互联系的思想基础上构建起共振音乐的宇宙模式,要求自然与社会中诸现象处于和谐的平衡。Г. А. 特卡琴科指出,轮回思想的打造有助于给社会政治机构打下"稳固的伪数学基础",但和谐的世界应弥合并连接儒家关于责任的思想以及与之相悖的,否定社会学的道家思想。世界的和谐统一是由两大"造物主"——宇宙的"道"和人世间效仿它的圣贤共同行动来保证的。

2001年,思想出版社的"哲学遗产丛书"出版了 Г. А. 特卡琴科翻译的典籍《吕氏春秋》②。这部中国古代哲学文集涵盖了广阔的问题领域。Г. А. 特卡琴科在译序中指出,本书结构严谨,其内容反映了万物一体以及将世界看作天、地、人之间关系的系统观点。对于《吕氏春秋》中体现的价值体系,Г. А. 特卡琴科区分出一系列的成对范畴:单与双、智慧与无知、秩序与混乱、美与丑。他指出了整顿世界秩序及对世界进行象数描写这一课题的重要性:"本书全部体系的中心是世界的一体和多样性,而且我们可以认为诸现象明显的多样性可以且应该被归化为简单的,反映自然界中事物关系的值。"③

马良文力图在严谨推论和形式范畴之外揭示中国精神传统实质,其

---

① Ткаченко Г. А. Космос, музыка, ритуал: миф и эстетика в «Люйши чуньцю». М., 1990.

② Люйши чуньцю (Весны и осени господина Люя) / Сост. И. В. Ушаков, пер. Г. А. Ткаченко. М., 2010.

③ Там же. С. 61.

作品的发表和翻译意义重要。道教、佛教和新儒学传统中人的精神发展问题引起了马良文的兴趣。在他看来,"正是东方,首先是中国的精神传统符合智慧的主要特征:追求非双重性,不区分'纯粹'的豁达、非客观意识以及最终同习俗和共识融合在一起的'常理'"①。在文学艺术背景下,中国传统的文化象征主义、佛教与新儒学相互影响的主题"在《'道'的黄昏》②一书中得到了深入发展"。

2002年,А.И.科布泽夫的书③的出版是对新儒学研究极为重要的贡献。作者特别重视哲学方法论、术语阐释,以及揭示自宋代至今这一流派在千年发展中各个时期的精神特点诸多问题。А.И.科布泽夫的关注点集中于伦理、人类学和新儒学认知理论这些问题。对王阳明学说的研究占据了该书的中心位置,科布泽夫描述其为"中国古典哲学内在发展的最高峰"④。阐明20世纪儒家思想的发展前景是该书引人注意的特点,其中包括杜维明对古代遗产所做的人文主义论述和牟宗三的"道德玄学"。研究者А.И.科布泽夫指出,现今儒学发展的形态明显区别于以往的时代,因为中国的哲学研究领域里渗透进了"异域"的西方概念。

И.Т.佐格拉夫(И.Т. Зограф)和А.С.马尔特诺夫出版了新儒学哲学家朱熹关于意识(即"心")问题⑤的文章。44卷译著《御制朱子全书》中增添的"序言",揭示了这篇文章在中国思想史上的意义,同时,译著中还补充了朱熹语言的文法概略。译者指出:"与欧洲哲学传统不同的是,中国思想家感兴趣的问题不在于个体意识在多大程度上反映着客观世界,而在于这一意识在某种程度上能够摆脱感觉的束缚回归自主。"⑥

А.С.马尔特诺夫指出,诸多意识问题引起了早期儒家的兴趣,但是后来,汉代儒家对"宇宙的论题"产生了兴趣。序言作者强调了新儒家的创新。他说:"整个儒家精神传统中的上述问题"发生了"急剧变化,这种

---

① Малявин В. В. Молния в сердце. Духовное пробуждение в китайской традиции. М., 1997. С. 20.

② Малявин В. В. Сумерки Дао: Культура Китая на пороге Нового времени. М., 2000.

③ Кобзев А. И. Философия китайского неоконфуцианства. М., 2002.

④ Там же. С. 48.

⑤ О сознании (Синь): Из философского наследия Чжу Си / Пер. с кит. А. С. Мартынова, И. Т. Зографа; вступ. ст. и коммент. к пер. А. С. Мартынова, граммат. очерк И. Т. Зограф. М., 2002. Памятники письменности Востока. CXXII.

⑥ Там же. С. 13.

变化使得先前社会思想得以空前活跃,究其原因,是整个文明社会希望对圣贤哲学遗产的全部精髓达到个人理解所ево"①。如果说从前的儒学关注的是过去,试图以古代圣贤学说为基础研究伦理道德,那么新儒学,即便没有脱离佛教的影响,也已经转向对自我意识的阐析。这种为探索认知问题所做的努力与下述观点有关,即"新儒学的思想家们应该揭示出人的意识中天赐的伦理道德内容……在认识论上所做的努力应当能明确区分出,在人和世界里,什么是应该加以'修正'的,什么又是应该加以阐明的。"② A. C. 马尔特诺夫强调说,新儒学认识论上的探索针对的是包含于意识中的"礼",因此可以将其特征描述为具有内在特性的自我认识。

后苏联时期的俄罗斯对儒家的兴趣显著增长。在 Л. С. 佩列莫洛夫看来,在后苏联的俄罗斯,对孔子儒家遗产的研究不仅具有学术意义,而且具有实践意义。他表达了自己的希望:"哪怕俄罗斯人对儒家基本学说只有表面上的认识,都有助于俄罗斯找到自己的一席之地。这是俄罗斯自身经济政治机构改革中的需要。"③

1990 年代初期,"名人生涯丛书"出版了马良文编撰的《孔子传》④。Л. С. 佩列莫洛夫⑤也出版了几部书,其中重要之作是对孔子的经典文本《论语》的翻译和研究。⑥ 与译著一同首次面世的是对这部中国社会思想经典进行的学术注释,展示出其对日本、朝鲜、越南民族文化的影响。Л. С. 佩列莫洛夫学者因为这部著作获得了俄罗斯科学院 С. Ф. 奥登堡(С. Ф. Ольденбург)奖。

---

① О сознании (Синь): Из философского наследия Чжу Си / Пер. с кит. А. С. Мартынова, И. Т. Зографа; вступ. ст. и коммент. к пер. А. С. Мартынова, граммат. очерк И. Т. Зограф. М., 2002. Памятники письменности Востока. С. 58.

② Там же. С. 96.

③ Переломов Л. С. Россия о Конфуции // Китай на пути модернизации и реформ. 1949—1999. М., 1999. С. 143.

④ Малявин В. Конфуций. М., 1992.

⑤ Переломов Л. С. Слово Конфуция. М., 1992; Он же. Конфуций: жизнь, учение, судьба. М., 1993.

⑥ Переломов Л. С. Конфуций. «Лунь юй»: исслед., пер. с кит., коммент. М., 1998.

此外，圣彼得堡的汉学家 А.С. 马尔特诺夫对《论语》研究与翻译的著作也问世了①。该书讲述了孔子的生活及其命运，并将儒学定义为历史、伦理、文学和哲学现象。

2004 年，由 Л.С. 佩列莫洛夫主编的第一部"四书"全集在俄罗斯出版，并对这些经典文本配备了注释，这些经典文本对中国哲学的形成产生了极其深刻的影响。② Л.С. 佩列莫洛夫继续完善《论语》中孔子名言的翻译，于 2009 年出版了关于儒家思想发展史的新的论著。③ 该部著作的问世，表明俄罗斯的儒学研究作为中国智慧的外部表象，处于世界的最高水平。

儒家遗产研究持续发展影响了所有重要的及过去未能对其充分研究的思想家们。А.Ю. 伊奥诺夫（А.Ю. Ионов）（俄罗斯科学院远东所）研究的是 17 世纪批儒思潮著名思想家代表顾炎武的哲学观点。顾炎武的"认识论"和他的著作《日知录》是其研究的重点。

2008 年，俄罗斯科学院远东所着手实施新的研究出版项目"中国哲学与文化"。该套关于中国精神文化和历史的丛书中出版了两部有关新儒学的著作。2009 年，周敦颐哲学遗产文集④出版，其中包括 А.С. 雷萨科夫（А.С. Рысаков）所做的 11—12 世纪新儒学传统研究、再版的 Н.Я. 比丘林的译文《太极图说》和《通书》——当代对其进行翻译和研究的是 А.Е. 卢基扬诺夫。该书也包括了多篇周敦颐的诗学和散文的译稿。此外，2013 年，该系列丛书中出版了由 А.С. 雷萨科夫翻译并加有评注的新儒学思想家张载的论著《正蒙》。⑤

---

① Мартынов А. С. Конфуцианство. «Лунь юй». В 2 т. / Пер. с кит. А. С. Мартынова. СПб., 2001. Т. 1. Сер.: Мир Востока, 10; Т. 2. Сер.: Мир Востока, 11.

② Конфуцианское «Четверокнижие» («Сы шу») / Пер. с кит. и коммент. А. И. Кобзева, А. Е. Лукьянова, Л. С. Переломова, П. С. Попова при участии В. М. Майорова, вступит. ст. Л. С. Переломова. М., 2004. В книгу вошли опубликованный в начале XX в. текст «Мэн-цзы» в переводе П. С. Попова, а также переводы современных исследователей- Л. С. Переломова («Лунь юй»), А. И. Кобзева («Да сюэ»), А. Е. Лукьянова («Чжун юн»).

③ Переломов Л. С. Конфуций и конфуцианство с древности по настоящее время (V в. до н. э-XXI в.). М., 2009.

④ Чжоу Дуньи и ренессанс конфуцианской философии. М., 2009. В приложении воспроизводится факсимиле включенных в книгу произведений Чжоу Дуньи.

⑤ Чжан Цзай. Исправление неразумных. М., 2013.

这套丛书中，В. М. 迈奥罗夫（В. М. Майоров）翻译并加以注释的中国典籍《尚书》的出版引人注目。这部书是儒家经典文献的古代部分，后来以"书经"之称闻名。译本的附录里详细地研究了中国的文献历史、文献注释传统以及已有的翻译经验。"毫不夸张地说，《尚书》在某种程度上使中国人的祖先成为了中国人，即，教会了他们中国式的思考和感知，赋予其中国的道德精神基础，培养了社会生活习惯。"①

近年来，俄罗斯的研究者对《三字经》表现出了极大的兴趣。许多世纪以来，《三字经》在中国担负着蒙学的任务。Ю. М. 加列诺维奇（Ю. М. Галенович）在当代中国社会现实背景下对其文本进行了解读。② 这部周年专题纪念集是为了庆祝 Н. Я. 比丘林的俄语译本《三字经》出版 185 周年发行的。其中包括 Н. Я. 比丘林的译文和其所做的解释说明，还有两篇是分别以俄语［В. П. 阿布拉缅科（В. П. Абраменко）译］和楚瓦什语［П. Я. 雅科夫列夫（П. Я. Яковлев）译］对《三字经》所作的诗体翻译。③

中国经典著作诗体翻译的出版使这些经典开始流行起来，同时还出现了两部类似的《道德经》译作。Л. И. 康德拉绍娃（Л. И. Кондрашова）将这部反映老子传统思想的古代中国论集翻译成诗歌作品配上彩色插图出版。④ 该译作包括有序言、后记和注释，它们确保了这部诗体翻译译作内容的准确性。А. Е. 卢基扬诺夫和 В. П. 阿布拉缅科向俄罗斯读者推荐了散文节奏体和诗歌体的《道德经》译作。⑤ 他们继续一起进行孔子《论语》的学术翻译和诗歌体改编，并合集出版。⑥

---

① Чтимая книга: древнекитайские тексты и перевод «Шан шу» («Шу цзин») и Малого предисловия(« Шу сюй ») / Подгот. древнекит. текстов и ил., пер., прим. и предисл. В. М. Майорова, послесл. В. М. Майорова и Л. В. Стеженской. М., 2014. С. 4.

② Троесловие: (Сань-цзы-цзин) / Пер. с кит., предисл. и примеч. Ю. М. Галеновича. М., 2010; 2012(2-е изд., доп.). Глава VI. Изучение китайской философии и религии 235.

③ Сань цзы цзин (Троесловие) / Отв. ред. М. Л. Титаренко; сост. В. П. Абраменко. М., 2013.

④ Лао Цзы. Дао-Дэ цзин, или Трактат о Пути и Морали / Предисл., пер. с древнекит., послесловие Л. И. Кондрашовой. М., 2003.

⑤ Дао дэ цзин / Прозоритмический перевод с древнекит. и исслед. А. Е. Лукьянова, поэтический пер. В. П. Абраменко. М., 2009.

⑥ Беседы и суждения. Лунь юй / Науч. пер. и исслед. А. Е. Лукьянова, поэтическое перелож. В. П. Абраменко. М., 2011.

20世纪末,革命前的译本《孟子》和《庄子》的珍本影印本再版,并增补了当代的注释。① 在同一张封面下重新面世了20世纪初 П. А. 布兰杰（П. А. Буланже）编撰的"佛陀与孔夫子的一生和学说",包括 М. 缪列尔（М. Мюллер）补写的附录"中国宗教"概述②。上述出版物明显的不足是对于这些文本出现的历史、П. А. 布兰杰与 Л. Н. 托尔斯泰从事东方圣贤研究的合作动机与结果,都缺乏任何的说明。

这一时期也有一些苏联汉学家遗产的再版。首先应该指出的是 Ю. К. 休茨基翻译的《易经》,由 А. И. 科布泽夫修订补充后出版。③ 本版印数达到一万册,数量可观,这反映出学术界以外对中国精神传统兴趣的增长。В. А. 鲁冰的中国思想史家论集也得以出版。这部再版的俄文论集中,还包括苏联解体后居住在海外的学者英文著述的俄语译文。④ В. Ф. 费奥克蒂斯托夫所作的荀子哲学世界观的研究再版时,该学者关于中国哲学文本的翻译及判断中国传统哲学在当代世界的地位问题的文章作为附录一同出版。⑤

俄罗斯学者发展了 В. М. 阿列克谢耶夫确立的高等教育实践中汉学与其他学术学科相结合的方针。1993年,俄罗斯国立人文大学哲学系在 А. Е. 卢基扬诺夫（他当时在俄罗斯国立人文大学工作）的领导下开设了中国哲学和汉语学习的专业课程,邀请 В. Ф. 费奥克蒂斯托夫前来教学。А. Е. 卢基扬诺夫和 В. Ф. 费奥克蒂斯托夫制定了高等院校哲学系的中国

---

① Китайский философ Мэн-цзы / Пер. с кит., примеч. П. С. Попова, послесл. Л. С. Переломова. М., 1998. Репринт издания 1904 г.; Конфуциева летопись «Чуньцю» («Вёсны и осени ») / Пер. и примеч. Н. И. Монастырева, исслед. Д. В. Деопика и А. М. Карапетьянца. М., 1999. Репринт издания 1876 г.

② Буланже П. А. Будда. Конфуций. Жизнь и учение / Сост. С. В. Игошина. М., 1995.

③ Щуцкий Ю. К. Китайская классическая «Книга перемен». 2-е изд., испр и доп. / Под ред. А. И. Кобзева. М.: 1993.

④ Рубин В. А. Личность и власть в древнем Китае: собрание трудов / Отв. ред. А. И. Кобзев. М., 1999.

⑤ Феоктистов В. Ф. Философские трактаты Сюнь-цзы: исслед., пер., размышления китаеведа. М., 2005. 432 с.

哲学史课程大纲。① 目前，А. Е. 卢基扬诺夫仍在为撰著中国哲学教科书②积极地工作。

1998 年，圣彼得堡国立大学哲学系东方哲学与文化学专业教研室的建立成为两个学科在融合道路上新的创造性的尝试。这个教研室的首任领导是中国道教和佛教研究权威 Е. А. 托尔奇诺夫（Е. А. Торчинов，陶奇夫）。

四　现当代中国思想研究

俄罗斯研究者始终继续着旨在阐明东西方文明碰撞中的新时期及当下中国哲学地位的研究。Л. Н. 博罗赫阐释了 19 世纪与 20 世纪之交，受西方学说影响对儒家进行反思过程中梁启超的贡献。③ 西方思想的重要概念进入传统的中国政治伦理观体系的过程成为研究重点。梁启超在巴克莱、孟德斯鸠和卢梭思想的影响下，呼吁中国人成为"国民"，促发人们的"元气"，目的是必须培养独立、自由、合理利己主义、自信及有自治能力的新的人生价值观。思想家梁启超强调的是，只有独立的个性，不依附于人，才能够向传统阶层挑战，建立现代社会。"在合理利己主义，即，人的积极捍卫自身利益的行为中，梁启超看到了西方兴盛的原因之一，也是中华民族复兴及建立法治国家的条件之一。"④

人们积极参与历史进程的思想可以证明，将民众从臣服中解放出来的摧毁性行为是正确的，还可以引发对专制制度下所培养的中国人的消

---

① Лукьянов А. Е., Феоктистов В. Ф. Программа курса лекций «История китайской философии» для студентов философских факультетов высших учебных заведений России. М., 1998.

② Лукьянов А. Е. Древнекитайская философия: курс лекций. Ч. I. Становление китайской философии: Лекция 1. Миф и мифология. М., 2011; Лекция 2. Древнекитайский космос. М., 2012; Лекция 3. Архетипы культуры Дао. М., 2012; Лекция 4. Понятие философии у древних китайцев. М., 2012; Лекция 5. «Ши цзин» («Канон песен») в истоках философии. М., 2012; Лекция 6. «И цзин» («Канон перемен»)-от архетипической графической системы к философскому слову. М., 2012; Лукьянов А. Е., Абраменко В. П., Хуан Лилян. Лунь юй («Суждения и беседы»): учебное пособие для старшеклассников, учащихся колледжей, студентов. М., 2012.

③ Борох Л. Н. Конфуцианство и европейская мысль на рубеже XIX-XX веков. Лян Цичао: теория обновления народа. М., 2001.

④ Там же. С. 55.

极个性(无知、奴性、自私)的尖锐批评。梁启超在论著《新民说》中表达了新的要求:发展民族主义以防止外国列强的宰割,接受"强权"思想,拒绝过去对人培养中强调的顺从和软弱。思想家梁启超为了拯救民族,呼吁培养为了"公利"的人的"公德"。

Л. Н. 博罗赫揭示出在中国国内充满戏剧性事件的影响下梁启超思想的转变:他拒绝了欧洲的"社会契约"思想和利于强化国家角色与限制个人自由的共和政体。思想家梁启超的结论是:在长时间的君主专制下,特别是在清朝,中国人"私德"的堕落,因此谈不上人们愿意立刻进行转向民主的变革。他不接受破坏的原则,而成为君主专制的反对者,因为他认为,给人们树立新的崇高目标,这需要几十年的时间,一如要把西方的伦理标准植根于中国那样。书中阐析的诸如梁启超思想的嬗变,从对西方化的迷恋到谨慎的保守主义的变化过程具有相当大的意义,因为此后的几十年间,类似世界观的变化不止一次地发生在中国的知识分子中。

Д. Е. 马尔特诺夫论康有为的著作①的出版深化了19世纪末20世纪初中国的思想发展研究。该书收录了思想家和政治活动家康有为"自传"的完整译文,涵盖了1998年维新运动前康有为童年至青年间的全部事件及其失败,增加了康有为之孙罗荣邦所撰的康有为1898—1927年间的生平。Д. Е. 马尔特诺夫在研究康有为思想著作的序言中,将其描述为"没落时代的儒家空想主义者":"在现代人中,即那些主张走中间道路,将推行国家的政治制度和社会体系的渐进改革视为一种保护和复兴国家的手段的人们,康有为自始至终都是儒家。"②作者以通俗的叙述风格阐明了康有为的政治主张、个人评价及其与儒家传统和乌托邦观念的关系。其中,他指出了康有为著作中"世界大同与中国民族主义实际上没有区别"③这句话的双关性。

对中国新传统哲学的研究取得了新的成果。А. В. 罗曼诺夫研究了中国当代著名学者冯友兰的理论遗产。④ 综合研究冯友兰的哲学和历史

---

① Мартынов Д. Е. Кан Ю-вэй. Казань,. 2010.
② Там же. С. 7.
③ Там же. С. 90.
④ Ломанов А. В. Современное конфуцианство: философия Фэн Юланя. М., 1996; Он же. Судьбы китайской философской традиции во второй половине ХХ века. Фэн Юлань и его интеллектуальная эволюция // ИБ ИДВ РАН. М., 1998. № 1.

哲学观对于认识当代中国对于传统的态度的演变具有重大的意义。共和时期冯友兰向往着中西传统的统一，中华人民共和国建立后他探寻的是中国传统与马克思主义的结合之路，此后他尖锐地批判儒家，改革尾声时期他得出的结论是：中国的圣贤之道是调和矛盾和从敌对转向和谐之说。认识冯友兰世界观转变的重要性还在于阐明其对于国外中国哲学观念的影响。1930—1940年代，他的英文版的历史哲学著作在西方广为人知；1990年代，冯友兰著作的俄文版面世①。

俄罗斯的汉学哲学研究出现了新的研究主题：当代儒学及其与中国传统和与西方哲学文化的联系。这一方向研究的进展是对1949年后在海外继续进行理性的创作、固守传统的哲学家（牟宗三、唐君毅、钱穆、徐复观）观点的研究。② 这方面有多篇关于20世纪中国非马克思主义思想家遗产及其论中国传统之作的文章面世。③

2009年，А. Б. 斯塔罗斯季娜（А. Б. Старостина，又名 Калкаева）关于20世纪著名儒学传统思想家梁漱溟哲学观点的著作出版。④ 书中分析了梁漱溟的本体论、知识论和文化理论，以及他在中国历史概念背景下论述世界历史的著述。思想家本人被描述为"唯一一个建立了与文化哲学相关的历史进程体系理论的当代儒家"⑤。在研究者 А. Б. 斯塔罗斯季娜看来，这一特点极为重要，因为20世纪有许多儒学思想家研究文化哲学，但是无人研究历史哲学。书中强调，即使梁漱溟代表了特有的文化类型学，历史哲学也仍然是其体系中最有代表性的部分。

А. Б. 斯塔罗斯季娜专著的成就是试图追踪梁漱溟1902—1970年间文化和历史世界观的演变，而不是仅仅停留在分析其最著名的早期著作《东西方文化及其哲学》。该部专著具有重要的意义，是因为作者在认知历史的过程中对循环性和直线性的解释，正如试图确定梁漱溟学说的

---

① Фэн Ю-лань. Краткая история китайской философии / Науч. ред., предисл. Е. А. Торчинова, пер. с англ. Р. В. Котенко. СПб., 1998.

② Ломанов А. Постконфуцианская философская мысль Тайваня и Гонконга: 50 – 70-е годы XX в. // ПДВ. М., 1993. No 5. С. 118 – 128; Он же. Современная философия на Тайване: тенденции и перспективы// ПДВ. 1995. No 3. С. 119 – 130.

③ Киселев В., Юркевич А. Становление современного понимания философии в Китае и творчество Ху Ши // ПДВ. М., 2006. No 5. С. 146 – 155; Ломанов А. Хэ Линь и современное конфуцианство // ПДВ. 1999. No 5. С. 125 – 136.

④ Старостина А. Б. Философия истории Лян Шумина. М., 2009.

⑤ Там же. С. 4.

历史根源——佛教、传统儒学及包括马克思主义的西方学说。书中强调,对梁漱溟文化类型学的分析不仅有助于了解20世纪儒学思想史,"而且能够给出对于解决全球化问题机制的认识"①,正如关于全盘西方化对于民族文化的命运的危险后果,思想家早在1920年代对此就发出过警告②。

当代中国哲学与思想研究者 В. Г. 布罗夫同样指出了儒学发生的转变——它成为了当代中国社会精神文化的基本组成之一。学者 В. Г. 布罗夫说,中国研究者们形成了一种共识,即,当前国家发展中儒家的作用,在于它是传统文化的精髓、现代化的动力和社会振兴的精神力量。"不能将儒学看作普通的哲学学说或者科学理论,它是永恒的普世真理,一切情况下,一切社会制度下都是正确的。儒家学说的生命力与其内容本身密切相关。它作为道德哲学,培养人们崇高的道德理想精神,使其道德完善,意识到自己的社会使命、自己的职业和家庭责任。"③在研究者看来,"以虚无主义的态度对待国内精神和传统的时代"在中国"已经不复存在。在可预见的未来,我们有望看到儒家马克思主义现象,即,马克思主义学说的儒学化"。④ В. Г. 布罗夫在接下来的一篇著述中指出,有关现代化与精神传统问题的讨论者们试图回避能否用儒学丰富马克思主义或将二者结合为一的问题。"但是考虑到1980年代出现的'中国特色的社会主义'概念,显然不能排除这种借用的可能性……"⑤

研究者们认同将马克思列宁主义的总体思想与中国的具体特点相结合论题的正确性和理性,评价马克思列宁主义的中国化是对马克思列宁主义总体理论的贡献。中国在改革时期,深化了对国家发展进程中传统作用重要性的认识。根据中国"合二而一"的辩证法原则,社会矛盾的和谐化代替了过去的"一分为二",变成了占据主导地位的任务。21世纪的第一个十年,中国领导宣称的方针是社会的和谐化与建立更为和谐的国际关系。

---

① Старостина А. Б. Философия истории Лян Шумина. М., 2009. С. 212.

② См. также: Лян Шумин. В чем специфика китайской культуры? / Пер. с кит. А. Калкаевой // ПДВ. М., 2004. No 4.

③ Буров В. Г. Китай и китайцы глазами российского ученого. М., 2000. С. 118.

④ Там же. С. 151—152.

⑤ Буров В. Г. Модернизация и духовные традиции в Китае // Китай: поиск гармонии: к 75-летию академика М. Л. Титаренко. М., 2009. С. 459.

这些问题引起了 2000 年代获得副博士学位的年轻一代的兴趣。А. В. 阿拉别尔特(А. В. Аллаберт)试图对当代中国社会学中儒学的不同论述加以总结和系统化,探究其与中国共产党官方意识形态的联系。①有推测表明,儒学在社会生活中的作用已经超出了其具体个别观点(道德培养、重视实践、口号"民惟邦本"、宣传为官清廉)的运用。"在中国社会与国家发展的现今阶段,这些概念开始被打造为富有特殊含义的当代中国社会的'统一的价值体系'。"②

研究者 А. В. 阿拉别尔特强调了儒学绝对的"超时间性"和"恒久性"的文化特征,称其是当代中国政权的强大稳固之源,与此同时,也是文化改革和发展的工具。中国社会学家对儒学的兴趣在增强,但是他们的努力具有局限性和零散性,尚未形成统一的观点。"与此同时,运用于当代中国政治实践中的儒学思想,作为思想体系,或多或少与'当代后儒学'相联系,这种'当代后儒学'也可称之为儒家学说发展的'新阶段'。"③

Д. Е. 马尔特诺夫在其研究④中令人信服地阐释了紧密的全球化联系下民族的独特性与保持文化自我同一性意义的相互作用。在指出中国多次召开了大规模的儒学主题的国际会议,并建立起支持研究和宣传儒学遗产的机制后,他最后说:"儒家学说成为了建立中国特色的社会主义的有机组成。"⑤他同样得出了保持传统学说对中国现代化进程影响的结论:"新儒家的方法论继续对现阶段的中国共产党的理论方针产生作用。其中包括运用'演绎法'对待社会问题:在意识形态统治的社会,意识形态的作用高于制度本身……"⑥他也指出,"中国改革的初始阶段,延续了毛泽东群众运动的传统,然而其内容、方式及目的已经改变:回归以保持社会经济稳定和共同解决冲突为首要任务的大众儒学体系在极大程度上成为了大众思想的共识。"⑦

---

① Аллаберт А. В. Место конфуцианства в модернизации Китая (конец XX—начало XXI века). М., 2008.
② Там же. С. 196.
③ Там же. С. 196—197.
④ Мартынов Д. Е. Конфуцианское учение и маоизм: из истории социально-политической теории и практики Китая в XX веке. Казань, 2006.
⑤ Там же. С. 303.
⑥ Там же. С. 309.
⑦ Там же.

А. П. 什洛夫（А. П. Шилов）在书中阐析了中国社会精神探索背景下的当代儒学思想问题。① 在诸位中国作者著作的基础上他展示了文化哲学讨论中复杂的和多层面的特点。一方面，他从儒学的拘泥传统中看到了人类新伦理学建立的潜力；另一方面，他批判了儒家过于重视家庭导致人的社会和国家利益的意识受到损害，造成了中国人"社会精神"丧失的后果。寻求新的社会团结根基的期盼使得对儒家道德教诲的重视不断提高。А. П. 什洛夫在对当代儒学思想家代表（蒋庆、杜维明、陈明、唐端正、刘述先等人）各种观点研究的基础上指出，他们试图在儒学中寻求解决全球社会与生态问题的思想资源。该书还涉及儒学是否为宗教，以及当代生活中是否需要崇高概念的争论。俄罗斯研究者们对当代儒学思想家代表（唐君毅、牟宗三、杜维明）的宗教研究特点进行了积极研讨，并认为这些特点表明，宗教的西方形态是超验的而非普世的，因为在中国，宗教与哲学结合并联系着人与现实的问题。②

当代中国哲学始终处于俄罗斯研究者们的视野中。其中一件大事是发行了《哲学问题》（2007 年第 5 期）专号，专门研究中国哲学，其中包括收纳多位中国学者关于社会进程的哲学探索、科技哲学问题、俄苏哲学思想遗产的论文。杂志的历史哲学部分内容极其丰富，包括《古代中国的语言思维》（А. А. 克鲁申斯基）、《〈易经〉及语义编码》（В. Е. 叶列梅耶夫）、《马克思主义与本体论问题》（余宣孟）、《毛泽东哲学思想新解》（聂耀东）、《西方马克思主义简论》（车玉玲）。

这些知名中国研究者的著述值得关注。俄罗斯学者翻译了这些著述并加以注释说明，他们完成的高水平的译述给予当代中国思想的阐释以极大的帮助。其中就包括《远东问题》杂志上发表的郭齐勇教授关于中国当代儒学研究的综述，该文内容丰富，由 А. Б. 斯塔罗斯季娜翻译。③《哲学问题》杂志刊发了中国学者钱逊关于马克思主义与中国传统相结合问

---

① Шилов А. П. Конец древности: О духовном кризисе современного китайского общества и поиске новых ценностей. М., 2009.

② Забияко А., Хаймурзина М. Понятие «религия» в трудах современных конфуцианцев // ПДВ. М., 2014. № 1. С. 124—133.

③ Го Цюн. Исследования современного конфуцианства в КНР / Пер. с кит. А. Калкаевой // ПДВ. М., 2008. № 1. С. 119—133.

题的有趣的论述,由 В. Г. 布罗夫翻译并撰写了引言。①

五 中国宗教研究

19 世纪的俄罗斯汉学已经形成了中国宗教研究的学术传统,时任俄国北京传教使团修士大司祭的巴拉第进行了中国佛教史、伊斯兰教史和基督教史的研究。В. П. 瓦西里耶夫的著述对此后的佛教和道教研究产生了巨大影响。20 世纪初在俄罗斯形成了佛教研究的权威学派[Ф. И. 谢尔巴茨科依(Ф. И. Щербатской)、С. Ф. 奥登堡、О. О. 罗泽堡(О. О. Розенберг)]。

20 世纪下半叶,俄罗斯展开了对中国民间宗教和密宗的研究工作。② Е. Б. 波尔什涅娃(Е. Б. Поршнева)在其关于中世纪密宗思想意识的著作中延续了这一主题。③ 该著作论及了中国的宗教分裂运动及其与佛教和道教的联系。作者强调了教派主义的末世论与国家间必然的冲突性:与邪教的斗争不仅是对不顺从和反叛的回应,还是对来自其他信仰和价值体系之挑战的回应,宗教分裂主义者偷换概念的行为也包括在这种挑战之内,他们会将亲属血缘和忠君等概念偷换成对同道者群体的归属感。然而,中国密宗却因救赎理论学说而具有极强的生命力。

К. М. 捷尔季茨基(К. М. Тертицкий)开拓性的研究④阐释了中国人传统精神思想及其社会宗教生活的基础。作者通过丰富的事实材料展示了 1970 年代末至 1990 年代初的传统价值体系以及与其相关的宗教社会现象的现状。书中运用的许多数据资料为民族心理学领域的研究总结打下了基础。本书各章分别论及当代中国的宗教意识,佛教、道教和基督教状况,混合式的宗教和民间信仰状况,尤其重视中国传统社会文化流派现

---

① Буров В. Г. Марксизм и конфуцианство // ВФ. М. , 2011. No 6. С. 144—147; Цянь Сюнь. Мое скромное мнение о соединении марксизма с традиционной китайской культурой // ВФ. М. , 2011. No 6. С. 148—157.

② Поршнева Е. Б. Учение «белого лотоса»—идеология народного восстания. 1796—1804 гг. М. , 1972.

③ Поршнева Е. Б. Религиозные движения позднесредневекового Китая: Проблемы идеологии. М. , 1991.

④ Тертицкий К. Китайцы: традиционные ценности в современном мире. В 2 ч. М. , 1994.

状的研究。民族的自我意识因素及其对于中国人接受其他民族的价值观和宗教过程的影响在书的各个部分都占有重要的地位。作者的结论是，传统宗教体系的主要因素得以保存并持续发展，大部分人保持的信仰是混合的民间信仰。

К. М. 捷尔季茨基后来出版了关于20世纪中国混合宗教或者"秘密"宗教的概述性研究成果。① 他提醒道，中国人的宗教生活中除了佛教和道教还有上百种流派。书中描述了二十种20世纪最重要的中国"秘密"宗教，引用了有关其历史、信仰、等级结构、宗教实践、与官方的往来经验和在中国大陆、中国台湾、中国香港地区和新加坡目前状况的丰富信息。该书追踪研究了混合宗教的兴盛与有着民间末世论情绪的、过去百年间的社会变革的联系。

К. М. 捷尔季茨基指出了信众群体的稳固性：它们能够经受住打击，重新广泛地遍布于中国的各个区域，坚持其宗教观并进行宗教活动。"民间秘密宗教"的生命力在于向人们指出了社会不稳定时期的简单的、吸引人的道德导引。"混合宗教教义通常的对象是远离帝国精英文化，同时却又感到置身其中的中国农民。"②

А. Д. 泽利尼茨基（А. Д. Зельницкий）著作的主题是中国宗教的混合性。③ 他提出了在一切中国信仰和学说中采用术语"宗教的混合性"的合理性问题，呼吁明确这一概念："……是否应该认为它是仅存于底层居民中的特殊文化传统，是否同'三种学说'相互作用的结果相关，或者，是否可以将其视为中国精神文化的类型性特点。"④作者研究了道佛两教交流史，分析了18世纪道教文献，譬如柳华阳的《慧命经》中对于佛教术语的特殊用法，得出的结论是：官方、佛教与道教的关系并不总是具有宗教性，"有理由认为该体系更多地具有折中性，却远非总是具有混合性的"⑤。

可以在中国进行实地调查为研究者们研究当代中国人的宗教生活实情开辟了新的天地。Е. А. 扎维多夫斯卡娅（Е. А. Завидовская）撰写了

---

① Тертицкий К. М. Китайские синкретические религии в XX веке. М., 2000.
② Там же. С. 366.
③ Зельницкий А. Д. Китайский «религиозный синкретизм». СПб., 2008.
④ Там же. С. 13.
⑤ Там же. С. 130.

关于寺院协会和农民宗教生活的著作,其材料来自山西省和陕西省。①对当地居民、宗教人员和干部的调查明确了在改革年代宗教活动如何重新兴起又如何变化。该书研究了与重建教堂、举办教堂命名节、教区集体捐款等群众活动相关的宗教生活。该书辟有专门章节论述个人对宗教的接受,引起了人们极大的兴趣:人们向上帝提问财富和子孙后代的繁衍问题,祈祷家人平安幸福。某些人向上帝祈求保护他们积累的财富或者得到的职位,地方的一些领导职位提升后私下向教堂捐赠钱财。

作者指出,与彼岸世界互动的传统经过许多世纪以后仍然广泛存在。人们向上帝祈求帮助,完成诸多仪式以保持现有的平衡,就像避免在阴间受罚一样避免消极力量渗入生活。中国农民感到需要像证明祭祀效果一样的奇迹,"神力的显示"刺激了教堂的复兴。社会发生的变化对宗教领域产生了影响,在传统的集体拜祭中占据多数的是个人进香和对神的祷告。研究表明,他们的动机不仅仅是实用主义,还是对通过宗教达到自我完善的真诚追求。目前还谈不到中国宗教生活的"消亡"。"仪式与寺院活动随着国家的现代化进程不仅没有消失,相反,由于农村可自由支配的财产增加,它们的力量和规模在不断加大。"②

Л. Е. 扬古托夫的著作属于哲学宗教领域,其研究对于中国佛教哲学中的统一、一致与和谐的问题引起了极大关注。③ 该专著的中心是作者阐释的作为中国佛教中心问题的"真空观"。Л. Е. 扬古托夫从此立场出发审视了法相宗、三论宗、天台宗和华严宗的学说。Л. Е. 扬古托夫极其重视世界一体与和谐观念的形成过程,列有单章在中国佛教宗教实践的语境中阐析"真空观"。作者强调,佛教徒否定的是人个体生命的"我"(此为造成人生痛苦的主要原因),但与此同时,又将其真实的"存在"特性确证为某种现实中的某种真实存在之物。

Л. Е. 扬古托夫的另外一部著作④向读者介绍了最流行的中国佛教典籍。佛经精选揭示了法理、本真、统一、一致与和谐的问题。尤其引人关注的是书中作为附录的"术语、中国佛教概念、佛名、菩萨名和佛学思想

---

① Завидовская Е. А. Храмовые объединения и религиозная жизнь крестьян современного Китая. СПб., 2009.

② Там же. С. 118.

③ Янгутов Л. Е. Единство, тождество и гармония в философии китайского буддизма. Новосибирск, 1995.

④ Янгутов Л. Е. Китайский буддизм: тексты, исследования, словарь. Улан-Удэ, 1998.

家人名汇编"①。

Л. Е. 扬古托夫揭示中国般若波罗传统形成过程的专著②继续着其对中国佛教哲学的研究。作者审视了对中国人的救赎偏好产生影响的文化因素,这些中国人选择了大乘佛教传统,同时顾及已有的中国术语系统中的思想资源,探寻合适的佛教典籍翻译方法。占据专著中心地位的是对"真如"的阐释,以及与其相关的中国佛教各个流派的法理认知主题。该书同样剖析了救赎哲学中的存在与知觉、绝对与相对间相互关系的问题。

圣彼得堡的学者 П. Д. 列尼科夫(П. Д. Ленков)的专著③拓展了对中国佛教哲学领域的认知。该书关注的中心是对法相(唯识)宗《成唯识论》的历史和内容的研究。作者以佛经汉译问题为背景研究这部经典,对学派创始人玄奘的事业给予了极大的关注。该专著详细地剖析了唯识和阿赖耶识的哲学概念,并附有首次译成俄语的论述片断。

诸多原著的出版为中国佛教哲学的研究做出了重要贡献。译著中,И. С. 古列维奇(И. С. Гуревич)首次出版了禅师的全本《临济录》和《庞居士语录》④。读者可以见到唐朝时中国佛教禅宗的重要典籍,它们展示了在与禅师交流中通过心境"震撼"获得直观正觉的方法。

中国佛经选面世⑤后,"序言"作者,也是译者之一的 Е. А. 托尔奇诺夫指出:"文集的选材可充分说明远东地区大乘佛教最重要流派的基本原理。"⑥Е. А. 托尔奇诺夫翻译、注释并分别出版的著作是三部 6—9 世纪的中国佛经:《大乘起信论》、宗密的《原人论》和禅宗五祖弘忍的《修心要论》。⑦

后苏联时期的 Е. А. 托尔奇诺夫在中国佛教和道教的研究中做出了

---

① Янгутов Л. Е. Китайский буддизм: тексты, исследования, словарь. Улан-Удэ, 1998. С. 106—157.

② Янгутов Л. Е. Традиции Праджняпарамиты в Китае. Улан-Удэ, 2007.

③ Ленков П. Д. Философия сознания в Китае. Буддийская школа фасян (вэйши) // Петербургское востоковедение. СПб., 2006.

④ Линь-цзи лу / Вступ. ст., пер. с кит., коммент и граммат. очерк И. С. Гуревич. СПб., 2001.

⑤ Избранные сутры китайского буддизма / Пер. с кит. Д. В. Поповцева, К. Ю. Солонина, Е. А. Торчинова. СПб, 1999.

⑥ Там же. С. 26.

⑦ Философия китайского буддизма / Пер с кит. Е. А. Торчинова. СПб., 2001.

显著的贡献。他非常重视禅宗遗产及中国大乘佛教传统经文的翻译研究。E. A. 托尔奇诺夫在"道学"领域取得了巨大的成就。1993 年，他出版了研究中国道教的宗教观和哲学观的巨著，还探讨了道教的历史、宇宙概念及其与炼金术的联系。① E. A. 托尔奇诺夫完成的对道教炼丹术之书《抱朴子》和《悟真篇》的学术翻译②促进了对中国思想认识的深化。道士们修习内丹术和外丹术的问题不仅反映在学者的译著中，也反映在他的研究中。③

阿穆尔国立大学汉学研究中心对道教和古代道教典籍进行了专门的研究。中心负责人 С. В. 费洛诺夫（С. В. Филонов）教授在对道教上清派早期典籍综合分析的基础上，出版了论述道教人类学的专著。④ С. В. 费洛诺夫学者详细地研究了公元前 3 世纪已经出现的《黄帝经》和《素灵经》。研究者强调道：这些典籍"首次在道教历史上详尽地确定了人类学的宇宙概念"；这些典籍最重要的主题被称为"战胜死亡与庆祝生命"。⑤

С. В. 费洛诺夫实现了对古代道教学说细节的重构，这一学说探寻人内在的最高境界，试图将人内部宇宙的神祇可视化。神祇与人体器官（心脏、肺等等）间的关系没有使这些典籍变为医书，因为其中的话题关涉人的"内观"术以及同附着其身的神建立联系。该研究彰显出道教对天人合一观及创世观的平行性，详尽地揭示出能够克服人自身"致死之理"影响的古代观念。

2005 年出版了描写中国道教当今状况的著作⑥，其基础是作者们的田野研究，包括抽样调查、对道士们的访谈和参加道教法事。书中有当今道士做法、成为道士、道观教职等级以及实际入教等的丰富内容，其中也

---

① Торчинов Е. А. Даосизм: опыт историко-религиоведческого описания. СПб., 1993.

② Чжан Бо-дуань. Главы о прозрении истины / Предисл., пер. с кит., коммент. Е. А. Торчинова. СПб., 1994; Гэ Хун. Баопу-цзы / Пер. с кит., коммент., предисл. Е. А. Торчинова // Петербургское востоковедение. СПб., 1999.

③ Путь золота и киновари: даосские практики в исследованиях и переводах Е. А. Торчинова // Петербургское востоковедение. СПб., 2007; Пути обретения бессмертия: даосизм в исследованиях и переводах Е. А. Торчинова. СПб., 2007.

④ Филонов С. В. Золотые книги и нефритовые письмена: даосские письменные памятники III-VI вв. // Петербургское Востоковедение. СПб., 2011.

⑤ Там же. С. 541.

⑥ Вэнь Цзянь, Горобец Л. А. Даосизм в современном Китае // Петербургское Востоковедение. СПб., 2005.

指出了道教神职人员年轻化的趋势。调查材料补充了对于官方文件和中国道教协会规定的研究。温健和 Л. А. 戈罗别茨（Л. А. Горобец）指出，中国蓄积了复原受损道观和崇拜偶像的力量，同时，宗教活动中盛行占卜和巫术类型的仪式。书中提出了当今中国道教的影响大于佛教的看法："总体而言，只有关注到道教通过上面讲到的形式产生的间接影响，考虑到各种混合趋势后，才可以确定道教的现实意义。"①书中审视了与道教有关的国家政策，包括给予重建道观的财政资助措施和安排祭祀场所；审视了当今中国社会生活的道教角色。译成俄语的中国道教协会文件、协会章程、道观管理规定以及正一教对世界各地道士的临时管理规定都作为附录登载于书中。

俄罗斯科学院远东所的研究者们集中全力研究了世界宗教对于中国社会政治生活的作用。С. А. 戈尔布诺娃（С. А. Горбунова）剖析了 20 世纪文化社会转型与教义现代化的语境里中国佛教的振兴。她关注的中心是宗教改革者太虚大师的社会人类学概念：他试图使佛教接近于社会生活和人们的日常诉求。②

С. А. 戈尔布诺娃特别重视研究太虚大师提出的使佛教接近时代现实、现实人生以及现实社会生活的"人生佛教"理论。太虚大师的理论著述试图吸取宗教传统的精华，使其适应当代社会，为 20 世纪百年间中国佛教的发展做出了巨大的贡献。在 С. А. 戈尔布诺娃看来，太虚首次提出了必须建立适应社会发展进程的新型佛教。

С. А. 戈尔布诺娃详细研究了中国佛教团体与社会和国家的相互关系问题。③ 书中审视了中国接受佛教的历史进程，该进程在 20 世纪社会变革背景下对佛教信仰的稳定和振兴都有制约作用。中国佛教协会的活动和佛教团体与国家的相互关系问题受到了极大的关注。С. А. 戈尔布诺娃指出，中国佛教振兴的趋势始于 19 世纪下半叶，共和国时期出现了针对社会的佛教观念。后来，经历过欧洲思想影响的佛教改革者们又在马克思主义那里找到了灵感。面对当今的问题，作者指出："全面改革的

---

① Вэнь Цзянь, Горобец Л. А. Даосизм в современном Китае // Петербургское Востоковедение. СПб., 2005. С. 48.

② Горбунова С. А. Буддийские объединения в истории Китая XX в.（10-е—90-е годы）// ИБ ИДВ РАН. М., 1998. No 2.

③ Горбунова С. А. Китай：религия и власть：история китайского буддизма в контексте общества и государства. М., 2008. Глава VI. Изучение китайской философии и религии 237.

社会开始逐渐转向佛教。与此同时,现代佛教徒对时代的挑战做出了正确的反映。"①俄罗斯科学院远东所的研究者们同样注意到佛教因素对中国的对外政策发生作用的问题。②

B. C. 库兹涅佐夫(В. С. Кузнецов)的著作③论及的是伊斯兰教与中国政府和社会相互影响的问题。B. C. 库兹涅佐夫除了研究社会政治问题,还试图阐明穆斯林与中国文化主要流派代表在世界观和宗教精神等方面的相互关系。他深入研究了中国社会政治生活和国家对外政策中宗教的角色,阐明了穆斯林与中国文化的主要代表——汉文化代表间在世界观和宗教精神等方面的关系。在 B. C. 库兹涅佐夫看来,更广义上的"中国哲学"概念中还应包含中国穆斯林和信仰喇嘛教的西藏人的宗教哲学。同时须考虑到中国国内精神传统相互作用的进程,其中,伊斯兰教徒接受了儒家的人类学和伦理学观念,将其纳入伊斯兰教信仰的戒律之中。

1990 年代,世俗研究和宗教研究专家对俄罗斯传教使团在中国遗产的研究表现出明显增长的兴趣。④ 如果说过去对它们活动的研究首先是在俄罗斯汉学发展史的框架下进行的,那么新的条件下则出现了弄清中国东正教存在的宗教和文化文明观的可能。他们提出了研究俄罗斯汉学家传教士基于东正教思想对中国文化的看法的问题,从前使团成员完成的汉译东正教文献也引起了人们的极大兴趣。对今昔的关注与试图深刻认识同时发生在中国和俄罗斯的文化传统热潮密切相关,尽管两国的社会政治制度和发展轨迹差别明显。学术宗教杂志《中国福音报》(俄罗斯传教使团过去以此为出刊刊名)的创刊成为这些进程象征性的反映,该杂志记录了东正教教徒在中国的状况以及东正教和西方基督教教派在中国的传播史。1999 年,复刊的第一期杂志面世。2000 年后一系列的关于中

---

① Горбунова С. А. Китай: религия и власть: история китайского буддизма в контексте общества и государства. М., 2008. Глава VI. Изучение китайской философии и религии. С. 298.

② Кузнецов В. С. Буддийский фактор во внешней политике КНР. М., 2006.

③ Кузнецов В. С. Ислам в политической истории Китая. В 3 ч. // ИМ ИДВ РАН. М., 1996. No 7, 8, 9. Ч. 1: VIII в. -60-е годы XIX в.; Ч. 2: 60-е годы XIX в. -30-е годы XX в.; Ч. 3: 30-е годы XX в. -1949 г.; Кузнецов В. С. Ислам в общественно-политической жизни КНР. М., 2002.

④ Православие на Дальнем Востоке. 275-летие Российской духовной миссии в Китае. СПб., 1993; История российской духовной миссии в Китае: сб. ст. / Ред. С. Л. Тихвинский и др. М., 1997; Свящ. Дионисий Поздняев. Православие в Китае (1900—1997 гг.). М., 1998.

国东正教历史的书籍也相继出版。①

学者们对于中国基督教派过去和当今的状况给予了极大的关注。Д. В. 杜布罗夫斯卡娅(Д. В. Дубровская)的著作②讲述了耶稣会传教士活动史。书中考查了耶稣会传教团形成和发展中的机构组织,重点关注了利玛窦、汤若望、南怀仁的遗产。除了耶稣会会士向中国介绍欧洲科学成就做出的贡献,书中考查了天主教在中国发生的一系列的文化变型,以及在此基础上产生的冲突。

А. В. 罗曼诺夫的著作极其全面地展示了外国耶稣会士和中国基督徒对中国文化阐释的历史。③ 书中主要研究的是思想和世界观相互影响史,而非传教士和教堂机构的发展。作者主要研究基督教如何适应中国文化,并阐明二者对话中的关键因素:它们基于圣经学说和中国文化,并不受到外来的影响。除去对中西方文明交流产生巨大影响的早期耶稣会传教团的活动,书中对景教的文化适应史,以及19—20世纪的新教和天主教传教团的发展进行了全面研究。

П. М. 伊万诺夫(П. М. Иванов)在其书④中展示了基督教在中国的历史和当代中国宗教状况研究中许多值得关注的方面。该书论及了孙中山和蒋介石世界观中的基督教成分,基督教在中国台湾的发展,以及基督教"会堂"的中国教派。书中有几节内容是关于东正教在中国的历史:传教士们将《新约》译成中文的过程、18世纪初东正教传教使团在中国的活动、俄国传教士团成立莫斯科会馆的历史。

А. Г. 阿列克沙扬(А. Г. Алексанян)首次完成了关于摩尼教在中国的专门研究。⑤ 他细致地研究了这一宗教的文化和世界观转型问题,以及摩尼教汉语译本中的术语。本书的附录收入了两篇保存至今的主要文

---

① Бэй-гуань: Краткая история российской духовной миссии в Китае / Сост. Александров Б. Г. СПб., 2006; Дацышен В. Г. История Российской духовной миссии в Китае. Гонконг: Православное Братство святых Первоверховных апостолов Петра и Павла, 2010; Он же. Митрополит Иннокентий Пекинский. Гонконг: Православное Братство святых Первоверховных апостолов Петра и Павла, 2011.

② Дубровская Д. В. Миссия иезуитов в Китае. Маттео Риччи и другие (1552 — 1775 гг.). М., 2000.

③ Ломанов А. В. Христианство и китайская культура. М., 2002.

④ Иванов Петр, свящ. Из истории христианства в Китае. М., 2005.

⑤ Алексанян А. Г. Манихейство в Китае: (опыт историко-философского исследования). М., 2008.

献(《摩尼光佛教法仪略》和《伯希和之论》)的译文。

六 俄罗斯中国哲学研究的总结和前景

后苏联时期,俄罗斯研究者在前几十年成就的基础上继承和发展了已经形成的中国哲学研究传统的精华。他们善于克服此前出现的中国思想史中只能进行唯物主义思想探索的意识形态的干扰,拓展了学术研究领域。这也避免了片面地看待整个中国文化史,赋予整个中国哲学和精神文化以最丰富多彩的表现方法。

大百科全书《中国精神文化大典》的编就成为新千年意义最大和分量最重的成就。后苏联时代的俄罗斯中国哲学宗教研究者按着确定的方向,撰写了总结性的百科全书词典著作,研究了中国哲学对于中国文明风貌形成的影响,研究了儒家的当代角色,阐明了中国传统思想理论方法基础的特点,研究了新儒家遗产、中西文明语境中现当代中国哲学的角色和当代中国宗教生活的实际状况。

В. Ф. 费奥克蒂斯托夫在总结20世纪最后三十年俄罗斯中国哲学研究发展的基础上,充分地指出了研究过程从对中国社会精神发展进程的描写向对世界精神文明语境下中国哲学文化的民族特点的转变。对比较研究的兴趣增强的主要原因,是西方精神文化的危机感和俄罗斯国内发生的复杂的转变过程。对传统的中国哲学方法论特点的阐释使得俄罗斯的研究者们能够更加深刻地探索关于总结中西哲学的老问题。"这一时期,在俄罗斯的汉学研究中首次提出了最重要的中国传统哲学方法论特点的问题,及其与西方哲学传统方法论基础的区别。"①

中国研究者同样关注在后苏联语境中对中国哲学的接受有何特点。朱达秋指出了开始于1990年代的俄罗斯中国哲学研究热潮的四种原因。第一,这是"现实的需要"。随着苏联的解体,俄罗斯产生了社会意识形态危机和价值体系的崩溃。在此背景下,俄罗斯出现了对国外精神文化资源,其中包括中国哲学的诉求。第二,全球化时期的西方文化的衰落更加突显了中国哲学对于俄罗斯知识精英的"独特的精神魅力"。第三,中国的经济发展和社会改革成就增加了人们对中国哲学的关注度。第四,向

---

① Феоктистов В. Ф. Становление отечественной философской синологии // Китай на пути модернизации и реформ. 1949—1999. М., 1999. С. 130.

前发展的俄中关系成为俄罗斯对中国精神文化兴趣的加速器。①

朱达秋教授论据充分地指出,俄罗斯中国哲学的后苏联时期的研究最明显的趋势就是专业化和职业化。学者们的著作提高了中国哲学和中国文化在俄罗斯社会的影响,中国文化不再局限于学术界,特别明显的例子是孔子和儒家引起了人们的普遍兴趣。②

后苏联时期的研究者们开始注重阐释中国传统与当代现实、中国哲学和中国文明的相互联系。苏联时期的中国思想研究曾经主要集中于一些个别的著作、历史时期、学派和范畴,这些研究仍然在继续进行。与此同时,无论是讨论世界文明的发展还是中国社会发展的精神前景,显然,都需要对中国思想的当代意义进行讨论。

伴随着这一过程而来的是对儒家兴趣的显著增长。在Л.С.佩列洛莫夫看来,儒家学说在俄罗斯可以分为两个阶段,它们的界线是1980年代末。"这两个阶段的本质区分在于,如果说过去俄罗斯对儒家感兴趣的是理想人格的培养和人的精神世界,那么现在人们关注的中心则是社会和国家管理问题,即儒家的官民相互关系间的准则。"③

俄罗斯的研究者们极其关注使当代中国稳定的文明和哲学根源,这一关注特别是在苏联解体的背景下显现出来。思索外国文化的"中国化"实践及其对保持自身独特性的中国主流精神文化的适应性的兴趣在不断增长。中国伦理的作用在于为了长期的民族利益形成国家发展路线并指引文化和谐发展,揭示这些植根于传统哲学的中国伦理的作用,对于打造使俄罗斯文化适应全球化挑战的机制,起着直接的作用。

1990年代的俄罗斯人文研究加紧弥补以往研究的缺漏。西方哲学研究的权威专家Н.С.尤利娜(Н.С. Юлина)指出,苏联解体后的俄罗斯哲学形成了明显的"文化学倾向"。"(20世纪)90年代初,这种倾向非常合理、正常;这是一个挖掘世界精神遗产的时期。许多哲学家都竭力填补文化的真空,再版俄国经典,翻译西方和东方作者的著作。"④

---

① Чжу Дацю, Цзян Хунвэй, Хуа Ли. Сулянь цзети чжи хоу дэ Элосы чжунгосюэ яньцзю (Исследование китаеведения в России после распада СССР). Харбин, 2013.

② Там же. С. 23—29.

③ Переломов Л. С. Россия о Конфуции // Китай на пути модернизации и реформ. 1949—1999. М., 1999. С. 136.

④ Юлина Н. С. Сегодня о статье «Философия в России сегодня» // ИФ. М., 2003. № 10. С. 4.

这些趋势一定程度上体现在中国哲学研究中。除了上面讲到的对中国文化的当代意义，特别是对于儒家关注高涨的趋势，在中国哲学研究领域学界还开始了挖掘和反思以往成就的进程。审视过去、总结俄罗斯汉学的发展以及使研究资料系统化成为百科全书词典的编写理由。由于影印和再版，读者能够了解 19 世纪在俄国出版的中国哲学和文化的主要研究——其中包括 В. П. 瓦西里耶夫、С. М. 格奥尔吉耶夫斯基、Н. Я. 比丘林、В. 格鲁勃(В. Грубе)的著作。由于 Д. Е. 马尔特诺夫的努力，被遗忘的新儒家哲学的天才研究者 Н. И. 佐梅尔(Н. И. Зоммер,1823—1847)的名字回到了学术圈。Н. И. 佐梅尔充满历史价值和学术价值的著述《论中国新哲学原理》(1852)作为儒学基础教科书的增刊得以再版。[1]

试图在中国传统的背景下认识俄罗斯文明的特点反映在 1990 年代上半叶 М. Л. 季塔连科研究的新欧亚思想中，该思想是东亚文明研究领域中后苏联研究计划形成的重要一步。中国思想的研究旨在利于后苏联俄罗斯意识形态的全面更新和复兴，其依据的不仅是对俄罗斯和西方文明间差异的阐释，而且是对俄罗斯欧亚文明与中国、日本、韩国文明的比较。这方面的研究能够发掘俄罗斯与东亚儒教区国家传统间的相同点，找到发展与这些国家关系时的文化互补基础。"仁爱，人际关系的和谐，人与大自然的和谐，人和国家的和谐——这些贯通性思想是俄罗斯欧亚主义和我们亚洲邻国的民族意识形态所共有的。由此可以得出结论，作为俄罗斯精神特质的人道主义在亚洲本来就是根深叶茂。"[2]

研究中国传统精神文化的大家 Е. А. 托尔奇诺夫指出，后苏联时期，俄罗斯的大部分居民都倾向于认为自己的祖国是"特殊的欧亚文明"。但是大众传媒中掌权的是"公开的西欧派，他们谈论东方文化的腔调有时实在就是'吉卜林式'的，乐不可之……'白人的负担'理论。"[3]俄罗斯在此背景下形成了对于东方明显的兴趣，这一兴趣激发于各种各样的理由——试图解决自身的心理问题，渴望藉助于学会东方的一对一交锋从而获得力量，真诚地接受东方宗教、学术兴趣和对东方艺术的热爱。"原

---

[1] Мартынов Д. Е. Конфуцианское учение: учебное пособие. Казань, 2009. С. 116—144.

[2] Титаренко М. Л. Россия лицом к Азии. М., 1998. С. 44.

[3] Торчинов Е. А. Пути философии Востока и Запада: познание запредельного // Петербургское Востоковедение. СПб., 2007. С. 452.

则上(如果排除个别的,以及总体上无关紧要的过度行为),当代俄罗斯的'东方主义'与其说是负面的,倒不如说是正面的现象,它拓宽了文化视野,冲破了沙文主义和欧洲中心主义的束缚,情愿接受其他观点和跨文化对话的行为,其对于多民族、多宗教信仰的伟大的欧亚强国俄罗斯尤为重要。"①

苏联解体后,俄罗斯迫切需要高效的市场改革模式。这促使学者们更为密切地关注东亚国家和地区(韩国、日本、新加坡等国和中国台湾地区、香港地区)的成就,中国经济的快速增长引起了人们巨大的兴趣。要弄清这一成就的原因需要研究文明的特点及其与传统遗产间的联系。显然,中国传统与现代化的目标和发展并不矛盾,但是应该更加注重弄清楚传统如何助力于现代化的目标及其发展。新的研究项目在此背景下形成,其基础是"综合研究具有几千年精神传统的当代中国文明对于现代化和工业化及后工业化社会的适应力"②。

中国全球影响力的增长推进了人们对于中国哲学和文化在当今世界地位的反思进程。А. И. 科布泽夫注意到,"汉语区"国家的快速发展推翻了"排斥资本主义精神"的传统文化价值必然落后于西方的往日预言。А. И. 科布泽夫预测,大众传媒时代改变了信息传播成分,诸多直观形象占据了思想的位置。象形字文化对此最为适应,它孕育于"带有感性形象的象数联想运算"。即使没有偏离自身道路,东方也能够比西方更加有效地利用他们的成就。③

1995年起,莫斯科俄罗斯科学院远东所每年举办一次"东亚地区哲学与当今文明"研讨会。最初的三次研讨会名为"中国哲学与当今文明",但是由于讨论更为广泛区域范围问题的要求促使会议组织者改变会议名称。即便如此,讨论的中心议题仍然是中国及其哲学和精神文化。这个研讨会已经成为传统的盛会,它与定位于传统研究的权威论坛"中国社会与国家"(俄罗斯科学院东方学研究所)、聚焦于今日现实问题的国际会议

---

① Торчинов Е. А. Пути философии Востока и Запада: познание запредельного // Петербургское Востоковедение. СПб., 2007. С. 453.

② Титаренко М. Л. Китай: цивилизация и реформы. М., 1999. С. 15.

③ Кобзев А. И. Восток и Запад в эпоху информационной революции // II Всероссийская конференция 《 Китайская философия и современная цивилизация 》 // ИМ ИДВ РАН. Сер. Идейно-теоретические тенденции в современном Китае: национальные традиции и поиски путей модернизации. Вып. 1. М., 1996. С. 36—37.

"中国、中国文明与世界：历史，当代，未来"(俄罗斯科学院远东所)一样在学术界找到了自己的"一席之地"。

苏联解体后也出现了新的难题。В. Г. 布罗夫指出了导致苏联时代最后十余年中国哲学著作翻译出版减速的总的原因。国家财政科研经费的缩减造成了经典文献翻译费用的显著下降。过去从事这些翻译的学者，"或者去世了，或者不再涉足这一专业领域"。新一代的研究者则"宁愿关注当代经济、政治和意识形态问题"。在此背景下，研究界"中国文言文的掌握水平整体下降了"。[①] 这是令人担忧的严重问题，解决它需要付出时间和巨大的力量。

在 В. М. 阿列克谢耶夫的影响下，强调中国文化研究是 20 世纪上半叶俄罗斯汉学传统的一部分。В. М. 阿列克谢耶夫呼吁研究者们将中国文化作为一个统一的整体进行阐释，基于这一整体研究每一个个体问题。他指出，过去的知识对于充分并正确地认识现在是很必要的，他主张不能把中国传统研究与中国当代问题研究对立起来。这些方法论已经显现于1990 年代俄罗斯后苏联时代的汉学中，人们开始倾向于深入研究当代中国发展中的文化文明问题。

人们更加认识到，当代中国各个狭窄的专业方向（经济学、人口学、政治学等等）研究的发展，更加需要将汉学作为中国文化统一的整体学科将这些研究方向统一起来。20 世纪形成的俄罗斯哲学界的汉学符合这些要求，因为它作为一门综合性学科将历史哲学科学的方法与汉学的方法融合在一起，构成后者的基础则是文本，是将中国文化传统视为一个完整的综合体。

试图将过去的知识与分析当代现实问题相结合是当代俄罗斯汉学卓越的一面。人们能够记得，四十多年前的全苏汉学学术会议（莫斯科，1971 年 11 月）上讨论了中国国内政治发展进程背景下的中国哲学研究问题。当年那些有关中国政治的争论表明："我们迫切地需要深入地认知儒家，并且不仅仅是儒家，还有道家、法家以及佛教。同时，应该指明，无论是对儒家和古代及中世纪中国其他意识形态体系的理想化，还是仅仅单方面地突显其具有的反动特点都是同样不正确的。这些学说发展了，

[①] Буров В. Г. О переводе китайских классических философских текстов // Китай на пути к возрождению: к 80-летию академика М. Л. Титаренко. М., 2014. С. 459.

也在相互斗争和相互影响中发生了实质性的改变。"①

在过往的岁月里许多事情都改变了,中国儒家不再是批判的对象。相反,当代中国政治愈来愈依托于传统形成的思想和价值。中国领导人习近平讲话中包含了大量关于传统价值观和哲学范畴的古代经典引文,缺乏对这些引文的理解,便无法准确地理解他的讲话。这就意味着深入阐析当今中国的经济政治仍然要求汉学家具有中国哲学知识。文化和传统成为当代中国政治的一部分,因此,外国的研究者们在研究当今趋势时不能缺少对经典遗产的认识。

俄罗斯的中国哲学研究不仅仅具有世界文明的理论意义。它是认识当代中国政治生活特殊现象的钥匙,譬如:马克思主义思想中国化、社会主义、建设"小康"和谐社会现代化思想和"大同"社会概念的实质。因此,俄罗斯汉学对研究多层面的、复杂的中国当代哲学政治斗争及其主要的思想代表充满着兴趣,从孙中山、蒋介石、胡适、梁启超、戴季陶、陈立夫、冯友兰、梁漱溟等其他民主资本主义代表人物,到中国政治舞台上的李大钊、陈独秀、瞿秋白、毛泽东、刘少奇、杨献珍、艾思奇、郭沫若、胡乔木、李铁映、冯定等左翼思想代表人物。

---

① Тихвинский С. Л., Делюсин Л. П. Некоторые проблемы изучения истории Китая // Проблемы советского китаеведения. М., 1973. С. 45.

第七章

俄罗斯世纪之交的中国文化教育研究

文化是每个民族所拥有的最重要财富之一。异域学者的文化研究,不仅是窄室内的案头工作,还是世界各民族对话的必然要求。"各民族文化产生和发展的历史条件,各民族文化的特点和与其他国家、民族文化间的交流机会各不相同。俄罗斯科学院远东所的学者们在论文中强调指出:对这些问题及其他相关问题展开科学研究的必要性显而易见。"①

文化标志物代表了17、18世纪之交渗入俄罗斯的中国文明,且在俄罗斯民族意识中以"中国风"的形式得以固化。它首先是宫廷装饰(陶器、丝绸、园林建筑),然后是茶和此后大多通过法语和德语翻译间接而来的古典诗词。

这些要素形成的中国文明形象,诉诸社会贵族阶层文化,被当作对外交往中矫揉造作的、剧本式的异域花样,失却了深刻和思想。但是"中国风"物的广泛集聚渐渐使上层贵族和学者对其

---

① Сорокин В., Торопцев С., Боревская Н. Изучение проблем китайской культуры в ИДВ РАН // ПДВ. 2006. № 1. С. 63.

产生了兴趣,实际上这正是汉学作为一门人文科学在俄罗斯的发端。

18世纪起北京有了俄罗斯传教使团,其成员最著名的当属比丘林,他不仅是传教布道者,还是研究中国文明的学者,无论是人文领域,还是科技领域。(他对于中国最古老的、作用于人体器官的治疗方法——针灸颇有研究,针灸在19世纪前30年便已闻名于俄罗斯。)

对于馆藏中国艺术品的研究尝试最早始于19世纪末20世纪初。其中包括维谢洛夫斯基(Н. И. Веселовский,1848—1918)撰写的《装饰物中的中国象征》(1911)、伊万诺夫(А. И. Иванов,1878—1937)撰写的《中国的象征图案》(1914)。19世纪中叶,中国戏剧被引介入俄罗斯(当时译自法语,到19世纪末则直接译自中文)。20世纪初,梅耶霍德(В. Мейерхольд)和其他改革者在中国戏剧中看到的不是表面的异国情调,而是新的美学,它不同于欧洲人已经习惯的传统。在此基础上,人们满怀热情地欣赏了1935年中国传统戏剧名角梅兰芳在俄的巡回演出。

19至20世纪之交,俄罗斯许多大学曾引入"中国哲学"课程。19世纪末,俄罗斯汉学巨擘阿列克谢耶夫院士(В. М. Алексеев)在俄罗斯开始了对中国艺术和文学各方面的基础研究。其著作使俄国汉学变得更深刻、正规,20世纪上半叶,他的学生进一步推动了相关工作。

二战结束后,特别是1949年中华人民共和国成立后,俄罗斯对中国文化的理论研究水平略有下降,其原因是人们更加积极地直接阅读译为俄语的文学艺术作品。这与其说是艺术和科研的进程,不如说是国家政治进程:出版社获得大量资金,不仅是专家学者,只要是会汉语的人就会被吸引来翻译作品。这导致翻译质量急剧下降,严重影响了中国文学在俄罗斯广大读者中的声望。

20世纪80年代,由于俄罗斯政治经济改革,汉学发展逐渐停滞,通过商业化手段等各种方法,汉学渐渐地走出这种状态,转为研究邻国文化的新阶段。

一 1990年代俄罗斯的中国文化及教育研究

1990年代对于俄罗斯汉学及其诸多科研和创造活动领域而言,是运作模式发生更替的分界线,这是一个沉重的过程。正如上文指出的那样,苏联时期的主要特点是国家拨款,出版社和科研院所的经费由国家承担,作者们不必关心商业利益。然而伴随而来的是书刊审查，政治、而非创作被摆在首位，还必须使具体的工作融入国家世界观之中。

业已形成的新模式急剧地改变了评价原则。被抛进市场，却尚未做好准备的出版社必须面对绝对化的"生存"问题，出版物的利润率也成为了一种"书刊检查"，不过已经不是政治检查，而是重在商业了。不能不指出的是，该机制最佳运作模式所必需的赞助机制在俄罗斯完全没有发展。

这种情况下，担负起重任的是科学院和大学的研究机构。他们在自己的复印室里以极少的印数（200—300 册，常常无权上市销售）印制了严肃的研究专著，维持着高水平的俄罗斯汉学研究，有时甚至为出版社提供赞助，出版了印量更大，在全球汉学界引起反响的著作。这一时期数量和质量都领先的汉学研究机构有：莫斯科的俄罗斯科学院远东所、俄罗斯科学院东方学所、俄罗斯科学院世界文学所、莫斯科大学亚非学院和圣彼得堡大学东方系，它们都经历了几十年的沉淀积累。

正是这一时期，俄罗斯科学院远东所文学艺术小组的成员全心投身于鸿篇巨制《中国精神文化大典》的编撰工作，他们与莫斯科与圣彼得堡的其他东方学机构的同行们共同完成了"文学"部分和"艺术"部分（最初是要出版一卷，但是后来要求分成了独立的两卷）的撰写，其中包括的章节有文学部分［索罗金(В. Ф. Сорокин)、Д. Н. 沃斯克列先斯基、戈雷金娜(К. И. Голыгина)、热洛霍夫采夫(А. Н. Желоховцев)等］，戏剧部分［谢罗娃——传统戏剧，盖达(И. В. Гайда)——当代戏剧］，电影艺术部分［托罗普采夫(С. А. Торопцев)］，造型艺术部分［索科洛夫(С. Н. Соколов)］，建筑艺术部分［杰米多(Н. Ю. Демидо)］，音乐部分（热洛霍夫采夫），说唱叙事艺术部分［司格林(Н. А. Спешнев)］。这项完成于2000 年代的划时代之作——六卷本的大百科全书《中国精神文化大典》，正如上文说过的那样，获得了俄罗斯联邦国家大奖。

俄罗斯科学院远东所文学艺术小组从 20 世纪 70 年代起出版了一系列集体著作，从整体上勾勒了中国文化各领域——文学、戏剧、电影艺术、造型艺术、教育——艰难而曲折的发展之路。20 世纪 90 年代，这一系列仍然在继续。①

20 世纪 90 年代，由于中国世界地位的改变，许多俄罗斯高校中出现

---

① Литература и искусство КНР начала 90-х годов. М., 1992.

了中国研究和汉语教学中心,包括俄罗斯国立人文大学、符拉迪沃斯托克、克拉斯诺亚尔斯克和喀山大学设置的大型研究中心。

这一时期最重要的特点是国家和社会的开放。汉学家进行学术交流、进修,了解西方同行的学术活动及其有别于俄罗斯苏联时代接受的阐析方法时,有机会直接观察中国的文学艺术生活。与世界学术交流的接轨根本上改变了俄罗斯的汉学。

戈雷金娜不落窠臼的出色之作成为20世纪90年代汉学研究的最高成就之一。该著作阐析了中国人民族意识中创世思想嬗变背景下中国散文的发展,揭示出中国人的世界模式及其在新儒家哲学美学体系中结构化的基本特点。①

著名汉学家马良文丰富多彩的著作对阐析中国文化有重要贡献。他在自己的两部专著中描绘了17世纪的中国艺术文化、对世界的理解及日常生活。一方面,这一时期的艺术和整个生活方式,得到了完整和细腻的展现;另一方面,它们已经到了传统文化的尽头。作者通过绘画、书法、建筑、戏剧和雕塑等各种形式的艺术阐明了艺术经典的共性基础,透彻地研究了中国文化、自然与人的传统的关系,详细阐述了中国文化的象征性。② 马良文剖析了传统汉学中人精神发展实践的共性问题,谈及这些实践对文化的影响,提出进程主体"意识的清醒"问题。③ 他对中国文明的构成——汉字、文学、艺术——进行了富有创新性的综合研究,是一幅描绘中国人日常生活、民族意识和精神世界的广阔画卷。④

俄罗斯学者们在创作时没有局限于某门学科,他们将枝繁叶茂的文化体系视为文化学并在其空间内进行研究。⑤

语文学研究

集中研究文学的所有形式(散文、诗歌、神话)和所有时间层面(古代、

---

① Голыгина К. И. «Великий предел»: Китайская модель мира в литературе и культуре (I-XIII вв.). М., 1995.

② Малявин В. В. Китай в 16—17 вв.: Традиция и культура. М., 1995; Сумерки Дао. Культура Китая на пороге Нового времени. М., 2000.

③ Малявин В. В. Молния в сердце. Духовное пробуждение в китайской традиции. М., 1997.

④ Малявин В. В. Китайская цивилизация. М., 2000.

⑤ Зинин С. В. Космос и человек в китайской культуре: звезды и восемь ветров «ба фэн». М., 1993.

中世纪、当代)从一开始(从19世纪起)便是俄罗斯汉学的特点之一。它源自于中华民族意识形成的基础,即对"文字"的敬重。各代都以雅文为"文",术语"文"原义为"天上的纹路",中国人也通常从这样的"宇宙"缩影出发看待文学。

20世纪90年代以前,通过几代大师的努力,俄罗斯汉学界翻译并阐释了大量文献,这是其发展的牢固基础。但是应该指出,在懂汉语的人翻译的大多数散文中,都忽视了苏联翻译学派的光辉成就——认为文学文本的翻译并非自身语言对于原文的机械置换,而是一种创造性的工作,是"重新创作",用洛津斯基(М. Лозинский)的话说,是原文的艺术诗学。他们完成的常常都是逐字翻译的符合语法水平的译文,达不到原文的形象深度,当然,也就不是权威的文本,无法为中国文学足够广大的读者群体服务。加之20世纪90年代中国文学作品的俄译本中没有较大创新,基本上是以前几十年间译本的再版。

然而这一时期翻译出版了一些俄罗斯历史上曾无法出版的"非官方"色情文学作品,如《金瓶梅》。① 这大大地弥补了对于中华民族意识的理解,填补了俄罗斯汉学至今存在的空白。李谢维奇(И. С. Лисевичч)编选了具有代表性的中国古代文学选集。② 众多汉学家新完成的译作中,张辛欣、桑晔的作品引起了关注,书中囊括了各种不同的中国民众代表的自述,展示了中国社会和民族精神风貌。③ 对当代文学经典巴金④作品的翻译仍然在进行,还出版了最新作品选⑤。

诗歌更为幸运,一批杰出的天才翻译[切尔卡斯基(Л. Е. Черкасский)⑥、孟列夫(Л. Н. Меньшиков)、格卢别夫(И. С. Голубев)、雅罗斯拉夫采夫(Г. Б. Ярославцев)],还有那些著名诗人,包括安娜·阿

---

① Цзинь, Пин, Мэй. Иркутск, 1994 / Пер. В. С. Манухина, вступ. ст. Б. Л. Рифтина; Ли Юй. Полуночник Вэйян, или Подстилка из плоти. М., 1996 / Пер., предисл. Д. Н. Воскресенского.

② Бамбуковые страницы. Антология древнекитайской литературы / Сост., вступ. ст., коммент. И. С. Лисевича. М., 1994.

③ Чжан Синьсинь, Сан Е. Дракон меняет облик. Китайцы сегодня. М., 1992.

④ Ба Цзинь. Избранное: Сб. / Отв. ред. Л. Губарева, сост. и предисл. В. Сорокина. М., 1991.

⑤ Взлетающий феникс. Современная китайская проза / Сост. Н. В. Захарова, В. И. Семанов. М., 1995.

⑥ Черкасский Л. Ай Цин-подданный Солнца. Книга о поэте. М., 1993.

赫玛托娃（Анна Ахматова），他们将中国诗歌带给了读者。即使是逐字翻译的译文都无法阻碍读者深深地浸入原诗世界的脚步。不能不提到俄罗斯汉学巨擘阿列克谢耶夫那本不太厚的译文集①，因为这位著名学者的任何著述都会为俄国的汉学殿堂带来巨大的贡献。

这类著作中有许多是以前已经出版作品的再版。其中内容与20世纪70年代由李谢维奇编选、莫斯科大学出版社出版的中世纪风景抒情诗集有部分重复的诗集值得关注②。在格卢别夫、托罗普采夫、诗人巴拉绍夫（Э. В. Балашов）的翻译中，俄文版的中国诗歌再现了原文的精神要素。

俄罗斯的中国文学研究最常进行的是文学史研究，将作品嵌入一贯的文学和社会内容的框架中。20世纪初的阿列克谢耶夫院士、20世纪中叶的康拉德（Н. И. Конрад）院士和艾德林（Л. З. Эйдлин）在诗学领域的探索没有得到延续和发展。换言之，无论是苏联时期还是俄罗斯的汉学都没有将中国文学作为艺术文本进行研究，20世纪90年代有许多原因，首先是社会原因导致这种形式不被需要。

以对佛教的精神性和仪式研究闻名的达格达诺夫（Г. Б. Дагданов），继对王维创作的阐释后，出版了研究另一位中世纪伟大诗人孟浩然的著作，该诗人的诗中能够清晰地听到佛教的声音。③

十年间克拉夫佐娃出版了多部内容丰富的著作④，其中之一将《诗经》文本从中世纪、神学和传统仪式的角度展开了研究。克拉夫佐娃还撰写了一本从文化学视角研究文学的教材。

汉学中对于必须脱离社会学文学史体裁和深入自身的文学性阐析的认识逐渐成熟起来，这种文学性的阐析具有文学理论以及最新的研究方法所带来的魅力。⑤ 著名文学理论家巴赫金开始表现出对中国文学的

---

① Постоянство пути. Избранные танские стихотворения в переводах В. М. Алексеева. СПб., 2000.
② Китайская пейзажная лирика. В 2 т. М., 1999.
③ Дагданов Г. Б. Мэн Хаожань в культуре средневекового Китая. М., 1991.
④ Кравцова М. Е. Поэзия древнего Китая: Опыт культурологического анализа. СПб., 1994.
⑤ Зинин С. В. Протест и пророчество в традиционном Китае: Жанр яо с древности до XVII века н. э. СПб., 1993.

兴趣。①

俄罗斯科学院远东所出版的一本论文集的内容既涉及文学也涉及造型艺术、电影剧本和教育。该论文集总体上研究了文化发展的正面趋势，并坦率地指出了中国社会中，特别是20世纪20至40年代出现的对其发展的阻碍。②

中国神话研究领域出现了具有重要意义的著作，显示出研究进程向中国台湾地区的拓展和深化[俄罗斯汉学这一方面的领军人物是李福清（Б.Л. Рифтин）。李福清院士采集了台湾民间传说并以中文撰写出版③]，甚至扩展到了地球文明之外——很遗憾李谢维奇没有完成自己在神话领域启动的工作：在《文化英雄神话的空间与时间文明》和《古代中国的宇宙创世观》两部书中有大量中国古代神话，他通过分析这些神话，发现了同各外星间联系的明显痕迹，从而极其接近于多元中国如此众多的秘教学说。

这一时期的俄罗斯汉学由于对国外同行著作的研究和翻译变得丰富起来。其借助的是西方汉学家大量的文化学探索④和研究内容更加丰富的俄语译著[包括著名英国汉学家菲茨杰拉德（С.П. Фицджеральд）教授广博而深刻的自新石器时代至19世纪的中国史纲，其中特别重视中国传统的精神文化、艺术和文学⑤]。著名俄罗斯文学翻译家高莽表达了中国文学家对于俄罗斯经典的看法（关于普希金和阿赫玛托娃的论文⑥）。关于托尔斯泰（Л.Н. Толстой）的综合论文集收入了中国作者以比较分析方法对中俄文学的杰出代表进行比较研究的论文。⑦

---

① Бахтин М. М. Особенности китайской литературы и ее история // Бахтин М. М. Эстетическое наследие и современность. Саранск, 1992.
② Китайская культура 20—40-х годов и современность. М., 1993.
③ Рифтин Б. Л. Цун шэньхуа дао гуйхуа. Тайвань юаньчжуминь шэньхуа гуши бицзяо яньцзяо. (От рассказов о богах к рассказам о злых духах. Сравнительное изучение мифов и сказок Тайваня). Тайчжун, 1998.
④ Зинин С. В. Новые западные исследования по средневековой китайской литературе // Восток (Orients). М., 1993. № 6.
⑤ Фицджеральд С. П. Китай. Краткая история культуры. М., 1998 (пер. с англ.).
⑥ Гао Ман. Память сердца (Анна Ахматова и Китай) // ПДВ. 1990, № 3; Гао Ман. Пушкин и мы // Наш современник. М., 1999. № 10.
⑦ Ни Жуйцинь. Ба Цзинь и Л. Н. Толстой. Слово и мысль Льва Толстого. Казань, 1993.

语言学

语言学是一门十分特殊的科学,范围不大,从事语言研究的专家力量也有限。但在20世纪80年代,俄国语言学家们已经完成了一部厚重的巨著——鄂山荫主编的《华俄大辞典》,此书在汉学领域极大地减轻了研究者和译者们的工作量。

扩大在俄汉学的基础需要大量语言教科书,为此学界引入了中国同行们的劳动成果。1990年代与2000年代之交,俄罗斯出版的汉语教科书保留了中国出版教材(北京,1986)的基本概念、内容和结构,将其中现代汉语习题和教学方法进行了最大限度的改编,使之适合俄罗斯的学校。这使得中国版教科书原来的课文注释更加清楚,此外还增加了新的翻译练习,修改和补充了国情知识。①

20世纪90年代的语言学研究中,扎维雅洛娃(О. И. Завьялова)关于中国伊斯兰经文及汉语方言富有创建性的著作引人注目。

唐朝(618—907)时,伊斯兰教通过两条线路——一是西北伟大的丝绸之路,一是东南海路进入中国。百年来,居住于中国各个地区,讲着中国不同方言的中国穆斯林,创造了两类宗教经典。第一种是文献中多次以汉字描述的经文,作为进入汉语的外来语的阿拉伯文和波斯文术语,以汉字记述于经文中,在各种经文和地区中有不同的表述。

第二种经文类型在近代以前的中国穆斯林界以外几乎闻所未闻。这是一种特殊的用阿拉伯文和波斯文字母系统记述汉语的字母经文,美其名曰"小经(小儿经)"。在改革开放前,这些大多出版于现代中国的经文,中国穆斯林界以外的人实际上是接触不到的。俄罗斯类似的举世无双的经文收藏于圣彼得堡俄罗斯科学院东方文献研究所。此外,它们还保存在19世纪从中国西北迁徙到俄国领土的中国穆斯林的后裔东干人那里。扎维雅洛娃著作中提到的这些经文不仅反映出符合中国方言的特点,还显示出明显的波斯文的影响,这是元朝时中国与波斯间积极文化交往的结果。②

---

① Кондрашевский А. Ф., Румянцева М. В., Фролова М. Г. Практический курс китайского языка. В 2 т. М., 2000.

② Завьялова О. И. Сино-мусульманские тексты: графика-фонология-морфонология // Вопр. языкознания. М., 1992. № 6.

扎维雅洛娃在另一部专著中将方言视为当下备受重视的区域文化的载体和中国各个地区居民自我识别其民族的方法。扎维雅洛娃首次在汉语研究史上对"官话"（北方话、满语）方言进行了语言地理学研究，其基础是作者绘制的诸多幅地图，每幅地图都包含了上千条的条目。

这些地图做出了最重要的语言学和民族文化的发现，划分出早前未知的淮河与秦岭沿线方言区域。地理上的疆界线则是分为两个自然区域的黄河与长江。历史上产生的这种疆界线符合中国境内的几次政治疆界划分，包括北方方言形成时期女真族的金政权（1115—1234）与南宋（1127—1279）的疆界线。

戏剧学

俄罗斯的戏剧研究根源久远，1935年受到伟大的梅兰芳巡回演出的推动而深入，至20世纪90年代面世了几部重要的著作，对中国戏剧的各种趋势及其社会根源和东方戏剧传统向欧洲的渗透进行了研究。

玛利诺夫斯卡娅（Т. А. Малиновская）[1]继续了索罗金开始于20世纪70年代的京剧体裁研究。盖达在其一系列出版的杂志和书籍中的论文里对中国当代戏剧进行了剖析研究。[2] 有一些研究者在其著作中重点关注了著名戏剧家田汉的创作特点。[3]

至今仍然是中国戏剧专家领军人物的谢罗娃在许多年里都持续进行和深化着自己的戏剧研究。她在1990年代的著作中研究了中国古典戏剧与社会各个方面的关系和影响，揭示出戏剧、戏剧美学和剧本与社会生活现象的深刻联系。[4] 在上面提到的20世纪90年代末，她的研究进入了一个新的比较研究的阶段。[5] 她的专著强调以东方艺术传统来丰富俄罗斯文化，例如被视为美学原则的留白、例如使用最少的舞台细节和道具

---

[1]　Малиновская Т. А. Очерк истории китайской классической драмы в жанре цзацзюй (XIV-XVII вв.). М., 1996.

[2]　Гайда И. В. Время и драматургия (театр КНР начала 90-х годов) // ИБ ИДВ РАН. М., 1995. №1 и др.

[3]　Аджимамудова В. С. Тянь Хань: портрет на фоне эпохи. М., 1993.

[4]　Серова С. А. Китайский театр и традиционное китайское общество. XVI-XVII вв. М., 1990.

[5]　Серова С. А. Театральная культура Серебряного века в России и художественные традиции Востока (Китай, Япония, Индия). М., 1999.

与观众共同开展的创作、例如神话般的舞台场景（该场景使时空回归为最初的统一体）。

电影学

尽管中国是世界上电影诞生时间（第一部中国电影拍摄于 1905 年）最早的国家之一,苏联汉学却无论是在 1949 年（中华人民共和国建立）之前,还是在此后都没有将电影艺术研究纳入其学术关注领域,有关中国电影的信息都留给了记者和电影工作者们。20 世纪 60 年代才出现了第一批关于中国电影史的作品,对其系统的学术研究则开始于 20 世纪 70 年代。由于国家间关系的加深,汉学家们有了到各科研单位和学校,包括北京电影学院开展访问和进修的可能,可以直接了解电影、电影艺术和中国报刊的分析述评。这为深化电影学的研究开辟了道路。1999 年,著名的电影艺术全能大师普拉霍夫首次对中国电影艺术产生了兴趣,在其书中对张艺谋导演列专文进行分析——该书收入了关于世界上最著名的电影导演的创作述评。①

20 世纪 70 年代起,作为电影艺术家和电影史家的托罗普采夫②持续不断地进行了许多重要研究,他实际上开创了俄罗斯汉学的这一学术方向。20 世纪 90 年代,他研究了中国电影艺术的社会政治状况③和电影美学④等方面。此后,他集中关注中国电影艺术无可争辩的领袖、多次在国际重要电影节（戛纳、威尼斯、柏林）上获奖的张艺谋。2000 年代,他在发表了一系列关于这位导演的文章后,撰写出版了中国国外首部论及这位最著名导演的专著⑤,书中不仅分析了由几个方向和体裁组成的张艺谋的复杂的创作,还通过他剖析了中国电影艺术的整体发展。

---

① Плахов А. Всего 33. Звезды мировой кинорежиссуры. Винница, 1999.

② Торопцев С. А. Трудные годы китайского кино. М., 1975; Он же. Очерк истории китайского кино: 1966—1986. М., 1979; Он же. Свеча на закатном окне: Заметки о китайском кино. М., 1987.

③ Торопцев С. А. Китайское кино в «социальном поле». М., 1993.

④ Торопцев С. А. Изображение и слово в китайском «новом кино» // ПДВ. 1998. No 4; Он же. Тайваньское кино на скрещении традиций и авангарда (творческий облик режиссера Хоу Хаосяня) // ПДВ. 1997. No 3; Он же. Реальное и чувственное («восточный» и «западный» типы сексуальных отношений в фильмах КНР) // ПДВ. 1996. No 6.

⑤ Торопцев С. А. К «Красному гаоляну» через Ницше, Фромма, Лаоцзы // Восток-Запад: взаимодействие цивилизаций. 1992. No 1 и др.

有关中国台湾电影艺术的著作成为中国电影艺术研究的新方向,此前在俄罗斯人们对它一无所知。1994年,托罗普采夫得到了进修机会。他的相关著作可以总结为:俄罗斯的第一本中国台湾岛电影艺术史[1]。书中介绍了中国台湾电影艺术在世界上具有极高的权威,原则上有别于中国大陆艺术,有关台湾先锋青年的"新电影艺术"[2]同样如此。托罗普采夫从台北市带回、由德高望重的李行担任导演的影片《秋决》,成为俄罗斯电视台首部播映的中国台湾影片。

俄罗斯的中国电影艺术研究成就在世界上得到了认可,许多著述以中文在中国(1980年代)、以英文在印度[3]的权威杂志上发表,它们是不仅在该国,而且在全世界的电影协会都具有权威性的杂志。

造型艺术研究

俄罗斯的中国艺术品馆藏建设开始于18世纪,最先始于珍宝馆,19世纪是艾尔米塔什,20世纪则是莫斯科的亚洲艺术博物馆。

20世纪初人们开始了对这些藏品的研究,发表了首批具有民族志博物馆学特点的文章。阿列克谢耶夫院士对于苏联汉学中艺术学的确立起了极为重要的作用。20世纪70至90年代,扎瓦德斯卡娅(E. B. Завадская)[4]完成了一系列的更多归属于艺术美学和哲学范围的具有独创性且内容深刻的研究。

20世纪90年代,莫斯科和圣彼得堡的汉学家继续担当着这一领域的领头人,他们研究了著名的中国陶器[5]、丝绸[6]、作品的属性[7]、画像艺

---

[1]　Торопцев С. А. Кинематография Тайваня. М., 1998.

[2]　Торопцев С. А. 《Новое кино》Тайваня. М., 1997.

[3]　Toroptsev S. The Viewer Viewed // Cinemaya. Delhi, 1991. No 12; Idem. The Space of the Subjective //Cinemaya. Delhi, 1992. No 16.

[4]　Завадская Е. В. Ихэюань-сад, творящий гармонию. М., 1991.

[5]　Арапова Т. Г. Дальневосточный фарфор в России 17—20 вв. СПб., 1994.

[6]　Лубо-Лесниченко Е. И. Китай на Шелковом пути. М., 1994; Меньшикова М. Л. Китайские шелковые ткани из Египта // Сообщ. Государственного Эрмитажа. СПб., 1997. Вып. 57.

[7]　Меньшикова М. Л. Ли Хун-чжан и Николай II: к вопросу об истории некоторых китайских вещей в коллекции Эрмитажа // Кунсткамера: Этнографические тетради. СПб., 1995. Вып. 7.

术①，以及中国绘画的总的艺术学问题②。

教育体系研究

还是在 20 世纪 70 至 80 年代，俄罗斯科学院的汉学家们已经开始持续地研究中国的教育体系，明确其为苏联汉学的新的方向，尽管当时在西方和日本专家的著作中关于中国的研究已足够多。1974 年出现了第一本不太厚的关于这一主题的专著，涵盖了自"大跃进"至 1972 年以前的时期。另一部集体作品于 1980 年面世，作者们在政治斗争和经济试点背景下，剖析了中国科学教育确立和发展的第一个三十年里中国的领导方针。③ 20 世纪 80 年代末，俄罗斯科学院的汉学家们追随其前辈，苏联教育科学院的克列比科夫（В. З. Клепиков），剖析了 1940 年代对于研究当代教育领域改革趋势的意义。④

20 世纪 80 年代中叶到 90 年代初，两国教育部负责的大学生、教师和科研人员交换得到恢复，苏联科学院获得交换名额的科研人员可以有半年甚至一年的时间到中国进行实地研究。借助于此，20 世纪 90 年代初出现了苏联学者不仅依据纸质资料（中国期刊和为数不多的运到苏联的国外学者的著作），还凭借实地研究，即到访中国的学校、各省的教育部门，访谈教育机构教师和科研人员等取得研究结果。

上面述及的所有事实，加之俄罗斯（苏联）科学院年轻的学者们二十余年研究中国教育政策的经验，使他们在 20 世纪 90 年代首次出版了超出狭隘的政治与纯粹的汉学范围的著作。这一兴趣是双方面的，关于中国教育改革的文章在双方中断来往大概三十年后，开始在前沿理论杂志《教育学》上发表了。这一切都要求投身于教育研究的汉学家拥有跨学科的观念和西方理论思想成果。

---

① Самосюк К. Ф. Портреты тангутских императоров // Эрмитажные чтения памяти Б. Б. Пиотровского. СПб., 1993.

② Виноградова Н. А. Пань Тянь-шоу и традиции живописи гохуа. М., 1993; Соколов-Ремизов С. Н. Между прошлым и будущим. Живопись и каллиграфия Китая и Японии на рубеже веков // XXVIII науч. конф. ОГК: тез. докл. М., 1998.

③ Боревская Н. Е. Школа в КНР. 1957—1972 гг. М., 1974; Антиповский А. А., Боревская Н. Е., Франчук Н. В. Политика в области науки и образования в КНР: 1949—1979 гг. М., 1980.

④ Современное образование и реформа школы 20—40-гг. // Китайская культура 20—40-х годов и современность. М., 1989. С. 200—234.

贯通中国教育领域的研究之一是关于国际化条件下国家教育模式的构建的概述文章《论中国对世界教育学思想的接受》,文章简略地梳理了"西方学说"一个多世纪以来在中国的渗透,重点是过去、现在和未来俄中教育学的相互影响。

一系列的西方方法论渗入教育理论和学校教学,无论在中国,还是在国外学者中都引起了激烈的讨论。因此,学者们和俄罗斯的汉学家们对中国的改革方向——现代化或者西方化——进行研究并非偶然。他们通过分析得出结论,"西化"(指对这个术语的传统解释),首先是积极的国际化进程,正是东南亚诸国教育传统与西方教育思想的结合推动了 21 世纪教育的发展。①

20 世纪 90 年代,急剧发展的信息系统、各国际基金和组织不断增长的积极性、劳动力市场的国际化,使各国国内教育的发展依赖于诸多国际因素,产生了世界性的系统分析范式。现代化进程中教育的角色也被重新审视,它所造成的社会不平等得到了更大的关注。为了在当代国际水平下进行研究,能在跨国语境中完成研究的专家必不可少。

遗憾的是,在俄罗斯对教育研究感兴趣的中国问题专家本就不多,在当时数量更是逐渐减少。语文学副博士,后来成为历史学博士、俄罗斯科学院研究员的博列夫斯卡娅(Н. Е. Боревская)继续着上述方向的研究。1995—1996 年,她在纽约州立大学(美国)比较与国际教育研究中心进修了近一年。她使俄罗斯的中国教育研究有可能提升到当代国际比较研究的水平,她同样也以先进的西方现代化及人力资源理论丰富了苏联时期这些研究的理论基础。

结果是 1997 年出现了一篇针对中国教育模式的研究论文,文章首次将其作为当时非常流行的西方汉学"亚洲模式"的一部分,同西方学派的危机相对照。② 这篇文章同 20 世纪 90 年代的俄罗斯汉学不同,从新的角度批判地分析了美国比较教育学家们的著作,这些教育学家提出了"亚洲模式"是否唯一的争议性问题。他们中的一些人将亚洲国家教育体系的发展效率与人力资源的特殊积累方法关联到一起,另一些人则在儒家

---

① Боревская Н. Е. Модернизация или вестернизация? (Специфика китайской школы) // ПДВ. 1993. No 4. С. 82—92.

② Боревская Н. Е. Китайская образовательная стратегия в азиатском контексте // Педагогика. М., 1997. No 3. С. 86—95.

文明传统的语境中审视"亚洲模式"。总之,这篇文章既明确了中国教育体系同亚洲"四小龙"模式的区别,又指出了它们所具备的共性特点。所谓共性特征,包括该地区各国传统上具备的家长政治特色。

20世纪90年代是向新经济模式转型的时期,有时就连中国、俄罗斯及一系列东欧国家的政治模式也在转型。这些国家的学者,连同汉学家在内,不得不转向比较教育学,以便全面地研究一系列共性问题,包括研究国家机能的转变以及国家的新义务。同样,制订国家教学纲要和标准也受到了关注。

从这些立场出发,20世纪90年代上半叶的中国经验吸引了一系列的西方发达国家,其中包括美国及其具有完全独立教育政策的每一个州。在美国出版了研究亚洲模式的专著,在该模式下,国家调控教育政策,地方政府的作用虽极其有限,但仍保有自身的独立性。国外专家,包括俄罗斯汉学家也参加了本书的撰写。[①]

20世纪90年代中叶前,俄罗斯愈加清楚地意识到必须从推行教育改革转向推行教育现代化,构建信息社会时教育的作用也会得到相应提升。造成这种现象的原因是教育界对教育现代化所取得的成功、尤其在中国这类国家取得成功的兴趣不断增长。

因此,迫切需要充分系统地比较分析两国的教育政策,重点是比较以两国和其他主要国家教育法为基础确定的目标、任务和教育系统结构改革中的国家角色。社会经济改革进程中国家对教育优先的保证,以及在社会阶层分化加剧时的教育政策备受重视。[②] 从那时起,围绕此题目的研究中越来越清晰地体现出俄罗斯在推行教育系统现代化时若遇到类似问题,可借鉴邻国经验。

俄罗斯汉学家用了十年时间研究中国新教育战略的基本构成。研究有关中国教育改革方向(管理、财政及其他方面)以及它们在各个层面(中学和大学)的推行。关于中国教学管理的论文,资料翔实,内容丰富。

---

① Borevskaya N. The Role of the State in Educational Reform in the PRC // The Challenge of Eastern Asian Education: Implications for America. Albany, 1997. pp. 265—274.

② Боревская Н. Е. Образовательная политика в Китае и России: сравнительный анализ // Педагогика. М., 1996. № 1. С. 94—103.

二 21世纪初期的俄罗斯汉学
——中国文化与教育的现状及发展

俄罗斯汉学成就背景下文化研究的总体特点、新规划与方向

俄罗斯的中国文化研究经历了20世纪90年代的困惑无措和极度的财政无序后,逐渐重拾自信。无论是在老牌中心,还是在乌拉尔以外及其他边疆区成立的新中心都取得了重要研究成果。学者们继续惯常的文化学方向研究,但也开始开辟新的领域,积极使用互联网,建立网站和论坛,年轻汉学家们经常将自己的著作放到上面进行讨论。

21世纪的俄罗斯汉学具有的深度和国际权威性使其本身成为了学术研究的对象。① 一本中国出版的论文集序言中指出:"当代(俄罗斯)汉学的任务之一在于依托对中国历史和传统的了解,分析中国改革经验,突出其独特的民族特点和对诸新兴经济强国具有普遍意义的元素……中国经济建设所取得的显著成功背后蕴藏着文化和文明的因素……"②

国外汉学研究中出现俄罗斯人的著述,这样的现象已经形成一定趋势,这不仅出现在早就对俄罗斯科研展现出浓厚兴趣的中国,还出现在西方。

21世纪,学者们对中国文化的关注突破学术研究的框架,拥有了更为广阔的社会政治背景。中国积极采用了美国政治学家约瑟夫·奈1990年代提出的在海外利用人文手段而非军事手段塑造国家正面形象的有效手段的概念——"软实力"。

"软实力"国际指数,2012年③

美国	87	中国	30.7
法国	49.5	印度	20.4

---

① Ян Годун. Эго ханьсюэ ши ци 1917 нянь (История российского китаеведения, начиная с 1917 г.). Пекин, 2006; Элосы чжунгосюэ (Российское китаеведение). Чунцин, 2011.
② Ломанов А. В. Элосы чжунгосюэ (Российское китаеведение). Чунцин, 2011. С. 3.
③ http://slon.ru/economics/indeks_myagkoy_sily_kitay_v_2_raz_silney_rossii-794514.xhtml.

德国	43.2	俄罗斯	18
英国	43	巴西	13.8
加拿大	39	土耳其	12.9
意大利	32	墨西哥	11.5
日本	31.8	南非	10.3

俄罗斯汉学家郑重看待中国对国际合作与交流日益增长的积极性,他们确定了这一概念形成的阶段:"2002年胡锦涛成为中共的领导人后,展开了积极的工作。最初讨论的是抵制外国那些预言中国改革必然失败或者'中国威胁'增大的言论。2000年代中叶,当局经过长时间的争论后宣布必须增长自身的'软实力'和文化竞争力。2007年,中共十七大宣布了提升文化'软实力'潜力的任务……将中国国内的文化发展措施与提高其国际影响相结合成为今后重要的一步。2011年10月,中共十七大第六次全体会议确立了'文化强国'的总战略。"①

文化问题也在重大创新研究——已经编写了几年的十卷本《古代至21世纪初中国历史》中占有相当重要的位置,齐赫文斯基院士领导的几个学科中心的专家集体在进行这一研究。

至今未成为俄罗斯汉学家阐释研究对象的民族心理学成为创新的方向。这方面的作者包括俄罗斯汉学家、文学家、哲学家和历史学家:米亚斯尼科夫院士(В. С. Мясников)(《中国外交(1949—1979)的民族心理学特征》)、司格林(《中国民族心理学》)、博列夫斯卡娅(Н. Е. Боревская)(《民族心理学语境中的中国教育体系特点》)、托罗普采夫(《中国人的文化历史心理学·哲学艺术观》)、涅波姆宁(О. Е. Непомнин)(《当代中国的民族心理学:历史比较分析》)。这些著作形成了东方民族心理学的完整方向,其依据是中国人的民族心理,通过中国文明的历史和艺术的诸多因素显示出来。

司格林为俄罗斯汉学打下了新的极其重要的基础。他翻译和出版了著名哲学家与历史学家林语堂的著作,为理解中国文明做出了重要贡

---

① Борох О., Ломанов А. От «мягкой силы» к «культурному могуществу» // Россия в глобальной политике. 2012. No 4. http://globalaffairs. ru/number/Ot-myagkoi-sily-k-kulturnomu-moguschestvu-15643.

献①,在杂志上登载了中国民族心理学的研究文章②。托罗普采夫发表了他根据中国民族心理学基础数据编选的部分资料,并从民族思维的一般民族心理的角度,分析了其中的情节因素。③

很遗憾,李谢维奇去世后出版的具有创新意义的著作《古代中国文化的马赛克》④尚未得到完整的评价。学者不落窠臼的思维使得他根据一系列已经研究过的文学和历史问题说出了自己的看法。但是他的主要贡献是该文集出版前只在个别文章里出现过的,对神话传说直白的"秘"式分析。另外布拉瓦卡娅(Е. П. Блаватская)在"秘"的范畴里提到了全球宇宙学的观念。

民族理论学说可以使人完整地了解中国文化并且将对一切地球文明发展程度的全球化理解提升到更高的水平。近年来对这一主题的兴趣大增,无论是在俄罗斯中心地区的汉学中心还是新成立的地方汉学中心,都出现了一系列研究著作和普及读物。⑤

罗曼诺夫的专著《基督教和中国文化》⑥论及的是很少有人研究的方面。罗曼诺夫认为,传教士为将基督教引入中华文明进行了坚持不懈的尝试,这种尝试常常与文化和精神壁垒发生碰撞,使得传教士们产生了学习中国文化、采用与中国人偏爱的文明常数相适应的神学概念的想法。博列夫斯卡娅与托罗普采夫的合著《时间与空间里的中国文化》⑦呈现了崭新的研究视角。这部多重设计结构(文学、教育、电影艺术)的著作最终统一于一个主题:展示出中国文化作为一个连续的整体在时间分期上的多样性和差异性,并且贯通了民族独特性与共同的全球人文主义。

---

① Линь Юйтан. Китайцы: моя страна и мой народ. М., 2010.

② Спешнев Н. А. Дискуссия об этнопсихологии китайцев / Пер. с кит. Н. А. Спешнева // Восток-Запад: Ист.-лит. альм., 2005—2006. М., 2006. С. 231 – 268. В прил.: Ли Цзунъу. Наука о бесстыдстве и коварстве (Хоу хэй сюэ).

③ Торопцев С. А. Локус культуры в китайской ментальности // Отечественные записки. М., 2008. № 3. С. 205—221.

④ Лисевич И. С. Мозаика древнекитайской культуры. М., 2010.

⑤ Грицак Е. Н. Тибет. М., 2005; Рерих Ю. Н. Тибетская живопись М., 2001 (пер. с англ.); Елихина Ю. И. Тибетская живопись (тангка) из собрания Ю. Н. Рериха. СПб., 2010; Резван Е. А. Между Туркестаном и Тибетом: Салары. СПб., 2010; Бир Р. Энциклопедия тибетских символов и орнаментов. М., 2011.

⑥ Ломанов А. В. Христианство и китайская культура. М., 2002.

⑦ Боревская Н. Е., Торопцев С. А. Китайская культура во времени и в пространстве. М., 2010.

教育体系研究

1990年代，俄罗斯对中国教育体系的研究中，综合法和问题法，以及当代方法论（包括比较教育学方法）成了突破口。中国教育体系的现代化研究在全球化语境中进行，并且成为国际化、地方分权和差别化教学管理总的进程中的"理论钥匙"。

东方学家共同撰写的论文集①和后来出版的专著②中，勾勒分析了有关中国传统教育目标观的演变，及其在各种哲学思潮中的内涵和方向。该著作提供了中国诸多教育机构（包括帝制考试体系"科举"）的历史传承和变化图景，揭示出其作为严酷的权力等级制度而设立的国家机构的特殊作用，同时也分析了私人"书院"的特点和演变。该书通过分析古代和中世纪中国教育学说，为现当代教育理论的形成带来了新的理解。该专著不仅填补了俄罗斯汉学的空白，也在中国获得了高度评价。

这部附有术语词表的新编专著成为百科全书《中国精神文化大典》中篇目之一的基础③。莫斯科市立心理师范大学编写了俄罗斯第一部关于教育体系与中国民族心理学相互影响的教学法参考书，分析了19—20世纪以来传统教育体系与西方教育体系的碰撞和相互影响，在这一过程中同时产生了保持中国人自身民族认同的方法论。④ 作者将中国人的教育观及汉族儿童、青年的社会化体系看成是精神文化的组成部分，突出了教育的精神构成和文化构成功能。

对于传统在当代"中国特色的教育体系"形成中作用的研究，成为2000年代的前沿主题之一。⑤ 一些富有首创精神的著作通过对比儒家教育学与东正教教育学以及中小学地位在中俄思想体系与文化中的差异，

---

① Малявин В. В. Основные этапы развития школьного образования в древнем и средневековом Китае // Очерки истории школы и педагогической мысли древнего и средневекового Востока. М. , 1988.

② Боревская Н. Е. Очерки истории школы и педагогической мысли в Китае. М. , 2002.

③ Педагогическая мысль и образование // Духовная культура Китая: энциклопедия. В 6 т. М. , 2006—2012. Т. 5. М. , 2009. С. 529—575.

④ Боревская Н. Е. Особенности китайской педагогики и системы образования в контексте этнопсихологии. М. , 2007.

⑤ См.: Боревская Н. Е. Традиции и современность в процессе модернизации системы образования в КНР // Образование в современном мире: достижения и проблемы. М. , Пятигорск, 2009. С. 312—343.

为这一研究方向提供了原则性的突破口。①

对科举制的研究在继续进行:发表的诸多文章系统化了这一现象在俄罗斯的研究,同时也探索了它过去和现在与中国教学管理的关系,评估了它对欧洲国家,其中包括俄罗斯的考试体系的影响。②

显然,21世纪初俄罗斯教育改革的失败,激发了俄罗斯教育界对中国在该领域成就的兴趣。专著《国家与中小学》③因为总结了中国在后工业化信息社会之路上进行了四分之一世纪(1978—2002)教育改革的成效,成为该方向的奠基之作。著作的核心是论述中国教育体系现代化的战略与战术,及其在国家社会经济发展各阶段里的相互作用:中小学和大学管理的地方分权和民主问题、国家向其拨款功能的重组、教育领域的国家"私有化"学说、教育结构的优化与多元化、教学质量的完善……

中国教育的财政拨款问题被认为是教育经济领域的创新研究。④ 有学者基于中国文献资料和俄罗斯经济学家的著作分析了中国领导层关于国立大学和地方院校的财政拨款预算与非预算的新的举措,与俄罗斯高等院校当今财政拨款机构的探索进行了比较。

这十年表现出的新的研究趋势之一是一批促进了两国教育合作发展的著作的面世,⑤首次从理论和实践角度综合分析了两国教育领域的人文交流,将教育界定为实现21世纪新技术突破的重要关口。⑥

---

① См.: Боревская Н. Е., Торопцев С. А. Китайская культура во времени и пространстве. М., 2010.

② Боревская Н. Е. Элосы кэ цзюй чжи дэ яньцзю (Изучение системы императорских экзаменов в России) // Кэ цзюй чжи дэ чжунцзе юй кэ цзюй сюэ дэ синци (Конец императорской экзаменационной системы и расцвет ее изучения / ред. Лю Хайфэн. Ухань, 2006. С. 496—503; Она же. Система императорских экзаменов в Китае // Педагогика. М., 2005. № 10. С. 78—90.

③ Боревская Н. Е. Государство и школа: опыт Китая на пороге III тысячелетия. М., 2003.

④ Боревская Н. Е. Новые механизмы финансирования высшей школы в КНР: китайский опыт в российском контексте. М., 2009.

⑤ Боревская Н. Е. Советская педагогика в оценках китайских ученых // Педагогика. М., 2007. № 8. С. 57—70; Китайские педагоги об образовательных реформах в новой России // Педагогика. М., 2007. № 10. С. 80—90.

⑥ Сотрудничество России и КНР в сфере образования: анализ прошлого и перспективы будущего / Науч. ред. Н. Е. Боревская. М., 2009.

博列夫斯卡娅发表在中国出版的中文版论文集《外国人看中国教育》①中的"教育优先——中国现代化建设成功的关键"一文体现了俄罗斯研究中国教育改革的理论水平之高与科学的客观性。

语文学

中国语文学研究在俄罗斯根基牢固，领头人是俄罗斯科学巨擘瓦西里耶夫和阿列克谢耶夫。21世纪，斯托罗茹克对中世纪中国诗词进行了具有重大价值的研究，纵观他的专著和博士论文②研究，都不是以流行的"文学史"形式完成，而是将唐朝诗词的概念模式塑造成艺术和世界观的文化现象。扎维多夫斯卡娅（Е. А. Завидовская）③在学位论文中清楚地分析了当代中国文学中的后现代主义。

毋庸置疑的是，当今俄罗斯汉学界应该始终密切关注本学科经典，比如首先就应想起阿列克谢耶夫院士两卷集的著作选④，以及波兹涅耶娃此前零散发表在不同出版物上的论文合集⑤。华克生多年间发表的著述也以文集的形式出版。⑥

托罗普采夫先后十几次对伟大的中国诗人李白（公元8世纪）的创作进行了研究，为了解中国古典诗词做出了巨大的贡献。2000年末，在出版了一系列的文章和部分文集后，诗人完整的传记⑦面世，两年后出版了带有注释的版本⑧，这是在诗人的故乡中国之外出版的最大篇幅的译本。

---

① Вайгожэнь кань чжунго цзяоюй（Китайское образование глазами иностранцев）/ Ред. Юань Гуйжэнь. Пекин, 2012. С. 184—191.

② Сторожук А. Г. Юань Чжэнь: Жизнь и творчество поэта эпохи Тан. СПб., 2001; Он же. Художественные концепты и проблемы творчества в литературе эпохи Тан. Дис. ... д-ра филол. наук. СПб., 2006.

③ Завидовская Е. А. Постмодернизм в современной прозе Китая. Автореф. дис. ... канд. филол. наук. М., 2005.

④ Алексеев В. М. Труды по китайской литературе. В 2 кн. М., 2002.

⑤ Позднеева Л. Д. История китайской литературы: собр. трудов. М., 2011.

⑥ Воскресенский Д. Н. Литературный мир средневекового Китая: китайская классическая проза на байхуа: собрание трудов. М., 2006.

⑦ Торопцев С. А. Жизнеописание Ли Бо-Поэта и Небожителя. М., 2009.

⑧ Китайский поэт Золотого века. Ли Бо: 500 стихотворений в переводе Сергея Торопцева. М., 2011.

这些著作不但在中国①引起了研究者的关注,也在西方引起关注。2012年,托罗普采夫被邀请去法国索邦大学教授李白创作课程(向里昂大学网络在线转播,后来出版了这一课程的 DVD 录像)。

戏剧学

领军俄罗斯中国传统戏剧研究的专家谢罗娃继续着自己多年的研究。② 她关于俄罗斯白银时代的著作分析了俄罗斯的戏剧创新和东方传统。评论家的结论指出:"谢罗娃的著作使人们看到白银时代如何将东方艺术引入自身,并试图进入古代文化精神深处。"

这一时期的俄罗斯汉学关于中国当代戏剧的著述不多。继 20 世纪出版了多部著作之后,当代中国戏剧研究的领军人物盖达只是在 21 世纪初在书里和杂志上发表了几篇综述性文章,对复杂并充满了矛盾的中国艺术的发展进行了总结。③

造型艺术研究

21 世纪的中国造型艺术研究继续成为俄罗斯汉学中最为蓬勃发展的方向之一。研究强化了对书法的理解:它不是"正确书写"的某种方式,而是形象造型艺术,是中华民族深层意识的特殊艺术。④ 世界闻名的中国园林艺术被从建筑结构形式的视角,作为虚拟形象的反映进行了阐析。⑤ 俄罗斯艺术家在研究中所关注的重点是作为绘画、书法和诗词艺术有机统一体的画轴及雕刻,尤其是古代丧葬礼仪中的此类作品。值得一提的是,这一时期不仅有新的研究成果面世,还有老一辈东方学家的经

---

① Ли Бай цзай элосы цяньцзай чжиинь (Тонкое ощущение в России поэзии Ли Бо сквозь тысячелетия) // ЖМЖБ. 23.11.2012.
② Серова С. А. Театральная культура Серебряного века в России и художественные традиции Востока (Китай, Япония, Индия). М., 1999.
③ Гайда И. В. Театр // КНР 55 лет. Политика. Экономика. Культура. М., 2004.
④ Белозерова В. Г. Искусство китайской каллиграфии. М., 2007.
⑤ Новикова Е. С. Китайский сад — модель взаимоотношений Человека и Природы // Человек и природа в духовной культуре Востока. М., 2004. С. 396 – 417; Голосова Е. В. Ландшафтное искусство. М., 2008.

典著作再版。①

语言学

语言在当代中国的精神价值体系中占有极高的地位。它与文字一起被看作是古代中国文明的载体和全球化条件下保持文化认同的基本保证。在中国实施的"2012—2020年语言文字发展规划"中，普通话语言文字的中国海外传播作为国家的"软实力"充当着重要角色。

在东亚儒家文化圈，文字在几个世纪以来一直被认为是"天下"上流文化的主要象征。

近十年来，俄罗斯科学院远东所和其他汉学中心进行着许多中国文化和中国语言学领域的重大研究。②——俄罗斯在"2010汉语年"出版了一部巨著③，分析了"改革开放"时期中国对汉语言、文字及语言研究给予的各种支持，以及20世纪中叶语言改革的反思。

圣彼得堡语言学家照例继续进行对中国语言各种历史形式的研究。康德拉耶娃（Е. Б. Кондратьева）的毕业论文④论述的是从语言学和文化学的观点来看中国历史上最有意思的时期之一——唐代。近年还有一部毕业论文分析了词典学的经典之一——中国古代辞书《尔雅》。⑤

俄罗斯有几十位杰出的学者进行了对中国汉字的研究，新千年的俄罗斯汉学家继续着他们的传统。近年最重要的著作中首先应该指出的有两部专著，其一是克柳克夫（В. М. Крюков）对古代中国殷周铭文进行的内容丰富的历史文化分析之作；其二是伊尔库茨克的戈特利布（О. М.

---

① Осенмук В. В. Чань-буддийская живопись и академический пейзаж периода Южная Сун (XII-XIII вв.) в Китае. М., 2001; Рерих Ю. Н. Тибетская живопись. М., 2002; Слово о живописи из Сада с горчичное зерно / Пер. с кит., коммент. Е. В. Завадской. М., 1969; Кузьменко Л. И. Китайский фарфор с конца XVI до 80-х годов XVII в // Грани творчества: Сб. науч. ст. М., 2005. Вып. 2. С. 188—222; Неглинская М. А. Производство расписных эмалей в пекинских придворных мастерских XVIII в. // Восток (Oriens). М., 2006. No 1. С. 42—52.

② Завьялова О. И. Китайские диалекты и современное языкознание в КНР // Вопр. языкознания. М., 2009. No 6. С. 102—108.

③ Завьялова О. И. Большой мир китайского языка. М., 2010.

④ Кондратьева Е. Б. Грамматические особенности китайского языка эпохи Тан. Дис. ... канд. филол. наук. СПб., 2007.

⑤ Гурьян Н. В. Строение первого китайского словаря «Эр я». Дис. ... канд. филол. наук. М., 2009.

Готлиб)对中国象形文字的特点进行理论探索的著作。①

电影艺术

俄罗斯汉学的中国电影艺术研究在1980—1990年代范围广泛的研究之后,丧失了活力。原因在于,主要针对美国和欧洲电影艺术进行阐释的俄罗斯电影艺术学,将中国置于自己的兴趣之外,而将中国电影纳入主流俄罗斯电影艺术研究的尝试只有一次②:在汉学框架下,出现了围绕导演张艺谋的创作进行的内容丰富、完整的阐释——张艺谋被认为是使中国艺术获得世界承认的伟大导演。这一研究没有局限于这位大师的作品,而是赋予其无论是与以往时期中国电影艺术的发展,还是与其此后获得的关注都有关的有机的联系。

结语

总体而言,尽管转折时期困难重重,1990年代的俄罗斯中国文化研究中还是已经出现了问题法和当代方法论,其中包括使其达到国际水平的比较方法论。这在教育研究领域最大程度地表现出来——阐析(目前还是总体上)中国教育体系现代化的基本方向、其对于其他国家而言的特点:国际化、地方分权、私有化、差异化。它们系统地表现于中华人民共和国成立50周年时的文章《从传统的中小学到后工业化的中小学》③中。

在其他文化领域,俄罗斯汉学显示出达到新的研究水平和涵盖原创资料的潜力。

这样就为更加深刻地分析21世纪的文化与教育问题打下了基础。从1990年代无所适从的状态中恢复了的俄罗斯汉学,在当今的千年中变得更加严谨、深刻和多元。老一辈在总结自己的积累,期待着接班人不仅产生于俄罗斯首都,还能产生于俄罗斯边陲。

中国自己也开始通过国际孔子学院的分支机构促进俄罗斯汉学的发展。孔子学院的任务便是积极吸引俄罗斯的年轻人了解中国文化、

---

① Крюков В. М. Текст и ритуал. Опыт интерпретации древнекитайской эпиграфики эпохи Инь-Чжоу. М., 2000; Готлиб О. М. Основы грамматологии китайской письменности. М., 2006.

② Торопцев С. А. Китай // История зарубежного кино. М., 2005. С. 520—546.

③ Боревская Н. Е. От школы классической к школе постиндустриальной // Китай на пути модернизациии реформ. М., 1999. С. 559—579.

学习汉语和中国知识,最终壮大对"汉学"有兴趣者的队伍。2014年,俄罗斯多家出版社在中方的参与下开始了多卷本"中国文学文库"的出版工作。

还需着重指出,目前,俄罗斯汉学不仅在俄罗斯域内获得极高的评价,而且已走出国界,成为世界汉学学术界中平等、正式的一员。

第八章

俄罗斯的中国移民和台湾问题研究

一 俄罗斯的中国移民

1980—1990年代中俄关系正常化的影响之一就是大批中国移民涌入俄罗斯。这种现象出乎俄罗斯人的意料,在符合新社会的需求的同时,也产生了一系列尖锐问题。该现象成为了变革时代来临的预兆,很快便引起了俄罗斯学者的注意。

几乎在同一时期,20世纪90年代初,俄罗斯的一小部分档案资料消除了审查限制,对外开放。研究人员开始有机会研究从20世纪30年代就被禁止而现今颇具现实意义的课题,即俄罗斯对中国社会历史的研究。

目前该课题在以下城市研究较多:莫斯科、布拉戈维申斯克、伊尔库茨克、克拉斯诺亚尔斯克、符拉迪沃斯托克、哈巴罗夫斯克、赤塔、乌兰乌德及乌拉尔周边其他城市。该课题已被列入国际学术会议的日程:在布拉戈维申斯克,自2000年开始以国立阿穆尔大学①为基地举办了一系列名为"远东边境上的俄罗斯与中国"的学术会议;以国立布拉戈维申斯克师范大学②为基地举行了主题为"俄罗斯与中国:合作的历史与未来"的一系列会议;在莫斯科的俄罗斯科学院远东研究所定期举办主题为"中国,中华文明与世界"的论坛;在俄罗斯外交部的国立莫斯科国际关系学院及东亚与上合组织研究中心③,在莫斯科卡耐基④研究中心和其他研究中心也是如此。根据这些学术会议及其框架以外的成果出版了大量的报告和论文集,在本章里不可能一一列举。中国移民问题在区域间的发展规划中占有重要的地位,其中包括在伊尔库茨克大学区域社会科学研究所的一些大项目,这些项目凝聚了许多研究中国移民问题⑤学者们的心血。

除了该课题或该课题的某个方面(虽然范围也不窄)的大量研究成果外,还出现了很多专著。这些专著的作者们力求系统研究在俄国及其某个地区从开始到现今中国移民形成和发展的整个过程,例如:集体创作的专著《20世纪滨海地区民族移民进程》⑥、В. Г. 达岑申《19—20世纪在西伯利亚的中国人:移民与适应》⑦、А. Г. 拉林《中国移民在俄罗斯:历史与

---

① См.:《Россия и Китай на дальневосточных рубежах》с разными подзаголовками, выпуски 1—9 / Амурский гос. ун-т. Центр гуманитарных программ《Даурия》. Благовещенск, 2000—2010. См. также продолжение этой серии: Россия и Китай: социально-экономическое взаимодействие между странами и приграничными регионами. Благовещенск, 2011.

② См., например, последний выпуск: Россия и Китай: история и перспективы сотрудничества: матер. III Междунар. науч.-практ. конф. / Отв. ред. Д. В. Буяров. Благовещенск-Хэйхэ-Харбин. 15—20 мая 2013 г. Вып. 3. Благовещенск, 2013.

③ См.: Российско-китайское сотрудничество: проблемы и решения (материалы Всероссийской научно-практической конфер., МГИМО(У) МИД РФ, Москва, 21—22 декабря 2006 г.). Центр исследований Восточной Азии и ШОС / Ред. А. В. Лукин. М., 2007.

④ См, напр.: Тренин Д. Китайская проблема России. М., 1998; Он же. Миграционная ситуация на Дальнем Востоке и политика России: науч. докл. Вып. 7. М., 1996.

⑤ К настоящему времени вышло пять монографий. Назовем здесь последнюю из них: Восток России: миграции и диаспоры в переселенческом обществе. Рубежи XIX-XX и XX-XXI веков / Ред. В. И. Дятлов. Иркутск, 2011. Их методологической особенностью является широкое использование《кейсового》метода, основанного на глубоких интервью, включенном наблюдении и т. д.

⑥ Ващук А. С., Чернолуцкая Е. Н., Королева В. А., Дудченко Г. Б., Герасимова Л. А. Этноэмиграционные процессы в Приморье в XX век. Владивосток, 2002.

⑦ Дацышен В. Г. Китайцы в Сибири в X-XX вв.: проблемы миграции и адаптации. Красноярск, 2008.

现实》①。

　　正是因为一大批学者创造性的努力,今天我们在研究这个课题时有了大量关于该课题的历史、社会、人口、民族、经济和政治方面的研究成果。他们就该主题和涉及该主题的其他问题列举了大量事实,确定了研究方向,制定了研究范围,阐述了研究方法和评价方式(既互相补充,又互相排除)。

　　尽管还有疏漏,但在俄中国人的历史图景②已基本描绘完毕。俄罗斯中央和地方档案馆的大量文件、诸多来自中国的档案资料及十月革命前的大批出版物成为该项研究的基础。20 世纪 50 年代末,苏联出现了一系列研究中国人参加十月革命和俄国内战的著作。苏联末期,苏联历史学家在关于远东问题研究的专著中提出了中国移民的问题③,不过他们的研究在当时无法跳出特定意识形态的框子。新形势下,学界已可以为俄罗斯读者揭晓一系列以前不为人知或是被遗忘的重要历史时刻:从俄国远东经济开发中中国人所起的重要作用到 1937—1938 年俄国对中国人和朝鲜人的大规模镇压。

---

① Ларин А. Г. Китайские мигранты в России. История и современность. М., 2009.
② Назовем здесь несколько важнейших монографий: Сорокина Т. Н. Хозяйственная деятельность китайских подданных на Дальнем Востоке России и политика администрации Приамурского края (конец XIX—начало XX в.). Омск, 1999; Галлямова Л. И. Дальневосточные рабочие России во второй половине XIX—начале XX в. Владивосток, 2000; Ткачева Г. А. Демографическая ситуация на Дальнем Востоке России в 20—30-е годы XX в. Владивосток, 2000; Алепко А. В. Зарубежный капитал и предпринимательство на Дальнем Востоке России (конец XVIII в.—1917 г.). Хабаровск, 2001; Синиченко В. В. Правонарушения иностранцев на востоке Российской империи во второй половине XIX—начале XX в. Иркутск, 2003; Петров А. И. История китайцев в России. 1856—1917. СПб., 2003; Нестерова Е. И. Русская администрация и китайские мигранты на юге Дальнего Востока России (вторая половина XIX—начало XX в.). Владивосток, 2004; Позняк Т. З. Иностранные подданные в городах Дальнего Востока России (вторая половина XIX—начало XX в.). Владивосток, 2004; Залесская О. В. Китайские мигранты на Дальнем Востоке России (1917—1938 гг.). Владивосток, 2009; Друзяка А. В. Исторический опыт государственного регулирования внешней миграции на юге Дальнего Востока России (1858—2008 гг.). Благовещенск, 2010; Чернолуцкая Е. Н. Принудительные миграции на советском Дальнем Востоке в 1920—1950-е гг. Владивосток, 2011.
③ 这里必须提到的是那本完全论述当时半禁区问题的专著:Соловьев В. Ф. Китайское отходничество на Дальнем Востоке России в эпоху капитализма (1861—1917). М., 1989.

我们大概讲述一下俄国学者专著里描写的历史情境。

19世纪中期中俄签订划界条约之后,在俄国领土上居住着少量从事林业、农业和捕鱼业的汉族人和满族人。19世纪末在俄国出现了劳动移民,其数量开始急剧增长,尤其是在需要开发的远东地区。中国移民在俄国远东经济建设中起了非常重要的作用,他们是非技术性劳动的主力,在贸易(主要为中小型贸易)、农耕(至1907年)、近海运输等领域占有显著的地位。中国人的特点就是勤劳、有纪律性、有定性、有冷静的生活方式,而俄国劳动者的特点是更具有首创精神和更强的身体忍耐力。

就像在许多其他国家一样,在俄国的中国移民受到了残酷的剥削和种族歧视(只有少数俄国自由主义社会团体反对此种行为)。由于中国人大量涌入,俄国民众和一些行政机构里对"黄祸"的恐惧开始扩大,尤其是俄国在日俄战争(1904—1905)中战败后这种恐惧更加强烈。这些情绪在1900年镇压中国移民中表现出来。当时中国爆发了反帝国主义的义和团运动,起义军开始活跃在中俄边界的布拉戈维申斯克地区。受这类恐慌情绪影响,俄国政府逐步采取限制政策,排挤中国劳动力并阻止外国人在俄罗斯远东边境地区定居。

然而随着第一次世界大战的爆发,大部分具有劳动能力的居民去参了军,不仅在东部地区,甚至在其他地区都非常需要中国劳动力。俄国欧洲部分的许多地区也出现了中国人的足迹。与中国劳动力签订的合同中规定,应提供给中国人相对人道的生存条件,但实际上他们干着最重的活,忍受着跋扈的上级和周遭的歧视。工人开始罢工,出现了大批"中国浪人",一旦俄国政府抓到他们,就把他们遣送到俄国内地。

从二月革命、十月革命相继发生,到退出一战后,俄国对中国劳动力的需求急剧缩减。内战和满目疮痍的状态使大多数中国工人也失去了回国的机会。一个名为中国公民联盟的慈善组织开始关心陷入困境的同胞们,十月革命后该组织更名为中国工人联盟,并与苏联政府建立了密切的合作。很多中国工人通过该组织加入红军,成为了英勇的战士。

至于中国企业家,他们很多人回了国,留下的被列入"剥削阶级"代表,尽管中国政府和俄国外务委员会试图保护他们,但他们仍成为了"革命暴力"的对象,忍受横征暴敛和镇压。在远东共和国的中国人因其特殊的政治任务则境况稍好。1918—1920年,在西伯利亚的中国领事馆向中国政府求助,中国派遣远征军,但他们只行使了警察的职能,几乎没有进行军事行动。

苏俄政府将中国移民,首先是中国红军看做即将到来的中国革命的后备战力。移民中有一部分充满左翼思想的中国共产党员,他们也持相同的看法。俄国往中国派代表是为了同"无产阶级民主组织"和孙中山建立联系并相互配合,孙认为在特定条件下将红军引入到中国是合理的。然而历史的发展却是这样:中国移民在俄国革命中起的作用注定要远远大于他们能在中国革命中起的作用。

随着苏联经济的发展,中国人的劳动和生活条件逐渐改善,其数量也在增加。尽管在经济领域和日常生活中仍残留有对中国人的歧视,但苏联政府正式提出了所有民族一律平等,开展民族文化建设。中国人与其他苏联人民一起,经历了痛苦的苏联社会经济变革,苏联政府还进行了无数次镇压,导致大量中国人回国。

高校学生是中国移民中一个特殊的团体,这些高校在共产国际的保护下为东方各国反帝国主义革命培养人才。

20世纪30年代苏中关系和苏日关系的紧张加深了苏联,特别是远东地区对中国和朝鲜民众的疑虑。非法移民、走私及其他因素的作用也不容小觑。1937—1938年苏联政府在远东边境大规模驱逐并将部分中国人和朝鲜人遣送回国,还多次镇压了他们。此后在俄罗斯关于中国人的话题被长期禁止。

中华人民共和国成立后,20世纪50年代至60年代初1.1万多中国学生在苏联高校接受教育,然而接下来苏中关系的复杂化结束了此类双边合作。

研究中国人在俄罗斯的历史对我们的重要意义在于:19世纪末20世纪初和20世纪末21世纪初俄罗斯的中国移民现象有着惊人的类似:涌入的移民都是做技术性不强的工作;中国移民的劳动带来很多好处,同时又对俄罗斯人产生一些负面影响(如同俄罗斯人竞争、抢夺自然资源、将收入转移到国外、犯罪);高素质的中国劳动力使他们与俄罗斯人竞争时具有很大的优势。最值得一提的是,革命前对"中国威胁"的担忧再一次兴起。

以不断完善的历史研究成果为背景,俄罗斯学术界就当今的中国移民问题展开了深入全面的研究。比较显著的成绩出现在20世纪90年代末。这些年研究移民问题的知名专家Г. С. 维特科夫斯卡娅(Г. С.

Витковская)和 Ж. А. 扎伊翁奇科夫斯卡娅（Ж. А. Зайончковская）①在西伯利亚和远东边境地区大规模的科研考察中实现了首次对该课题的综合性研究。学者们对两万多名俄罗斯公民（专家、本地居民、大学生）和几千名中国移民进行了问卷调查，为后续社会调查研究奠定了基础。

1990 至 2000 年间大量研究成果问世，这些成果显然被引用的也最多。我们可以列举下：В. Г. 格里布拉斯的《俄罗斯的中国现实性》②和《全球中国移民条件下的俄罗斯》③、В. Л. 拉林专著中一系列的文章《中国与俄罗斯远东》④《地区范围内的中俄关系》⑤和《睡龙醒来的背后》⑥、В. И. 基亚特洛夫（В. И. Дятлов）的专著《现代贸易的少数派：稳定还是冲突的因素？》⑦。

目前围绕着俄罗斯的中国移民问题研究形成了一系列研究方向⑧，下文我们将介绍当中一些重要的研究方向。

中国移民的经济活动

沙皇俄国时收集并公布了下列统计资料：在远东各城市有多少属于中国人的企业，都是哪些行业的，人员数量，交易额等。如今想要这么做已经不太可能。数据的缺乏加剧了很多经济活动的不确定性，再加上俄罗斯社会复杂的利益分配促使各种不同甚至是截然相反观点的形成。大家都承认，既有正面，也有负面影响。拉林高度评价中国移民带给俄罗斯国民的好处，认为中国移民为俄罗斯民众提供了如下保障：

---

① Витковская Г., Зайончковская Ж. Новая столыпинская политика на Дальнем Востоке: надежды и реалии // Перспективы дальневосточного региона: межстрановые взаимодействия / Под ред. Г. Витковской и Д. Тренина. М., 1999. С. 80—120.

② Гельбрас В. Г. Китайская реальность России. М., 2001.

③ Гельбрас В. Г. Россия в условиях глобальной китайской миграции. М., 2004.

④ Ларин В. Л. Китай и Дальний Восток России. Владивосток, 1998.

⑤ Ларин В. Л. Российско-китайские отношения в региональных измерениях (80-е годы XX—начало XXI в.) М., 2005.

⑥ Ларин В. Л. В тени проснувшегося дракона. Владивосток, 2006.

⑦ Дятлов В. И. Современные торговые меньшинства: фактор стабильности или конфликта? (китайцы и кавказцы в Иркутске). М., 2000.

⑧ Краткий анализ представлений россиян о китайской миграции в Россию дан в монографии: Лукин А. В. Медведь наблюдает за драконом. Образ Китая в России в XVII-XXI веках. М., 2007.

1. 市场上(尤其是远东和西伯利亚部分地区的市场)丰富的日用品和食物。这应该感谢中国和俄罗斯的倒爷,在食物供给严重不足的 20 世纪 90 年代初,为后乌拉尔地区的大部分居民供应吃穿。

2. 劳动力市场的竞争,填补工作岗位的空缺(建筑、农业和服务业)。

3. 价格竞争和地方商品的降价。

4. 填补了联邦和地方财政。商人和企业上缴的税收是俄罗斯边境地区一些城镇财政收入的主要来源。

5. 促进旅游业和与其相关的服务业的发展。据不完全估算,每位游客来购物,去赌场,或者其他花天酒地的地方,会给俄罗斯留下 200 至 400 美元。

6. 同中国人打交道的部分官员、海关职员和警察个人福利水平的提高①。

В. Г. 格里布拉斯持相反的观点,他在自己的一部专著中证明了中国移民的活动"损害了俄罗斯的经济安全,抑制了俄罗斯文明市场经济的形成"。"首先,他们的活动加固了俄罗斯作为中国原料附属国的地位。其次,把俄罗斯变成了中国商品销售的市场。第三,促使更多的中国移民进入俄罗斯并通过俄罗斯移民到其他国家。"②

其他研究者将影子经济的不同活动形式列入对中国移民不满的名单中:逃税、不断榨取俄罗斯远东自然资源、非法运输货币出国、在农业中使用违禁的有毒化学制品等等,甚至包括在俄首都莫斯科成立非法旅游公司,不顾法律法规在俄罗斯从事旅游业。但大多数研究者对中国移民的经济活动评价不是这么苛刻,他们很多人清楚地意识到:中国人负面活动的根源要追溯到俄罗斯自身——那就是俄罗斯业已形成的制度缺陷,从一开始政府就没有适当的监督。其实,В. Г. 格里布拉斯本人也一样,并没有把自己得出的负面结论绝对化。在这部专著中有一章名为"中国移民可能是俄罗斯的福利",分析了滨海边疆区的情况,并得出结论:"国外劳动力在促进俄经济增长的同时,也促使了居民就业的普遍增长"③(在此时间段在边疆区中国公民占所有国外公民的大多数,其中 2000 年中国公民占比为 65.8%)。然后他写道:"如果不引入中国公民,俄罗斯能否

---

① Ларин В. Л. В тени проснувшегося дракона. С. 414.
② Гельбрас В. Г. Россия в условиях глобальной китайской миграции. С. 84.
③ Там же. С. 143.

顺利发展,这很难说。"①

在分析中国移民的经济活动中,竞争问题作为重要方面被提出来:是外来人使俄罗斯公民失去工作岗位,还是俄罗斯人对他们从事的小本生意根本不感兴趣?这个问题要就整体移民情况进行研究,首先涉及来自诸邻国的免签移民,然而这个问题首先针对的是中国移民。在研究文献中可以看到两种观点,两种都没有令人信服的证据,因为研究对象范围明显不够广,况且也不能完全确定,竞争是健康还是不健康的,有益还是有害的。非法雇佣中国劳动力对老板是有利的,可能这些中国人生产出来的商品对买主也是有利的,但对那些也在该企业上班的俄罗斯人就是不利的。有一种概括性的观点,根据此观点,移民基本上占据一些空缺区域,而这些区域也存在竞争。

在远东的俄罗斯菜农必然输给中国人,然而即使在这个领域,情况也比较复杂,各方意见并不统一:一方面,就"市场上的农业产品倾销问题"②责难中国人;另一方面,声明"在俄罗斯远东和东西伯利亚吸纳中国劳动力可以解决农业(种菜)和建筑领域劳动力不足问题"③。显然,这一领域的竞争已成为尖锐的问题,而国家的直接责任就是要找到平衡折中的办法,以最佳的方式既能满足消费者的利益,也能满足国内生产者的利益。

应该指出,中国商人迅猛的攻势和强大的适应能力有时会使观察者得出具有阴谋论色彩的结论,这种情况下,也有研究人员提出关于中国人征服国外市场的话题。例如,在对中国社会生活深入研究的基础上,В. Г. 格里布拉斯在《阴谋论》中明显提出一个论点,"绝大部分中国移民是组织商品流入俄罗斯的组织机构的一部分"④。众所周知,中国政府不仅为商品出口,也为劳动力出口做出巨大的努力。在中国东北往俄罗斯

---

① Гельбрас В. Г. Россия в условиях глобальной китайской миграции. С. 146.
② Александрова М. В. Программа соразвития Дальнего Востока России и Северо-Восточного Китая в свете целесообразности привлечения китайской рабочей силы России // Привлечение трудовых мигрантов или аутсорсинг? Материалы круглого стола. М., 2011. С. 111
③ Баженова Е., Островский А. Потенциал китайской миграции в Россию: оценки и перспективы // Миграция в России 2000—2012. Хрестоматия. В 3 т. Т. 1: Миграционные процессы и актуальные вопросы миграции. М., 2013. Ч. 2. С. 191.
④ Гельбрас В. Г. Россия в условиях глобальной китайской миграции. С. 42.

供货的商人享有海关、税务和其他优惠。应该说,中国也许有开发俄罗斯和其他部分世界市场的战略。可以把这种想法看做"阴谋",也可以不这么看,无论如何,我们的任务只有一个:注意观察市场情况,采取必要措施保护国内企业家。

"中国的人口扩张政策"

20世纪90年代,中国人不经控制地自然涌入俄罗斯,在社会上激起了一阵"中国扩张"的恐慌潮。报纸上杜撰出有数百万中国人定居在俄罗斯东部边陲,以及中国移民和俄罗斯女人大量假婚的资料。还有一种观点:中国领导人制定了向俄罗斯"移民扩张的政策"①。然而在这段时期,也有俄罗斯学者指出,在远东的中国移民总计不超过20—30万人,在俄罗斯的中国移民总计接近40万人,联姻的更是少之又少,而且取得在俄罗斯永久居住权的中国人也非常少。就在今天"中国威胁"也绝不是俄罗斯人眼中最重要的(在我们的调查中这一点排在最后一位,仅为8%,在美国15%之后②)。然而俄罗斯社会舆论很担心:很多情况在一定条件下似乎可以成为不利于俄地区经济和民族人口发展变化的潜在原因。

俄罗斯学者发现,这种潜在的不同类型的原因非常多,

来自中国方面:

——中国人口潜能巨大,与处于持久经济危机状态的俄罗斯远东形成强烈反差。尽管中国人口自然增长率每年都在下降,中国的人口老龄化在加剧,但在接下来的几十年内中国仍是世界上移民潜力最大的国家之一,而且将会超出俄罗斯对国外劳动力的使用需求③;

——中俄两国国家总体实力差距的不断加大;

---

① См., напр.: Рыбаковский Л., Захарова О., Миндогулов В. Нелегальная миграция в приграничных районах Дальнего Востока: история, современность, последствия. М., 1994. С. 35—39.

② Ларин А. Г. Китайские мигранты в России. История и современность. М., 2009. С. 301.

③ Портяков В., Ларин А. Миграционная ситуация в Китае // Региональное измерение трансграничной миграции в Россию / Науч. ред. С.В. Голунов. М., 2008. С. 103—115. О возможном увеличении китайской диаспоры см. также: Баженова Е., Островский А. (Указ. соч.).

——俄西伯利亚和远东地区丰富的自然资源对急速发展的中国经济吸引力巨大；
——中国对俄罗斯劳动力市场、有着巨大需求的商品市场和粮食市场有着浓厚兴趣。所以十多年来中国都在力求设立"自由贸易区"。

来自俄罗斯方面：

——俄罗斯社会上一些有影响的亲西方力量蓄意反华，包括亲西方的贪官、害怕中国人投机倒把的地方政客；增加财政收入的强力机构、追求媒体上有爆炸性新闻的人们，这些力量都通过媒体进行自身的宣传；
——俄罗斯的移民恐惧症始终在民意占有一席之地；
——民众对政府不管是在国内还是在国际舞台上捍卫民族利益的能力缺乏信心，以及对政府在国际竞争中、在外来大规模扩张情况下缺乏安全感；
——对伟大的邻国文化成果了解得太少，使得对华恐惧症恣意发展。

这其中，并不是每一个因素都被专家们毫无保留地接受。针对《媒体界的反华狂潮》中的说法也有一些反对意见，"在俄罗斯媒体界关于移民负面形象形成存在着非常不同的观点，有负面，也有正面态度"①。本书进行的社会调查表明：在相信媒体资料的那些人中，确信中国有向俄罗斯"秘密扩张计划"的受访者比例相当高（高于60%），在那些不信任媒体材料的人中，这个比例更高②。因此，我们这个课题某种程度上也证实了，媒体对社会舆论有着极危险的影响。然而也不应忘了，媒体的基调不仅是塑造，也还反映着读者的普遍认识情况。

还有一个因素引起了怀疑。受过教育的人应该比较了解璀璨的中国文化，但社会问卷调查没有记录下俄罗斯人受教育水平同他们对中国及中国人印象好坏的相互关系。

俄罗斯学者在这一点上看法是绝对一致的——那就是意识到这个事实：上述现象与对中国的恐惧与俄罗斯的弱势地位、国家领导人缺乏适宜经济发展的整体战略、俄罗斯国内政策的失误、对远东对俄罗斯国家自身意义估计不足等有着紧密的联系。М. Л. 季塔连科指出："在不久的将

---

① См. высказывания М. Н. Балдано и А. П. Забияко в дискуссии на эту тему: Россия и Китай на дальневосточных рубежах. Мост через Амур // Исторический опыт освоения Дальнего Востока. Вып. 7. Благовещенск. 2006. С. 420 и далее.

② Ларин А. Г. Китайские мигранты в России. История и современность. М., 2009. С. 308—311.

来，对俄关系中中国对俄罗斯人口扩张的问题只会在中央政权削弱和俄罗斯分裂的现实威胁的情况下才可能出现"①。

事实上，中俄两国在经济合作上有着巨大的利益，需要共同实施大规模发展纲要、"背靠背"相互支持、一起应对同西方国家复杂且充满矛盾的关系。所有这些基本条件保证了中俄战略协作伙伴关系的坚固性。在这些条件下，很难想象，中国为了试图向北方推行人口，或者说是领土扩张政策，敢于破坏自己同俄罗斯稳定的关系。况且俄罗斯远东也容纳不了那么多人，在解决中国人口根本问题上起不了根本性的作用。

选择最佳的移民政策

俄罗斯中国移民问题的复杂性并没有让俄学界同意完全拒绝中国劳动力的方案②，同样，也没有同意对俄罗斯远东地区移民数量进行硬性规定③的建议。

如果否定孤立主义并从另一个方面看待大量移民涌入俄罗斯的现象，一批知名的人口专家认同，需要迁入大量移民（在未来20年里2000至2500万）来弥补俄罗斯人口缺口的方案。而2012年俄罗斯出台了国家移民政策新方案，其中将移民涌入看做是经济和人口问题的解决方法。针对处于最深的"人口空穴"的远东地区，一些学者，包括B. C. 米亚斯尼科夫④院士在20世纪90年代就提出复兴的想法，П. А. 斯托雷平(П. А. Столыпин)的移民政策也颇具新意。然而研究移民的专家用手中的数字证明，希望用来自俄罗斯其他地区和独联体国家的人们补充这个地区的人口是不现实的⑤，这(与其他事实一起)使他们其中的一些人寄希望于

---

① Титаренко М. Л. Геополитическое значение Дальнего Востока. Россия，Китай и другие страны Азии. М.，2008. С. 207.

② Александрова М. В. Программа соразвития Дальнего Востока... С. 113.

③ Мотрич Е. Л. Демографическая ситуация на Дальнем Востоке России и проблемы китайской миграции // Российско-китайское сотрудничество: проблемы и решения (матер. Всерос. науч.-практич. конф.，МГИМО(У) МИД РФ, г. Москва, 21—22 декабря 2006 г.). Центр исследований Восточной Азии и ШОС / Ред. А. В. Лукин. М.，2007. С. 136—137.

④ Мясников В. С. Дальний Восток России: мигра

⑤ Витковская Г.，Зайончковская Ж. Новая столыпинская политика на Дальнем Востоке: надежды и реалии // Перспективы дальневосточного региона: межстрановые взаимодействия / Под ред. Г. Витковской и Д. Тренина. М.，1999. С. 80—120.

中国人,推测在俄罗斯的中国人口数量到21世纪中期可能达到700万至1000万①。

这些计划并未引发俄罗斯汉学家的热情:从中国移民这个例子中我们明显地感觉到,移民的迁入对社会稳定有一定的破坏,更不用说其强行迁入了,因此至少需要为新公民设施做相应的工作,需要他们适应,需要培养当地居民的宽容度等等,社会明显没有做好这样的准备。В.Я.波尔加科夫指出了移民计划的致命性,他建议使用加拿大和澳大利亚②的经验,将允许地区居民"广泛国际化"作为解决远东地区人口危机的方法之一。

最切实、全面的移民政策方案(包括远东地区的移民政策)是Л.Л.雷巴科夫斯基(Л.Л. Рыбаковский)教授和他的同事们制定的,他们的出发点是,在这个地区俄罗斯总是实行特殊的战略,因为这里政治总是决定经济。雷巴科夫斯基的政策包括"有组织地吸引邻国和其他国家的劳动力资源,但前提是严格控制其数量和质量,不能违反劳动力市场情况"③。

Л.Л.雷巴科夫斯基的观点建立在民族人口平衡和人口安全的概念上,与研究远东地区移民问题的人口学家[Е.Л.莫特利奇(Е.Л. Мотрич)、В.И.基亚特洛夫等]的观点有很多共同点,也完全符合大多数俄罗斯汉学家的观点,他们力求自己勾画出对待中国移民最佳的国家政策。俄罗斯汉学家建议,要提前为来自中国的劳动者从事经济活动建立有利的条件,培养尊敬他们的态度,保护他们的权利,帮助他们适应新环境,同中国移民建立商业合作。政治手续应该简化并更透明。他们同时建议完善中国组织机构的领导干部人员、人数的定额及任期体系,必要时应需要移民分配署配合工作。为避免外国人在边境地区附近定居或者出

---

① См.: Там же. С. 87. См. также: Зайончковская Ж. Возможно ли организовать переселение на Дальний Восток? // Миграция. М., 1997. № 3. С. 14.

② Портяков В. Я. Китайцы идут? Миграционная ситуация на Дальнем Востоке России // МЖ. 1996. № 2. С. 85—88.

③ Рыбаковский Л. Л., Тарасова Н. В., Сигарева Е. П., Гришанова А. Г., Кожевникова Н. И. Концепция миграционной политики в южных районах Дальнего Востока. М., 1999. С. 33. См. также: Рыбаковский Л. Л. Миграционная ситуация на Дальнем Востоке: история и современность Востока. М., 1999.

现自治国，必要时发出警告，加大力度反对中国人的影子经济活动，将非法移民压缩到最少。当然，所有这些都需要完善立法基础，强化行政机构和立法机构的职责等。

俄罗斯学者明白健全经济和加强国家法制的重要性，但这不妨碍他们与中国进行广泛的经济合作，包括更频繁的移民交流，以及劳动力、商业、教育和文化交流等。

适应和包容问题

众所周知，俄罗斯移民的生活伴随着许多负担、贫困和危险，这都是俄罗斯社会的特点造成的，俄罗斯社会正处于缓慢的改革时期，远未达到秩序井然的状态。俄罗斯公民对待移民的态度不是最友好的，对待中国移民特别警惕。那么，俄罗斯对待中国移民的耐受和恐慌有着怎样的特点，其真实情况又如何？二者和谐共处的前景又是什么样的？

俄罗斯学者做了一系列社会研究来弄清楚这些问题[①]。正如这些研究所表明的，中国移民生活的困难不仅是因为经济制度问题：比如昂贵的租金，俄罗斯生活的高消费，过多的税收，高经济风险，还有警察的敲诈（在我们2007年的调查中，就有82%的受访者投诉警察），税务、海关和其他政府机构的勒索和受贿。几乎每个移民都抱怨，无论是身体还是语言上，安全和个人尊严都受到侵犯。

在这种情况下，唯一能够使移民生存下来并取得商业成就的适应战略就是同外部环境绝缘、内部自我协调和团结。这些中国商人都做到了，他们在自己团体内部建立了最成熟的机构组织，该机构保证团体完成自

---

① Подробное описание результатов опросов см. в указанных выше работах Г. Витковской и Ж. Зайончковской, В. Г. Гельбраса, В. Л. Ларина, Е. Л. Мотрич, А. Г. Ларина. См. также: Понкратова Л. А., Забияко А. П., Кобызов Р. А. Русские и китайцы: этномиграционные процессы на Дальнем Востоке / Под ред. А. П. Забияко. Благовещенск, 2009.; Алагуева Т., Васильева К., Островский А. Образ россиян в глазах китайцев и образ китайцев в глазах россиян на сопредельной территории // ПДВ. 2007. No 4. С. 126 – 134; Ларина Л. Л. Дальний Восток и его окружение глазами рядового дальневосточника. URL: http://www.dvforum.ru/2008/doclads/ks2_larina.aspx; Рязанцев С. В., Ян Хунмэй. Китайская миграция в Россию: тенденции, последствия и подходы к урегулированию. М., 2010.

己的生产任务,还为自己的成员提供了必要的生活、信息和文化服务①。这是通过必要的劳动分配达到的,分配可以通过正式和非正式联系实现:比如职位等级、客户和合作伙伴。同时中国团体还保持并不断更新必要的业务联系,包括正式、非正式、非法的——同俄罗斯合作伙伴建立共同的商业网②。

大多数在俄中国人多少都懂一点俄语,但他们当中了解俄罗斯与外国人有关法律的人少之又少。显然,问题在于,有关法律和他们生活方式的基本信息都是在他们这个小圈子里流传并更新的;除此之外,没有任何法律知识能把他们从官员和警察的滥用职权中解救出来。简而言之,为适应所做的努力不会长久,当他们达到最低目标之后,便不会再继续。

大家都知道,现代俄罗斯经济弥漫着各种各样的影子关系。到了俄罗斯的商人必然会被牵入这些关系中(比如,不得不缴纳苛捐杂税和贿赂),这样,他们就与俄罗斯商人站成了一列,或者成为刑事犯罪关系的主体。在"生产必要性"情况下出现了双方犯罪"互相补充"的现象,例如:用"黑钱"在犯罪组织处购买货物,在买树木、金属废料和生物资源时拿回扣,接下来通过边境运到国外。中国商人不管是"被动"还是"主动"参与到俄罗斯影子经济中,都是其适应俄罗斯环境的一种形式,可以称之为"犯罪适应"。

中国移民对新生活条件的适应需要一个过渡阶段,为能享有俄罗斯公开的优势——可能享有的高工资(平均起来他们可以和俄罗斯人的工

---

① Своего рода опорными узлами в этой структуре служат «китайские рынки» (на самом деле совсем не обязательно состоящие из одних китайцев). См., напр.: Дятлов В., Кузнецов В. «Шанхай» в центре Иркутска. Экология китайского рынка // Байкальская Сибирь: Из чего складывается стабильность / Редкол.: В. И. Дятлов, С. А. Панарин, М. Я. Рожанский. М., Иркутск. 2005. С. 166—187. См. также подборку статей «Тема номера: «Чайнатауны» в России» / Под ред. В. И. Дятлова // Этнографическое обозрение. 2008. № 4. С 3—58.

② Различные формы взаимодействия китайских мигрантов с российской стороной, исследованные с помощью «кейсовой» методики, см., напр.: Трансграничные миграции и принимающее общество: механизмы и практики взаимной адаптации / Науч. ред. В. И. Дятлов. Екатеринбург, 2009.

资水平相当①)。执法的不足迫使移民们提升了忍耐力,如忍耐歧视、忍耐对自己不公平态度、侵犯人权。

阿穆尔国立大学研究组得到了一组有趣的数据,2000—2006 年间该小组对俄罗斯和中国边境的一些地区进行了社会问卷调查:居住在俄罗斯、黑河和哈尔滨的中国人中,想要长期生活在俄罗斯的人分别占据受访者的 39%、24% 和 17%。② 换句话说,移民与俄罗斯人交流得越多,他们越觉得在俄罗斯的生活更美好。

如果要对所有的社会研究结果作一个总结,结论是这样的:大多数中国移民在很大程度上适应了俄罗斯的条件,住在俄罗斯(这样的人有一半,他们一部分人想取得俄罗斯国籍)或者经常来俄罗斯的人把俄罗斯看做是完全适合经济活动的地方,准备长期把自己的工作和俄罗斯联系起来。同样,他们也很愿意看到自己的孩子走和自己同样的路。很少有人反感跨国婚姻(不过,假婚也吸引一些人)。他们在俄罗斯市场上的生意微不足道,生活条件也非常简陋,不过他们对这一切在总体上还是满意的。

至于俄罗斯人对待中国移民的态度,基本上与对待其他国家移民的态度差不多:这种对待外国人低宽容的社会态度,是因为他们染上了移民恐惧症等一系列原因,害怕和外国移民竞争。就连遣返自前苏联各加盟共和国的俄罗斯人都经常会遇到不友好的对待。在中国移民问题上,这种消极情绪是出于对俄罗斯远东未来的担忧。因此大多数俄罗斯人反对中国居民迁居到俄罗斯。他们能够接受的是邻国的居民作为劳动移民或学生短期逗留。在俄罗斯对移民劳动力所带来的好处的认识是移民同俄罗斯社会关系和谐化的出发点,但这一点还没有最终被认可。此处另外一个因素起着重要的作用:使民众理解阻止移民们给俄罗斯经济带来损害,是俄方的首要任务。

根据调查问卷的结果,俄罗斯人对待中国移民态度的情况,在俄罗斯

---

① См.: Ларин А. Г. Китайские мигранты в России. История и современность. М., 2009. С. 173－175; Рязанцев С. В. Социально-экономическая адаптация и миграционные установки китайских мигрантов в России // Россия и Китай: история и перспективы сотрудничества: матер III Междунар. науч.-практич. конф. Благовещенск-Хэйхэ-Харбин 15－20 мая 2013 г. Вып. 3 / Отв. ред. Д. В. Буяров. Благовещенск, 2013. С. 326－332.

② Забияко А. П. Диаспоризация: китайский опыт // Россия и Китай на дальневосточных рубежах. Мост через Амур. Благовещенск. 2006. Вып. 7. С. 252.

中央和东部地区没什么区别。值得一提的是，在远东反对中国移民定居的人比在莫斯科更多，但认同中国移民以临时工身份居住的人也更多。

我们发现，在俄罗斯大众意识里，对待中国移民不是非常友好的态度，对"中国威胁"的担忧，可以和他们对中俄关系重视和乐观的看法共存。大多数受访者对中俄双边关系给予积极的评价（在我们一项调查中占70％），预见这种关系会加强的占65％，认为会维持目前这种状态的占15％。

学习型移民①

中国在国外学习的大学生数量居世界首位。而几十万名在国外大学学习的中国年轻人里有近2万名在俄罗斯学习。对比一下：去美国学习的人占近20万。为什么中国年轻人绕过俄罗斯？这里有一系列相互联系的原因，其中最主要的是：在美国、英国或澳大利亚获得毕业证书后，中国人在那里可以有很好的机会找到工作，而且生活优渥，在国内他们也可以找到适合自己的位置，因为中国同西方有着广泛的经济和科技合作，这样的人才在中国需求量很大。

俄罗斯本国青年也追求西方，但俄中产阶级能够达到的生活标准现在远不如中国人，再加上俄罗斯大国沙文主义和种族主义也疏远了外国人，还有俄语也很难学。在中国对俄罗斯高校毕业生的需求也不大，这取决于中俄贸易投资合作的规模、特性和毕业生的教育水平。

在俄学习的中国人的知识水平首先由两方面因素决定。第一，20世纪90年代俄罗斯社会发生根本变革，实行混乱的教育改革后，教育的水平与名气都大大降低。第二，中国学生对高校课程掌握得不好，当然这里面也有自己的原因，如俄语学得不好——因为外国学生进入俄罗斯高校不需要懂俄语，预科时的俄语课程效果也很糟糕。（在问卷调查中只有很少的受访者承认自己的俄语水平很好或者还不错，甚至高年级的学生都在抱怨俄语难学。）

此外，来俄罗斯上学的不是最有能力和修养的年轻人，经常是那些在

---

① Эту тему исследует А. А. Маслов. См.: Маслов А. А. Россия-Китай: этапы и проблемы образовательного обмена в XX-XXI веках // Сотрудничество России и КНР в сфере образования: анализ прошлого и перспективы будущего / Науч. ред. Н. Е. Боревская. М., 2009. С. 133—159.

自己国家考不上大学的学生。一些学生在这里要兼职挣外快,因为俄罗斯的助学金很少,各类项目资助也少得可怜,不像发达国家那么多。如果中国学生不能完全掌握所学习的课程,他们就改用取巧的办法获得文凭,这就成了他们学习的目标,因为文凭在中国被承认,并可以成为找到好工作的法宝,虽然有时专业不对口。

根据以往社会调查数据来看,中国学生能够很好地适应俄罗斯的环境。我们提到的中国商人对俄罗斯的适应性也适用于中国学生。然而 Т. Г. 斯杰法年科(Т. Г. Стефаненко,莫斯科大学)在 2008—2009 年做的心理学调查表明,"中国学生的适应水平非常低",还有"住在俄罗斯的满意度很低"[1]。研究在其他国家学习的中国学生的心理也得出类似的结论。学者认为其中的原因在于中国文化的特点——有集体主义和等级性,同时还有中国同俄罗斯或西方国家行为文化的巨大差距。但也有少数这种情况:在别国文化中生活得越久,中国学生的适应水平就会越高,但在俄罗斯却没有这种情况。

那为什么在这种情况下大多数中国学生对俄罗斯持积极的观点,为什么他们中的很多人(在我们调查中比例占一半多)想要毕业后留在俄罗斯工作,为什么三分之一的学生想要他们的子女定居(学习、工作)在这里,只有一小部分学生对建立跨国婚姻家庭持否定态度?

没有接下来的研究是不可能解释这些的。先有一个假设,我们给出这样的答案:因为他们处事方式是遵循儒家文化的精神——礼貌和对人尊重,尤其是当权威调查机构提出问题后。但心理学家有专门的方法,能够更确切地解释研究对象心理状态的特点。

有趣的是:如果对那些好像适应了俄罗斯生活条件的中国商人做这样的心理学研究,会发现什么呢?目前只能确定,俄罗斯教育者尝试着增加中国学生来俄数量,或者随着中俄战略协作伙伴关系的加强从政治层面推动俄罗斯高校到中国开展活动。事情往好的方向发展的转机会有的,只有当俄罗斯成为吸引外国高等教育学习者的国家时,当俄罗斯教育在中国获得很高的评价时才会有这样的转机。

严格意义上讲,中国人的劳动并非必不可少,但它至少对俄罗斯经济

---

[1] Стефаненко Т. Г. Адаптация китайских студентов в России: проблемы и пути совершенствования // Сотрудничество России и КНР в сфере образования: анализ прошлого и перспективы будущего. М., 2009. С. 231—247.

某些领域如贸易、建筑和农业的运行绝对有益,尤其是在远东地区。中国人和其他国家移民所存在的负面影响是俄罗斯影子经济对他们活动的投影,这也是俄罗斯政府监管不力的结果。要根除这些不利方面,只能是俄罗斯社会自己摆脱影子经济。

由于经济、地缘政治和社会心理的原因,在未来一段时间内对中国劳动力的使用形式都将以暂时性为主。在没有"人口扩张论"的威胁下,中国劳动力规模可能会根据俄罗斯经济的需求有所增长。中国移民经济活动的主要领域仍是俄罗斯人不感兴趣的经济领域,这个领域通常对工人技能水平要求较低。在可预见的将来俄罗斯对高技能的中国人才未必有兴趣。

二　俄罗斯的台湾问题研究

发现台湾

20世纪90年代是俄罗斯学术界开启对台湾课题研究的时期。在这之前,由于政治局势、"冷战"和复杂的中苏关系导致的意识形态见解不同,台湾问题在很长一段时期内都是禁谈话题。只有一点是允许并鼓励的,就是按照那时苏联典型的信仰把台湾描绘成美国"不沉的航空母舰",把蒋介石描写成"美国的傀儡"①。然而在这样的条件下,俄罗斯还是出现了研究台湾比较客观的科研成果。其中最著名的著作就是Ф. А. 托杰尔(Ф. А. Тодер)的《台湾和它的历史(19世纪)》②。А. В. 梅里克谢托夫在其著作《中国国民党的社会经济政策(1927—1949)》③中专门有一章来研究国民党退居到台湾之后的历史时期。

20世纪80年代末在意识形态慢慢淡化的条件下,亚洲四小龙的经济成就引起研究者们的关注。一系列出版的著作中学者们对"台湾经济奇迹"同亚洲其他地区的经济成就一起进行了客观(无甚喜气)分析④。

---

① См., напр.: Барышников В. Н. Тайваньский вопрос в китайско-американских отношениях (1949—1958). М., 1969; Капустин Д. Т. Тайвань и Южная Корея в китайско-американских отношениях (1969—1979). М., Наука, 1980.

② Тодер Ф. А. Тайвань и его история (XIX в.). М., 1978.

③ Меликсетов А. В. Социально-экономическая политика Гоминьдана в Китае (1927—1949). М., 1977.

④ См., напр.: Сычева В. А. Труженики четырех «маленьких драконов». М., 1991.

同一时期,蒋介石的第一部政治传记①问世,该传记的口吻极具批判性。

在新俄罗斯时期,学者们不仅有机会,也有需求对之前禁止的台湾相关课题进行研究,人们对俄罗斯与中国台湾的合作有很多期待。期待是相互的,双方迅速地建立了包括科研在内的联系。俄罗斯学者在中国台湾方面的研究活动一下子活跃起来。从 1992 年开始俄罗斯科学院远东研究所开始出版名为《台湾简介》的系列分册(后来名为《现代台湾,信息分析材料》)。

1993 年俄罗斯出现了大量有关台湾的研究和刊物。一些科研机构同时也出版了两本手册②,《远东问题》杂志也刊登了有关台湾材料的特辑③。俄罗斯科学院出版的系列文集《现代台湾》成为俄罗斯台湾研究启动时期的高峰④,其中大部分内容都是首次呈现给我们读者的。

据统计,目前俄罗斯出版了有关台湾研究的著作近 500 部,其中包括郭世丽(音译)在内的台湾地区学者的一些著作⑤。在一些研究中心开始举办有关台湾问题的大会,与会的学者也包括台湾地区的学者。莫斯科国立大学亚非学院在台湾课题研究中占有重要的地位,多年来该学院一直在研究中华民国和国民党的历史,包括国民党退居到台湾地区之后的历史。俄罗斯科学院东方研究所和远东研究所也建立了研究台湾的机构。国立莫斯科大学亚非学院教研室主任 А. В. 梅里克谢托夫教授在组织对台湾课题研究的科研工作中起了极其重要的作用。作为俄罗斯科学院远东研究所分部负责人的 Л. М. 古多什尼科夫教授在这方面也付出了很多努力。

虽然台湾研究在俄罗斯起步较晚,但还是引起了汉学家们的关注。对俄罗斯来说中国台湾是个有价值的贸易伙伴、具有潜力的大型投资者、巨大黄金储备的拥有者。对于中国台湾来说,它也不会轻视对外经济贸易合作。台湾省向俄罗斯承诺将通过台湾将俄罗斯商品出口到国际市场,因为该省在国际市场上有着广泛的联系。

但双方的期望都过高了。1992 年 9 月 15 日 Б. Н. 叶利钦的总统令

---

① Воронцов В. Б. Судьба китайского Бонапарта. М., 1989.
② Тайвань: справочник для деловых людей. М., 1993.
③ Тригубенко М. Е., Кондрашова Л. И., Оникиенко А. Ф., Корнейчук Н. Н. Тайвань: справочник. М., 1993.
④ Современный Тайвань / Отв. ред. П. М. Иванов. Иркутск, 1994.
⑤ Го Ширли. Экономическая политика Тайваня. М., 1999.

《俄罗斯联邦同台湾地区关系》将双边关系确定为非正式的、非外交的关系。俄罗斯的投资环境以及其他一些政治障碍(如往台湾发货必须要有政府的保障,而政府要求必须要通过国家机构的合作①)对投资合作的发展都有着致命的影响。但双方的经贸和文化关系在20世纪90年代中期仍达到了一定规模,稳定发展并日趋扩大。

俄罗斯研究者和政治家们承认,"俄罗斯在同中国台湾发展关系时,无论如何都不希望这会给中国利益带来损害,或者违背中国在台湾问题上的中国立场",莫斯科驻台北代表处处长 В. И. 特里丰诺夫在《国际关系》杂志中写道②。

在展开这个论题时,В. С. 米亚斯尼科夫(俄罗斯科学院远东研究所)院士强调:"俄罗斯工商界和非政府组织同台湾地区的经贸、科技和文化联系水平取决于'海峡两岸'关系的发展。"③现实中的确感受到这种依赖性,而且其依赖度很大。俄罗斯愿意考虑中国的立场,这并不意味着俄罗斯同意放弃自己的利益而完全遵循这些立场。因此,俄罗斯学者赞同和台湾地区(在中国责任范围内)进行更广泛的合作并不奇怪。

在 Е. П. 巴扎诺夫(俄罗斯外交部外交学院)的一部著作中我们找到了俄罗斯与中国台湾地区关系形成和发展的其他动机:"起初俄罗斯民主派非常希望同台湾地区有着密切的合作。中国台湾是理想的合作伙伴,它可以成为俄罗斯在亚洲最重要的投资基地,成为俄罗斯进入亚太地区市场的桥梁。台湾地区人民在俄罗斯慷慨的许诺和积极的活动使这些希望有了可能。俄罗斯民主派对中国台湾地区的热情有增无减,因为俄民主派与其意识形态价值具有一致性。然而,我们提到的1992年9月15

---

① Подробнее см.: Мозиас П. Перспективы инвестиционного сотрудничества России с Тайванем // ФиБ. М., 1997. No 4. С. 39—42. 63 Бажанов Е. Тайваньская проблема. Позиции Тайбэя, Пекина, Вашингтона и Москвы // Проблемы и перспективы развития торгово-экономических, дипломатических, научных и культурных связей между Россией и Тайванем: материалы Междунар. конф. М., 2004. С. 14—15. 64 Галенович Ю. М. Тайвань—отрезанный ломоть Китая? // Президентские выборы 2000 г. на Тайване и проблемы безопасности в Дальневосточном регионе: матер. науч. конф. 4 мая 2000 г. М., 2000. С. 102.

② Трифонов В. Российско-тайваньские контакты // МО. 1998. No 6. С. 53.

③ Мясников В. С. Стратегическое взаимодействие России с Китаем и проблема Тайваня // Проблемы модернизации Тайваня: матер. науч. конф. 8 декабря 2000 г. / Сост. Ларин. М., 2001. С. 12.

日Б. Н. 叶利钦的总统令使这种关系进入清晰的框架里:莫斯科十分认真地在履行所承担的责任,中国政府也不止一次感谢克里姆林宫在台湾问题上对其的支持。"

А. В. 卢金(国立莫斯科国际关系学院)对 21 世纪初俄罗斯与中国台湾地区双方关系的发展做了重要的总结,他在其专著《俄国熊看中国龙》中专门有一章研究台湾。这里我们引用其中一些观点。

> 实际上,俄罗斯没有人认为中国台湾人民与中国大陆人民是不同的民族。同时汉学界关于台湾真实地位的理解的确有不同意见;
> 大多数俄罗斯政治家和专家赞同积极发展与中国台湾地区的贸易、经济、文化和人文合作,鼓励台湾人民到俄罗斯投资;
> 在俄罗斯对中国台湾地区的兴趣总体上相当高;
> 莫斯科官方立场 50 多年都不会变,在可预见的未来也未必会变;

台湾海峡两岸的关系

中国大陆和台湾的关系自然是俄罗斯台湾问题研究的中心问题。20世纪 90 年代,虽然台北放弃了蒋介石的复仇计划,北京提出了"一国两制"的和平统一原则,但他们的关系非常紧张。关系紧张的主要原因是台湾的分离主义趋势上升。北京不止一次声明,如果台湾宣告成立独立的国家,北京不排除使用武力的可能。从 2000 年开始台湾局势更加紧张,因为台北选举结果是极端分离主义势力掌权,他们反对"一个中国"原则并力求正式宣告台湾独立。

俄罗斯专家就台湾形势发展的一种看法是:使用武力会给中国带来经济甚至政治上的不良后果,因此基本不会使用武力解决该问题,台湾目前的状态不会被破坏。А. Г. 拉林(俄罗斯科学院远东研究所)分析了影响台湾问题状况的因素后,得出结论:"台湾周边的形势会发生一些变化,其中一些会使台湾目前的状况不稳定,另一些会帮助维持现状……总之,尽管目前双方关系还很紧张,但台湾的局势仍是稳定的……长久来看以上提到的一些变化会为两岸统一的前景发挥作用。"①

Л. П. 杰柳欣(俄罗斯科学院国际经济政治研究所)写道:"也许,将

---

① Ларин А. Г. Отношения «через пролив»: некоторые итоги и перспективы // Проблемы модернизации Тайваня: матер. науч. конф. 8 декабря 2000 г. М., 2001. С. 40.

来改革的实现、市场关系的扩大会对解决台湾问题进程有着积极的作用。"①

俄罗斯学者们同时也非常关注中国大陆与台湾双方不断加强的经济联系,可以认为,这也加强了北京对保持台湾经济稳定的严重关切,为缓和台湾政治氛围创造了有利的需要,可能这也会促进两岸统一。20世纪90年代 С. Г. 卢佳宁和 Е. И. 萨夫罗诺娃(俄罗斯科学院远东研究所)表达了一个有助于解决争议的想法:"我们认为,中国政府如果将台湾经济植入大陆身体里,这才是有远见的做法。"②(后来,新千年末期,一系列情况发生变化后,两岸关系中这种趋势占据优势)。В. В. 米赫耶夫(俄罗斯科学院远东研究所)建议:"之前我们关注大陆和台湾时,总是要看在这持续多年的对立中谁对谁错,在这个全球化的背景下,我们应将注意力转移到另一个问题上,那就是怎样在东亚建立一个统一市场和统一经济体。"③ А. И. 萨利茨基(俄罗斯科学院国际经济政治研究所)则得出全球化进程不可逆的结论④。В. В. 库兹涅佐娃(东方学研究院)提出假设:最后随着经济一体化进程的深入,"海峡两岸间将形成'自然'经济区域"⑤。

当然,分析两岸关系一直要考虑台湾在地区国际关系体系中的地位,要将台湾问题看做是"保证地区安全的重要问题之一"⑥。这种情况,再加上同中国台湾地区发展经贸合作的兴趣促使俄罗斯专家在承认台湾问

---

① Делюсин Л. П. Выступление по докладу проф. Чжэн Шу-пина // Опыт разделенных государств и отношения между двумя берегами Тайваньского пролива (матер. конф.). М.,1997. С. 16.

② Лузянин С. Г., Сафронова Е. И. Некоторые социально-политические аспекты тайваньской действительности на рубеже веков // Проблемы модернизации Тайваня: матер. науч. конф. 8 декабря 2000 г. М., 2001. С. 112.

③ Mikheev V. Mainland China-Taiwan relations in the light of globalization // Проблемы модернизации Тайваня: матер. науч. конф. 8 декабря 2000 г. М., 2001. С. 29—30.

④ Салицкий А. И. КНР-Тайвань: перспективы экономической интеграции // Модернизация Тайваня и перспективы отношений с Россией: сб. матер. науч. конф. ИМЭМО / Отв. ред. Г. И. Чуфрин М., 2003. С. 49—53.

⑤ Кузнецова В. В. Экономические связи Тайваня с КНР: проблемы безопасности острова // Президентские выборы 2000 г. на Тайване и проблемы безопасности в Дальневосточном регионе: матер. науч. Конф. 4 мая 2000 г. М., 2000. С. 279.

⑥ Цыганов Ю. В. Тайвань в структуре региональной безопасности Восточной Азии. М.,1999. С. 35, 118.

题是中国内政的同时,也表示赞成以和平方式解决该问题。其中,学者们分析了在国际安全的问题上两岸合作的可能性[Ю. В. 茨冈诺夫①(Ю. В. Цыганов)]。

Г. В. 季诺维耶夫(俄罗斯外交部)的专著《美中关系历史和台湾问题》按时期分析了台湾问题从出现到新千年中期的整个历史。在评价其解决前景时,作者指出,一些美国政治家提出的所谓"过渡协议"(以拒绝台湾形式上宣告独立来换取一段时期内拒绝使用武力)是不太可能的。"然而,他总结,即使他们之间没有任何协议,本质上双方的这种政策在今天这个热点地区仍是客观可接受的解决方案。"②

Я. В. 列克修金娜(国立圣彼得堡大学)的专著《美国对外政策中的台湾问题》研究的课题范围更广。她认为:"在中国台湾政治前景问题上双方的对立是东亚形势不稳定的本质因素,而美国加入这个对立中将问题推向了全球层面。"③

Я. В. 列克修金娜在书中坚定地指出:"在对台政策上华盛顿没有统一的观点,在通过决议的过程中不同的利益交织",政府的执行和立法机构及其相应机关相互制约,关系复杂④。这种情形是美国政策形成的重要因素。不同力量竞争导致这样的结果:"美国对台湾地区是否独立不感兴趣,它对是否存在一个被分割的中国感兴趣。就是说,最大程度上维持现有状态是符合美国利益的。"⑤

就如 Г. В. 季诺维耶夫在中国海峡两岸关系紧张时期所写的一样,Я. В. 列克修金娜的成果中也表达了一种担心:"中国日益增长的经济军事实力会增强其以武力解决问题的意愿",而且"台湾政治生活的民主化使台湾的情形更不好预见。"⑥

В. Б. 卡申(В. Б. Кашин,俄罗斯科学院远东研究所)在 2000 年代中期发现,由于中国人民解放军在科技现代化和军事训练方面的成就,其与

---

① Цыганов Ю. В. Тайвань в структуре региональной безопасности Восточной Азии. М., 1999. С. 35, 118.
② Зиновьев Г. В. История американо-китайских отношений и тайваньский вопрос. Томск, 2007. С. 305.
③ Лексютина Я. В. Проблема Тайваня во внешней политике США. СПб., 2009. С. 3.
④ Там же. С. 182—183.
⑤ Там же. С. 181.
⑥ Там же. С. 4.

海峡对岸的力量对比发生了变化,中国进行顺利夺取台湾岛的行动具备现实可能性①。П. Б. 卡缅诺夫(俄罗斯科学院远东研究所)指出:"中国军事现代化的方向之一,就是把中国人民解放军培养成可以在美国军事参与的情况下用来武力解决台湾问题的力量。因此需要用战斗设备来武装军队和舰队力量,如果美国想进行有效的军事干预就要提高花费,否则就不能有效地进行军事干预。"②

В. И. 特里丰诺夫③、А. Л. 维尔琴科④、А. Г. 拉林⑤和其他俄罗斯汉学家的研究表明,现阶段在台湾地区经济增长缓慢的背景下,中国政府增强了自身经济实力及在亚太地区的影响,希望两岸经济一体化并加强中国人的普遍认同感,武力方式解决台湾问题成为了备选。中国政府现今取得了巨大的成就,这些成就好像在慢慢开始促使中国台湾地区和美国社会舆论重新审视之前维持台湾现状的观点。

中国台湾地区的经济发展

20世纪90年代在该研究方向出版了两大巨著。А. А. 马克西莫夫(А. А. Максимов, 俄罗斯科学院东方学研究所)在自己的大作⑥中分析了中国台湾经济发展的诸多重要方面——从日本殖民化时期到20世纪80年代末。其中有一章他分析了台湾经济中政府的作用,这引起了当时正经历着苏联计划体制摧毁痛苦过程的俄罗斯社会极大的兴趣。他认为:"如果政府对生产过程的工业、技术和社会比例的形成不能起到积极的作用,那么,毫无疑问,市场的自我调节就需要花费大量的社会和经济资源来实现。"⑦

---

① Кашин В. Б. Новые нюансы военно-политической ситуации в Тайваньском проливе // ПДВ. 2005. № 1. С. 13—19.

② Каменнов П. Б. КНР: военная политика на рубеже веков. М., 2008. С. 124—126.

③ Трифонов В. И. Пекин-Тайбэй: перспективы диалога // Современный Тайвань: справ.-аналит. матер.. Вып. 11 (19). М., 2010. С. 38—54.

④ Верченко А. Л. Возвращение Гоминьдана: некоторые итоги // Современный Тайвань. Справочно-аналитические материалы. Вып. 11 (19). М., 2010. С. 24—37; Она же. Четвертое поколение руководства КПК: отношения через Тайваньский пролив и позиция России // XLIV науч. конф. «Общество и государство в Китае». М., 2014. Ч. 1. С. 281—291.

⑤ Ларин А. Сотрудничество берегов Тайваньского пролива: достижения, проблемы, перспективы // ПДВ. 2012. № 4. С. 13—26.

⑥ Максимов А. А. Экономика Тайваня: итоги и перспективы развития. М., 1991.

⑦ Там же. С. 129.

A. B. 奥斯特洛夫斯基的专著《21 世纪前夕的台湾》①是专业经济学家撰写完成的,该书远远超出了台湾经济范围,涵盖了台湾地区生活的所有基本方面,以及与大陆的关系。他认为,台湾给人留下深刻印象是因为:"20 世纪 80 年代台湾试图将市场经济(美国从 20 世纪 50 年代植入该地区的)和计划经济因素结合起来……正是这种巨大的经济成就让台湾实行了政治改革,并实现了政治生活的自由化。正是这样连续性的改革——先经济,在经济成就基础上进行政治改革——让大家都在谈论台湾奇迹。"②

该书作者认为,台湾经济"是在自身基础上以 В. И. 列宁的新经济政策原则建立起来的"。目前,俄罗斯可以借鉴中国台湾经验的一些方面,比如:将土地转到耕作的人手中,建立科技园区,反对通货膨胀,同时保护居民存款,招募国家公务员时采用相似的考试体系。"俄罗斯应该监控那些对国家命运有决定意义的经济领域,并保障居民的社会安全③"。

除了专著,在一些科研论文里也反映着一些俄罗斯学者的重要研究成果。这里只列举部分学者,他们是 П. М. 莫易阿斯④(国立俄罗斯高等经济学院)、В. Г. 格里布拉斯⑤、Э. О. 巴特恰耶夫⑥、В. В. 库兹涅佐娃⑦、О. Н. 鲍洛赫⑧(俄罗斯科学院远东研究所)。В. А. 米利扬采夫(В. А. Мельянцев,莫斯科大学亚非学院)在《台湾:有效经济发展的构成部分》一文中提出了一种思想,即"台湾的成绩主要是政府负责任的具有前瞻性

---

① Островский А. В. Тайвань накануне XXI века. М., 1999.
② Там же. С. 11.
③ Там же. С. 200.
④ Мозиас П. М. Экономическая политика Тайваня при президенте Чэнь Шуйбяне // МЭиМО. М., 2003. No 11. С. 51—60; Он же. Финансовая реформа на Тайване // Общество и государство в Китае: XXXIV науч. конф. М., 2004. С. 161—170.
⑤ Гельбрас В. Г. Экономические связи с материковым Китаем как фактор модернизации Тайваня // Проблемы модернизации Тайваня: матер. науч. конф. 8 декабря 2000 г. М., 2000. С. 57—69.
⑥ Батчаев Э. О. Тайваньский опыт приватизации предприятий общественного сектора // ПДВ. 1997. No 3. С. 95—100.
⑦ Проблемы модернизации Тайваня: матер науч. конф. 8 декабря 2000 г. М., 2001. С. 70—79.
⑧ Борох О. Н. Экономическая мысль современного Тайваня: взгляд из России // Российско-тайваньские отношения и их роль в развитии Азиатско-Тихоокеанского региона: сб. докл. М., 1997. С. 112—129.

的政策决定的",以引文"没有贫穷和富有的地区,只有管理的好和不好的地区"①结束。B. A. 科泽列夫指出,台湾1998年危机的特点"很大程度上由'政党精英—企业界'模式框架下的特殊关系决定,该模式体现为资本主义的'裙带关系'"②。

在《台湾社会现代化》这本著作中,В. Г. 布罗夫(俄罗斯科学院哲学研究所)阐释了对这一课题的综合性观点,学者不仅分析了台湾政治和经济现代化,而且也特别关注其意识形态方面,后者构成了该书鲜明的特点。对比中国大陆和中国台湾在种族一致基础上进行的现代化进程,作者得出结论:台湾很早以前在现代化进程中就沿用了孔子的伦理政治传统。在台湾,"尽管西方、美国文化对其有明显的影响,但发展的思想同自身社会文化总体相联系,也就是说这个社会文化是现代化的精神基础"③。而中国大陆将马列主义作为国家指导思想,因此社会就有了"将孔子思想同马列主义相结合的任务","如果考虑到他们一些思想宗旨的一致性,这种结合也是完全有可能的"④。

中国台湾地区的历史

在 П. М. 伊万诺夫⑤的作品中可以看到对台湾历史的研究,到目前为止这是俄罗斯汉学界对此最完整全面的研究。书中大量分析了台湾历史各个时期(从最古老时期到今天)的不同特点。

Ю. М. 加列诺维奇的专著《蒋中正,还是不为人知的蒋介石》⑥中有一章对蒋介石的台湾时期进行研究。这里作者反驳了人们把蒋介石想象成为美国在其"占领的"台湾岛上"安插的人"的观点。

---

① Мельянцев В. А. Тайвань: слагаемые эффективного экономического развития // Президентские выборы 2000 г. на Тайване и проблемы безопасности в Дальневосточном регионе: матер. науч. конф. 4 мая 2000 г. М., 2000. С. 282, 291.

② Козырев В. А. Местный финансовый кризис на Тайване 1998—1999 гг. и его особенности // Проблемы модернизации Тайваня: матер. науч. конф. 8 декабря 2000 г. М., 2001. С. 180.

③ Буров В. Г. Модернизация тайваньского общества. М., 1998. С. 212.

④ Там же. С. 197.

⑤ Иванов П. М. Очерк истории Тайваня. Современный Тайвань. Иркутск, 1994. С. 28—86.

⑥ Галенович Ю. М. Цзян Чжунчжэн, или Неизвестный Чан Кайши. М., 2000.

中国台湾地区的精神文化

俄罗斯专家也非常关注中国台湾的精神文化研究。A. B. 罗曼诺夫在自己研究哲学问题的著作中指出,"台湾思想家处在现代中国文化发展潮流的内部,同时他们也具有现代西方哲学思想的开放性、研究的专业性的特点"①。他认为,中国台湾和中国大陆的一项任务应该是"在孔子的社会和谐和人人平等的思想下总结民主基础的根源"②。有趣的是,在那段时间 Л. С. 佩列洛莫夫(俄罗斯科学院远东研究所)被问到一个复杂的问题:台湾儒学是否存在?语言学家 В. Ф. 索罗金也提出过类似的问题:是否存在"台湾文学"?有两种答案——"台湾文学是独立的"和"台湾文学是伟大中华文化特别的、固有的部分"——作者认为第二种是正确的。

台湾文化研究还包括以下一些方面的作品:电影艺术(C. A. 托罗普采夫,俄罗斯科学院远东研究所)、造型艺术(E. B. 扎瓦茨卡娅,俄罗斯科学院东方研究所)、宗教(П. М. 伊万诺夫;К. М. 杰尔季茨基,莫斯科大学亚非国家研究所;E. A. 扎维多夫斯卡娅)。

俄罗斯现代学者提升了民族学问题的巨大层次,由于本章内容有限,为了解释这个问题,我们不得不让读者参考 В. Ц. 戈洛瓦乔夫的文章《19—21 世纪在俄罗斯东方学研究中有关台湾民族学历史的研究》。但有些名字我们这里还是要提一下:М. Ф. 齐格林斯基(М. Ф. Чигринский)、Б. Л. 李福清、С. 库切拉、А. Н. 霍赫洛夫、Ю. А. 阿扎伦卡(Ю. А. Азаренко)、А. Э. 别拉古罗娃(А. Э. Белогурова)为俄罗斯的台湾研究做出了应有的贡献。

总之,俄罗斯学者启动了台湾课题研究,形成了重要的台湾问题研究体系。从两岸关系研究开始到对台湾及其周围形势发展趋势进行研究,确定了俄罗斯对台问题的最优立场及中国台湾地区对俄罗斯的意义。在台湾问题研究的基本方面和个别研究方面俄罗斯学者们积累了经验,也做出了评价。但这些都是在信息不足的条件下,在为数不多的汉学家的

---

① Ломанов А. В. Современная философия на Тайване: тенденции и перспективы // ПДВ. 1995. No 3. С. 130.

② Ломанов А. В. Тайвань на рубеже веков: философские традиции и культурная идентичность // Гоминьдан и Тайвань: история и современность: матер. науч. конф. 23 апреля 1999 г. / Ред. А. Н. Карнеев, В. А. Козырев. М., 1999. С. 161.

努力下实现的,汉学家的不足让我们在汉学研究这个领域无法做得更多。而俄罗斯学界阐述的最重要的预测,到目前为止大多暂时都是正确的:如长期保持台湾现状,北京不会对台使用武力,经济一体化对两岸统一、两岸关系发展具有不断增强的决定性作用。

第九章

俄罗斯汉学界关于中国现代化诸问题及其发展模式的研究

一 俄罗斯汉学家 1990 年代的研究

1990 年代欧洲社会主义危机对世界历史进程产生了决定性的影响。第一,它终结了两极世界,促进了世界多极化,同时也为社会经济和文化模式的多样性、多样化发展提供了有利的先决条件。第二,大多数社会主义国家进入新的发展轨道后,本次危机还使欧洲历史发展的另一条道路在一段时间内受到了质疑,而该区域原本的发展模式则更受推崇。与此同时,亚洲的社会主义国家并未改变社会体制,而是给予了社会主义发展模式新的机会,只不过这样的变化出现在东方。二十余年以来中国一直是世界范围内社会主义最后的堡垒,如今它再次面临着严峻的挑战和考验:除世界经济危机引发的经济难题之外,中国国内的社会经济问题正不断涌现。因此,将 25 年前在东欧、苏联和中国发展过程中的一系列重大事件同中国目前的国内状况作对比,从社会经济发展诸模式的角度出发评估过去的 25 年,这些尝试是可行的,也是有益的。

20世纪90年代初,渗透于社会各界的思想政治运动不仅影响过,甚至在很大程度上还直接针对着俄罗斯汉学界,某些汉学家代表甚至积极投身于这些运动当中。从20世纪50年代中期开始,之后三十年汉学界一直是苏共与中共意识形态斗争和国际共产主义运动的前沿阵地,完整经历了该时期社会思潮的所有变化。改革伊始,具有导向作用的官方标尺就受到了质疑,并在1991年之后很短的一段时间内被完全推翻。与此同时,激进的改革早已飞速开展,我们得以重新审视历史,审视苏联社会体制的实质,审视外部世界,深入分析与社会发展的性质和内容有关的基本概念。

此前汉学界界定现代中国社会经济体制的性质时所存在的分歧也获得了新的发展,首次出现了不同学派的公开对立。意识形态障碍的消解导致了各类思想的快速传播。本过程一开始便受到了前卫理念的重大影响:中国从不久前还是论战中的对立方,到如今却成为了国人论辩中的论据。"改革的相似性"概念既是在世界范围内推行社会主义宣传攻势的一部分,又是苏联时期政治斗争中发表批评和指责的理据。与整个社会的情况一致,汉学界也分化成了支持和反对社会主义的两方,两国所发生的变革则被认为是有利于其中一方的历史选择。苏联/俄罗斯以及东欧社会主义国家内部发生的社会政治和意识形态斗争直接转移到了亚洲国家。对发展模式的内涵分析经常会演变为公开的嫌恶和批评,这与亚洲尚存的社会主义国家一直以来公开颂扬的立场产生了对立。中俄两国改革成果的显著差异是两种观点存在的基础。

广大非汉学背景的社会学家,包括 Е. 盖达尔(Е. Гайдар)、Г. 波波夫(Г. Попов)等[1]著名民主运动领袖,他们对中国的兴趣日渐浓厚,这也是上述变化的典型特征之一。作为最大的社会主义国家,中国一直代表着与苏联不同的发展道路,曾经是(在俄罗斯社会体制发生变化后也仍然是)分析社会发展的必需参照点。中国几乎同拥有市场经济和民主政治

---

[1] Об оценках китайских реформ в России см.: Портяков В. Я. Экономическая политика Китая в эпоху Дэн Сяопина. М., 1998. С. 86; Ганшин Г. А. Экономика КНР: реформа и развитие. Эволюция социально-экономического эксперимента // ИБ ИДВ РАН. М., 1997. No3. С. 7. О западных оценках китайской модели развития в первой половине 1990-х гг. см.: Бергер Я. М. Китайская модель развития и «Большой Китай»// Китай на пути к рынку. Модель развития, демография, образование. М., 1996. С. 12—61.

体系的西方国家一样,成为了争论未来发展方向时必须引证的对象。

此外,研究中国及其他亚洲社会主义国家还有助于理解东欧和苏联剧变的原因。"迅速崩溃的原因何在?它最直接的结果是什么?它对全球社会主义的共同命运会产生什么影响?"[1]这些问题都假设即使改革出现了危机甚至遭遇了失败都不会阻碍社会主义和资本主义间发生新的斗争。然而针对上述事件还有其他观点,这与如下问题的提出有关:"社会主义本身是否有未来?有观点认为社会主义的命运显然"取决于东方,这是证明其生命力的最后机会"[2]。

汉学研究在这一时期的突出特点还包括:专家学者们不受自身政治倾向的影响,使用了马克思主义的方法论和范畴系统。在这一体系中摒弃"社会主义"的概念是不可行的,这也极大地限制了争论所涵盖的范围。更有专家希望把中国纳入既有模式,将中国的特点归纳为受物质和技术水平落后所导致的发展迟滞。同时中国又被视为国家和社会类型特殊的亚洲国家,自然有权选择独特的发展道路。然而时有意见认为中国目前的选择是暂时的,此后它必然转型为"文明""现代"和"市场化"社会,这同公认已走下历史舞台的社会主义相对立,与自由化的西方社会相一致。然而随着改革不断取得成功,无论是从社会主义发展的角度出发,还是从文明多样化的角度出发,中国都逐渐成为有别于西方普世模式的选择。

1991年后,对于相当一部分汉学家,尤其是老一代学者而言,中国成为了社会主义最后的,也是最主要的象征,它需要得到社会主义理论的支持和庇护,也需要为其国内经济改革寻求理论支撑。俄罗斯国内社会主义的支持者紧跟中国实践,追踪中共的文件和各类中国作者的著作。这些材料的叙述都较为概括,贯穿着马克思主义观念和范畴体系,体现出发展生产力的倾向(该倾向源于中共在当时提出的任务)以及最后一点,在经济落后的背景下对中国文化和文明的认识不足。它们的优点在于:希望在1949年后制定统一的发展路线并明确社会主义体制内改革的客观必要性和历史局限性,这些内容精确地反映了社会经济进程的现状、方向以及它同过去的联系。从20世纪50年代开始,中共领导层围绕发展道路问题有过争论,一系列政策变动正是这种争论的延续。总的来说,中国

---

[1] Бутенко А. П. Вместо предисловия // Тригубенко М. Е. Азиатский «синдром» социализма. М., 1991. С. 5.

[2] Тригубенко М. Е. Азиатский «синдром» социализма. М., 1991. С. 12, 13.

在变化中的定位仍十分明确。这在20世纪80年代邓小平、陈云及其他老一代领导人执掌政权时体现得尤其明显。马克思主义范畴体系足够精确地反映了中国社会政治生活的现实情况,学者们也充分利用了马克思主义范畴体系的优点。

中国领导层所进行的改革从恢复马克思列宁主义原貌开始,否定了唯意志论和经济决定论。"大跃进"和"文化大革命"期间走弯路的原因被解释为追求跨越式发展,在贫穷中走向共产主义,实现"贫穷社会主义"的愿望①。因此现行的经济改革、商品经济还有此后的市场经济都被研究者们视为来自资本主义的必需课程和朝自然历史发展之路的回归,这在内涵上与列宁时期的新经济政策相似。

根据В.И.列宁的社会主义发展理论,中国的社会主义发展可分为两个阶段:在第一阶段推行社会主义改革,确立新的生产关系;在第二阶段全面发展生产力。根据这一划分原则,中国已经在1956年完成了第一阶段,"进入了社会主义",并在当时的生产关系中逐步形成了现代物质技术基础,第二阶段于此后开始。社会学家们采用了中国官方文件中的说法,将中国的发展现状称为"社会主义初级阶段","不完全社会主义",当生产关系发展水平符合生产力水平时,向完全社会主义过渡②。

社会主义初级阶段内部又分为两个阶段:从1956年起,确立社会主义生产关系;1978年后进行社会主义现代化,使生产关系发展符合生产力水平③。社会主义初级阶段的第二阶段会持续到21世纪中叶,为寻找和试验新的过渡形式带来很多机遇,也为社会主义的全球复兴带来希望。社会主义不再是僵化的教条,它重新成为了无论是理论上还是实践上都不断发展的体系。这一切都是承认社会主义具有多种发展模式的理据④。

---

① Сидихменов В. Я. Эволюция представлений о социализме в КНР (1953—1994 гг.) // ИБ ИДВ РАН. М., 1996. No 12. С. 134—135.

② Сидихменов В. Я. Эволюция представлений о социализме в КНР (1953—1994 гг.). С. 137. Такая периодизация не была общепризнанной: и после 1956 г. Китай был «обществом переходного периода». См.: Пивоварова Э. П. Строительство социализма с китайской спецификой. Поиск пути. М., 1992. С. 292.

③ Сидихменов В. Я. Эволюция представлений о социализме в КНР (1953—1994 гг.). С. 139.

④ Там же. С 165.

第九章　俄罗斯汉学界关于中国现代化诸问题及其发展模式的研究 | 331

　　重归老路要求特别的历史逻辑和相应的理论,正是这种情况促使俄罗斯理论专家们承认这一范畴,或者按照当时习惯的叫法,"建设有中国特色的社会主义"。在本坐标体系中这一观念似乎是针对过去几十年社会主义建设所犯错误的必然反应。中方所选择的解释也很合理:经济落后(物质技术基础薄弱),自然和人口条件存在局限(耕地少、人口多)。从马克思主义的角度看,这些解释都具有合理性,因为其"普遍真理"并未被推翻。中共十三大通过的"社会主义初级阶段"理论确立并发展了这一路线,从历史和社会经济因素出发,更清晰地界定了中国特色,因此中国的社会主义"与诞生于资本主义社会的社会主义有很大区别"①。

　　根据这些概念,关于多种所有制形式、计划和市场的关系、商品经济甚至市场经济的问题得到了解决。社会主义和资本主义在该体系中仍有斗争空间,而这正符合有关社会主义体制建设规则的经典概念②。中国共产党执政及其同"资产阶级自由化"毫不妥协的斗争都是坚持社会主义道路的可靠保证。尽管社会主义在苏联遭遇了失败,社会主义的理念和体制仍然存在并不断发展,在基本保持历史原貌的同时又有少许修正。

　　还有一些著述得出了完全相反的结论。有的社会学专家并不专门研究中国,他们探索中国经验的目的在于为自己的论断补充论据,将中国纳入普适规则,使其按照全社会通行的法则运转。这类专家的著作具有一个共性特点:对中国的历史和现实认识不够,既有模型高于事实,其目的并非研究中国经验,而是生搬硬套西欧的理论模型和解释机制③。这些学者将自己对中欧和东南欧各国国内大事的理解"投射"到了包括中国在内的亚洲国家上④。

　　然而有一点必须承认,大部分著书立说、研究中国的学者并未持有很极端的观点,他们希望从中国的各项变革中找到渐进式发展的证明,然而在这一阶段他们往往没有勇气跳出"社会主义和资本主义"二元对立的

---

① Сидихменов В. Я. Эволюция представлений о социализме в КНР (1953—1994 гг.). С. 140.

② Там же. С. 164.

③ См., например, утверждение: «Все страны Азии в прошлом являлись зависимыми, лишенными своей государственности»; Тригубенко М. Е. Азиатский «синдром» социализма. С. 29.

④ Бутенко А. Вместо предисловия // Тригубенко М. Е. Азиатский «синдром» социализма. С. 10.

限制。

提及中国发展模式改革的开端,有必要明确改革初期的特点。总是有人运用马克思主义理论术语将中国国内的社会经济体制界定为"国家社会主义","社会主义初始阶段","斯大林模式"①。苏联和中国社会经济体制的相似性毋庸置疑。"尽管在发展之初中国就有很多地方异于苏联,但仍需承认,中国建设'社会主义'的路线基本上遵循了苏联创造并发展起来的路子"②。

这是一种高度集中的计划分配体制,国有制占垄断地位,共产党通过行政命令对其进行全面监管。改革初期,该体制在中国几乎就是稍作改动的苏联社会主义模式,大部分研究者都认同这一点。中国当时所面临的问题和矛盾与苏联当年是一样的:经济政策严格服从政治目的,发展粗放,几乎完全忽视了生产率因素,劳动力资源极度浪费等等③。这一切都说明中国迟早会像苏联一样,陷入需要推行全面社会经济改革的境地,"必须转向市场,废止行政实际管控的制度"④。

划分改革阶段是分析的第二个必备要素。推行改革时在中国共有两方面的理论探索,分别体现在"社会主义初级阶段"和"建设有中国特色社会主义"这两大平行发展的理论中。"前者关注过渡时期理论构想的缺陷,即马克思主义的'空白',后者则关注中国发展的特殊性⑤。"

所有变革的起点是中共第十一届中央委员会第三次全体会议(1978年)以及紧随其后的经济改革。这次改革改变了"历史发展的方向"⑥,

---

① Гашин Г. А. Экономика КНР: реформа и развитие. Эволюция социально-экономического эксперимента. С. 12. Китай заимствовал сталинскую модель социализма. Портяков В. Я. Экономическая политика Китая в эпоху Дэн Сяопина. С. 49.

② Гашин Г. А. Экономика КНР: реформа и развитие. Эволюция социально-экономического эксперимента. С. 12. В 1950-е г. КНР выбрала советскую модель развития.

③ Гашин Г. А. Экономика КНР: реформа и развитие. Эволюция социально-экономического эксперимента. С. 12. В 1950-е г. КНР выбрала советскую модель развития. С. 17.

④ Кондрашова Л., Корнейчук Н. КНР: реформа и региональная экономическая политика // ИМЭПИ РАН. М., 1998. С. 133.; Титаренко М. Л. Россия и Восточная Азия.: вопросы международных и межцивилизационных отношений. М., 1994. С. 232, 234, 243.

⑤ Виноградов А. В. Социализм или китайская специфика // IV МНК ККЦи: тез. Докл. М., 1993. С. 100.

⑥ Гашин Г. А. Экономика КНР: реформа и развитие. Эволюция социально-экономического эксперимента. С. 4.

第九章　俄罗斯汉学界关于中国现代化诸问题及其发展模式的研究 | 333

"中国社会经济发展的基本战略再次成型"①，开启了"向社会经济和政治发展新战略的过渡"②。中共第十二届全国代表大会成为了第二个转折点，宣布了建设有中国特色社会主义的构想。中共第十二届中央委员会第三次全体会议（1984年）则标志着全面改革时期的来临。

中共第十三届代表大会提出了中国社会发展模式转变的总纲，这是统一思想的关键点。首先，其重要性体现在对经济的关注上：中国必须经历长期的初级发展阶段，从而实现生产的工业化和现代化，使生产关系符合生产力发展的要求；其次，在中央委员会总结报告中首次谈及推行"政治体制改革"的必要性。中共第十三届代表大会所提出的问题和做出的决议与苏联的改革试验极其相似，是其直接延续，却更加成功。1992年又是一个关键点，中国拉开了建设社会主义市场经济的序幕。

俄罗斯汉学家不断研究中国的官方文件，认为其经济改革的意义在于为扩大生产力提供必要条件，促进产能的快速、稳定增长，提高人民生活水平。据此，有观点指出20世纪80年代的中国没有放弃社会主义，只是"践行社会主义理想的方式发生了重大改变"，这种改变首先体现在对各类与传统社会主义观念相背离的经济活动形式的运用上③。经济体制改革的目的是创造"服务社会且由国家进行调控的社会主义市场经济"④。

在此期间产生了一个必须获得解答的原则性问题：中国的发展模式和目标是否特殊？该问题提出的依据是"全面更新当代世界的社会主义概念"⑤。为此，需要"明确新的社会经济模式当中什么是符合'市场经济'概念的，'社会主义'这一概念又包含了怎样的意义，二者应如何'有机的结合'"⑥。对待政治改革的态度是解答该问题时必须考虑的因素

---

① Пивоварова Э. П. Строительство социализма с китайской спецификой. Поиск пути. С. 19.
② Титаренко М. Л. Россия и Восточная Азия. С. 239.
③ Пивоварова Э. П. Строительство социализма с китайской спецификой. Поиск пути. С. 310, 54.
④ Пивоварова Э. П. Социализм с китайской спецификой: Итоги теоретического и практического поиска. М., 1999. С. 252.
⑤ Пивоварова Э. П. Строительство социализма с китайской спецификой. Поиск пути. С. 71.
⑥ Гашин Г. А. Экономика КНР: реформа и развитие. Эволюция социально-экономического эксперимента. С. 208.

之一。

对改革终点的界定是第二个重要因素,关于这个问题也没有形成统一意见。中国没有建立某种"与其他国家不同的、完全稳定的'市场社会主义'类型",这是对"中国式政治宣传标语"不加鉴别的理解,目的是"掩盖事物的真实状况以及事态的真实发展"。学界普遍认为,所有主要的基础经济进程在中国都将得到发展,这是"任何处于市场化过渡期的现代经济体应该具备的典型特征"。现代化的中国不会推翻,"而只会以具有民族特色的形式证明这种普遍真理"①。中国"不会颠覆私有制体系以及民主多元财产关系的形成过程"②。

也许只有从中华文明发展的角度给出的评价才能调解当前体系中所存在的经济基础与上层建筑的内部矛盾,并将该体系视为极具生命力的发展模式。然而此处探讨的并非西方理解中的中国的发展模式,而是中华文明的模式,因此有意见认为可以采用全新的方法论。有人声称:"不能接受将国家划分为资本主义和社会主义的方法,尤其是亚洲国家更不能如此分类"③,现代化与文明和社会文化息息相关,不能将其简单归结为各种技术参数④。

中国的现代化在 20 世纪 90 年代中期以前就已经逐渐得到普遍承认,中国特色已不局限于社会主义,它获得了独立,成为了中国式发展的本质特征。

有人认为"亚洲四小龙"的改革与中国改革并不相同,因为它们比中国小太多,而且是"另一种体制,其政治和意识形态平台都不相同"⑤。这种观点如今已经逐渐失色,与之相反的另一观点正愈发流行起来,认为中国的改革同韩国、新加坡等"儒文化国家和地区"的改革类似⑥。

有很多著述在描写现代中国时已经跳出了传统社会经济观念的藩

---

① Карлусов В. В. Частное предпринимательство в Китае. С. 279—280.
② Там же. С. 261.
③ Буров В. Г. Модернизация тайваньского общества. С. 210.
④ Там же. С. 4—5.
⑤ Ганшин Г. А. Экономика КНР: реформа и развитие. Эволюция социально-экономического эксперимента. С. 105.
⑥ См., например: Буров В. Г. Модернизация тайваньского общества. С. 194, 205; Портяков В. Я. Экономическая политика Китая в эпоху Дэн Сяопина. С. 106, 210; Титаренко М. Л. Китай: цивилизация и реформы. С. 12.

篱。中国的文化并未受到损伤,而社会经济因素在当前发展阶段的重要性日渐凸显。"中国的改革开放绝不是新中国历史上的停顿或分界点,更不是大变革或社会结构的改变;这仅仅是工业化领域的积累期,是工业化发展的接续阶段;从精神层面来看,这种历史发展阶段间的继承性显得更为突出"①,中国的文化历史优势"决定了改革发展的总体方向"②。

中国在 20 世纪最后 20 年的发展经验让人们提出了关于"亚太地区发展标准"的问题,东方的现代化被描述成"东西方文明相互影响"③的过程。"传统社会现代化的基础不仅仅是借鉴自西方的价值观,还包括西方技术统治主义文化和东方精神文明传统的结合的同时,保留了民族文化的相似性和文明的独特性"④。

二 21 世纪初俄罗斯的汉学研究

现代化发展的新阶段对更适合的发展模式的探索

21 世纪初是中国社会历史发展进程中的自然分水岭。借用 М. С. 卡皮察的著名公式"两个十年——两种汉学",可将俄罗斯汉学研究中关于中国现代化发展模式的研究史分为两个时期。这种划分是诸多条件作用的结果:过渡时期持续了十年,这也正是叶利钦执政的十年;过渡时期结束之后,新任领导人们迅速表明,是时候巩固政权、整顿经济和管理国家秩序了,不仅如此,探索符合俄罗斯历史、文化和社会经济形势的发展模式也应提上日程,要避免政治局势的影响,不能照搬照抄西方自由化经验。虽非立竿见影,但这些变化仍然为研究中国现代化经验提供了良好的外部环境并指明了方向。中国改革取得了成功而俄罗斯改革遭遇了失败,毫无疑问,迥然不同的改革结果是促使人们开始关注中国的另一个原因。21 世纪初中国改革的成功有很多体现:稳定、高速的经济增长,大量社会经济问题的解决取得了长足进展,成功应对了全球化带来的挑战等——一些人还曾预言或担心过中国会无力应对这些挑战。最近二十年

---

① Галенович Ю. М. К вопросу о национальном самосознании китайцев в конце XX в. С. 45.

② Гельбрас В. Китай после Дэн Сяопина: проблемы устойчивого развития // Полис. М., 1995. No 1. С. 29-39.

③ Титаренко М. Л. Россия и Восточная Азия. Сю 10, 25.

④ Титаренко М. Л. Китай: цивилизация и реформы. С. 11-12.

的俄罗斯研究中,与中国改革的对比已经成为必然。

中国成功融入世界经济体系,这代表着国际社会对中国经验的承认,其意义非同寻常。此后中国加入世贸组织,经济增速提高,GDP 总量的世界排名也得到提升。对中国改革成果的态度转变首先体现在2004年雷默提出的"北京共识"中,它与"华盛顿共识"针锋相对,否定了国际货币基金组织关于经济自由化的建议,代表了对很多发展中国家有着巨大吸引力的经济发展模式和社会问题解决方案。"金砖国家"组成之后中国获得了更多的关注。该组织提出了与西方发展模式不同的历史和社会经济道路。涉及 G2 和"中美"前景的争论,同样也是进行广泛对比的缘由。20 世纪90 年代的萧条期过后,到了21 世纪初,新现实终于走进汉学家的视野,他们开始努力从全新的角度描述它。

这些因素导致涉及中国改革及改革成果的文献迅速增多。世纪之交时关于中国的文献已多得让人头晕目眩,很难在其中找到真正专业且有见地的文章和思想。在俄罗斯,歪曲汉学的趋势很强,尤其是涉及一些普遍问题的时候。成百上千人在自己所发表的评论、科研、科普和伪科研文章中散布了针对中国的论断,这些论断都不全面、割裂且毫无专业性,民众对中国的看法也是如此。政治局势的影响,承袭自苏联时期的意识形态偏好等也经常为这些人的无知无识推波助澜,关于中国的信息也经常"不深入、片面且随大流"①。事实证明,判断针对中国经验的研究是否专业,其最严格的标准之一是对汉语文献的引证。尽管英文译本逐渐增多,然而资深的汉学研究者都十分清楚,无论英文译文还是其他语言的译文都并不准确。例如"和谐社会主义社会"经常被翻译成"和谐社会",这必然导致意义的扭曲。

然而在这一时期更多的非汉学领域学者——经济学家、社会学家、政治学家以及其他从事社会科学研究的学者开始关注中国,这丝毫不让人惊讶。某些社会学者尝试通过与汉学者合著的方式来弥补对中国国内现实认识的不足②。但是这种联合作业的实践方式并未得到推广。学界对

---

① Буров В. Г. Китай и китайцы глазами российского ученого. М., 2000. Сю 3 – 4. Автору самому пришлось редактировать текст, который начинался словами «о Китае теперь пишут, кажется, все».

② См., например: Хабибулин А. Г., Шахрай С. М., Синьюй Я. Модернизация государства и права на современном этапе: российско-китайский взгляд//Гос. НИИ системного анализа Счетной Палаты Российской Федерации. М., 2006. С. 208.

中国问题的巨大兴趣体现在一系列著作中。俄罗斯科学院哲学研究所翻译并出版了何传启编著的《中国现代化报告概要(2001—2010)》①。俄罗斯科学院世界经济与国际关系研究所现代化和发展问题中心完成了由 B. Г. 何洛斯(В. Г. Хорос)主编的专著《中国文明》。俄罗斯科学院欧洲研究所在 Т. Т. 季莫菲耶夫(Т. Т. Тимофеев)的倡议下举办了多次文明研究学会会议,探讨关于现代中国社会经济、政治模型和文明发展的问题②。

在西伯利亚、远东及其他地区积极成立了多个区域性汉学中心,独立的汉学学派正在形成,其特点是细致、详尽地研究汉语文本。然而这些学派暂时还无法满足当地汉学研究的潜能和兴趣。有理由认为,这一缺憾很快就会得到弥补,在俄罗斯东部会形成一批新的,不亚于位于首都的汉学中心。

获得广泛的国际承认对专家学者们来说很重要,可这并非深入研究中国经验最主要的原因。与大部分旁观者不同,国外汉学家所知的不仅是改革那光鲜亮丽的表面,还包括其深层原因及成功的具体细节。从 21 世纪初开始,中国步入了新的发展阶段,因为在社会生活中"接下来推行同样激进变革的可能性……远未消失"③。2002 年开始执政的新一代中国领导人是改变既有发展模式的先决条件,而汉学家在了解中国改革的起源、成就和失误之后,又有了分析中国改革阶段性成果的理由。

2000 年后面世的专著以及诸多综合性、概括性的著述详细分析了改革的经验和在具体领域所推行改革的理论和实践模型④。荣获俄联邦国

---

① Обзорный доклад о модернизации в мире и Китае.（2001—2010）/Под ред. Хэ Чуаньци. М., 2011.

② См.: Альманах. Вызовы XXI в. На переломе. М., 2007; Альманах. Форум—2008. Новое в междисциплинарных исследованиях и дебатах. М., 2008; Альманах. Форум—2009. Цивилизационные и национальные проблемы и национальные проблемы в кризисных условиях. М., 2009; и др.

③ Бергер Я. М. Экономическая стратегия Китая. М., 2009. С. 31.

④ Бони Л. Д. Китайская деревня на пути к рынку. М., 2005; Муромцева З. А. Китайская Народная Республика: путь к индустриализации нового типа. М., 2009; Смирнов Д. А. Идейно-политические аспекты модернизации Китая: от Мао Цзэдуна к Дэн Сяопину. М., 2007; Современное право КНР (Обзор законодательства) / Сост. и ред. Л. М. Гудошников, П. В. Трощинский. М., 2012.

家奖的六卷本《中国精神文化大典》①、十卷本《中国历史,从远古到 21 世纪初》②酝酿于当时绝非偶然。需要指出的是,《大典》和逐卷问世的《中国历史》都展现了一个国家文明和历史发展的广阔画卷,同时又为重新理解和审视中国历史奠定了基础,而这些任务在一般情况下更多由个别的作者和专著来完成。

概括并总结了丰富的实际材料后,汉学家们对一系列重大问题的看法已臻成熟,在没有意识形态阻碍的大环境下开始出版广泛研究现代中国问题的著作。"模型"的概念反映了与中国式发展道路相关的思考,它在意识形态上趋于中性,获得了日益广泛的承认。"现代化"的概念与其十分相似,发生在中国的变革具有重大历史意义。"现代化"这一术语同社会主义和资本主义的标准概念都不重叠,它的出现极合时宜,获得了最广泛的运用。与中国国内现代化有关的论文一般都是中国共产党"四个现代化"方针的直接延续,同现代化理论几乎无关③。

将中国发展同社会主义相关联的传统在过去十年占据主导,至今依然拥护者众多,只是其观点已经出现了新的变化。他们继续使用社会主义和马克思主义科学的概念体系来描绘中国,同时他们又承认,中国的改革试验以及对中国特色社会主义的理解都从根本上区别于此前社会主义建设的概念和实践。该观点的基础是马克思关于社会主义由乌托邦转向科学的论点,目前该转向"还远未完成"④。社会主义首先是发展生产力和保障社会平等,可借助市场来完成这些目标,市场具有支撑经济快速增长的功能,且与中共领导层和强调社会公平的社会主义原则十分"贴合"。

在承认市场积极作用的大背景下,针对市场经济同社会主义结合程度的问题仍然存在更为谨慎的评价。有研究者指出,1980 年到 1990 年间,中国国内自由化改革"有时显得幅度很大且时间仓促",包括"人民公

---

① Духовная культура Китая: энциклопедия. В 6 т. / Гл. ред. академик М. Л. Титаренко. М., 2006—2012.

② История Китая с древнейших времен до начала XXI в. В 10 т. / Гл. ред. серии академик С. Л. Тихвинский. Т. II, VII. М., 2013; Т. X. М., 2014.

③ Одними из первых работ, в которых рассматривается развитие Китая как модернизационный проект, стали монографии: Виноградов А. В. Китайская модель модернизации. Поиски новой идентичности. М., 2005; Кондрашова Л. И. Китай ищет свой путь. М., 2006.

④ Пивоварова Э. П. Социализм с китайской спецификой. М., 2011. С. 6.

社改革和大规模转向家庭联产承包责任制"在内,总体上促进了生产力的发展,提高了民生福祉,符合国内的社会经济和人口情况。然而1979年—1994年间,旨在建立市场关系的自由化改革并未满足改革者的主要期望。在中国建立的市场并未成为合理分配和使用资源的主要工具。相反,自由经营的扩散导致了大量重复建设和产能过剩,利润和工资收入下降,企业发展停滞,劳动生产率也未见提高①。因而可以认为,当前中国面临的任务不是建立自由市场,"而是要国家宏观调控,按劳分配,以公有制为主体,发展其他所有制形式,并以此为前提构建法制化的社会主义市场经济"。"向市场化模式转向并不意味着废除计划经济制度,只会在形式上进行变动"②。在这种情况下中国改革的成果不仅与转向市场有关,还涉及推行大规模工业化③。

推行激进的经济改革,废除陈旧的社会主义概念,这一切都取决于新的起点,此时"已开始重新建构基本战略",启用最初否定快速发展社会主义的那套社会经济发展纲要④。其新意在于将社会主义视为"非常稳定且独立的发展时期,分为多个独立阶段,因而会持续相当长的一段时间"⑤,该历史阶段的概念内涵据此得以确定:"在本阶段,所有传统意义上不属于社会主义的经济形式、分配形式等的发展可被视为构建社会主义文明时理应经过的道路","无论是在内涵还是期限上它都是资本主义阶段的替代品"⑥。在这一阶段,中国共产党不断发展多种所有制经济,巩固社会主义的物质和精神基础,强化国家所有制的主导作用⑦。

2000年后十年间中国国内思想和理论话语发生了变化,社会主义初

---

① Наумов И. Н. Стратегия экономического развития КНР в 1996—2020 гг. М., 2001. С. 149—150.

② Там же. С. 178—179.

③ Титаренко М. Л. Россия и ее азиатские партнеры в глобализирующемся мире: Стратегическое сотрудничество: проблемы и перспективы. М., 2012. С. 142. См. также: Наумов И. Н. Стратегия экономического развития КНР в 1996—2020 гг. С. 151; Островский А. В. Проблемы формирования и реализации стратегии экономического и социального развития Китая // Проблемы экономического роста и развития производительных сил в КНР. М., 2007. С. 10—12.

④ Пивоварова Э. П. Социализм с китайской спецификой. С. 323.

⑤ Там же. С. 305.

⑥ Пивоварова Э. П. Социализм с китайской спецификой. С. 307, 312.

⑦ Титаренко М. Л. Россия и ее азиатские партнеры в глобализирующемся мире: Стратегическое сотрудничество: проблемы и перспективы. С. 181.

级阶段得到确立,使得关于社会主义建设各阶段及其衡量标准的讨论退居到了学界视野的边缘,关于所有制形式、阶级和阶级斗争问题的讨论也逐渐丧失热度:中国"不再采用阶级斗争的范畴进行思维"①。社会主义模式的经典问题逐渐淡出,在其完全消失后,该模式的基础停留在了1960—1970年间发展起来的趋同发展理念上。

趋同理念获得广泛传播,反映了中国社会经济模型的过渡性特点,说明社会主义理念发生了巨大变化,明显开始接近生发于改革土壤中的"趋同理论""混合经济""制度主义"理念,而这些理念的基础是"聚合两种社会制度以及'社会监督生产'的必要性",此时各种水平的生产力,各种所有制和分配形式共存,引入了与"'多彩'经济基础相符的上层建筑"②,而"取自资本主义的市场经济有效性理念同保留自社会主义的劳动者保护理念相结合"③。与此同时,有意见认为社会主义市场经济的社会主义要素不仅包括对劳动者的保护措施,还包括维护企业家利益、保护其"免遭市场不良因素影响"的措施④。改革的社会主义性质还在于将市场因素引入经济体系所消耗的社会支出⑤。

总的来说,中国所走的道路"是对社会主义的'改良',使其在市场机制的特点上接近资本主义,但在商品关系主体的性质以及雇主和雇员间的利益联系等方面又存在区别"⑥,而中国社会主义市场经济"有理由成为本质上具有趋同性的特殊社会制度"⑦。

需要特别指出的是,中国社会制度的趋同性不仅与社会主义理论的变化及其向西方社会经济模型靠拢有关,还同中国的哲学传统有关:"资本主义和社会主义趋同共生"的基础是道家"合二而一"⑧的哲学。

---

① Пивоварова Э. П. Социализм с китайской спецификой. С. 323.
② Там же. С. 325.
③ Там же. С. 307, 312.
④ Титаренко М. Л. Россия и ее азиатские партнеры в глобализирующемся мире: Стратегическое сотрудничество: проблемы и перспективы. С. 194.
⑤ Кондрашова Л. И. Китай ищет свой путь. С. 222; Бони Л. Д. Китайская деревня на пути к рынку. С. 477—478.
⑥ Кондрашова Л. И. Китай ищет свой путь. С. 306.
⑦ Там же. С. 307.
⑧ Титаренко М. Л. Россия и ее азиатские партнеры в глобализирующемся мире: Стратегическое сотрудничество: проблемы и перспективы. С. 182.

第九章　俄罗斯汉学界关于中国现代化诸问题及其发展模式的研究 | 341

改革取得了成功,其特点除渐进性、继承性、依托实践外,还有目标准确,思想和战略排布周密,具有长期的阶段性计划①,能够及时中止②,用创造性思维制定发展战略,"充分利用自身优势,结合适合中国国情的他国改革经验"③,"动作迂回不蛮干,只修正而不损害现行体制,并非'替代',而是'共存'"④。维持公有制占优势的现状⑤,以强势、有知识、有干劲的领导集体为基础⑥,特别强调了"中国领导层将稍加改动的政治体制留存了下来"⑦。保留并"强化国家的作用"⑧被一致认为是中国向市场转型的主要经验。

2000 年后中国的社会经济情况发生了巨大的变化:由农村人口占大多数的农业国转变为城市人口占大多数的城市化国家,成为世界第二大经济体,成为第一工业和贸易大国、第三航天强国。这些成就完全符合旨在经济指标增长的初期改革目标。

发展速度领先世界,综合国力迅速增长,这一切促使对中国的评价指标发生变化,由意识形态指标转变为以经济指标(GDP 绝对值、人均 GDP 和经济结构等等)和社会指标(就业率、劳动力质量、饮食支出的费用占比和饮食中的蛋白质占比、寿命、社会保障体系等等)为主的数量指标。这些指标既用于资本主义的西方国家,又同样运用于社会主义中国,它们抹除了此前意识形态不同带来的差异。发展速度和社会经济发展所取得的一系列成就已强有力地证明中国模式的生命力和历史前景,意识形态方面经过充分论证的阶段优势便不再必要。分阶段建设社会主义被分阶段

---

① Титаренко М. Л. Россия и ее азиатские партнеры в глобализирующемся мире: Стратегическое сотрудничество: проблемы и перспективы. С. 166—167.

② Наумов И. Н. Стратегия экономического развития КНР в 1996—2020 гг. С. 26—27.

③ Бородич В. Ф. Проблемы трансформации политических систем России и Китая (конец XX—начало XXI в.): Опыт сравнительного анализа. М., 2008. С. 5.

④ Кондрашова Л. И. Китай ищет свой путь. С. 221.

⑤ Бони Л. Д. Китайская деревня на пути к рынку. С. 481.

⑥ Титаренко М. Л. Россия и ее азиатские партнеры в глобализирующемся мире: Стратегическое сотрудничество: проблемы и перспективы. С. 166, 167.

⑦ Бородич В. Ф. Проблемы трансформации политических систем России и Китая (конец XX—начало XXI в.): Опыт сравнительного анализа. М., 2008. С. 238.

⑧ Островский А. В. Китайская модель перехода к рыночной экономике. М., 2007. С. 27; Бони Л. Д. Китайская деревня на пути к рынку. С. 478; Наумов И. Н. Стратегия экономического развития КНР в 1996—2020 гг. С. 57, 191.

建成社会主义市场经济所取代,后者通常与经济改革的基本阶段相吻合①。

这一切使我们有必要研查中国经验,在评估时不仅要看推行改革时所用方法是否有效,还要看最终结果。研究显示,采用行政手段刺激经济增长,这种方式在市场化改革初期最为有效,然而此后"负面效果会超过正面作用"并固化粗放型增长模式②。此前中国模式中缺失了政治改革,如果这一点被认为是该模式的优势并带来了成功的经济改革,那么此后"政治改革的滞后"③开始受到关注。有结论认为总动员式的现代化模型已经"过时",应"利用新模式替代旧模式,以保证各基本领域的发展更均衡,使经济总体的发展更具稳定性"④,对中国社会和个人的综合发展和进步也更为有利⑤。新任务出现了,需要完成从增长模式向发展模式的转变。发展和经济增长之间的关系应用福利来衡量:"经济增长是数量指标,反映总产量和人均产量数额的增长,经济发展是国民经济发生质变的过程",是"经济增长后居民福利的变化"⑥。

在这些条件下,汉学家面临着新的任务:提出标准的现代化目标,这不是对已知的、特定的、先进的世界水平的模仿,而是寻求特定社会历史环境下的质量标准。"证明自身模式的生命力之后,中国的目标已不再是符合某具体范例或理论模型,而是制定可获得新认同的新型发展战略"⑦。有一种观点曾经占据了主流:中国推行现代化是为了建设物质文明、精神文明和政治文明高度发达的和谐社会⑧,是"传统西方自由主义发展模式的替代品"⑨。

---

① См.: Лапердина В. В. Экономический рост КНР: изменение модели развития. (1993—2009). М., 2011. С. 75—116; Кондрашова Л. И. Китай ищет свой путь. С. 160—161, 183—210.

② Бергер Я. М. Экономическая стратегия Китая. С. 9.

③ Кондрашова Л. И. Китай ищет свой путь. С. 271.

④ Бони Л. Д. Китайская деревня на пути к рынку. С. 486.

⑤ Бергер Я. М. Экономическая стратегия Китая С. 5.

⑥ Лапердина В. В. Экономический рост КНР: изменение модели развития. (1993—2009). С. 162, 167.

⑦ Виноградов А. В. Китайская модель модернизации. Поиски новой идентичности. С. 209.

⑧ Титаренко М. Л. Россия и ее азиатские партнеры в глобализирующемся мире: Стратегическое сотрудничество: проблемы и перспективы. С. 207.

⑨ Там же. С. 165.

强调改革唯一性的同时，俄罗斯研究者紧随汉学者之后，引介了中国改革的新目标："社会主义和谐社会""小康社会"，后者为建设和谐社会提供了机会，不必重复西方现代化之路，其中还包含了之前已经申明过的建设强大国家的理念。于是中国开始向传统回归，寻求"国强民富"①。

上述所有特点都促使俄罗斯研究者相信，中国改革并不局限于变更社会主义建设的概念，也不局限于改变构建自由市场经济和民主政治体制的概念。制定自身特有范畴体系的第一步便是区分概念，包括区分对改革手段、发展战略及改革成效的理解，辨明了"转向"同"改革"的差异②，经济体系的改革被认为是实现现代化目标的工具③，"现代化""改革""发展战略"④的概念被区别开来，发展模式获得了全面界定，"中国模式"⑤的特点也得到了总结。

中国经验如此独特，以至于针对它的评价也斩钉截铁："……中国经济和管理的特点未必可以被归结为一种模式，也未必能轻易在其他发展中或处于过渡期的国家内推广，因此中国经验原则上是反模式的（复合模式的）"⑥。

比较研究仍然是认识中国社会经济和政治变化的工具。评价中国改革成果和判定中国发展模式是否成熟时，主要参照点仍然是俄罗斯、东亚国家以及其他曾经的东欧社会主义国家⑦。中国和俄罗斯改革差异的原因在于，虽然二者拥有相似的社会主义发展定位，却选择了迥异的改革方向。

在中国、西方和俄罗斯十分流行预测中国发展的前景，这要得益于其

---

① Бергер Я. М. Экономическая стратегия Китая. С. 23；Кондрашова Л. И. Китай ищет свой путь. С. 245.

② Островский А. В. Китайская модель перехода к рыночной экономике. М.，2007. С. 174.

③ Портяков В. Я. От Цзян Цзэминя к Ху Цзиньтао：Китайская Народная Республика в начале XXI в. М.，2006. С. 222.

④ Кондрашова Л. И. Китай ищет свой путь. С. 55，143，180.

⑤ Портяков В. Я. От Цзян Цзэминя к Ху Цзиньтао：Китайская Народная Республика в начале XXI в. М.，2006. С. 224.

⑥ Салицкий А. И.，Таций В. В. Китайский опыт：сравнительные аспекты и значения //《Третий мир》полвека спустя. М.，2013. С. 225.

⑦ См.，например：Бутенко А. П. Неравномерность развития и историческое забегание：Сравнительный анализ развития СССР，России，Китая и Вьетнама. М.，2000；Бородич В. Ф. Проблемы трансформации

经济的快速增长①。尽管取得了公认的成就,对中国发展前景的评估仍非常谨慎。中国国内改革被比作大范围的社会经济实验,持续时间长且结果"不可预测"②或"不确定"③。如此评价的首要原因在于中国并未完全转向市场模式④。中国社会经济和政治模式独特新颖,引发的评价也各不相同:有人认为从传统社会向现代社会转变时中国只能"在这一普遍趋势中引入符合自身民族特征的典型特点"⑤,也有人断言中国的探索是"冲击全新社会类型的尝试"⑥。

各种意见莫衷一是,其主要原因在于西方学界至今未能拿出一套可以圆满解释中国的成功并预测其前景的理论⑦,其他原因还包括"现在既没有纯社会主义模式,也没有纯资本主义模式"⑧。中国社会的过渡性拓宽了中国问题的影响范围,使其不再是独属汉学家们的辩题。例如中国GDP的增长基本靠农村,然而纵览整个现代经济发展史,经济增长都主要靠城市。GDP增量中75%来自农村,这说明中国的"工业化是在没有城市化的前提下进行的"⑨。

融合多种不同理论模型来描写中国发展的尝试只建立了最普通的框架,需要大量增补和修正,还需要各种明确表达出趋同发展的观点。这实质上沿用了对1949年前中国的定义模式,即"半殖民地、半封建"国家。这些界定无论是分开还是合并都不会增进对中国的理解。"半封建"和"半殖民地"的概念"互相不能兼容"⑩。缺乏能涵盖并解释改革后中国所具备特征的理论体系,使我们不得不继续采用"半、半"模式。结合各种西

---

① Среди них монографии: Кузык Б., Титаренко М. Китай-России-2050: стратегия соразвития. М., 2006; Портяков В. Перспективы дальнейшего возвышения Китая и его возможные геополитические последствия // ПДВ. 2013. No 2. С. 57—67. Интереса к этой проблеме добавили работы А. Maddison《*Chinese Economic Performance in the Long Run*》(Paris, 2007), Ху Аньгана《Чжунго—2030》(Китай—2030)(Пекин, 2011).

② Кодрашова Л. И. Китай ищет свой путь. С. 223.

③ Бергер Я. М. Экономическая стратегия Китая. С. 44.

④ Бони Л. Д. Китайская деревня на пути к рынку. С. 389; Бергер Я. М. Экономическая стратегия Китая. С. 59.

⑤ Бергер Я. М. Экономическая стратегия Китая. С. 44.

⑥ Кондрашова Л. И. Китайищетсвойпуть. С. 315.

⑦ Бергер Я. М. Экономическая стратегия Китая. С. 57.

⑧ Кондрашова Л. И. Китай ищет свой путь. С. 303.

⑨ Бони Л. Д. Китайская деревня на пути к рынку. С. 407.

⑩ Кондрашова Л. И. Китай ищет свой путь. С. 275.

方理论,甚至加入"小康"等传统中式概念都很难完整体现中国同西方世界的差异。

汉学家要成功建立一套专门的概念体系和解释机制,可能需要同哲学、经济学及其他社会科学的研究者通力合作。因此在分析中国模式时不仅会从中国的现实出发,还会从以新方法论为基础的理论出发。现代化已不仅是传统社会向现代社会过渡的过程,还是"文明深度变化的形式","获得了新特性,要求在研究中使用新观点"①。在此过程中可将现代化分为两个阶段:第一个阶段同工业社会相关,第二个阶段同信息社会相关,每个阶段都有与之相应的标志和数量指标。放眼全球,现代化的两大阶段是平行发展的,构成了"整合性现代化"②。

为中国模式寻找理论阐释的过程中出现了很多新的著作,它们尝试使用新的方法论,首先是系统论来理解现代中国。在这一理论平台上,关于发展道路和社会结构的理论日趋成熟,否定了此前占据绝对优势的、关于建立新型进步社会的理念。变革中的现代社会类似拼接到一起的飞毯,它有效结合了传统和现代的特点,有能力将看似不可并存甚至相互对立的现象捏合到一起,催生出"市场社会主义"和"儒家资本主义"③等新概念。

在一系列新方法中需要特别强调制度主义模型理论,该理论对东方和西方国家的描写是一视同仁的。其支持者认为:"世界上存在着两种社会机制,其源初结构的特性各不相同……一类是中央集权的政治体制,等级划分明确,经济再分配机制(及其所有制形式)占主导,民众意识中以共产主义价值观为主,即以包含集体高于个人、整体高于部分等思想的价值观为主"。属于这种模型的国家有中国、俄罗斯、印度等等。另一类是"'自下而上'进行自我管理的联邦式政治体制,市场经济机制为主(即个体私有为主),民众意识中个人价值占主导",属于这种模型的国家有美国及西欧诸国④。

---

① Папин Н. И., Тусунян Г. А. Вступительное слово к русскому издание // Обзорный доклад о модернизации в мире и Китае (2001—2010). М., 2011. С. 8,7.

② Там же. С. 8—9.

③ Богатуров А. Д., Виноградов А. В. Модель равноположенного развития: варианты «Сберегающего» обновления // Полис. М., 1999. № 4. С. 61.

④ Кирдина С. Г., Кондрашова Л. И. Институциональный анализ китайской модели: теоретическая дискуссия и прогноз // ВНИ ИЭ. М., 2009. № 3. С. 33—34.

在这一时期,优秀的汉学著作已经摆脱了国别的桎梏,为社会学做出了特殊贡献,这与中国对世界发展做出的贡献是相符的。需要强调的是,中国进入新型社会的尝试仍然包含"乌托邦主义和意识形态的因素,需要科学看待,也需要接纳一系列结果无法预知的先进观点"[1]。总的来说,汉学家们都一致认为中国的探索能为"该国数量庞大的国民带来更有保障、更优渥的生活"[2]。

---

[1] Кондрашова Л. И. Китай идет совой путь. С. 315.
[2] Пивоварова Э. П. Социализм с китайской спецификой. С. 322.

结　语

《俄罗斯汉学的基本方向及其问题》是俄罗斯汉学界首部概述了20世纪90年代至21世纪头十年该领域学者研究成果的著作，基本涵盖了近几十年来俄罗斯汉学研究的主要内容①。对汉学发展的综合研究明确了其现状、成果和不足，也厘清了阻碍其在俄罗斯进一步发展的问题。研究者们颇费了一番苦功，不过结果令人深受鼓舞、十分满意。书中各类问题均有涉猎，充分反映了有争议的问题，对往昔鲜有人问津的问题亦有关照，陈述了阻滞科学研究向前推进的因素，对汉学的未来做了预测，参考俄苏汉学既有成就对一系列科研成果所做了评论，这一切都展示了科学研究正不断前行的广阔画卷。汉学的研究对象与其他文明不同，要理解中国文明，研究者须得长期准备并掌握汉语。多名学者指出，汉学的特点要求在制定与其相关的国家政策时设置一些附加原则。俄中关系在当代意义重大，已成为俄罗斯外交政策的前沿，而汉学的发展水平同俄中关系的状态相对应这一现象也受到关注。

---

① 正如之前所说，本研究并未完全反映俄罗斯汉学之重点研究方向的全部成果。针对近现代时期，包括改革开放时期诸问题的研究是我们关注的中心。20世纪90年代和21世纪初，对古代及中世纪中国的研究、对古汉语文本译文和评论的研究、对语言学的专门研究阐释了中华文明的形成过程，虽然这些内容在本专著的多个章节，特别是在引言和第六章有所体现，但是它们仍然需要特别关注，应单独对其进行专门研究。

概括说来，我们认为本书中所有讨论的结果都基本是正面的，汉学家们的具体分析也证明了这一点。结合新史料以及当代科学和政治的要求，每章中对继承性的研究和世纪之交才开创的新研究方向都有记述，因而所有新史料的特点都得到了充分呈现。对俄中关系相关的文件汇编令人印象深刻，事实也证明它们具有十分重大的现实意义。同样令人印象深刻的还有"共产国际研究"（коминтерноведение），它提供了关于苏中关系以及中国国内问题的珍贵信息。书中还展现了利用新档案材料修正历史学家此前评断的过程，这些评断涉及中俄关系的发展、现当代（首先是21世纪20至40年代中国革命时期的）中国政治史、国民党体制的特点、1949年以中国共产党为首的民主力量获胜的原因。

在系列著作中、在国际和国内会议的材料中、在大学教材和教参中都反映了汉学家对近现代中国史的关注。该方向获得特殊关注的原因在于它事关俄罗斯汉学的未来。

汉学研究中心基本集中在莫斯科、圣彼得堡和符拉迪沃斯托克，然而本书中所列述的大量相关研究并非出自这几个城市。目前，赤塔、库班（国立库班大学）、巴尔瑙尔、托木斯克、叶卡捷琳堡、车里雅宾斯克、喀山、乌兰乌德、伊尔库茨克等地的研究中心同样也以中国研究为特色，这也是俄罗斯高校和学界对华兴趣增长的标志。

然而汉学在21世纪头十年的飞速发展并未完全填补俄罗斯中国史研究中存在的空白。研究中国外交政策和俄中关系、研究中国政党的著作（近现代中国共产党、国民党及民主党派的历史）和各类参考书及百科全书、书写政治人物生平的作品等数不胜数。但与此同时，汉学家们仍然需要着力研究辛亥革命后的地方军阀主义、中华民国在"南京十年"以及抗日战争时期所施行的内政外交政策。一系列主客观原因导致中华人民共和国史中"文化大革命"及苏中关系（直到1986年两国和解前）问题、改革开放开始后的中国政治史等都没有得到充分研究。

本书还通过研究改革开放时期中国的政治和权力体系来拓宽中国政治史的内容，指出俄罗斯正是在20世纪90年代开始了对改革开放政策的全面研究。对该时期中国经济政治权力系统的研究、对共产党在中国政治改革过程中以及完善国家管理体系时所作所为的研究，构成了21世纪头十年多本大部头著述的基础。

正如专著中所言，俄罗斯历史学家详细探索了俄中关系的形式。

1996年的选举有利于发展平等互信的伙伴关系，2001年签署的《中俄睦邻友好合作条约》中专门列有相应条款。谈到两国互动的模式，专著撰写者们关注了历史学界所存在的不同视角。澄清历史文献中某些模棱两可的提法时，书中指出，两国间建立的战略伙伴关系仅次于盟友关系，在当代国际关系的大背景下它具有一系列优势。

在国际关系和中俄外交政策等领域，科研和实践间的联系最为明显。本书首次以明确的事实和证据为基础阐释了汉学在俄中关系积极发展进程中所起到的作用。颇具争议的俄罗斯中国移民问题、边境问题中的"痛点"和毗邻区域的关系特点等都得到了阐释。俄罗斯学者们以所做的广泛研究为基础，总结出了历史学中的主导性观点，认为俄罗斯社会中普通民众与中国移民的关系是和平而非紧张的。此观点有理有据，推翻了某些专家关于"中国威胁"无可避免的情绪在俄罗斯广泛流传的论断。专著得出结论，认为俄罗斯研究者对中国外交政策的最重要方向之一——同亚太地区的关系研究尚存不足，尽管该领域被俄罗斯专家认为是中国外交政策的核心。

十卷本《中国历史，从古代到21世纪初》开始出版（齐赫文斯基院士担任丛书主编）是汉学发展历程中的重要事件。2013年有两卷问世：第七卷：《中华民国：1912—1949》（历史学博士玛玛耶娃为责任编辑）和第二卷：《战国时期，秦汉帝国：公元前5世纪到公元3世纪》（历史学博士别列洛莫夫为责任编辑）；2014年出版了第五卷：《台湾、香港、澳门、海外华侨》（历史学博士古多什尼科夫和历史学副博士斯捷潘诺娃为责任编辑）。这三卷皆为俄罗斯科学院远东所编纂，除此还有两卷即将问世。十卷本《中国历史》面向非常广泛的读者群体，它介绍中国历史，增进俄中人民友谊。

拉开中国历史新纪元的经济改革一直都是从事经济领域研究的汉学家，特别是俄罗斯科学院远东所仔细研究的对象。远东所的经济学家从宏观和微观探查了中国经济发展的各种问题，跟踪了经济模式形成过程中的不同细节。无论是经济发展的总体战略、人口问题、财政政策、投资政策，还是各类具体问题都是他们研究的对象。所谓具体问题，主要涉及对国民经济各部门，如工业、农业、交通等领域。研究时学界走了一条从具体分析到抽象概括的路子，这种研究方法是恰当的，第五章中分析中国经济政策的研究也证明了这一点。特别强调一点，这些追踪中国经济政策细节的汉学家在 21 世纪初就指明了经济模式的新重点并对其进行了完整的阐述。他们认为经济政策的重点被转移到了追求高水平科技进步及发展军工综合体上。汉学家们认为这些领域在改造经济模式时占据了更重要的位置,正在逐渐成为中国创新政策的组成部分。中国有条件在 21 世纪提高经济实力和人民生活水平,经济学家们提出的这一观点得到了证实。

汉学界早在 18 世纪就开始研究此后成为中国精神生活基础的中国哲学,这是俄罗斯汉学历史和发展中的重要时刻。时至今日,翻译和研究中国哲学典籍至今都在中国哲学研究领域占据重要地位。修订译本以及为新译本添加注释仍然是俄罗斯科学院东方所、远东所、圣彼得堡东方文献研究院和圣彼得堡国立大学东方系的重要工作。

哲学对于中国精神生活而言意义重大。汉学中形成"哲学和中国文明""哲学和中国文化"等方向并非偶然。在 20 世纪 90 年代和 21 世纪头十年,从事哲学研究的汉学家开始关注新问题:全球化背景下的中国思想、儒家思想同新教的对比、新儒家的前景。汉学家们认为,儒家思想是中国人智慧的代表,而俄罗斯对儒学的研究在国际上处于最高水平。出版百科全书及各类参考图书是中国哲学研究领域最常见的形式。

后苏联时期中国哲学和宗教研究的重要方向还有:研究儒家思想在当代的作用;厘清中国传统思想在理论和方法论上的特点;研究新儒家的遗产;研究中西方文明交流背景下,现当代中国哲学的作用;研究中国现代宗教生活的各种实际体现。

在新千年意义最大,分量最重的成就是百科全书《中国精神文化大典》。

现当代俄罗斯汉学家在研究中令人信服地指出,文化、教育同哲学和宗教一样,在中国文明中占据了很显要的位置,为其增添了独特的色彩,对国民产生着强烈影响。俄罗斯汉学对教育领域的研究成绩斐然,创新力度很大,特别是对中俄两国教育系统现代化进程的二元对比。汉学家的创新还包括:跳出汉学的藩篱研究教育和文化,推出了运用比较教育学、教育经济学、教育社会学理论的著述。必须提到的还有民族心理学这一新方向的发展。关于中国文化的问题不做赘述,在相应章节里它已有系统性体现。我们注意到该领域的研究已经上升到了更高的级别,更具深度,涵盖了更多的原始材料,角度也更为多样。在哲学、文化和教育领域及其他本书涉及的领域,俄罗斯汉学所拥有的国际声望如此之大,以至于它本身也成为了科学研究的对象。

我们认为,文化和教育领域以及其他某些领域的著作基本都由老一辈俄罗斯专家完成,由此便产生了新老学者代际传承的问题。年轻的汉学家为数不多,要让汉学在今后维持现有水准,需要国家提供包括财政支持在内的各类支持。新老学人间的传承必须保持,要让老一辈汉学家能"及时"将知识传授给年轻一辈。

俄罗斯汉学的研究使其本身也成为了一名宣传者,传播着历经数百年积淀下来的关于中国的知识,同时不断吸引新的科研人才壮大自己的队伍。中国在这一领域的行动也十分积极,中国政府在世界各地设立孔子学院,贯彻落实吸引年轻人学习汉语和中国文化的政策。在当代中国的精神价值体系中语言地位崇高。汉语和汉字被认为是中国古代文明的载体,也是全球化背景下维持文化认同的保障。普通话在中国境外的传播符合中国2012—2020年语言文字发展纲要,也被认为是国家"软实力"的体现。

我们之前曾触及在俄中国移民问题,此问题在俄罗斯科学界和媒体界广受关注。汉学家更加积极地使用民调,显著提高了相关研究的科学性。对"中国威胁"现状的看法引起了社会的关注,本书第八章中对此下了系列结论,我们认为这些结论有理有据,为当前就这个问题的讨论画上了圆满的句号。结论如下:第一,俄罗斯人不反对中国公民在俄短期逗留,但反对中国人移民俄罗斯;第二,部分俄罗斯民众对"中国威胁"的担心与乐见俄中关系巩固发展的态度并行存在。

台湾问题研究在俄罗斯汉学界的地位十分重要。20世纪90年代初在俄罗斯已可自由开展台湾研究。更令人高兴的是,俄罗斯社会及科学界对台湾的兴趣仍在,俄罗斯媒体对台湾重视程度甚至超过了大部分亚洲国家的媒体。俄罗斯台湾研究的焦点一直是中国大陆与中国台湾省的关系问题。在进行史料研究时,台湾岛历史、政治和民主的发展等问题都得到了分析,俄罗斯坚定支持北京施行"一国两制"的立场亦得到清晰阐释,同时美国在两岸关系问题上所持的立场也是台湾研究者所关注的对象。

开始研究台湾之后,俄罗斯学者充分描绘了台湾问题的内涵要素,确定了台湾岛局势的发展趋势。俄罗斯专家的大部分预测是:台湾岛目前的局势会长期维持,中国政府在可预见的未来不会对台湾使用武力,经济一体化在两岸统一的进程中所起的作用会不断增长。

应当指出的是,中国现代化及发展模式的构建问题是汉学最有意思的领域之一。尽管历史学家、政治学家对其表现出了浓厚的兴趣,由于各种主客观原因,这个问题没有得到清晰的界定,也没有给出明确的答案。不过中国在发展之路上成就突出是事实。阐释中国的发展政策及前景很不容易,需要了解多学科知识,首先是历史学、社会学、经济学、政治学及法学等学科的知识。同时还需要了解当代中国的现实情况,经济模式、行政和政策系统的特点,社会和政治组织以及公民社会的构建特点等。该方向最多元化,也最具争议。正如本书中所提到的,政治学正在重新构建对本问题的认识,重新寻找新的研究方法来探索中国可能遵循的发展模式。

现代化不仅是从传统社会向现代社会的转变,还是人类文明的深刻变革,需要采用新的视角对其进行研究。我们区分出了现代化的新阶段:同工业社会相关的第一阶段和同信息社会相关的第二阶段。这两个阶段在全球平行发展,导致整合性现代化(интегрированная модернизация)现象的出现。一系列新问世的著作中尝试运用新方法,首先是系统论来审视当代中国的发展。运用系统论分析中国现实的结果就是不断变化的中国社会看起来像是传统与现代的结合,其特点是"市场社会主义"和"儒家资本主义"等现象共同存在、共同发展。新方法——体制矩阵理论(теория институциональных матриц)不断发展,利用该理论同样可以分析其他国家。关于中国现代化和发展模式特点的意见非常多样。正如本书第九章所述,研究此类问题的汉学家们态度比较乐观,因为实际情况也证明中国具备适应新现实的能力。

与俄罗斯之前的汉学研究成就相比,本书内每个俄罗斯汉学者所研究的方向都为俄罗斯20世纪90年代到21世纪初的汉学发展做出了不小的贡献。成体系的研究方法是从不同问题和角度绘制汉学基本图景的保障。即使采用非常严苛的标准来评价汉学的发展水平,我们仍可以自信地宣称俄罗斯汉学是稳定且向前发展的,全面涵盖了各类问题和方向,具有很高的水平。

正如大家所期待的,本专著不仅会引起国内外汉学家的关注,还会拥有更广阔的读者群体。中国及其他国家的学者很早就对俄罗斯汉学产生了极大的兴趣,因此无论是在东方还是在西方都有人渴望阅读本书。对于俄罗斯汉学界来说,本书有助于形成更系统的方法以全面研究中国这一俄罗斯的近邻和国际关系中举足轻重的主体。

本专著完全体现了俄罗斯科学院远东研究所(前身为苏联科学院汉学研究所,1956—1960)在俄罗斯汉学界所占据的领军地位。远东所在 2006 年庆祝了自己 50 周岁的生日,现在它已年近 60,仍在俄罗斯汉学的发展之路上不断取得新的成就。

缩略词列表

G2	—中、美二国集团
ISCP	—国际中国哲学会（International Society for Chinese Philosophy）
AAC	—《今日亚非》（杂志）«Азия и Африка сегодня»
АВПРИ	—俄罗斯帝国外交政策档案馆（Архив внешней политики Российской империи）
АВП РФ	—俄罗斯联邦外交政策档案馆（Архив внешней политики Российской Федерации）
АлтГУ	—阿尔泰国立大学（Алтайский государственный университет）
АмГУ	—阿穆尔国立大学（Амурский государственный университет）
АН СССР	—苏联科学院（Академия наук СССР）
АОН Китая	—中国社会科学院（Академия общественных наук Китая）
АП РФ	—俄罗斯联邦总统档案馆（Архив президента Российской Федерации）
АРАН	—俄罗斯科学院档案馆（Архив Российской Академии наук）
АРВМ	—内蒙古自治区（автономный район Внутренняя Монголия）
ASEAN	—东南亚国家联盟（Ассоциация государств Юго-Восточной Азии）
АТР	—亚太地区（Азиатско-Тихоокеанский регион）
АТЭС	—亚太经合组织（организация Азиатско-Тихоокеанского экономического сотрудничества）
БП	—《商业与政治》（杂志）（«Бизнес и политика»）

БРИКС	—金砖国家，由五个新兴国家组成的集团：巴西，俄罗斯，印度，中国，南非（группа из пяти быстроразвивающихся стран: Бразилия, Россия, Индия, Китай, Южно-Африканская Республика）
ВА	—《东方档案》(杂志)« Восточный архив »
ВАПД	—中国道教协会(Всекитайская ассоциация последователей даосизма)
ВБ	—《对外经济公报》(« Внешнеэкономический бюллетень »)
ВВП	—国内生产总值(внутренний валовой продукт)
ВВС	—空军(Военно-воздушные силы)
ВЗФЭИ	—全俄函授财经学院(Всероссийский заочный финансово-экономический институт)
ВИ	—《历史问题》(杂志)« Вопросы истории »
ВКП(б)	—全联盟共产党(布尔什维克)(Всесоюзная коммунистическая партия большевиков)
ВНИ	—《科学信息公报》(杂志)« Вестник научной информации »
ВНР	—匈牙利人民共和国(Венгерская Народная Республика)
ВОКС	—全苏对外文化协会 (Всесоюзное общество культурной связи с заграницей)
ВСНП	—全国人民代表大会(Всекитайское собрание народных представителей)
ВТО	—世界贸易组织(Всемирная торговая организация)
ВТС	—军事技术合作(Военно-техническое сотрудничество)
ВФ	—《哲学问题》(杂志)(« Вопросы философии »)
ВШЭ	—高等经济学院(Высшая школа экономики)
Вьетн.	—越南的(вьетнамский)
ГМД	—国民党[Гоминьдан (Национальная партия)]
Госсовет	—国务院(Государственный Совет)
Дальбюро ЦК РКП(б)	—联共(布)中央委员会远东局[Дальневосточное бюро ЦК РКП(б)]
ДВО МИД СССР	—苏联外交部远东司(Дальневосточный отдел Министерства иностранных дел СССР)
ДВО РАН	—俄罗斯科学院远东分院 (Дальневосточное отделение РАН)
ДВР	—远东共和国(Дальневосточная Республика)
ДиК	—《货币与信贷》(杂志)« Деньги и кредит »
ЕАК	—欧洲汉学学会(Европейская Ассоциация Китаеведения)
ЕС	—欧盟(Европейский Союз)
ЖЗЛ	—《名人生涯》丛书(серия « Жизнь замечательных людей »)
ЖМЖБ	—《人民日报》(« Жэньминь жибао »)

ЗабГУ	—后贝加尔国立大学（Забайкальский государственный университет）
ИБ ИДВ	—俄罗斯科学院远东所时事通讯（Информационный бюллетень ИДВ РАН）
ИВ РАН （АН СССР）	—俄罗斯科学院东方研究所（前苏联科学院）[Институт востоковедения РАН (АН СССР)]
ИДВ РАН （АН СССР）	—俄罗斯科学院远东研究所（前苏联科学院）[Институт Дальнего Востока РАН (АН СССР)]
ИККИ	—共产国际执行委员会（Исполнительный комитет Коммунистического Интернационала）
ИМ	—《信息材料》（杂志）（«Информационные материалы»）
ИМЭМО РАН	—俄罗斯科学院世界经济和国际关系研究所（Институт мировой экономики и международных отношений РАН）
ИМЭПИ РАН	—俄罗斯科学院国际经济与政治研究所（Институт международных экономических и политических исследований РАН）
ИНИОН РАН	—俄罗斯科学院社会科学科学情报研究所（Институт научной информации по общественным наукам РАН）
ИРИ РАН	—俄罗斯科学院俄罗斯历史研究所（Институт российской истории РАН）
ИСАА	—莫斯科国立大学亚非学院（Институт стран Азии и Африки при МГУ им. М. В. Ломоносова）
ИФ	—《哲学史》（杂志）（«История философии»）
ИЭ	—俄罗斯科学院经济所（Институт экономики РАН）
ИЭМСС АН СССР	—苏联科学院世界社会主义体系经济研究所（Институт экономики мировой социалистической системы Академии наук СССР）
КВЖД	—中东铁路（Китайско-Восточная железная дорога）
КИ (Коминтерн)	—共产国际（Коммунистический Интернационал）
КНР	—中华人民共和国（Китайская Народная Республика）
КПК	—中国共产党（Коммунистическая партия Китая）
КПСС	—苏联共产党（Коммунистическая партия Советского Союза）
КР	—中华人民共和国（Китайская Республика）
Культурол.	—文化学（культурологический）
КУТВ	—东方劳动者共产主义大学（Коммунистический университет трудящихся Востока）
КУТК	—中国劳动者共产主义大学（Коммунистический университет трудящихся Китая）
МВД СССР	—苏联内务部（Министерство внутренних дел СССР）

МВТ СССР	—苏联外贸部（Министерство внешней торговли СССР）
МВФ	—国际货币基金组织（Международный валютный фонд）
МГИМО(У)	—莫斯科国际关系学院（Московский государственный институт международных отношений）
МГППУ	—莫斯科市立心理师范大学（Московский городской психолого-педагогический университет）
МГУ	—莫斯科国立罗蒙诺索夫大学（Московский государственный университет им. М. В. Ломоносова）
МЖ	—《国际生活》(杂志)（«Международная жизнь»）
МИД	—外交部（Министерство иностранных дел）
МЛШ	—国际列宁学校（Международная ленинская школа）
МН	—《莫斯科新闻报》（«Московские новости»）
МНР	—蒙古人民共和国（Монгольская Народная Республика）
МНК ККЦиМ	—国际学术研讨会"中国、中国文明与世界：历史、当代、未来"（Международная научная конференция «Китай, китайская цивилизацияи мир: история, современность, перспективы»）
МО	—《国际关系》(杂志)（«Международные отношения»）
МПП	—小型政党（малые политические партии）
МэиМО	—《世界经济和国际关系》(杂志)（«Международная экономика и международные отношения»）
НАТО	—北约（Организация Северо-Атлантического договора）
НГ	—《独立报》（«Независимая газета»）
НИС	—新兴工业国家（новые индустриальные страны）
НКИД РСФСР	—苏联外交人民委员会（Народный комиссариат иностранных дел РСФСР）
ННИ	—现代与当代史(杂志)（«Новая и новейшая история»）
НОА	—人民解放军（Народно-освободительная армия）
НОАК	—中国人民解放军（Народно-освободительная армия Китая）
НПКСК	—中国人民政治协商会议（Народный политический консультативный совет Китая）
НРА	—国民政府国民革命军［Национально-революционная армия Национального（гоминьдановского）правительства］
НЭП	—新经济政策（новая экономическая политика）
НЭС	—社会主义初级阶段（начальный этап социализма）
ОГК	—中国的社会与国家(会议)（«Общество и государство в Китае»）
ОМС ИККИ	—共产国际执行委员会国际合作部（Отдел международной связи

		ИККИ)
ПВ	—	《彼得堡东方学》(杂志)(«Петербургское востоковедение»)
Пг.	—	彼得格勒 (Петроград)
ПДВ	—	《远东问题》(杂志)(«Проблемы Дальнего Востока»)
ПК	—	常务委员会 (Постоянный комитет)
ППС	—	平均购买力 (паритет покупательной способности)
Профинтерн	—	国际工会 (Интернационал профсоюзов)
ПЭ	—	《空间经济》(杂志)(«Пространственная экономика»)
РАН	—	俄罗斯科学院 (Российская академия наук)
РГАДА	—	俄罗斯国家古代条约档案馆 (Российский государственный архив древних актов)
РГАСПИ	—	俄罗斯国家社会政治历史档案馆 (Российский государственный архив социально-политической истории)
РГВА	—	俄罗斯国家军事档案馆 (Российский государственный военный архив)
РГГУ	—	俄罗斯国立人文大学 (Российский государственный гуманитарный университет)
РГНФ	—	俄罗斯人文科学基金 (Российский гуманитарный научный фонд)
РДМ	—	东正教使团 (Российская духовная миссия)
Ревбюро	—	革命局 (Революционное бюро)
РИК	—	俄罗斯，印度，中国 (Россия, Индия, Китай)
РККА	—	工农红军 (Рабоче-крестьянская Красная армия)
РКП(б)	—	俄共(布) (Российская коммунистическая партия большевиков)
РФ	—	俄罗斯联邦 (Российская Федерация)
РЭЖ	—	《俄罗斯经济杂志》(«Российский экономический журнал»)
СМ	—	《自由思想》(杂志)«Свободная мысль»
СМИ	—	大众媒体 (средства массовой информации)
СНП	—	人民代表大会 (Собрание народных представителей)
СО АН СССР	—	苏联科学院西伯利亚分院 (Сибирское отделение Академии наук СССР)
СО РАН	—	俄罗斯科学院西伯利亚分院 (Сибирское отделение РАН)
СП	—	合资企业 (совместное предприятие)
СПб	—	圣彼得堡 (Санкт-Петербург)
СПбГУ	—	圣彼得堡国立大学 (Санкт-Петербургский государственный университет)
СРВ	—	越南社会主义共和国 (Социалистическая Республика Вьетнам)
СССР	—	苏维埃社会主义共和国联盟 (Союз Советских Социалистических

	Республик)
СУАР	—新疆维吾尔自治区（Синьцзян-Уйгурский автономный район）
СФРЮ	—南斯拉夫社会主义联邦共和国（Социалистическая Федеративная Республика Югославия）
США	—美利坚合众国（Соединенные Штаты Америки）
УРО	—乌拉尔分院（Уральское отделение）
ФиБ	—《金融和商业》(杂志)（«Финансы и бизнес»）
ФиК	—《金融和信贷》(杂志)（«Финансы и кредит»）
ЦК	—中央委员会（Центральный Комитет）
ЧССР	—捷克斯洛伐克苏维埃社会主义共和国（Чехословацкая Советская Социалистическая Республика）
ШОС	—上海合作组织（Шанхайская организация сотрудничества）
ЭИ	—《信息速递》(杂志)（«Экспресс информация»）
ЭКО	—《全俄经济杂志》（«Всероссийский экономический журнал»）
ЭП	—能源政策（Энергетическая политика）
ЮКОС	—1993—2007年间运营的俄罗斯石油公司（Российская нефтяная компания, существовавшая в 1993—2007 гг.）
ЮМЖД	—南满铁路（Южная Маньчжурская железная дорога）

人名对照表

А

Н. В. Абаев（Н. В. 阿巴耶夫）
Н. И. Аблова（Н. И. 阿布洛娃）
В. П. Абраменко（В. П. 阿布拉缅科）
Е. Ф. Авдокушин（Е. Ф. 阿夫多库申）
Г. М. Адибеков（Г. М. 阿基别科夫）
Ю. А. Азаренко（Ю. А. 阿扎伦卡）
Н. Азарова（Н. 阿扎罗娃）
Ай Сыци（艾思奇）
А. В. Акимов（А. В. 阿基莫夫）
Александр I（亚历山大一世）
М. В. Александрова（М. В. 亚历山德洛娃）
А. Г. Алексанян（А. Г. 阿列克沙扬）
С. Н. Алексахина（С. Н. 阿列克萨欣娜）
В. А. Алексеев（В. А. 阿列克谢耶夫）
В. М. Алексеев(阿理克）（В. М. 阿列克谢耶夫）
А. В. Аллаберт（А. В. 阿拉别尔特）
В. Б. Амиров（В. Б. 阿米罗夫）
С. М. Аникеева（С. М. 阿尼克耶娃）
А. Н. Анисимов（А. Н. 阿尼西莫夫）
Л. А. Аносова（Л. А. 阿诺索娃）
В. И. Антонов（В. И. 安东诺夫）

Р. М. Асланов（Р. М. 阿斯兰诺夫）
Г. В. Астафьев（Г. В. 阿斯塔菲耶夫）
А. В. Афонасьева（А. В. 阿法纳西耶娃）
А. Ахматова（А. 阿赫玛托娃）
Н. Х. Ахметшин（Н. Х. 阿赫梅特申）

Б

Ба Цзинь（巴金）
Л. Бадалян（Л. 巴达良）
Е. П. Бажанов（Е. П. 巴扎诺夫）
Е. С. Баженова（Е. С. 巴仁诺娃）
П. Я. Бакланов（П. Я. 巴克兰诺夫）
В. И. Балакин（В. И. 巴拉金）
Э. В. Балашов（Э. В. 巴拉绍夫）
Н. Н. Бантыш-Каменский（Н. Н. 班蒂什—卡缅斯基）
Баньди（巴延泰）
А. Бардаль（А. 巴尔达尔）
К. М. Барский（К. М. 巴尔斯基）
В. Н. Барышников（В. Н. 巴雷什尼科夫）
М. И. Басманов（М. И. 巴斯曼诺夫）
Э. О. Батчаев（Э. О. 巴特恰耶夫）
Ф. Б. Белелюбский（Ф. Б. 别列留布斯基）

Е. А. Белов（Е. А. 别洛夫）
А. С. Беловая（А. С. 别洛瓦雅）
Г. П. Белоглазов（Г. П. 别洛格拉佐夫）
А. Э. Белогурова（А. Э. 别拉古罗娃）
В. Г. Белозерова（В. Г. 别洛杰罗娃）
С. Р. Белоусов（С. Р. 别洛乌索夫）
А. В. Беляков（А. В. 别利亚科夫）
А. Х. Бенкендорф（А. Х. 卞肯道尔夫）
Я. М. Бергер（Я. М. 别尔格尔）
Анри Бергсон（亨利·柏格森）
Л. А. Березный（Л. А. 别列兹内依）
Я. К. Берзин（Я. К. 别尔津）
Ю. И. Бернадский（Ю. И. 别尔那茨基）
Е. В. Бирюлин（Е. В. 毕柳林）
Н. Я. Бичурин(亚金甫)（Н. Я. 比丘林）
Е. П. Блаватская（Е. П. 布拉瓦特斯卡娅）
А. Ю. Блажкина（А. Ю. 布拉日基娜）
С. И. Блюмхен（С. И. 布柳姆亨）
В. К. Блюхер（В. К. 布柳赫尔）
Бо Ибо（薄一波）
Бо Цзюйи（白居易）
А. Д. Богатуров（А. Д. 博加图洛夫）
Д. В. Богомолов（Д. В. 鲍戈莫洛夫）
В. А. Богословский（В. А. 博戈斯洛夫斯基）
Бокль（巴克尔）
А. А. Бокщанин（А. А. 伯克夏宁）
А. В. Болятко（А. В. 博利亚特科）
Наполеон Бонапарт（拿破仑·波拿马）
Л. Д. Бони（Л. Д. 鲍尼）
Н. Е. Боревская（Н. Е. 鲍列夫斯卡娅）
А. Н. Бородавкин（А. Н. 博罗达夫金）
М. М. Бородин（М. М. 鲍罗廷）
В. Ф. Бородич（В. Ф. 波罗季奇）
Л. Н. Борох（Л. Н. 鲍洛赫）

О. Н. Борох（О. Н. 鲍洛赫）
В. Ф. Братищев（В. Ф. 勃拉季谢夫）
В. Брус（В. 布鲁斯）
Марк Брэй（马克·贝磊）
Е. В. Бубенцов（Е. В. 布彬措夫）
А. С. Бубнов（А. С. 布勃诺夫）
П. А. Буланже（П. А. 布朗热）
В. Г. Буров（В. Г. 布罗夫）
Н. И. Бухарин（Н. И. 布哈林）
Ф. С. Быков（Ф. С. 贝科夫）

В

Ван Би（王弼）
Ван Вэй（王维）
Ван Мин（王明）
Ван Хунвэнь（王洪文）
Ван Цзясян（王稼祥）
Ван Ци（王奇）
Ван Чуаньшань（王船山）
Ван Чун（王充）
Ван Ян-мин（王阳明）
В. И. Ванин（В. И. 王宁）
К. В. Васильев（К. В. 瓦西里耶夫）
Л. В. Васильев（Л. В. 瓦西里耶夫）
Л. С. Васильев（Л. С 瓦西里耶夫）
В. П. Васильев(王西里)（В. П. 瓦西里耶夫）
И. В. Вахрушин（И. В. 瓦赫鲁申）
В. А. Вельгус（В. А. 维尔古斯）
Б. Н. Верещагин（Б. Н. 维列夏金）
А. Л. Верченко（А. Л. 维尔琴科）
Н. И. Веселовский（Н. И. 维谢洛夫斯基）
А. В. Виноградов（А. В. 维诺格拉多夫）
А. О. Виноградов（А. О. 维诺格拉多夫）

Н. А. Виноградова（Н. А. 维诺格拉多娃）

Г. С. Витковская（Г. С. 维特科夫斯卡娅）

С. Л. Владиславичем-Рагузинский（С. Л. 符拉季斯拉维奇—拉古津斯基）

С. Н. Власов（С. Н. 弗拉索夫）

К. В. Внуков（К. В. 伏努科夫）

Г. Н. Войтинский（Г. Н. 沃伊津斯基）

Л. А. Волкова（Л. А. 沃尔科娃）

А. А. Волохова（А. А. 沃拉霍娃）

В. Я. Воробьев（В. Я. 沃罗比约夫）

Т. А. Воробьева（Т. А. 沃洛比约娃）

А. В. Воронцов（А. В. 沃龙佐夫）

О. Н. Воропаева（О. Н. 沃拉巴耶娃）

Д. Н. Воскресенский(华克生)（Д. Н. 沃斯克列先斯基）

С. Ю. Врадий（С. Ю. 弗拉季）

Вэнь Цзябао（温家宝）

Вэнь Цзянь（温健）

А. Р. Вяткин（А. Р. 维亚特金）

Р. В. Вяткин（Р. В. 维亚特金）

Г

И. В. Гайда（И. В. 盖伊达）

Е. Гайдар（Е. 盖达尔）

Ю. М. Галенович（Ю. М. 加列诺维奇）

В. П. Галицкий（В. П. 加利茨基）

В. Г. Ганшин（В. Г. 冈申）

Г. А. Ганшин（Г. А. 冈申）

Гао Ман（高莽）

Джеффри Гартен（杰弗里·加藤）

Ю. М. Гарушянц（Ю. М. 加卢尚茨）

Гегель（黑格尔）

В. Г. Гельбрас（В. Г. 格里布拉斯）

С. М. Георгиевский（С. М. 格奥尔吉耶夫斯基）

Т. Г. Герасимова（Т. Г. 格拉西莫娃）

Л. М. Гирич（Л. М. 基里奇）

В. И. Глунин（В. И. 格鲁宁）

О. Н. Глухарева（О. Н. 格鲁哈廖娃）

Го Можо（郭沫若）

Го Хэнъюй（郭恒钰）

Го Ширли（郭世丽）

В. Ц. Головачев（В. Ц. 戈洛瓦乔夫）

Л. И. Головачева（Л. И. 戈洛瓦契娃）

Ю. А. Головкин（Ю. А. 戈洛夫金）

И. С. Голубев（И. С. 格卢别夫）

К. И. Голыгина（К. И. 戈雷金娜）

С. Н. Гончаров（С. Н. 冈察洛夫）

Б. Н. Горбачев（Б. Н. 戈尔巴乔夫）

М. С. Горбачев（М. С. 戈尔巴乔夫）

С. А. Горбунова（С. А. 戈尔布诺娃）

И. В. Гордеева（И. В. 高尔捷耶娃）

Гордон Чан（章家敦）

Л. А. Горобец（Л. А. 戈罗别茨）

О. М. Городецкая（О. М. 克罗杰茨卡娅）

А. М. Горький（А. М. 高尔基）

О. М. Готлиб（О. М. 戈特利布）

Н. В. Грибова（Н. В. 格利波娃）

А. М. Григорьев（А. М. 格里戈利耶夫）

В. Грубе（В. 格鲁勃）

А. А. Губер（А. А. 古别尔）

Л. М. Гудошников（Л. М. 古多什尼科夫）

Л. Н. Гумилев（Л. Н. 古米廖夫）

Гунсунь Лун（公孙龙）

И. С. Гуревич（И. С. 古列维奇）

В. Ф. Гусаров（В. Ф. 古萨罗夫）

Д

А. С. Давыдов（А. С. 达维多夫）
Г. Б. Дагданов（Г. Б. 达格达诺夫）
Дай Цзитао（戴季陶）
В. Г. Дацышен（В. Г. 达岑申）
Е. И. Деваева（Е. И. 捷瓦耶娃）
Т. Л. Дейч（Т. Л. 杰伊奇）
Л. П. Делюсин（Л. П. 杰柳欣）
Н. Ю. Демидо（Н. Ю. 杰米多）
А. И. Денисов（А. И. 杰尼索夫）
А. Д. Дикарев（А. Д. 季卡廖夫）
Г. Димитров（Г. 季米特洛夫）
К. М. Долгов（К. М. 多尔戈夫）
Б. Г. Доронин（Б. Г. 多罗宁）
Ф. М. Достоевский（Ф. М. 陀思妥耶夫斯基）
Ду Вэймин（杜维明）
Дуань Цижуй（段祺瑞）
А. М. Дубинский（А. М. 杜宾斯基）
Д. В. Дубровская（Д. В. 杜布罗夫斯卡娅）
Л. И. Думан（Л. И. 杜曼）
Дун Чжуншу（董仲舒）
А. А. Дынкин（А. А. 邓金）
Дэ Син（德新）
Дэн Сяопин（邓小平）
В. И. Дятлов（В. И. 基亚特洛夫）

Е

К. А. Егоров（К. А. 叶戈罗夫）
Екатерина II（叶卡捷琳娜二世）
А. И. Елизаветин（А. И. 叶利札维京）
Б. Н. Ельцин（Б. Н. 叶利钦）
Т. М. Емельянова（Т. М. 叶梅里杨诺娃）
В. Е. Еремеев（В. Е. 叶列梅耶夫）
Г. В. Ефимов（Г. В. 叶菲莫夫）

Ж

А. Н. Желоховцев（А. Н. 热洛霍夫采夫）
В. В. Жигулева（В. В. 日古廖娃）
В. В. Жуков（В. В. 茹科夫）
Жэнь Биши（任弼时）
Жэнь Цзиюй（任继愈）

З

Е. В. Завадская, Виноградова（Е. В. 扎瓦茨卡娅）
Е. А. Завидовская（Е. А. 扎维多夫斯卡娅）
О. И. Завьялова（О. И. 扎维亚洛娃）
Т. П. Задоенко（Т. П. 扎多延科）
Т. Г. Зазерская（Т. Г. 扎泽尔斯卡娅）
Ж. А. Зайончковская（Ж. А. 扎伊翁奇科夫斯卡娅）
Б. Н. Занегин（Б. Н. 扎涅金）
А. Д. Зельницкий（А. Д. 泽利尼茨基）
Г. В. Зиновьев（Г. В. 季诺维耶夫）
Г. Е. Зиновьев（Г. Е. 季诺维耶夫）
И. Т. Зограф（И. Т. 佐格拉夫）
Н. И. Зоммер（Н. И. 佐梅尔）
Р. Зорге（Р. 佐尔格）

И

Иван Петлин（И. 佩特林）

Анна Ивановна（安娜・伊凡诺芙娜）

А. В. Иванов（А. В. 伊万诺夫）

П. М. Иванов（П. М. 伊万诺夫）

А. И. Иванов（伊凤阁）（А. И. 伊万诺夫）

А. Г. Иванчиков（А. Г. 伊万奇科夫）

Л. В. Измайлов（Л. В. 伊兹迈洛夫）

Д. А. Изотов（Д. А. 伊佐托夫）

А. Илларинонов（А. 伊拉利奥诺夫）

В. П. Илюшечкин（В. П. 伊留舍奇金）

Т. Ин-син Люн（余英时）

А. Ю. Ионов（А. Ю. 伊奥诺夫）

А. А. Иоффе（А. А. 越飞）

А. С. Ипатова（А. С. 伊帕托娃）

Б. С. Исаенько（Б. С. 伊萨延科）

Р. Ф. Итс（Р. Ф. 伊茨）

К

Н. М. Калюжная（Н. М. 卡柳日娜娅）

П. Б. Каменнов（П. Б. 卡缅诺夫）

Кан Шэн（康生）

Кан Ювэй（康有为）

Е. А. Канаев（Е. А. 卡纳耶夫）

Кант（康德）

М. С. Капица（М. С. 卡皮察）

А. М. Карапетьянц（А. М. 卡拉别江茨）

А. М. Карапетянец（А. М. 卡拉别将涅茨）

Л. М. Карахан（Л. М. 加拉罕）

Г. С. Каретина（Г. С. 卡列齐娜）

В. В. Карлусов（В. В. 卡尔鲁索夫）

А. Н. Карнеев（А. Н. 卡尔涅耶夫）

Г. Г. Карпов（Г. Г. 卡尔波夫）

М. В. Карпов（М. В. 卡尔波夫）

А. Е. Картунова（А. Е. 卡尔图诺娃）

А. И. Картунова（А. И. 卡尔图诺娃）

П. И. Кафаров，Палладий（П. И. 卡法洛夫）（修士大司祭巴拉第）

В. Б. Кашин（В. Б. 卡申）

Г. В. Киреев（Г. В. 基列耶夫）

В. О. Кистанов（В. О. 基斯坦诺夫）

В. З. Клепиков（В. З. 克列比科夫）

А. Ф. Клименко（А. Ф. 克里缅科）

А. И. Кобзев（А. И. 科布泽夫）

Е. Ф. Ковалев（Е. Ф. 科瓦廖夫）

В. Н. Коваленко（В. Н. 科瓦连科）

А. А. Козлов（А. А. 科兹洛夫）

В. А. Козырев（В. А. 科泽列夫）

Е. А. Кокарев（Е. А. 柯卡廖夫）

К. А. Кокарев（К. А. 卡卡列夫）

Н. Н. Коледенкова（Н. Н. 科列金科娃）

В. С. Колоколов（郭质生）（В. С. 克罗克罗夫）

В. Н. Колотов（В. Н. 科洛托夫）

Е. Б. Кондратьева（Е. Б. 康德拉蒂耶娃）

Л. И. Кондрашова（Л. И. 康德拉绍娃）

Н. И. Конрад（Н. И. 康拉德）

Конфуция（孔子）

А. Г. Коржубаев（А. Г. 卡尔茹巴耶夫）

И. Н. Коркунов（И. Н. 科尔古诺夫）

Я. Корнаи（Я. 科尔内）

Н. Корнейчук（Н. 科尔涅丘克）

Н. Н. Коротков（Н. Н. 科罗特科夫）

В. А. Корсун（В. А. 科尔孙）

А. С. Костяева（А. С. 科斯佳耶娃）

Т. В. Котельникова（Т. В. 科捷尔尼科娃）

Н. Котляров（Н. 科特利亚洛夫）

С. М. Кочетова（С. М. 柯切托娃）

А. М. Кравцова（А. М. 克拉夫佐娃）

М. Е. Кравцова（М. Е. 克拉夫佐娃）
Е. И. Кранина（Е. И. 克拉尼娜）
В. Ф. Криворотов（В. Ф. 克里沃罗托夫）
В. А. Кривцов（В. А. 克里夫佐夫）
Ю. Л. Кроль（Ю. Л. 克罗尔）
И. И. Кропотов（И. И. 克罗波托夫）
Пол Кругман（П. 克鲁格曼）
К. А. Крутиков（К. А. 克鲁齐科夫）
А. А. Крушинский（А. А. 克鲁申斯基）
М. В. Крюков（М. В. 克留科夫）
В. С. Кузнецов（В. С. 库兹涅佐夫）
С. Г. Кузнецов（С. Г. 库兹涅佐夫）
В. В. Кузнецова（В. В. 库兹涅佐娃）
Б. Н. Кузык（Б. Н. 库兹克）
В. В. Кулешов（В. В. 库列绍夫）
А. Б. Кулик（А. Б. 库里克）
Б. Т. Кулик（Б. Т. 库里克）
Г. В. Куликова（Г. В. 库利科娃）
Г. Ф. Кунадзе（Г. Ф. 库纳泽）
В. П. Курбатов（В. П. 库尔巴托夫）
С. Р. Кучера（С. Р. 库切拉）
В. Е. Кучерявенко（В. Е. 库切利亚文科）
Е. И. Кычанов（Е. И. 克恰诺夫）
Л. С. Кюзаджан（Л. С. 寇扎章）

Л

С. В. Лавров（С. В. 拉夫罗夫）
Т. В. Лазарева（Т. В. 拉扎列娃）
Лао Шэ（老舍）
Лао-цзы（老子）
В. В. Лапердина（В. В. 拉别尔金娜）
З. Г. Лапина（З. Г. 拉平娜）
А. Г. Ларин（А. Г. 拉林）
В. В. Ларин（В. В. 拉林）

В. Л. Ларин（В. Л. 拉林）
Джеймс Легг(莱格)(詹姆士·理雅各)
А. М. Ледовский（А. М. 列多夫斯基）
М. Лейтнер（М. 列特涅尔）
Я. В. Лексютина（Я. В. 列克修金娜）
В. И. Ленин（В. И. 列宁）
П. Д. Ленков（П. Д. 列尼科夫）
А. Л. Леонтьев（А. Л. 列昂季耶夫）
Ле-цзы（列子）
Ли Бо（李白）
Ли Дачжао（李大钊）
Ли Дэнхуэй（李登辉）
Ли Пэн（李鹏）
Ли Теин（李铁映）
Ли Цинчжао（李清照）
Линь Бяо（林彪）
Линь Цзэсюй（林则徐）
Линь Юйтан（林语堂）
И. С. Лисевич（И. С. 李谢维奇）
М. М. Литвинов（М. М. 李特维诺夫）
О. В. Литвинов（О. В. 李特维诺夫）
Ло Жунбан（罗荣邦）
М. Л. Лозинский（М. Л. 洛津斯基）
А. В. Ломанов（А. В. 罗曼诺夫）
А. В. Лопатина（А. В. 洛帕金娜）
Лу Синь（鲁迅）
С. Г. Лузянин（С. Г. 卢佳宁）
А. В. Лукин（А. В. 卢金）
В. П. Лукин（В. П. 卢金）
А. Е. Лукьянов（А. Е. 卢基扬诺夫）
А. И. Лычагин(А. И. 雷恰金）
Лю Данянь（刘大年）
Лю Шаоци（刘少奇）
Лю Шипэй（刘师培）
Лю Шусян（刘述先）
Лян Цисюн（梁启勋）

Лян Цичао（梁启超）
Лян Шумин（梁漱溟）

М

В. М. Майоров（В. М. 迈奥罗夫）
Ю. А. Макеев（Ю. А. 马克耶夫）
А. А. Максимов（А. А. 马克西莫夫）
Т. А. Малиновская（Т. А. 玛利诺夫斯卡娅）
В. В. Малявин（В. В. 马良文）
А. В. Мамаев（А. В. 马马耶夫）
Н. Л. Мамаева（Н. Л. 玛玛耶娃）
М. В. Мамонов（М. В. 马莫诺夫）
Н. Н. Мандрыка（Н. Н. 曼德雷卡）
С. А. Манежев（С. А. 马涅热夫）
Мао Дунь（茅盾）
Мао Цзэдун（毛泽东）
Г. Маринг（Г. 马林）
А. С. Мартынов（А. С. 马尔特诺夫）
Д. Е. Мартынов（Д. Е. 马尔特诺夫）
Дж. Маршалл（乔治·马歇尔）
А. А. Маслов（А. А. 马斯洛夫）
В. В. Маяковский（В. В. 马雅可夫斯基）
В. Э. Мейерхольд（В. Э. 梅耶霍德）
И. И. Меланьиный（И. И. 梅兰依内）
А. В. Меликсетов（А. В. 梅里克谢托夫）
Г. В. Мелихов（Г. В. 梅利霍夫）
Н. И. Мельникова（Н. И. 梅尔尼科娃）
В. А. Мельянцев（В. А. 米利扬采夫）
Л. Н. Меньшиков（孟列夫）(Л. Н. 缅什科夫）
А. И. Микоян（А. И. 米高扬）
П. А. Минакир（П. А. 米纳基尔）
Ю. В. Минаков（Ю. В. 米纳科夫）
Р. А. Мировицкая（Р. А. 米罗维茨卡娅）
В. В. Михеев（В. В. 米赫耶夫）
И. А. Мишин（И. А. 米申）
Мо Ди（墨翟）
П. М. Мозиас（П. М. 莫易阿斯）
В. А. Моисеев（В. А. 莫伊谢耶夫）
Л. П. Моисеев（Л. П. 莫伊谢耶夫）
А. И. Мокрецкий（А. И. 莫克列茨基）
Л. И. Молодцова（Л. И. 莫洛措娃）
В. М. Молотов（В. М. 莫洛托夫）
Г. О. Монзелер（Г. О. 孟泽尔尔）
Ш. Л. Монтескье（Ш. Л. 孟德斯鸠）
И. Т. Мороз（И. Т. 莫罗斯）
Ю. В. Морозов（Ю. В. 莫罗佐夫）
А. А. Москалев（А. А. 莫斯卡廖夫）
Д. В. Мосяков（Д. В. 莫斯亚科夫）
Е. Л. Мотрич（Е. Л. 莫特利奇）
Моу Цзунсань（牟宗三）
Мо-цзы（墨子）
А. С. Мугрузин（А. С. 穆格鲁津）
Б. Б. Мудров（Б. Б. 穆德罗夫）
И. Ф. Муриан（И. Ф. 穆里安）
З. А. Муромцева（З. А. 穆罗姆采娃）
Мэй Ланьфан（梅兰芳）
Мэн-цзы（孟子）
М. Мюллер（М. 缪列尔）
В. С. Мясников（В. С. 米亚斯尼科夫）
В. А. Мятлев（В. А. 米亚特列夫）

Н

Дж. Най（约瑟夫·奈）
А. Л. Нарочницкий（А. Л. 纳罗奇尼茨基）
Не Юаньдун（聂耀东）
Р. Невилл（南乐山）

О. Е. Непомнин（О. Е. 涅波姆宁）
Р. М. Неронов（Р. М. 涅罗诺夫）
Ю. А. Нешумов（Ю. А. 涅舒莫夫）
В. Н. Никифоров（В. Н. 尼基佛罗夫）
М. М. Никольский（М. М. 尼科尔斯基）
Профинтерн Нейман-Никольский（普罗菲登·涅曼—尼科利斯基）
Р. Никсон（Р. 尼克松）
Ф. Ницше（Ф. 尼采）
Ю. В. Новгородский（Ю. В. 诺夫格罗茨基）
Л. В. Новоселова（Л. В. 诺沃谢洛娃）

О

Б. Обама（Б. 奥巴马）
А. П. Окладников（А. П. 奥克拉德尼科夫）
С. Ф. Ольденбург（С. Ф. 奥登堡）
О. А. Омельченко（О. А. 奥梅利琴科）
А. Н. Островерхов（А. Н. 奥斯特罗维尔霍夫）
А. В. Островский（А. В. 奥斯特洛夫斯基）
Н. А. Островский（Н. А. 奥斯特洛夫斯基）
Л. М. Охотникова（Л. М. 奥霍特尼科娃）
И. М. Ошанин（И. М. 鄂山荫）

П

А. К. Пайкес（А. К. 裴克斯）
А. В. Панцов（А. В. 潘佐夫）
А. С. Панюшкин（А. С. 帕纽什金）
Е. Г. Пащенко（Е. Г. 帕先科）

Л. С. Переломов（嵇辽拉）（Л. С. 佩列洛莫夫）
Ю. С. Песков（Ю. С. 培斯可夫）
А. А. Петров（А. А. 彼得罗夫）
В. В. Петров（В. В. 彼得罗夫）
В. Е. Петровский（В. Е. 彼得罗夫斯基）
И. А. Петухов（И. А. 别图霍夫）
В. В. Петушкова（В. В. 别图什科娃）
Э. П. Пивоварова（Э. П. 皮沃瓦洛娃）
А. В. Пиковер（А. В. 匹克维尔）
А. А. Писарев（А. А. 皮萨列夫）
А. Н. Плотников（А. Н. 普洛特尼科夫）
Е. О. Подолько（Е. О. 波多里科）
И. Е. Пожилов（И. Е. 波日洛夫）
Л. Д. Позднеева（Л. Д. 波兹德涅耶娃）
В. М. Полтерович（В. М. 波尔杰洛维奇）
Л. Е. Померанцева（Л. Е. 波梅兰采娃）
Г. Х. Попов（Г. 波波夫）
П. С. Попов（柏百福）（П. С. 波波夫）
И. Ф. Попова（И. Ф. 波波娃）
Л. В. Попова（Л. В. 波波娃）
В. Я. Портяков（В. Я. 波尔加科夫）
Е. Б. Поршнева（Е. Б. 波尔什涅娃）
Т. А. Пострелова（Т. А. 波斯特列洛娃）
В. И. Потапов（В. И. 波塔波夫）
М. А. Потапов（М. А. 波塔波夫）
Е. М. Примаков（Е. М. 普里马科夫）
Пу Сунлин（蒲松龄）
Р. Е. Пубаева（Р. Е. 普巴耶娃）
В. В. Путин（В. В. 普京）
А. С. Пушкин（А. С. 普希金）
Пэн Бай（彭湃）
Пэн Дэхуай（彭德怀）

Р

Томас Равски（托马斯·罗斯基）

К. Б. Радек（К. Б. 拉迪克）

Я. Б. Радуль-Затуловский（Я. Б. 拉杜尔扎杜洛夫斯基）

С. С. Разов（С. С. 拉佐夫）

Ф. Ф. Раскольников（Ф. Ф. 拉斯科尔尼科夫）

Т. Р. Рахимов（Т. Р. 拉西莫夫）

О. Б. Рахманин（О. Б. 拉赫玛宁）

А. В. Ревуцкий（А. В. 列乌茨基）

А. М. Решетов（А. М. 列舍托夫）

Б. Л. Рифтин（李福清）

А. П. Рогачёв（А. П. 罗加乔夫）

И. А. Рогачев（罗高寿）（И. А. 罗加乔夫）

В. Н. Рогов（В. Н. 罗果夫）

О. О. Розенберг（О. О. 罗森堡）

М. Н. Рой（М. Н. 罗伊）

Г. Н. Романов（Г. Н. 罗曼诺夫）

И. К. Россохин（И. К. 罗索欣）

Стивен Роуч（史蒂芬·罗奇）

В. А. Рубин（鲁冰）

М. Л. Рудова（Пчелина）（М. Л. 卢多娃）

М. К. Румянцев（鲁勉斋）（М. К. 鲁缅采夫）

Ж. Ж. Руссо（Ж. Ж. 卢梭）

В. М. Рыбаков（В. М. 雷巴科夫）

Л. Л. Рыбаковский（Л. Л. 雷巴科夫斯基）

Н. П. Рыжова（Н. П. 雷若娃）

С. Л. Рыкова（С. Л. 雷科娃）

А. С. Рысаков（А. С. 雷萨科夫）

Н. П. Рябченко（Н. П. 里亚布琴科）

С

С. П. Савинский（С. П. 萨文斯基）

С. Л. Сазонов（С. Л. 萨佐诺夫）

А. И. Салицкий（А. И. 萨利茨基）

Н. А. Самойлов（Н. А. 萨莫伊洛夫）

Д. А. Саприка（Д. А. 萨普利卡）

Г. И. Саркисова（Г. И. 萨尔吉索娃）

Е. И. Сафронова（Е. И. 萨夫罗诺娃）

А. А. Свешников（А. А. 斯维什尼科夫）

Н. П. Свистунова（Н. П. 斯维斯图诺娃）

Се Тяо（谢朓）

Е. Ф. Селиванова（Е. Ф. 谢利万诺娃）

А. С. Селищев（А. С. 谢利谢夫）

И. И. Семененко（И. И. 谢梅年科）

А. В. Семин（А. В. 肖明）

Н. Г. Сенин（Н. Г. 谢宁）

Е. А. Серебряков（Е. А. 谢列布里亚科夫）

А. Я. Серебрян（А. Я. 谢列布里杨）

С. А. Серова（С. А. 谢罗娃）

Си Цзиньпин（习近平）

О. С. Сибирякова（О. С. 西比利亚科娃）

К. М. Симонов（К. М. 西蒙诺夫）

Л. В. Симоновская（Л. В. 西蒙诺夫斯卡娅）

Л. Н. Симоновская（Л. Н. 西蒙诺夫斯卡娅）

Э. А. Синецкая（Э. А. 西涅茨卡娅）

К. А. Скачков（孔气）（К. А. 斯卡奇科夫）

П. Е. Скачков（П. Е. 斯卡奇科夫）

А. В. Скрипкин（А. В. 斯克里金）

М. И. Сладковский（М. И. 斯拉德科夫斯基）

Д. А. Смахтин（Д. А. 斯马赫金）
Д. А. Смирнов（Д. А. 斯米尔诺夫）
Г. Я. Смолин（Г. Я. 斯莫林）
Эдгар Сноу（埃德加·斯诺）
С. Н. Соколов（С. Н. 索科洛夫）
В. М. Солнцев（В. М. 宋采夫）
О. Г. Солнцев（О. Г. 宋采夫）
В. Ф. Сорокин（В. Ф. 索罗金）
И. Н. Сотникова（И. Н. 索特尼科娃）
И. Р. Софьяников（И. Р. 索菲亚尼科夫）
Н. Г. Спафарий（Н. Г. 斯帕法里）
Н. А. Спешнев（Н. А. 司格林）
В. С. Спирин（В. С. 斯皮林）
Д. А. Спичак（Д. А. 斯皮恰克）
Е. В. Спрогис（Е. В. 斯普罗吉斯）
Е. Ю. Стабурова（Е. Ю. 斯塔布罗娃）
Джо Стадвелл（乔治·斯塔德维尔）
И. В. Сталин（И. В. 斯大林）
А. Б. Старостина（Калкаева）（А. Б. 斯塔罗斯基娜）
А. В. Старцев（А. В. 斯塔尔采夫）
Е. Д. Степанов（Е. Д. 斯捷潘诺夫）
Г. А. Степанова（Г. А. 斯捷潘诺娃）
Т. В. Степугина（Т. В. 斯捷普京娜）
Т. Г. Стефаненко（Т. Г. 斯杰法年科）
П. А. Столыпин（П. А. 斯托雷平）
Б. С. Стомоняков（Б. С. 斯托莫尼亚克）
А. Г. Сторожук（А. Г. 斯托罗茹克）
Л. Е. Стровский（Л. Е. 斯特洛夫斯基）
Э. П. Стужена（Э. П. 司徒仁娜）
Дж. Л. Стюартом（司徒雷登）
Сун Цзывэнь（宋子文）
Сун Цинлин（宋庆龄）
Сунь Фо（孙科）
Сунь Ятсен（孙逸仙, 孙中山）

Сунь-цзы（孙子）
Г. Д. Сухарчук（Г. Д. 苏哈尔丘克）
Сыкун Ту（司空图）
Сыма Цянь（司马迁）
В. Л. Сычев（В. Л. 斯切夫）
Л. П. Сычев（Л. П. 斯切夫）
Н. С. Сычев（Н. С. 斯切夫）
Сюй Бэйхун（徐悲鸿）
Сюй Фугуань（徐复观）
Сюнь-цзы（荀子）

Т

Ю. Тавровский（Ю. 塔夫罗夫斯基）
Тан Дуаньчжэн（唐端正）
Тан Сытун（谭嗣同）
Тан Цзюньи（唐君毅）
Тан Шэнчжи（唐生智）
Тао Юаньмин（陶渊明）
В. С. Таскин（В. С. 塔斯金）
Е. П. Таскина（Е. П. 塔斯金娜）
Т. Г. Терентьева（Т. Г. 杰林齐耶娃）
К. М. Тертицкий（К. М. 杰尔季茨基）
О. А. Тимофеев（О. А. 季莫菲耶夫）
Т. Т. Тимофеев（Т. Т. 季莫耶夫）
Н. Н. Тимофеева（Н. Н. 季莫菲耶娃）
М. Л. Титаренко（М. Л. 季塔连科）
А. С. Титов（А. С. 季托夫）
С. Л. Тихвинский（С. Л. 齐赫文斯基）
Б. И. Ткаченко（Б. И. 特卡琴科）
Г. А. Ткаченко（Г. А. 特卡琴科）
Ф. А. Тодер（Ф. А. 托杰尔）
А. Тойнби（A. 汤因比）
Л. Н. Толстой（Л. Н. 托尔斯泰）
И. Р. Томберг（И. Р. 托姆别尔克）
С. А. Торопцев（С. А. 托罗普采夫）

Е. А. Торчинов（陶奇夫）(Е. А. 托尔奇诺夫)
Д. В. Тренин（Д. В. 特列宁）
М. Тригубенко（М. 特里古宾科）
В. И. Трифонов（В. И. 特里丰诺夫）
Л. Д. Троцкий（Л. Д. 托洛茨基）
П. В. Трощинский（П. В. 特罗辛斯基）
С. М. Труш（С. М. 特鲁什）
Ту Шунь（杜顺）
И. А. Тулина（И. А. 图琳娜）
С. А. Тырцев（С. А. 戴尔采夫）

У

У Пэйфу（吴佩孚）
У цзы（武子）
Артур Уолдрон（林蔚）(阿瑟·沃德伦)
В. Н. Усов（В. Н. 乌索夫）
И. В. Ушаков（И. В. 乌沙科夫）
С. В. Уянаев（С. В. 乌亚纳耶夫）

Ф

А. А. Фадеев（А. А. 法捷耶夫）
Фань Чжэн（范缜）
Н. Т. Федоренко（Н. Т. 费德林）
Дж. К. Фейрбэнк（Дж. К. 费尔本克）
Р. Фельбер（Р. 菲尔别尔）
В. Ф. Феоктистов（В. Ф. 费奥柯基斯托夫）
С. В. Филонов（С. В. 费洛诺夫）
С. П. Фицджеральд（С. П. 菲茨杰拉德）
О. Л. Фишман（О. Л. 费什曼）
Е. А. Фортыгина（Е. А. 弗尔雷金娜）
М. В. Фрунзе（М. В. 伏龙芝）
Фэн Юйсян（冯玉祥）

Фэн Юлань（冯友兰）

Х

А. А. Хаматова（А. А. 哈马托娃）
Хань Фэй-цзы（韩非子）
Хань Юй（韩愈）
К. А. Харнский（К. А. 哈雷斯基）
В. М. Хвастов（В. М. 赫瓦斯托夫）
А. П. Хмелев（阿宾 Аппен）（А. П. 赫梅列夫）
Л. Ходов（Л. 霍多夫）
В. Г. Хорос（В. Г. 何洛斯）
Хоу Вайлу（侯外庐）
А. Н. Хохлов（А. Н. 霍赫洛夫）
Н. С. Хрущев（Н. С. 赫鲁晓夫）
Ху Сяньчжан（胡显）
Ху Цзинъи（胡景翼）
Ху Цзиньтао（胡锦涛）
Ху Цюйюань（胡曲园）
Ху Цяому（胡乔木）
Ху Ши（胡适）
Ху Яобан（胡耀邦）
Хуан Куань（桓宽）
Хуан Юе（黄钺）
Хуан Яшэн（黄亚生）
Хуэй Ши（惠施）
Хэ Линь（贺麟）

Ц

Цзян Тинфу（蒋廷黻）
Цзян Цзин（蒋菁）
Цзян Цзинго（蒋经国）
Цзян Цзэминь（江泽民）
Цзян Цин（江青）

Цзян Цин (蒋庆)

Цзян Чжунчжэн (蒋中正)

Ю. В. Цыганов (Ю. В.茨冈诺夫)

С. С. Цыплаков (С. С. 齐普拉科夫)

Д. Г. Цыренов (Д. Г. 齐列诺夫)

Цюй Цюбо (瞿秋白)

Цюй Юань (屈原)

Цянь Му (钱穆)

Ч

Чан Кайши (蒋介石)

Н. Н. Чебоксаров (Н. Н. 切鲍科萨拉夫)

Л. Е. Черкасский (车连义) (Л. Е. 切尔卡斯基)

И. П. Черная (И. П. 乔尔娜雅)

В. С. Черномырдин (В. С. 切尔诺梅尔金)

В. Черный (В. 切尔内)

Н. Г. Чернышевский (Н. Г. 车尔尼雪夫斯基)

В. Г. Чертков (В. Г. 切尔特科夫)

Чжан Бинлинь (章炳麟)

Чжан Готао (张国焘)

Чжан Имоу (张艺谋)

Чжан Сюэлян (张学良)

Чжан Цзай (张载)

Чжан Цзолинь (张作霖)

Чжан Чуньцяо (张春桥)

Чжао Цзыян (赵紫阳)

Чжоу Эньлай (周恩来)

Чжоу Юндун (周永东)

Чжу Дацю (朱达秋)

Чжу Дэ (朱德)

Чжу Си (朱熹)

Чжу Сяньпин (朱显平)

Чжуан-цзы (庄子)

М. Ф. Чигринский (М. Ф. 齐格林斯基)

Г. В. Чичерин (Г. В. 契切林)

В. В. Чуванковая (В. В. 楚万科瓦雅)

Ю. В. Чудодеев (Ю. В. 丘多杰耶夫)

И. Чумаковский (И. 丘马科夫斯基)

Г. И. Чуфрин (Г. И. 丘福林)

Чэ Юйлинь (车玉玲)

Чэн Чжунъин (成中英)

Чэнь Бода (陈伯达)

Чэнь Дусю (陈独秀)

Чэнь Лифу (陈立夫)

Чэнь Мин (陈明)

Чэнь Хаосу (陈昊苏)

Чэнь Цзюнмин (陈炯明)

Чэнь Цзявэй (陈家骅)

Чэнь Юнь (陈云)

Ш

О. Ш. Намозов (О. Ш. 纳莫佐夫)

В. И. Шабалин (В. И. 沙巴林)

Шан Ян (商鞅)

Д. Н. Шаринов (Д. Н. 沙里诺夫)

А. В. Шахматов (А. В. 沙赫玛托夫)

Э. Н. Шахназарова (Э. Н. 沙赫纳扎洛娃)

К. В. Шевелев (К. В. 什维廖夫)

И. Б. Шевель (И. Б. 舍维尔)

А. С. Шейнгауз (А. С. 申高斯)

Н. В. Шепелева (Н. В. 什比列娃)

О. Шик (О. 锡克)

А. П. Шилов (А. П. 什洛夫)

К. К. Ширинь (К. К. 什林)

А. В. Шитов (А. В. 西多夫)

М. Шишкин（М. 希施金）
А. В. Шлындов（А. В. 什雷多夫）
К. Шредер（К. 史列德尔）
В. М. Штейн（В. М. 施泰因）
А. А. Штукин（А. А. 什图金）
Шэнь Чжихуа（沈志华）

Щ

Ф. И. Щербатской（Ф. И. 谢尔巴茨科依）
В. Н. Щечилина（В. Н. 谢奇娜）
Ю. К. Щуцкий（Ю. К. 休茨基）

Э

Л. З. Эйдлин（Л. З. 艾德林）
Г. Б. Эренбург（Г. Б. 爱伦堡）

Ю

Ю Сюаньмэн（余宣孟）
Юань Кэ（袁珂）
Юань Шикай（袁世凯）
П. Ф. Юдин（П. Ф. 尤金）
Н. С. Юлина（Н. С. 尤利娜）

И. Л. Юрин（И. Л. 尤林）
А. Г. Юркевич（А. Г. 尤尔科维奇）
М. Ф. Юрьев（М. Ф. 尤里耶夫）

Я

А. Г. Яковлев（А. Г. 雅科夫列夫）
М. А. Яковлев（М. А. 雅科夫列夫）
П. Я. Яковлев（П. Я. 雅科夫列夫）
В. Б. Якубовский（В. Б. 雅库波夫斯基）
Ян Сюнь（杨雄）
Ян Сяньчжэнь（杨献珍）
Ян Хиншун（杨兴顺）
Ян Цзэ（杨杰）
Ян Чжу（杨朱）
Ян Юнго（杨荣国）
Л. Е. Янгутов（Л. Е. 杨古托夫）
Янь Бэймин（严北溟）
Янь Сишанянь（阎锡山）
Янь Цзинцэн（杨景曾）
Яо Вэньюань（姚文元）
Г. Б. Ярославцев（Г. Б. 雅罗斯拉夫采夫）
Г. С. Яскина（Г. С. 雅斯金纳）
С. Е. Яхонтов（С. Е. 雅洪托夫）

译后记

　　形成于 18 世纪俄国传教使团的俄罗斯汉学,在至今三百余年的学术发展中,经历了漫长复杂的发展过程,而梳理和关注俄罗斯的"汉学发展的主题并确定其整体研究状况,其中包括将中国历史视为汉学最重要的研究方向,是研究极其深入的标志"①。

　　"汉学史不仅仅向我们展示了了解中国文明的进程,而且是自我认知的重要利器。"②俄罗斯汉学家们依据不同的研究方向和时间段书写了多种俄罗斯的汉学史,使我们得以对俄罗斯汉学获得更为深刻系统全面的认知。

　　1917 年的俄国十月革命和 1991 年的苏联解体,是影响整个世界历史和俄国历史发展进程的重大事件。1991 年俄罗斯的国家体制改变了,导致一个相对统一的强国的崩溃,也从不同层面影响着俄罗斯学术科研体系和状况,其中包括关于中国的研究状况。1990 年代的俄罗斯汉学研究随着苏联解体、政局的动荡,一方面受到巨大的冲击,陷入低潮;另一方面,许多档案的开放,"史

---

① Основные направления и проблемы российского китаеведения (А. В. Виноградов, А. Г. Ларин, А. В. Ломанов и др.); отв. ред. Н. Л. Мамаева. М. Изд. Памятники исторической мысли. 2014. С. 3.

② Дацышен В. Г. История русского китаеведения 1917—1945 гг. [M]. М.: Издательство «Весь Мир», 2015. С. 8.

料学爆炸"使得中国历史、中俄关系史的研究大大深化。1990年代成为20世纪俄罗斯汉学发展的转折时期,直到21世纪初得以全面恢复,进入一个全新的振兴时期。2014年出版的《俄罗斯汉学的基本方向及其问题》一书,是在时任远东所所长季塔连科院士主持下的俄罗斯科学院远东所的集体力作,是对1990年代以来俄罗斯关于中国研究进行的全景式的扫描。

全书运用了问题—年代原则。1990年代初期是俄罗斯汉学发展的分水岭,本书选取这一重要的阶段,从深刻的问题意识出发,运用历史的观点,通过一系列重要的史料数字,展示了"俄罗斯对这个步入世界重要位置的东方国家的研究"的深厚传统和现状,第六章更是全面系统地梳理了整个俄罗斯汉学发展中的"中国哲学与宗教研究"。同时本书将俄罗斯的中国研究系统化并为今后更加详细和全面地研究中国奠定了基础,本书在俄罗斯出版后,备受关注,在国内外研究者中都产生了重要的影响。此次译介到中国,对我国了解现当代俄罗斯汉学(中国学)的发展,深刻认识其独特的成就和价值,深化中国的俄罗斯汉学研究将会十分有益。

在《俄罗斯汉学的基本方向及其问题》一书中文翻译稿交付北京大学出版社之际,作为本书译者之一,首先我要感谢俄罗斯科学院首席研究员A. B. 罗曼诺夫博士。几年前,《俄罗斯汉学的基本方向及其问题》一书俄文版尚未面世时,罗曼诺夫先生便几次向我推荐他参加撰写的这部著作,所以,我完全是在期待的欣喜和激动中收到了罗曼诺夫先生的邮件和寄来的样书……本书的翻译版权也是在罗曼诺夫先生的帮助下顺利解决的。他还在以后的翻译工作中为我们不断答疑解惑……

我们也要感谢本书主编玛玛耶娃研究员和各位作者对我们的信任,特别要感谢时任俄罗斯科学院远东所所长的季塔连科院士,他是那样热切地盼望着此书能尽早地呈现于中国读者面前,遗憾的是,他过早地病逝了……我们谨以此书告慰故去的季塔连科先生,寄托我们对他的深切怀念。

《俄罗斯汉学的基本方向及其问题》一书由序言、九个章节和结语组成,每一章都评价和阐释了俄罗斯关于中国研究的某个方向,从不同角度描绘了俄罗斯汉学在后苏联时代至今的新的发展,涉及中国历史、政治体系和法制、中国的外交政策和中俄国际关系、中国的经济现状和经济改革;俄国学者眼中的中国哲学宗教传统、文化和教育特点;中国的发展模式和现代化问题;俄罗斯的中国移民问题、台湾问题研究等等,内容庞杂,包罗万象,对译者的语言功底、专业素养和知识积累都是很大的挑战。我要深深地感谢四川大学当代俄罗斯研究中心主任、四川大学国际关系学院常务副院长李志强教授，他欣然应允将该书列入四川大学当代俄罗斯研究中心学术译丛，并精心组织翻译团队，协调翻译工作。全书译毕后，他又约请马文颖、邱鑫、阳知涵三位老师进行了认真的初校，并在此基础上亲自校阅了全书译稿，为保证本书的翻译质量做了大量的工作。

本书中文版的翻译完成和出版还要衷心地感谢北京外国语大学张西平教授，在他的支持下，我申请了"中国文化走出去协同创新中心后期资助项目"并获得批准，使本书得以顺利翻译出版。本书的翻译出版还得到了北京大学李明滨教授、查晓燕教授、宁琦教授以及责任编辑李哲学友等的真诚帮助，也在此致以诚挚的谢意！

本书具体分工如下：

主编寄语（Н. Л. 玛玛耶娃 著，李志强 译）
序　言（М. Л. 季塔连科 著，李志强 译）
第一章（Н. Л. 玛玛耶娃、Т. М. 图尔恰克 著，刘亚丁 译）
第二章（Н. Л. 玛玛耶娃 著，池济敏 译）
第三章（Д. А. 斯米尔诺夫 著，邱鑫 译）
第四章（В. Я. 波尔加科夫 著，沈影 译）
第五章（А. В. 奥斯特洛夫斯基 著，池济敏 译）
第六章（М. Л. 季塔连科、А. В. 罗曼诺夫 著，张冰 译）
第七章（С. А. 托罗普采夫 著，张冰 译）
第八章（А. Г. 拉林 著，沈影 译）
第九章（А. В. 维诺格拉多夫 著，邱鑫 译）
结　语（李志强 译）
缩略词列表（阳知涵 译）
人名对照表（阳知涵 译）
译后记（张冰）

感谢各位译者的努力！翻译中因为出版规定等要求，征得原作者同意后，译文有个别的删改。同时，由于译者水平有限，难免有疏漏之处，敬请读者赐教。

张冰
2016年12月